REGISTRES CONSULAIRES

DE

LA VILLE DE LIMOGES

REGISTRES CONSULAIRES

DE

LA VILLE DE LIMOGES

PUBLIÉS SOUS LA DIRECTION

DE M. ÉMILE RUBEN

BIBLIOTHÉCAIRE DE LA VILLE
SECRÉTAIRE GÉNÉRAL
DE LA SOCIÉTÉ ARCHÉOLOGIQUE ET HISTORIQUE DU LIMOUSIN

AVEC LE CONCOURS

DE MM. FÉLIX ACHARD
ARCHIVISTE DU DÉPARTEMENT DE LA HAUTE-VIENNE
LAUNAY
PROFESSEUR D'HISTOIRE AU LYCÉE DE LIMOGES
ÉMILE HERVY, JOSEPH GARRIGOU-LAGRANGE
ET ALFRED CHAPOULAUD
MEMBRES DE LA MÊME SOCIÉTÉ

PREMIER REGISTRE

(SECONDE PARTIE : 1552-1581)

LIMOGES

IMPRIMERIE DE CHAPOULAUD FRÈRES
Rue Montant-Manigne, 7

— A PARIS, 4, RUE HONORÉ-CHEVALIER —

M DCCC LXIX

REGISTRES CONSULAIRES
DE LA VILLE DE LIMOGES.

1ᵉʳ REGISTRE (suite).

Ellection faicte dez consulz de la ville de Lymoges le septiesme jour de decembre lan mil cinq centz cinquante deux pour lad. annee mil vᶜ cinquante deux, finissant mil cinq centz cinquante troys, faicte par les manans et habitans dud. Lymoges, assamblez en la sale de consulat et maison comune de lad. ville, ampres avoir faict le serement au cas requitz, comme est de coustume, ont procede a lad. ellection comme sensuyt :

Les Taules :

Pierre Bastide.

La Porte :

Jehan Maledent.

Maignenye :

Joseph Rougier.

Le Marche :

Pierre de Cordes.

La Faurie :

Pierre Duboys.

Le Clochier :

Helies Guallichier.

Boucharie :

Christofle Xanson.

Lansequot :

Marcial de Vaubrune dict Chambinault.

Las Combas :

Pierre Ardent.

Vieulx Marche :

Pierre du Mas.

Croissanses :

Marcial de Douhet;
Jehan Alesme.

Faict led. jour que dessus.

(Signé :) M. Deschamps, scribe ordinaire desd. S^{rs} consulz de Limoges.

Eslection des conseillers, collecteurs et partisseurs des talles de la presente annee m. v^c cinquante deux, finissant mil v^c cinquante troys, faicte par les manans et habitans de la ville et faulx bourgz de Limoges, assembles en la salle du consulat et maison comune dud. Limoges, comme est de costume. Les quelz, apres avoir faict le serement au cas requis et acoustume, ont procede a lad. eslection comme sensuict. Faict le xxvij^e jour de decembre mil v^c cinquante deux.

Las Taulas :

Anthoine Ladrapt,
Bartholome Petit.

La Porte :

Pol Vergier;
Jacques Benoist.

Maigninye :

Pierre Raymond;
Francoys Senon.

Le Marche :

Guillaume Disnematin;
Jehan Lamy.

La Faurye :

Francoys Duboys le jeune;
Leonard Gay.

Le Clochier :

Guillaume de La Nohaille;
Pierre Doureil dict Bretagne.

Bocharye :

Jehan La Gorce dit Gay ;
Nycolas Voureys le jeune.

Lansecol :

Geraud Legier ;
Jehan Gay dict Combey.

Las Combas :

Jouvent de Vaubrune, cordier ;
Pierre du Monteil dit Pasquete.

Le Vieulx Marche :

Marcial Bardinet dit Papaud ;
Marcial Pipeyr.

(Signé :) M. DESCHAMPS, commis de lescribe ordinaire des S^{rs} consulz de Lymoges.

[Enlèvement des boues et immondices.] Le xvj^e jour de janvier 1552, en la chambre du conseil de consulat de Limoges, ont este personnellement establis sires Helies Gualichier, Pierre Bastide, Christofle Xanson, Jehan Maledent, Pierre de Cordes, Jehan Alesme, Joseph Rogier, Pierre du Boys, Pierre du Mas et Marcial de Vaubrune dit Chambinault, consulz la presente annee, tant pour eulx que pour les autres consulz dicelle, absens. Lesquelz esd. noms ont forise et accorde avec Estienne dit Theve Brouchault, manouvrier de Limoges, present et acceptant, que icelluy Brouchault sera tenu et a promis tenir lad. ville et fors bourgs de Limoges netz tant que touche le bourry, femier et ce que sera par les ruez de lad. ville, avecques ung cheval de poil gris et un charrouton appartenans ausd. consulz. Et quil passera par les rues, sera tenu recepvoir le bourry. Lequel cheval et charete led. Brouchault a confesse avoir receu desd. consulz. Lequel cheval sera tenu, comme a promis, nourrir et entretenir a ses despens, comme ung bon pere de familhe, et ce durant leur terme et annee, pour soixante solz t/ pour chacun moys, payables par sepmaine tous les sabmedi au soir. Et ont promis lesd. consulz entretenir led. charreton et harnoys a leur despens, et lui ont bailhe les reserves et qualite que par cy davant ont este bailhes aux aultres qui ont mene lad. charete, et contenus en la bailhete de lannee, passee par Me Pierre Chartagnac, le xj^e doctobre dernier. Et, a faulte de tenir ce que dessus, ont promis lesd. parties emender, etc., renuncer, et jure, etc., oblige et par expres led. Theve, par arrest de sa personne, etc., jure, etc., concede lectres soubz le seel du roy, en presence de Jehan Moureil et Jehan Guibert de Leymagene.

(Signé :) MALHERBAUD, not^{re} royal.

Le septiesme jour du mois doctobre lan mil v^e cinquante troys, personnellement establis maistre Marcial de Douhet, greffier civil de la seneschaucee de Limosin, sires Pierre Bastide, Pierre du Boys de Maigninie, Jehan Alesme et Marcial Joussen dict Chambinaud, consulz la present annee de la ville de Limoges, lesquelz, audict nom faisant tant pour eulx que pour les aultres consulz, esquelz ont promis faire ratiffier, de leur bon gre et volente ont baille les escolles publicques de la present ville a mons^r Me Francoys Veyriaud, docteur ez droictz, present et acceptant, et ce au temps et terme dun an prochain venant, comance le jour et feste mons^r sainct Jehan dernierement passee, et finissant a semblable jour ledict an passe et revolu, et ce moyenant le pris et somme de quarante livres t/ monnoye courrant, les escolles payees, sans en ce comprandre la taxe qui sera faicte sur lesdictz escoliers qui suyvront ladicte escolle, dont il se pourra faire payer par lesd. escoliers dont il se pourra faire payer. Laquelle taxe sera faicte par messieurs les officiers du roy de Navarre et lesdictz consulz toutesfois et quantes quil les en requerra. De laquelle somme led. Veyriaud a confesse avoir receu la somme de cent solz t/. Et les trente cinq livres restans ont promis payer par delegation faicte par led. Veyriaud a Me Ysmael Fauroin, present, que led. Veyriaud a compartionne avec luy en lesd. escoles sous les pactes entre eulx convenus, scavoir la somme de vingt cinq livres et les dix livres aud. Veyriaud, et ce par quartiers. Durant lequel temps seront lesd.

Les escolles.

Veyriaud et Fauroin tenus bailler bonne doctrine esd. escoliers, et fournir pour l'excercisse desd. escolles gens ydoines et capables non sentendz mal de la foy. Et ce que dessus ont promis lesd. parties tenir, et, a faulte de ce faire, emander, etc., renunce, etc., jure, etc., oblige, etc., condampnes, et, soubzmis a la cohertion du seneschal de Limosin, etc. — Et concede lectres soubz le seel royal, etc. Faict a Limoges, en la maison comune de consulat, ez présence de Mᵉ Pierre Chartaignac et Helies Loinguot, tesmoingtz a ce appeles. Signe dessoubz. Donne par copie : J. ROGIER.

Jesus, Maria.

Coppie des previleges dexemption des gensdarmes.

Le double des previleiges dexemption des gensdarmes et contribution, icelles obtenues du roy nre sire la present annee.

-HENRY, PAR LA GRACE de Dieu roy de France, a tous presens et advenir, salut. Les consulz, bourgeois, manans et habitans de la ville et faulx bourgz de Limoges, enclaves et taiables à icelle, nous ont faict remonstrer que noz predecesseurs roys, considerant la grand fidelite que anciennement les habitans de ladicte ville leur avoyent pourte, et le bon et grand vouloir quils avoyent tousjours heu, et debvoir faict contre les Anglois pour maintenir ladicte ville en lobeyssance de France; aussi que ladicte ville estoit la capitale de tout le pais de Limosin, et pour aultres grandes considerations, auroyent octroye ausd. habitans et leurs successeurs plusieurs previleiges, franchises, libertes et exemptions, et iceulx exemptes de logis de gens de guerre a pied et a cheval, et de contribuer aux vivres desd. gens de guerre estans en garnison. Desquelz previleiges et exemptions les predecesseurs desdictz exposans et eulx avoyent tousjours joy, de sorte que quant nosdictz predecesseurs, mesmement feu nostre tres honore seigneur et pere, le roy dernier decede, et nous avions ordonne garnisons estre assises audict pays de Limosin, les gouverneurs d'icelluy et commissaires depputes pour faire lassiete desdictes garnisons, après avoir veu lesdictz previleiges et exemptions, les avoyent tousjours declairez exemptz desdictz logis et contribution, neanmoingz parce que, puis quelque temps en ca, ilz ont perdu ou adhire les chartres de leursdictz previleiges, et, craignant que

pour ladvenir on voulsist asseoir garnison esdictz ville et faulx
bourgs, et les contraindre a la contribution et payement de la
commutation, augmentation et utancilles de n^rᵉd. gendarmerye,
ils ont envoye par devers nous leurs delegues; lesquelz nous ont
faict appareoir des declarations et exemptions faictes par lesd.
gouverneurs, seneschaulx et commissaires ayant veu lesd. previleiges, et treshumblement faict supplier et requerir que
n^rᵉ bon plaisir fust les conserver et maintenir en leursdictz
previleiges et exemptions, et sur ce leur impartir nostre grace;
SCAVOIR FAISONS que nous, voulans conserver et entretenir
lesdictz exposans ez previleiges, franchises, libertes et exemptions a eux octroyes par nosdictz predecesseurs a iceulx
consulz, manans et habitans, pour les causes dessusd. et
aultres a ce nous mouvans, avons confirme, approuve, auctorise et emologue, et de noz propre mouvement, certaine
science, plaine puissance et auctorite royal, confirmons,
auctorisons, approuvons et hemologuons tous et chacuns
lesdictz previleiges, franchises, libertes et exemptions a eulx
et leurs predecesseurz octroyes par nosdictz predecesseurs; voulons et nous plaist quilz en jouissent tout ainsi et par la propre
fourme et maniere quilz en ont joy et joissent encores de
present; les relevans de ce quilz ne peuvent a present faire appareoir lesdictes chartres de leursdictz previleiges et exemptions.
Et iceulx consulz, manans et habitans de nouveau avons, en tant
que besoing seroit, quictes, affranchis et exemptes, et, de nostre
mouvement, science et puissance et auctorite que dessus,
quictons, affranchisons et exemptons tant de logis de noz
gens de guerre a pied et a cheval que du payement et contribution de la commutation et augmentation des vivres et
utancilles dicelle gendarmerie, sans que au moyen de noz
ordonnances et commission expedies ou a expedier sur le faict
de lassiette desdictes garnisons, commutation et augmentation, ilz puissent ne puissent estre contrainctz lopger aucuns
de noz gens de guerre esdicte ville, faulx bourgz, enclaves et
taiables dicelle; ausquelles ordonnances et commissions, a la
derogatoire de la derogatoire y contenue, nous avons deroge et
derogeons par ces presentes, par lesquelles donnons en mandement a nostre trescher et tresame oncle le roy de Navarre,
gouverneur et nostre lieutenant general en noz pais et duche
de Guienne, ses lieuxtenans, et a noz ames et feaulx les gens de
noz comptes et de nostre court des aides et finances a Paris, au

seneschal de Limosin ou son lieutenant, commissaires ordonnes et a ordonner pour le faict de lassiete desd. garnisons, commutation et augmentation desd. vivres, et aux esleuz par nous ordonnes sur le faict de la justice de noz aides et tailles en n^red. hault pais de Limosin et a tous noz aultres justiciers et officiers quil appartiendra, que de noz present confirmation, nouvel affranchissement et de tout le contenu cy dessus, ilz fassent, souffrent et laissent lesdictz exposans et leurs successeurs jouyr et user plainement, paisiblement et perpetuellement, sans leur fere ou donner, ne souffrir estre faict, mys ou donne aucun trouble ou empeschement; au contraire ains si aucun leur avoist este faict, mys ou donne, lostent et mectent incontinant et sans delay au premier estat et deu. Et a ce que dessus faire et souffrir contraignent et fassent contraindre tous ceulx quil appartiendra par toutes voyes deues et raisonnables, nonobstant oppositions ou appellations quelzconques, pour lesquelles ne voulons estre differe, car tel est nostre plaisir. Nonobstant que par lesdictes commissions expediees ou a expedier, sur le faict et establissement desdictes garnisons et commutation des vivres, soit expressement mande y comprendre exemptz et non exemptz, previlegiez et non previlegiez, ausquelles nous navons entendu et nentendons comprendre lesd. exposans, ains pour les causes susd. lez avons exeptes, reserves et exemptes, et, de noz mouvement, science et puissance que dessus, exeptons, reservons et exemptons par ces presentes, lesquelles, afin que ce soit chose ferme et stable a tousjours, nous avons signees de nostre main, et a icelles faict mectre nostre seel, sauf en aultres choses nostre droict et laultruy en toutes. Donne a Reims, au mois de novembre lan de grace mil cinq cens cinquante deux, et de nostre regne le sixiesme. Signe HENRY. Et sur le reply y a : Par le roy, le duc DE MONTMORANCY, pair et connestable de France, et aultres presens. DE LAUBESPINE. *Visa contentor :* HURAULT.

HENRY, PAR LA GRACE de Dieu roy de France, a noz ames et feaulx les gens de notre court des aides et finances a Paris, salut et dilection. Nous, apres avoir entendu le contenu des previleiges, franchises et exemptions octroyes par noz predecesseurs royaulx aux consulz, manans et habitans de la ville et faulx bourgs de Limoges, et quils en avoyent tousjours jouy et jouissent encores de present; nonobstant quilz eussent perdu les chartres de nosd. predecesseurs contenans lesdicts previleiges, franchises, libertes, exemptions, leur avons octroye noz lectres patentes cy atachees soubs le contresel de notre chancelarie, lesquelles, au moyen des deffenses que nous avons cy devant faictes de veriffier telles et semblables lectres de previleiges, franchises et exemptions et de la responce faicte par notre procureur general, ayant par votre ordonnance heu communication desd. lectres, vous pourries fere difficulte verifier et entretenir si par nous ne leur estoit sur ce pourveu, Nous, A CES CAUSES, et apres avoir veu et entendu la responce de n^{rc}d. procureur general cy pareillement atachee, bien recordz et memoratifz des deffenses a vous faictes de veriffier semblables lectres dexemption et affranchissement, vous avons declaire et declairons par ces presentes que nous navons entendu ne entendons comprandre esd. deffenses lesd. consulz, manans et habitans de Limoges, ains les avons exceptes et reserves, exeptons et reservons par ces presentes et vous mandons et tres expressement enjoignons par ces presentes signees de notre main que vous prandres pour toute aultre juission et mandement que vous pouries resercher de nous en cest endroict que a la verification et entretenement de nosd. lectres vous prendres, et du contenu en icelles faictes les impetrans jouyr tout ainsi quelles le contiennent et quil vous est mande, sans y faire aucune restrinction, modification ne difficulte, car cest chose que nous avons tresbien entendue et entendons. Donne a Saint Germain en Laye, le quatriesme jour de mars lan de grace mil cinq cens cinquante deux et de n^{re} regne le sixiesme. Signe : HENRY. Par le roy : BOURDIN.

Coppie de la quictance de deux milz livres.

JE, ANDRE BLONDET, conseiller du roy et tresorier de son epargne, certiffie avoir receu comptant des consulz, bourgeois, manans et habitans de la ville et faulx bourgz de Limoges, la somme de deux mil livres t/, en huict cens soixante neuf escuz sol a quarante six solz piece et la reste monnoye de douzains, de laquelle ilz ont faict don au roy pour leur avoir este accourde par led. seigneur certains previleiges et franchises quilz lui demandoyent; icelle somme de deux mil livres t/ a moi ordonnee par le roy n^{re}d. sire pour convertir et employer au faict de mond. ofice, dont je me trouve contant et bien paye, et en quicte lesd. consulz, bourgeois, manans et habitans de Limoges et tous aultres; tesmoing mon seing manuel cy mis, le vingt troisiesme jour de fevrier lan mil cinq cens cinquante deux. Signe BLONDET.

Latache desdictz previleiges, obtenue suyvant les lectres patentes du roy de monseigneur du Ludo, lieutenant general en Guyenne pour le roy n^{re} sire, en absence du roy de Navarre.

Coppie de latache de monseigneur du Ludo.

JEHAN DE DAILLON, conte du Ludo, chevalier de l'ordre du roy, gouverneur et lieutenant general dudict seigneur en ses pais et conte de Poictou et, en absence du roy de Navarre, es pais et duche de Guyenne, au seneschal de Limosin ou son lieutenant, commissaires ordonnes et a ordonner pour le faict de lassiete de garnisons et logis des gens de guerre tant a pied que a cheval, comutation et augmentation de vivres et utancilles de la gendarmerie, esleuz du hault pais de Limosin et a tous aultres justiciers, officiers et subgectz dud. sire, salut. Comme le roy ait, par ses lectres patentes donnees aux Rems (1) au mois de novembre mil cinq cens cinquante deux, signees HENRY, et sur le reply : Par le roy, DE LAUBESPINE, cy ataches soubz n^{re} contresel, et aultres causes y contenuez, confirme, approuve et emologue aux consulz, bourgeois, manans et habitans de la ville et faulxbourgz de Limoges conclaves et taiables a icelle, tous et chacuns les previleiges, franchises et libertes et exemptions a eulx et leurs predecesseurs octroyes par ses predecesseurs roys, et iceulx affranchis, quictes et exemptes tant de logis de gens de guerre a pied et a cheval que du payement et contribution de la comutation et augmentation de vivres, utancilles dicelle gendarmerie, selon que plus a plain

(1) A Reims.

est contenu ausd. lectres de confirmation, previleige, exemption, nouvel affranchissement et octroy, Nous, A SES CAUSES, vous mandons, et, en vertu du pouvoir a nous donne et commis par led. sire, comectons et a chacun de vous, si comme a luy appartiendra, que desd. confirmation, nouvel affranchissement, octroy et de tout le contenu esd. lectres patentes vous faictes, souffres et laisses lesd. consulz, bourgeois, manans et habitans de lad. ville et faulxbourgz de Limoges, enclaves et taiables a icelle et leurs successeurs, jouyr, user plainement, paisiblement et perpetuellement, sans en ce leur faire ou donner ne souffrir leur estre faict ou donne aucun trouble ou empeschement au contraire. Et, lequel si aucunement leur avoit este faict, mys ou donne, vous ayez incontinant et sans delay a loster, et mectre au premier estat et deu. Donne a Dacqz, le huictiesme jour de may lan mil cinq cens cinquante troys. Signe : JEHAN DE DAILLON; par comandement de monseigneur le conte du Ludo : BRAUSLARD. Et scelle du seel des armes dud. seigneur.

Le dernier jour de may mil cinq cens cinquante troys, en la maison de monsg^r Bermondet, lieutenant general en la court de la seneschaucee de Limosin, au siege presidial de Limoges, se sont comparus en leurs personnes, avec Chastaignac, leur procureur, sires Pierre Bastide, Jehan Maledent, Jehan Alesme et Pierre du Mas, bourgeois et marchans de Limoges et consulz la present annee de lad. ville; lesquelz ont presente certains previleiges donnes et octroyes par le roy aux manans et habitans de la present ville de Limoges, donnees a Rems, au mois de novembre lan de grace mil v^e cinquante deux et de son regne le sixiesme, signees HENRY, et sur le reply y a escript : Par le roy, le duc DE MONTMORANCY, pair et connestable de France, et aultres presens : DE LAUBESPINE; *visa contentor* : HURAULT; lectres dudict S^{gr} du quatriesme de mars lan susd., donnees à Sainct Germain en Laye, signees HENRY, et : Par le roy : BOURDIN; certaine quictance signee BLONDET, du troisiesme fevrier mil v^e cinquante deux; en presence de messieurs les gens du roy, qui ont dict avoir veu lesdictz previleiges, et de la presentation desquelz previleiges les susd. consulz presens ont requis acte; a quoy lesdictz gens du roy, aussi presens, nont inciste,

Coppie de lacte de monseigneur le lieutenant general.

que leur a este concede pour leur servir et valoir comme de raison. Faict les jour, mois et an susd. Signe : DE DOUHET.

Coppie de linthimation des esleuz.

AU JOURDHUY SOUBZ ESCRIPT, par devant nous Francoys Duboys, lun des esleuz pour le roy n^{re} sire au hault pais de Limosin et franc aleu, se sont comparus en leurs personnes : Pierre Bastide, Jehan Alesme, Jehan Maledent et Pierre du Mas, conconsulz de la ville de Limoges, avec Me Pierre Chartaignac, leur procureur ; lesquelz, en presence de honnorable maistre Pierre de Grantchault, licencie ez droictz, procureur pour le roy en la present eslection, ont dict que aux estatz dernierement tenus fut baille delay de six moys ausdictz consulz de monstrer dez previleiges dexemption de la contribution des garnisons, affin de nestre couches en lad. assiete ; suyvant laquelle sentence et obeyssant a icelle, se sont retires au roy n^{re} sire, et de luy avoir obtenu lectres en fourme contenans lesdictz previleiges, lesquelles nous ont presente, donnes a Rems, au mois de novembre lan de grace mil cinq cens cinquante deux, signee HENRY, et sur le reply y a escript : Par le roy, le duc DE MONTMORANCY, pair et connestable de France, et aultres presens : DE LAUBESPINE ; *visa contentor :* HURAULT, avec aultres lectres dud. S^{gr}, donnees a Sainct Germain en Laye, le quatriesme jour de mars mil cinq cens cinquante deux, aussi signee HENRY, et plus bas : Par le roy : BOURDIN, sceelles lesd. lectres du grand seel, avec la quictance de la finance du tiers de febvrier aussi dernier, signee BLONDET, ataches ensemble soubz le contresel dudict seigneur avec aultres lectres datache de monsg^r le conte du Ludo, lieutenant general du roy en absance du roy de Navarre ez pais et duche de Guyenne, comensans : « Jehan de Daillon, conte du Ludo », et datees du huictiesme may dernier, signees JEHAN DE DAILLON, et plus bas : Par comandement de monsg^r le conte du Ludo, BRAUSLARD, et sceellees du seel et armes dud. S^{gr}. Et, suyvant icelles lectres de previleiges, nous ont presente lesd. previleiges, et requis acte de la presentation diceulx en presence dudict procureur du roy. Ledict procureur du roy a requis veoir icelles et delay competant. Parquoy avons ordonne que lesdictes pieces seront communiquees audict procureur du roy, qui viendra dire ce quil appartiendra sabmedy prochain. Faict a Limoges, en la court de leslection du hault pais de Limosin, par devant nous, esleu susd., le dernier jour de may lan mil cinq cens cinquante troys. Signe : Duboys, esleu ; P. de Charlonya, greffier (1).

La transaction et appoinctement faict entre les consulz et monnoyeurs.

Nous, garde du seel auctentique royal estably aux contraictz au bailiaige de Limoges, a tous ceulx qui ces presentes verront, salut. Scavoir faisons que, par devant les notaires et tesmoingz cy dessoubz escriptz, ont este presens et personnellement establis en droict sires Helies Galichier, Pierre Bastide, Christofle Sanxon, Jehan Alesme, Jean Maledent, Joseph Rogier, Pierre Duboys, Pierre Decordes, Pierre du Mas, tant pour eulx que pour les aultres consulz de Limoges la present annee, d'une part, et sires Guillaume Aubusson, Pierre Guibert, Jehan Guibert et Marcial Martin, monnoyeurs de Limoges, tant pour eulx que pour Bartholome Guibert, Estienne Beaunom, Estienne de Felines, Pierre Peyroche, Lazare Colomb, Jehan et aultre Jehan Ruaudz, Pierre Ruaud, filz de Joseph Ruaud et Aymery Guibert, esquelz ont promis faire ratiffier le contenu en ces presentes dans demain, a peine de deux cens escus applicables ausd. consulz pour eulx audict nom, leurs hoirs et successeurs quelzconques. Lesdictes parties, de leur bon gre, sont venues en appoinctement et accord de certain proces pendant par devant messieurs les generaulx des aides a Paris, entre led. Aubusson et aultres sus nommes, monnoyeurs et ouvriers de la ville de Limoges, appellans de certain pretendu surtaulx quilz disent et pretendent leur avoir este faict a la cothisation de la soulde pour leur part de cinquante mil hommes de pied demandes par le roy en janvier dernier passe sur les habitans de la present ville, dune part, et lesdictz consulz et leurs predecesseurs inthimes, daultre. Et aussi entre led. Aubusson et aultres sus

Lappoinctement des monnoyeurs.

(1) Il y a ici une page blanche dans le registre.

nommes ses consors, demandeurs et requerant linterinement de certaine requeste tendant affin que, en procedant a la cothisasation de lad. soude, fussent commis et depputes commissaires pour tauxer et moderer lesd. ouvriers et monnoyeurs de Limoges aultres que lesd. consulz, par provision et sans prejudice du proces et leurs previleiges, et lesd. consulz deffendeurs, daultre; et aussi entre lesd. consulz et aultres impetrans lectres royaulx en matiere de desertion dappel en la court de parlement de Bourdeaulx, et lesd. consulz deffendeurs ensemble de tous aultres proces en quelques cours que ce soit, combien que ne soyent icy speciffies et nommes, mais la generalite equipolent a la specialite et au contraire. Cest assavoir que lesdictes parties respectivement se sont departies de tous proces et aultres estans pendans entre lesdictes parties, ont promis et convenu de nen faire aucune poursuite lun a lencontre de laultre et se sont quictes de tous despans adjuges et ad juger tant pour le regard desdictz consulz modernes que leurs predecesseurs, en quelque court que ce soit jusques au present jour. Et ont renunce au contenu diceulx proces lun en faveur de laultre, en pacte et promesse de nen faire aucune demande, poursuite ne querelle ores ne pour ladvenir, en se remectant et quictant les ungz les aultres tous droictz et actions jugees ou ad juger, liquides ou a liquider, en pacte perpetuel et solempne de nen demander aucune chose, sans prejudice toutesfois ausd. ouvriers et monnoyeurs de leurs previleiges dexemption de tous subsides, esquelz nest deroge par ce present accord. Et en pourront lesd. monnoyeurs poursuivre declaration du roy si bon leur semble, seulz ou avec leurs aultres monnoyeurs du royaulme de France et du proces pendant entre les parties pour cause de previleiges dexemption et contribution, et sauf ausdictz consulz leurs deffences au contraire, sans ce que, pour cause des previleiges dexemption et contribution, et sauf ausdictz consulz leurs deffences au contraire, sans ce que, pour cause de ce, soit par octroy du roy en jugement contradictoire, sil advenoit que lesd. consulz et leurs successeurs soyent tenus daucun despans jacoit quilz y fussent ou soyent condampnes. Aussi est dict entre lesdictes parties et convenu que, sil y a aucun arrest baillant forme a la cothisation des deniers desd. souldes concernant lesd. monnoyeurs et ouvriers, sen pourront ayder pour cause de lad. formalite seulement, sans aultrement se pouvoir aider sil y avoit aultre chose, ne des despans si aucuns estoyent adjuges, ains desapresent comme deslors lez ont quictes et remys ausdictz consulz. Laquelle transaction, convention et appoinctement lesdictes parties ont respectivement promis tenir de poinct en poinct, sans jamais venir ne faire venir respectivement par une chacune dicelles parties au contraire. Et, en deffault de ce faire, ont promis lesd. parties emender, payer, respondre et resarcir (1) tous frais, mises, costz, despans, domaiges et interestz que lune dicelles parties feroit ou soustiendroit par deffault de laultre, et de non tenir et du tout acomplir les choses susd. et chacune delles au simple dire et serement de celle ou celuy qui fera ou soustiendra les fraiz, mises, costz, despans, domaiges et interestz sans aucune aultre preuve ne taxe de juge, nonobstant le droict disant nul ne pouvoir ne debvoir estre juge, tesmoing ne arbitre en sa cause propre; auquel droict icelles parties et chacune delles ont renunce et renuncent a tous previleiges, statuts et ordonnances que une chacune dicelles parties pourroit dire et obicer (2) contre leffet et teneur desd. presentes, et par lesquelles le contenu en icelles pourroit estre enfrainct, casse et du tout adnulle en tout ou en partie, et a tout aultre droict sur ce introduict et a introduire au contraire; promectant en oultre, comme ont promis icelles parties et chacune dicelles respectivement, tenir et acomplir de poinct en poinct le contenu ez presentes par eulx et par aultres, et ce moyenant leur foy et serement par une chacune dicelles parties, faict et preste aux sainctz Dieu Evangile n^{re} Seigneur, le livre touche, soubz expresses obligations et ypothecques de tous et chacuns leurs biens et choses quelzconques, tant meubles que immeubles, presens et advenir quelzconques, lesquelz quant a ce ilz ont obliges, affaictz et ypothecques lun a laultre respectivement. Et pour mieulx tenir, garder et observer de poinct en poinct les choses susdictes et chacune dicelles, ont volu estre contrainctes et compellees par nous et noz successeurs et par noble et puissant seigneur monsg^r le gouverneur et seneschal de Limosin ou monsg^r son honnore lieutenant, et par aultres gens, sergens royaulx et aultres officiers allouez du roy n^{re} sire, par prinse, saisine, vendition, distraction et alienation et subastation (3) de tous et

---

(1) *Resarcir*, réparer ; lat. *resarcire*.
(2) « *Obicer*, objecter, opposer ; lat., *objicere*. » (ROQUEFORT.)
(3) *Subastation*, subhastation, saisie réelle ou mobilière ; *subhastatio*. » (ROQUEFORT.) — « *Subastacio*, lat. *subastacio*, subhastation, encan, vente publique. » (RAYNOUARD.)

chacuns leursd. biens, et par venerable personne monsg^r loficial de Limoges par censures et fulminations ecclesiasticques, et par ung chacun deulx seul et par le tout, a la cohertion, compresion, jurisdiction et contraincte desquelz icelles parties et chacune delles se sont soubzmises et abstrainctes, et par elles et chacune ont volu estre jugees et condampnees par Pierre Chartaignac et Bartholomy Malerbaud, notaires royaulx, noz feaulx commissaires et jures, par devant lesquelz toutes et chacunes les choses susd. ont este faictes, dictes et par eulx en lieu de nous receus et passees, ainsi que feablement nous ont rapporte par ces presentes, de leurs propres mains signees. A la feable relation desquelz, nous, garde susd., foy plainiere adjoustans, et ayans les choses susd. pour agreables comme si en jugement par devant nous avoyent este faictes, a cesd. presentes, en foy et tesmoignaige de verite, avons faict mectre et apposer led. seel auctentique royal. Donne et faict en la ville de Lymoges, en presence de honnorables maistres Symon des Coustures, Leonard Barny et Jehan Fenyeu, advocatz a Limoges, tesmoingz a ce presens, requis et appelles, le seziesme jour de janvier lan mil cinq cens cinquante deux.

Lesdictz jour et an, aud. Limoges, par devant lesd. Chartaignac et Malerbaud, cest comparu en sa personne Francoys Guibert, lun desd. monnoyeurs, lequel, tant pour luy que pour Aymery Guibert, son frere, absant, auquel a promis faire ratiffier et avoir pour agreable ce que sera cy apres deduict, lequel, apres luy avoir leu et donne entendre de mot a mot le contenu ez lectres cy dessus inserees, lesquelles il a dict et declaire bien entendre, a ratiffie et heu pour agreable le contenu en icelles, sest oblige a faire et entretenir de poinct en poinct le contenu en icelles, sans jamais venir au contraire. Et, pour ce faire, a oblige luy et ses biens en la meilleure fourme, moyennant serement par luy faict et preste aux sainctz Dieu Evangilles n^re Seig^r, toche le livre, avec les renunciations comme dessus, ez presence de Pierre Gay et Pierre Usance, tesmoings.

Et, LESDICTZ jour et an aussi, a ratiffie comme dessus Lazare Colomb, ez presences que dessus. Et aussi ledict jour ont ratiffie sires Estienne de Beaumon, Estienne de Felynes et Jehan Ruaud laine, comme dessus, ez presences de Martin Vandosme, eleve de Gervais, et dudict Pierre Gay, tesmoings. Et, ADVENENT le dix septiesme jour du mois de janvier lan susd., ont este presens

Pierre Peyroche, Pierre Ruaud, Jehan Ruaud le jeune et Bartholome Guibert, marchans et monnoyeurs dudict Limoges, ausquelz aussi ont este leuez et donnees a entendre lesd. lectres dessus inserees et contenu en icelles; lesquelz et ung chacun deulx ont ratiffie et heu pour aggreable tout ce que par icelles est contenu, promis et jure comme dessus ne venir au contraire, soubz mesmes obligations et cohertions que dessus. Ez presences de Francoys Chenault, eleve des Alloix, demeurant a Limoges, et de Marcial Ratier, filz de Guillomot Ratier, costurier de Limoges, tesmoingz; et signe dessoubz : B. MALERBAUD, notaire royal, avec maistre PIERRE CHARTAIGNAC, qui a loriginal reis (1) luy Chartaignac, avec maistre Bartholome Malerbaud.

ITEM avons faict les reparations des fontaines tant dEyguolenne que de Sainct Pierre et ouvrir les douatz et conduictz de lad. font dEyguolenne jusques a la source de leaue, ou ny avoit plus de douatz ne conduictz, sinon seulement lorigine et source de lad. eaue provenant des roches et terre; laquelle source est pardela La Borie, pres de Courgnac, et pardessus les boysnes de piarre bien apparantes. Ausquelz douatz et conduictz avons donne plusieurs sources de leaue que les voisins usurpent. Et, apres y avoir mys bon ordre, avons faict couvrir tous lesd. dohatz, boyner et arracher toutes les racynes des arbres et gorces (2) que estoyent plantes et enracynes sur la couverture desdictz douatz et conduictz, questoit la cause damplir et empescher lesd. douatz et conduictz, et faict eslever toutes les couvertures desdictz douhatz et conduictz en fourme de chaussee, de laulteur de quatre piedz et de huict piedz de large; et pareillement boynes aux deux costes et sur le milieu, a celle fin quil soit memoire perpetuelle a noz successeurs de cognoistre lesd. douatz et conduictz, et iceulx entretenir. [Réparations : fontaines.]

ITEM, avons fait paver le chemyn de la terre de Bregefort, par lequel les charretiers viennent de Paris, y passent et repassent [Chemin de Bregefort.]

---

(1) « *Reiz*, au ras de, contre, devers. » (RAYNOUARD.)
(2) « *Gource*, lieu couvert, rempli de buisson; buisson épais. » (ROQUEFORT.) — Le mot *gorce* est usité dans ce dernier sens en Limousin et d'autres patois méridionaux. Nous disons : « *Pruneaux de gorce*, prunelles des haies ».

T. II. 2

journellement, tant de piarre menue que daultre pave faict a la brasse.

[Chemin de Condat.]

ITEM, avons faict aussi reparer le pont du chemin par lequel len va de la present ville a Condac.

[Ponts.]

ITEM, avons faict a neuf par entier le pont de Boucharie et repparer les aultres qui alloyent tous par terre.

[Quête pour les pauvres honteux.]

ITEM, avons contynue la bonne et charitable costume de faire lever par les parroisses de ceste ville, tant de Sainct Pierre que de Sainct Michel, la queste pour les pouvres honteux, necessiteux et malades de lad. ville, laquelle queste se lieve par lesdictes parroisses par cantons, scavoir est en chacune parroisse deux femmes de deux maisons, ausquelles sont baillees deux taxes pour lever ladicte queste, chacune sepmaine, le jour du sabmedy. Et icelle queste levee par lesd. femmes et randue en la maison commune de Consulat, lesd. consulz baillent a certaines honnestes dames esleuez par lesd. consulz largent provenant desd. taxes pour distribuer ausd. pouvres, selon Dieu et conscience, sans navoir aucun tribut ne salaire, ains le font, comme promectent faire, pour lamour de Dieu.

[Pièces d'artillerie données par les consuls nouveaux.]

ITEM, ENSUYVANT LA BONNE ET LOUABLE costume que avoyent acomance noz predecesseurs consulz de lan mil vᵉ trente quatre finissant mil vᵉ trente cinq, par laquelle ceux que avoyent este consulz de nouveau esleuz que ne lavoyent este, au lieu du banquet quilz avoyent costume faire, feroyent des pieces dartillerie selon et ensuyvant la qualite de leurs personnes.

PAR QUOY, nous, desirans observer ladicte bonne costume, avons faict ceste presente annee quatre pieces dartillerie pesans quatre cens livres, et mises lesd. pieces en la maison comune de Consulat, pour la tuition et deffance de la republicque. Lesquelles pieces dartillerye ont faict faire messieurs les consulz nouveaux esleuz de la present annee; scavoir est : Marçial Douhet, une piece de cent livres; Jehan Alesme, une piece de cent livres; Christofle Sanxon, Pierre Ardent, Pierre du Mas et

Marcial de Vaubrune dict Chambinaud ont faict fere ensemblement aultres deux pieces de deux cens livres (1).

Ellection faicte des consulz de la ville de Lymoges le septiesme de decembre lan mil cinq centz cinquante troys pour lad. annee finissant mil v^c cinquante quatre, faicte par les manans et habitans dud. Lymoges, assembles en la sale commune du consulat de lad. ville, au son de la cloche de Sainct Marcial. Ampres avoir faict le serement au cas requitz et accoustume, a este procede a lad. election comme sensuyt :

Les Taules :

Jehan Veyrier.

La Porte :

Jacques Benoist (2).

Maignenye :

Jehan Penicailhe.

Le Marche :

Marcial Verthamon.

La Faurie :

Francoys Duboys.

Le Clouchier :

Bartholome Desfertes dict Le Vieulx.

---

(1) Il y a ici deux tiers de page et une page blanches.
(2) En marge se trouve la mention suivante :
« Les consulz de la d. annee firent leurs comptes et randirent aux consulz de lannee suyvante la somme de troys centz trente deux livres troys d. t^s (deniers tournois) quilz avoyent ras eulx de reliqua de ladministration de leur annee, comme est porte par acte receu par Me M^{al} Deschamps, notaire royal, le ...... (la date manque). »

Boucharie :

Pierre Lagnorse.

Lansequol :

Marcial Peysteul.

Las Combas :

Lienard de Bouscheys dict Lavaul.

Le Vieulx Marche :

Jacques Chapfort dict Claveau.

Croiscances :

Jehan Duboys, maistre de monnoye;
Marcial Mailhot.

Faict les jour, moys et an que dessus.

(Signé :) M. Deschamps, scribe ordinaire de mesd. S[rs] les consulz de Limoges.

Election des conseilliers, collecteurs et partisseurs des tailles la present annee mil cinq centz cinquante troys finissant mil cinq centz cinquante quatre, faicte par les manans et habitans de la ville et faulx bourgs de Lymoges, assembles en la sale de consulat et maison commune dud. Lymoges, comme est de coustume, lesquelz, apres avoir faict le serement au cas requitz et accoustume, ont procede a lad. election comme sensuyt, le xxvij° jour de decembre l'an mil cinq centz cinquante troys.

Las Taulas :

Mathieu Johanault;
Jehan Juge, appothicaire.

La Porte :

Albert Hardy ;
Marcial Dauvergne.

Maignenye :

Jehan Raymond dict Reestoil.
Jehan Moureau.

Le Marche :

Pierre de Leyssenne dict La Voulte ;
Marcial Juge laisne.

La Faurie :

Pierre Arnault;
Jehan Boulet.

Le Cluchier :

Lienard Peyrat dict Lannete ;
Pierre Bardonnault.

Boucharic :

Guillaume Lebegault
Pierre Barraudon dict Douret.

Lansequol :

Jehan Froment ;
Marcial Muret.

Las Combas :

Marcial Gadault, hospte de la Poire ;
Pierre Segond, dict Dasde.

Vieulx Marche :

Marcial Charles dict Nyot ;
Jacques Bardinet laisne.

(Signé :) M. Deschamps, scribe ordinaire de messg^{rs} les consulz de la ville de Lymoges.

[Ostensions de 1554.]

Ladicte annee mil v^c cinquante quatre fut faicte lostension mons^{gr} sainct Marcial, comme est de bonne costume, en leglise dudict Sainct Marcial. Et fut sorty lad. annee le mardy de l'asques, ou nous fusmes appelles et assistames ; et aussi fusmes appelles le jour quon ferma le chief dud. sainct Marcial avec la luminaire accoustumee.

[Quêtes dans les églises.]

Item, nous avons suyvy la bonne et louable costume de faire amasser pour les pouvres aux eglises parrochielles de Sainct Pierre et Sainct Michel, par deux femmes en chacune eglise, que sont prinses par reue et par cantons. Lesquelles, apres avoir amasse, pourtent largent quelles ont amasse en lad. maison comune, et illec lesd. consulz les baillent et delivrent a deux honnestes femmes de lad. ville pour le distribuer aux pouvres honteux et necessiteux.

Lad. annee fismes nectoyer les deux estangz de lad. ville jusques au pave diceulx, et faict reparer les paves et accoustrer les fontaynes et pons levys des portes de l.d. ville et plusieurs aultres reparations necessaires qui se sont presentees a nous lad. annee.

[Réparations aux étangs et aux fontaines.]

HENRY, PAR LA GRACE DE DIEU, ROY DE FRANCE, A TOUS PRESENTZ et advenir, salut. Comme entre les commoditez quil a pleu a Dieu donner a nous et n^{re} roiaulme, les extremites duquel, du couste de la mer, sont, ou la plus part, habondantz en maraiz propres a faire sel, au labour et culture desquelz et pour les mectre en estat de ce faire, resister promptement tant de jour que de nuyct aux inundations et vimairez inesperez de la mer et du temps, entretenir et conserver leurs saulx estans sur les bossiz (2) et leveez desdictz maraiz, soit neccessairement requis une incroyable quantite de peuple, lesquelz, endurciz a la peyne, cognoissans les marees et malins perilz et dangers de la mer, se font par temps aultant et plus bellicqueulx, advantureulx et adroictz a la guerre, tant sur mer que sur terre, que nulz autres maritains, tellement que navons frontieres en n^{re} roiaulme qui soient si deffensibles, ne qui puissent tant offenser noz ennemyz silz sefforcent den approcher, principallement du couste de Poictou, Xainctonge, ville et gouvernement de La Rochelle, Guyenne et des isles desdictz pays y adjassantes, confinans de toute part a la mer Oceane, dont les portz sont si peu assecibles et la commodite de descouvrir en mer les navires dennemys si facille que avec signes que font noz subjectz, par feuz de nuyct et fumee de jour en lieux eminans, et si a propoz respondantz les ungs aux autres, et la dilligence si grande que lennemy ne y peult sans evidente perte et ruyne aborder. Pour lesquelles causes, et aussi pour les grandz biens et richesses qui viennent a nous et tout n^{re}dict roiaulme dudict labour et culture et du commerce qui sen ensuyt, avec autres bonnes et grandes considerations, noz predeccesseurs les ont en aucuns endroictz composez de taille, previlieges et afranchises dimpo-

[La lectre de la composition du quart et demy du sel (1).]

---

(1) Voir FONTANON, *Ordon..* T. II, p. 747.
(2) « *Bossil*, la partie la plus élevée d'un fossé. » (ROQUEFORT.)

sitions et subcides; et, en instituant les gabelles de n^{re} roiaulme a trante livres pour muyd, eussent seulement charge par forme dayde et subvention extraordinaire, pour subvenir a leurs urgens affaires, lesdictz pays de Poictou, Xainctonge, ville et gouvernement de La Rochelle, de la quarte partie du pris du sel appelle le quart sel de Poictou. Auquel despuys en lan mil cinq cens trante sept fust adjouste ung demy quart par feu de bonne memoire n^{rr} treshonnore S^r et pere, que Dieu absoilve, pour partie des gaiges des officiers de ses courtz souveraines; comme en pareilh cas et semblable cause fut faict par tous les greniers de n^{re} roiaulme, redvisant et augmentant noz droictz de gabelle de trante livres a quarante cinq livres pour muy, et au quinct de Coignac en Engoumoys, qui nestoit lors pays de quart et demy quinct; cela en ceste forme continue jusques en lannee mil cinq cens quarante, en laquelle, et autres annees ensuivant, fust en diverses manieres inmue la forme auparavant tenue en la perception desdictz droictz de quart et demy, cree et erige au lieu diceulx aucuns greniers, marguesins et gabelles esdictz pays de Poictou et Xainctonge, et semblablement ezdictz pays dAngoumoys et autres non estantz de quart, eulx fornissant neantmoingtz du sel desdictz pays de Poictou et Xainctonge lesdictz droictz de quartz, quinct et demy, en ce faisant par ce moyen subprimes, estains et aboliz. De laquelle creation et errection de gabelle non accoustumee esdictz pays se seroient noz subjectz en iceulx trouves grandement charges, tant par la cessation a cause de ce advenu du commerce dentre eulx et des estrangiers avec eulx, que du changement de leur comung usaige et moien de vivre, avec autres raisons concernans la multiplication et conservation des hommes, richesses et opulances desdictz pays, ainsin que nous auroient faict dire et remonstrer les gens des troys estatz du pays de Poictou, Xainctonge, ville et gouvernement de La Rochelle, Engoumoys, haulte et basse Marche, hault et bas Limosin et Perigort, tendent tous avec humble suplication a ce que n^{re} plaisir fust, pour leur reppotz et transquilite, abolir iceulx greniers, maguesins et gabelles, nous offrans ce que leur puissance pourroit pourter. Obtemperantz aux telles remonstrances et requestes, apres les avoir faict assembler et oyr en leurs offres en la ville de Poictiers, et le rapport de ce a nous faict, se seroient les gens desdictz troys estatz retires devers nous et n^{re} conseilh prive, et en icelluy declare leursdictes offres, qui estoient de nous payer pour une foys deux cens mil escuz, pour employer au faict des gueres, eulx submectans tous de ramborcer les officiers de lad. gabelle et supporter lesdictz pays, et chacun diceulx respectivement, pareilh debvoir de quart et demy que noz predecesseurs roys avoient paravant ordonne estre prins et leves esdictz paiz de Poictou, Xainctonge, ville et gouvernement de La Rochelle pour raison dudict sel, et promectans nous faire valoir ledict quart et demy par chacun an la somme de quatre vingtz mille livres, a quoy nous les aurions benignement receuz. Et en ce faisant, apres avoir trouve, par deues inquisitions, lesdictz droictz de quart et demy nous estre aultant ou plus commodes et a la chose publicque de n^{re}d. pays que lestablissement desdictz greniers, maguasins et gabelles creez en ladicte annee mil cinq cens quarante deux, et tous les estatz et offices instituez pour ladministration diceulx, ensemble ce qui cestoit surce ensuivy et qui en deppendoit aboly, estaint, supprime et revocque pour nous et noz successeurs roys; et par contraict et paction faictz avec lesdictz estatz, remys lesdictz droictz dimposition de quart et demy de sel, pour lesdictz pays et chacun diceulx, a lantienne forme et ordonnance observee, et qui a peu et deu estre observee en Poictou, Xainctonge, ville et gouvernement de La Rochelle, comme il est plus aplain contenu ez lectres de chartre surce expediees a Amyens, au moys de septembre mil cinq cens quarante neuf. Et suyvant ce, auroient este nosdictz droictz de quart et demy baillez a ferme pour trois anneez ensuivans, escheuez le dernier jour de decembre dernier passe, a ladicte somme de quatre vingtz mille livres par an. Lesquelles expirees, les aurions de nouvel faict bailler pour troys autres annees ensuivantz, commensantz le premier jour de janvier aussi dernier passe, pour la somme de six vingtz treize mil cinq cens livres, y comprins la somme de neuf mil six cens livres; a quoy les estatz du pays dAuvergne avoient et ont compose avec nous pour leurs fornitures de quatre cens muictz de sel desdictz pays de quart et demy, ainsin que contenu est en deux lectres surce a eulx octroyees a Chaloons, au moys de may mil cinq cens cinquante deux; en laquelle ferme, outre ladicte composition du pays dAuvergne, nous aurions aussi comprins et donne pouvoir et faculte audict fermier de nommer et faire son profict des offices particuliers quil nous avoit faict entendre estre requiz a la perception desdictz droictz de quart et demy, ez sieges, lieux et ainsin quil est declaire en ung estat de ce, signe et expedie a nrᵉdict conseilh a Reims, le quatorziesme jour doctobre mil cinq cens cinquante deux, sans lesquelz office ladicte ferme revient, comprins ladicte composition dAuvergne, a cent neuf mil cent livres. OR EST IL que, sur la fin dudict premier bailh, nous estans occupez au faict de noz guerrez, se seroit retire devers nous et les gens de nrᵉ conseilh le scindict dudict pays de Xainctonge et des isles de Marennes, Olleron et Alevert, qui nous auroient, tant de la part desdictz pays et isles que aussi dEngoumoys, Perigort, hault et bas pays de Limosin et Libourne, presente certaine requeste et articles contenans plusieurs remonstrances, plainctes et doleances des exaptions, surcharges, oppressions et nouvelletez, quilz disoient et pretandoient leurs estre faictes par le fermier ou fermiers dudict quart et demy, leurs facteurs et commis, souhz umbre de leur ferme, leur estant lez liberte, commerce et commodite de vivre accoustumez; faisantz iceulx fermiers, leursdictz facteurs et commis eulx mesmes le trafficq du sel, empeschans de ce les proprietaires et saulniers, par ledit taux execif dudict quart et demy, les contraignant au payement dicelluy par emprisonnement de leurs personnes, amendes et confiscations, commectans en ce plusieurs abbuz et malversations, ne gardans en riens noz ordonnances, et tellement que lesdictz proprietaires et saulniers estoyent contrainctz quicter le navigage et commerce dudict sel, laisser perir en port leurs navires et bateaulx, habandonner et laisser sans saulner lesd. marais, et eulx retirer ailheurs en nrᵉ roiaulme sercher autre moien de vivre; nous requerant, pour a ce obvier, commuer ledict quart et demy en une forme dequivallent a certaine somme, charges et condictions contenues en lad. requeste. Pour aquoy pourveoir, comme raison estoit, asses certain du grand fruict que du labeur desdictz insulaires et des autres isles et lieux esquelz y a maraiz salans provient a nous et a toute la chose publicque de nrᵉ roiaulme, eussions decerne noz lectres patentes et commission a noz ames et feaulx conseillers Mᵉˢ Jehan Belot, Sʳ du Beulay (1), conseiller en nrᵉ court de parlement a Paris, et Thomas Rapoel (2), Sʳ de Bandeuille, secretaire de nrᵉ chambre, pour eulx transporter esdictz pays de Poictou, Xainctonge,

(1) Il y a « Boulay » dans Fontanon.
(2) Ce mot, dans Fontanon, est orthographié « Rapouel ».

Engoumoys, et en telles desdictes isles et autres pays quilz adviseroient, et illec eulx enquerir dilligemment de et sur les choses dessusdictes, ensemble de la commodite ou incommodite que nous et la chose publicque de n^{re} roiaulme pourrions avoir en acceptant les offres contenues esdictz articles, et si noz droictz conservez y auroit autre meilleur moien et plus convenable dont nous puissions user envers noz subjectz. Ce que lesdictz Rapoel et Belot auroyent faict, et de ce, incontinant leur retour, faict ample et fidelle rapport a nous et a n^{re} prive conseilh, a Compiegne, au moys de juillet dernier passe, remonstre et deduict les expedians quilz avoient trouvez en divers lieux, et par adviz de noz officiers ordinaires, comunaultes de villes et autres, et des moyens par lesquelz se pourroient plus commodement lever nosdictz droictz, a moindre charge pour n^{re} peuple et subjectz, et au contraire les inconveniens inevitables enquoy nous et nosdictz subjetz pourrions tumber en chacun desdictz expedians, avec le grand et efrene nombre dofficiers pour lever et recuillir les deniers de ladicte ferme, receveurs particuliers, contrerolleurs, garde, visiteurs, fermiers, associes facteurs, entremecteurs, receveur et controlleur generaulx, conservateur, procureur et greffier, leur commis en divers lieux, chevaulcheurs errans ordinairement par lesdictz pays de quart et demy, et autres allans et venans, quil convient neccessairement stipendier et entretenir en lad. ferme gens de diverses qualites et condictions, dont les gaiges, sallaires, entretenemens et fraiz montent, comme il est vraysemblable, aultant ou plus de ce qui en vient de net en n^{re} bourcé; desirant evicter ceste despance et fraiz et donner moyen a noz subjectz dexercer en paix, repoz et transquilite leur commerce, tant en n^{re} royaulme que dehors icelluy, et de non seullement reparer et remectre en bon estat et culture ce qui peult estre deperi de leurs maraiz salans despuis ladicte annee mil cinq cens quarante, maiz aussi lez augmenter et accroistre, mectant en culture plusieurs marescaiges et terres vaccantes estans propres a faire maraiz salans, et, par ce moien, augmenter et fortiffier tousjours de peuple noz frontieres, entretenir en bon equipaige leurs navires, estimans par nous tant plus grande quantite de sel il y aura sur leurs maraiz salans, tant meilleur marche ilz en feront a noz autres subjectz, et pareillement aux estrangiers, les attirans a cause de ce avec leur marchandise plus facilement au commerce dicelluy sel, sans ce que nosdictz subjectz et regnicoles leurs en pourront pourter; considerans aussi les grandz et urgens affaires que nous avons de present a supporter pour le faict des guerres, tuition et defance de n^{re} roiaulme; esperans, avec layde de Dieu n^{re} Createur, non seullement obvier et resister aux entreprinses de lEmpereur n^{re} adversaire, maiz le repousser bien avant en son pays. A cause de quoy ayons, oultre lordinaire de noz finances, faict exposer en vente aucunes portions de n^{re} donmaine, dont peult estre les deniers ne ce pourront si promptement recouvrer que nosdictz affaires le requerront, aurions, par grande et meure deliberation de n^{re} conseil, garny daucuns princes et seigneurs de n^{re} sang et autres grandz personnaiges, propose et arreste de faire ouverture et presenter aux estatz desdictz pays et autres se fornissant de present du sel dud. quart et demy, en ce toutesfoys non comprins ceulx de nosd. pays dAuvergne et autres subjectz a noz droictz de gabelle, leur laisser par pure et absolue vendiction sest impost et charge au denier douze, de ce aquoy il est a present afferme, et les deniers de ce venans convertir et employer ainsin que dessus. Laquelle deliberation suivant n^{re} commission, noz amez et feaulx Mrs Amaulry Bouchard, m^e des requestes ordinaire de n^{re} ostel, Francoys Doyneau (1), juge presidial et lieutenant general en n^{re} seneschaucee de Poictou, et Gaultier Rasseteau, juge des cas roiaulx et lieutenant general en la seneschaucee de Chastellerault, auroient faict scavoir en n^{re} ville de Xainctes, aux officiers, maires et eschevins des principalles villes desdictz pays, pour faire convocquer les trois estatz diceulx, affin dadviser sur ce les plus promptz moyens quilz auroient à tenir pour lexeqution dicelle conclusion et deliberation, et, par leurs depputez garnys de procurations suffizantes, en venir dire leur resolution ausdictz commissaires, en la ville de Poictiers, le premier jour doctobre en suivant et dernier passe, a eulx pour ce prefix. A laquelle assignation lesdictz estatz auroient envoye les seindictz et depputez fondes comme dessus, recoignoissant tous lesdictz comparans a ladicte assemblee par devant nosdictz commissaires, avec eulx noz amez et feaulx conseillers le S^r de La Roche Pouzay, lung de noz maistres dhotel ordinaire, et maistre Jehan Journay (2), lieutenent general

---

(1) Fontanon écrit « Douineau ».
(2) Il y a « Journeau » dans Fontanon.

de la seneschaucee de Xainctonge, aussi a ce par nous commis, que ledict reachapt estoit tres utille et proffictable, accordans payer le pris dicelles acquisitions par moitie ez festes sainct Jehan prochain venent et Noel ensuivans; nous offrans oultre, pour parvenir ausd. termes, le pris dicelle ferme de lannee prochaine, sauf toutesfoys n^re bon plaisir; hors mis que, audict Poictiers, ceulx du pays de Bourdeloys et quelques autres en petit nombre avoient remonstre que, comme exemptz par previlieges de nous et noz predecesseurs, et pour autres causes, ilz ne debvoient contribuer a aucunes impositions et charges, jacoyt toutesfoys que en ce ne soit question de les charger, ains descharger que mediatement ou immediatement ilz pourtoient dudict debvoir du quart et demy et de linterestz quilz avoyent a lacquisition dicelluy. Surquoy nosdictz commissaires les auroient ranvoyes devers nous, en n^re prive conseilh, au quatriesme du moys de novembre ensuyvant. Auquel jour ou le landemain, les comparans en n^re conseilh prive eussent amplement este oyz en leurs offres, requestes et remonstrances, et ordonne que les gens desdictz estatz, comprins ceulx du pays de Bourdelloys, seneschaucee de Guyenne, La Rochelle et isle de Rey, nonobstant leurs remonstrances, et les autres prenans sel de quartaige, tant contremont les rivieres de Gironde et Garonne que autre part, sentans proffict et commodite en ladicte acquisition, excepte ceulx desdictz pays dAuvergne et de gabelle, seroient contribuables; nous requerent lesdictz comparans, faisans la plus grande et saine partie de tous lesdictz estatz, estre surce expedie, pour la seurete diceulx a ladvenir, lectres au caz requises et necessaires. Scavoir faisons que, apres avoir mis du de rechef ceste affaire en deliberation en n^re conseilh, ou estoient pareillement plusieurs princes de n^re sang, par ladviz diceulx et aultres bons personnaiges aymans le bien de nous et de la chose publicque de n^re roiaulme, repoz et transquilite de noz subjectz, considere limportance de noz affaires et le besoing que nous avons de ladvancement desdictz deniers, pour lequel ne nous voulons arrester au payement du pris dicelle ferme de lannee prochaine; a ces causes, et par les autres bonnes et justes considerations dessusdictes, aux gens des trois estatz, manantz et habitans du pays de Poictou et antiens ressortz dicelluy, Xainctonge, ville et gouvernement de La Rochelle et de isles de Marennes, Olleron, Alevert, Hiers, Rey et autres isles adjassantes ausdictz pays de Poictou, Xainctonge, ville et gouvernement de La Rochelle, aux gens des troys estatz des pays dAngoumoys, hault et bas Limosin, haulte et basse Marche, Combrailhe, Franaleu, Perigort et pareillement a ceulx de la seneschaucee de Guyenne et pays de Bourdeloys, y comprenant Soulat et aussi les pays dAgenoys, Bazadoys, Quercy, Condonnois, les Lannes (les Landes), Armaignac, Fezansac, Comminge, Sainct Girons, les jugeries (1) de Riviere et Verdum et autres pays et lieux qui se fornissent de present et doibvent fornir du sel yssant des maraiz salans desdictz pays de Poictou, Xainctonge, Guyenne et des isles y adjassantes, tant subjectz audict quart et demy que rapportant proffict et commodite a lextintion diceulx comme dessus, avons, de n^{re} propre mouvement, certaine science, plaine puissance et auctorite roial, pour nous et noz successeurs roys, les depputes desdictz estatz ou la plus part, comme faisant la plus grande et saine partie de tous lesdictz estatz rapportans proffict en ceste affaire, stipulantz et acceptans pour eulx et pour les estatz absens et leurs successeurs habitans esdictz pays et ayans cause, vendu, cede, quicte, delaisse et perpetuellement transporte, et par ces presentes, faictes et passees par contraict perpetuel et irrevocable faict avec lesdictz estatz, vendons, quictons, ceddons et transportons nozdictz droictz de quart et demy quart du sel ezd. pays, tout ainsin que nous et noz predecesseurs, noz fermiers, commis et depputez avons et ont accoustume den joyr, peu et deu joir, prandre et lever et faire lever esdictz pays et qui nous peuvent compecter et appartenir, soit a cause de nostre couronne ou autrement, en quelque maniere que ce soit, sans en riens reserver ne retenir, et sans ce que nous ou nosdictz successeurs roys et ayans cause puissions, ores ne pour ladvenir, rellever et mectre sur ledict quart et demy, ne imposer aucun tribut, droict, debvoir accoustume, ou autre chose queilconque, pour quelque cause et affaire que ce soit, sur ledict sel, soit esdictes isles et maraiz salans ou autres endroictz des pays dessus declairez. Voulons et nous plaist que desormaiz, a commancer le premier jour de janvier prochain venent, cesse limpost et payement dudict quart et demy, lentremise, maniement et exercisse de la ferme dicelluy, et que deslors en avant nosdictz subjectz desdictz pays non exeptez puissent franchement et librement vendre, debiter,

---

(1) Il y a « vigeries » dans Fontanon.

trocquer et eschanger, distribuer et transporter, tant par mer, par riviere que par terre, et par tous endroictz desdictz pays, islez et maraiz salans, ledict sel, tout ainsin que bon leur semblera, sans ce quilz y puissent estre empeschez, troublez ou molestez, pour quelque cause et moyen et par quelque personne que ce soit, pour cause dudict quart et demy. Lesdictes vendiction, cession et transport dudict quart et demy faictz pour le prix et somme de unze cens quatre vingtz quatorze mille livres tournois, qui, a la raison du denier douze, revenans, selon la licquidation faicte sur ladicte ferme, non comprins ladicte somme de neuf mil six cens livres tournois pour ladicte composition dAuvergne et lesdictz offices particuliers dudict quart et demy contenuz en lestat devant dict, dont lesdictz fermiers ne nous ont encores aucune chose paye, a la somme de quatre vingtz dixneuf mil cinq cens livres. Laquelle somme de unze cens quatre vingtz quatorze mille livres lesdictz estatz et habitans desdictz pays seront tenuz nous payer, randre et mectre a leurs despans ez mains des receveurs generaulx en la charge desquelz respondent et sont assiz lesdictz pays respectivement; cest assavoir : la moitie, montant a la somme de cinq cens quatre vingtz dixsept mille livres tournois, dedans le premier jour de mars prochain venent, et lautre moitie, montant a pareilhe somme, faisant fin du payement, dedans le premier jour de jung ensuivant. De laquelle somme de unze cens quatre vingtz quatorze mille livres tournois les gens du tiers estat et commun estat nous payeront les deux tiers, montans sept cens quatre vingtz seize mille livres tournois, et lautre tiers, montant troys cens quatre vingtz dix huit mille livres, sera paye par les gens desglize et nobles, par egale portion, assavoir : par ledict estat desglize, neuf vingtz dix neuf mille livres tournois, et pareilhe somme par ledict estat de la noblesse et leurs aydes, le tout selon et ainsin quil est contenu par les departemens cy atachez soubz le contresel de nostre chancellerie, ayans este faictz et arrestez en nredict conseilh prive, lesdictz depputez sur ce oyz en leurs remonstrances. Et en ce faisant demeureront lesdictz estatz, chacun en leur regard, quictes et descharges desdictes sommes, qui seront particulierement cothisees suyvant lesdictz deppartemens sur iceulx estatz, ensemble les fraiz neccessaires faictz ou a faire pour raison de lad. acquisition, recouvrement des deniers, port et voicture diceulx a nosdictes receptes generales, salaires et tauxations des recepveurs a ce commis, façon et reddiction des comptes respectivement le plus justement et a la moindre charge desdictz pays que faire ce pourra, sans toutesfoys que lon puisse dire que, pour raison de ce, ayons aucunement entendu derroger aux preeminances, exemptions, franchises et libertez desdictz gens desglize, nobles et autres previlieges, ne que ceste contribution soit tirée a consequence sur eulx ne sur ledict tiers estat. Et ou lesdictz pays et estatz nauroient entierement, chacun en son regard, satisfaict et paye lesdictes sommes esdictz termes en la maniere devant dicte, celluy ou ceulx qui seront defaillans et en demoure de ce faire seront tenuz nous rambourser des interestz et perte de finance, a quoy nous aurions emprunte des bancquiers de Lyon ou autres ce qui restera a fornir de leur contingente portion contenue en icelluy departement. Pour lesquelz deniers faisant le pris de lad. acquisition recouvrer, apporter et delivrer a nosdictz receveurs generaulx, chacun en sa charge respectivement, ensemble pour recouvrer et recullir les fraiz qui seront taxes et imposez avec ledict pris, lesdictz gens desdictz estatz ou leursdictz scinditz et depputez commectront en chacune desdictes provinces et pays telz personnaiges quilz adviseront suffizans et solvables, lesquelz en randront compte par devant iceulx estatz ou leurs depputez; nous demeurans iceulx estatz respectivement des sommes sur eulx depparties et cothisees par lesd. estatz et departemens, chacun en son regard, chargez et tenuz de nous en faire les deniers bons, ainsin que dict est cy devant, jusques a ce que lesdictes sommes soient entierement randuez en nosdictes receptes generales. A quoy lesdictz depputez, esdictz noms, se sont soubzmis et a ce faire obligez et ypothecques tous et chacuns les biens desd. estatz. Et, pour satisfaire a ce que dessus, seront aux gens desd. estatz respectivement baillees toutes les lectres, provisions et contrainctes a ce neccessaires, tant pour assembler les estatz a leffect dessusd. que pour le payement et recouvrement desdictz deniers et autres choses requises pour leffect du present contraict. Et, sur ce que nous ont cy devant remonstre, en n^{re}dict prive conseilh, ceulx du pays dAngoumoys, que, auparavant linstitution de la gabelle audict pays, faicte en lannee mil cinq cens quarante deux, ilz nauroient jamaiz este tenuz pour pays de quart, ains payoient seullement quinte au lieu de Coignac, augmente par aulcun temps dung demy quint, comme dict est cy devant, lung et lautre supprimez et extaintz par la creation, institution et ordonnance desd. gabellez faicte en lannee mil cinq cens quarante deux; et que, en eulx submectant liberallement au payement desdictz quart et demy, ilz devoient estre reiglez comme les autres de Poictou et Xainctonge, ledict quart et demy subroge au lieu de ladicte gabelle. Et neantmoingtz aucuns de noz officiers, receveurs ou fermiers, sous umbre dune declaration de nous obtenue, sans oyr ne appeller les estatz dudict pays, les auroyent de faict contrainctz nous payer et quint et quart et demy, nous supliant et requerent instamment les descharger encores dudict quint, et les randre uniformes a tous les autres. Nous, inclinant a leurdicte remonstrance et requeste, suivant ce que ja en a este ordonne en n^{re}dict conseilh, icelluy quint de Coignac avons, dabundant et de rechef, en tant que besoing seroit, suprime et aboly, suprimons et habollissons de n^{re} puissance et auctorite royal, par cesd. presentes, non comprins en ceste vendiction toutesfoys, ains expressement excepte et reserve tous droictz de n^{re} donmaine et autres queulxconques que nous avons accoustume prandre sur ledict sel oultre lesdictz droictz de quint de Coignac suprime en (et) quart et demy ainsi vendu et aliene, comme dict est. Et, sans en cested. vendiction comprandre ce que noz juges presidiaulx desdictz pays doivent prandre sur ledict sel pour les gaiges de leurs offices, sinon toutesfoys que pour le regard diceulx gaiges que lesdictz estatz des pays a qui ce pourra toucher les voulcissent assigner sur autres aydes qui seront sur eulx imposez, auquel cas nous leur permectons ceste commutation, et en ce faisant, en tant que besoing seroit, avons casse, revocque et adnulle, cassons, revocquons et anullons, de nosd. certaine science, plaine puissance et auctorite que dessus, les ordonnances faictes par nous et nosdictz predecesseurs sans (sur) le faict dudict quart et demy, entant quelles seroient contraires, prejudiciables ou repugnantes au contenu et effect de cedict contraict; deffendu et defandons a tous noz officiers, tant generaulx que particuliers, sur le faict dudict quart et demy et quint dudict Coignac, receveurs et fermiers diceulx, leurs commis, facteurs et entremecteurs, visiteurs et contrerolleurs, gardes, chevaulcheurs et autres par eulx commis, nommes et presentes et a leurs nominations pourveuz daucuns officiers (offices) concernantz le faict dudict quart et demy, de non eulx immisser ne entremectre en aucune chose concernant le faict dicelle ferme et droictz dudict quart et demy, ledict dernier jour de decembre prochain escheu et passe, sur peyne de pugnition corporelle, comme perturbateurs du bien et repoz publicq de n^{re} roiaulme. Et a ceste fin avons supprime et supprimons tous les offices, charges et commissions sur ce donnees, pour quelques causes et en quelque maniere que ce soit; envers lesquelz officiers dudict quart et demy, commis et recepveurs, lesdictz estatz ne seront en riens tenuz au rambourcement de leursdictz offices, fraiz faict pour raison diceulx, donmaiges et interrestz par eulx pretanduz tant pour le regard desdictz offices de lentretenement de ladicte afferme que pour autres choses queulxconques quilz pourroient pretandre et demander, faisant par cesdictes presentes tres expresses inhibitions et defances a toutes personnes de quelque qualite et condiction quilz soient, sur payne de confiscation de corps et de biens, de ne transporter ledict sel des pays ainsi descharges dudict quart et demy en noz pays de gabelle au prejudice et diminution de noz droictz dicelle; des transgresseurs desquelles defances silz se treuvent apprehendez ez pays ainsin redimez de quart et demy, nous voulons la justice et pugnition en estre faicte par noz juges ordinaires desdictz pays, ausquelz nous avons attribue et attribuons la cognoissance en premiere instance, et pareillement des differentz qui pourroient intervenir de partie a partie pour raison dudict sel, et, par appel ez cas de noz ordonnances, a noz amez et feaulx les gens de n^{re} court des aydes a Paris. Et, si lesdictz delinquans et transgresseurs de nosdictes ordonnances sont trouvez et apprendez en noz pays de gabelle, seront pugniz par noz juges esdictz pays, selon que portent noz ordonnances faictes sur le reiglement desdictz gabelles, dont a cest effect leur en attribuons la cognoissance, et pareillement a n^{re}d. court des aydes, tant en premiere instance que en dernier ressort, de tous les differendz qui pourront intervenir pour raison des departemens, cothisations et subdivisions particulieres qui se feront esdictz pays, tant en sort principal de cestedicte vendiction que desdictz fraiz, circonstances et deppendences, et icelle inhibee et defandue a tous noz autres juges et officiers queulxconques, enjoignant bien expressement a nosdictz juges, sur peyne de suspention de leurs offices et privation diceulx, s'il y eschet, de procedder a la pugnition et correction desd. delinquans et transgresseurs de nosdictes ordonnances, en la meilleure et plus prompte expediction de justice que faire ce pourra, et aux gens desdictz troys estatz desdictz pays redimez de quart et demy, et pareillement a ceulx de gabelle en ce leur tenir la main et donner force, faveur et ayde, si par lesdictz juges en sont requiz, sur peyne de nous en prandre a eulx et en respondre. Et, affin que plus facillement on puisse descouvrir les faultes, si aulcunes y sont faictes, voulons et ordonnons que lon ne puisse faire sallorge (1), bouticque ny amas de sel a une lieue pres des limites desdictz pays de gabelle, fors en villes closes desdictz pays redimez de quart, si aucunes y sont plus prochaines de nosdictz pays de gabelle; nous nentendons toutesfoys par ce present contraict derroger ne aulcunement inmuer la forme des contrainctes que nous avons donnees aux fermiers des droictz de gabelle de n^{re} royaulme, ne leur prejudicier en ce qui leur est loisible davoir et prandre es amendes, forfaictures et confiscations provenans des infracteurs dicelles nosdictes ordonnances sur le faict desdictes gabelle; PROMECTANS en bonne foy et parolle de roy toutes lesd. choses selon (leur forme) et teneur tenir et garder et observer de poinct en poinct, et les garentir et defandre ausdictz estatz perpetuellement et a tousjoursmais. SI DONNONS en mandement a noz amez et feaulx conseillers les gens de noz courtz de parlementz de Paris, Thoulouse et Bourdeaulx, gens de noz comptez et de la justice de nosdictes aydez a Paris, tresoriers generaulx de noz finances, seneschaulx de Guienne, Poictou, Xainctonge, Angoulmoys, Limosin, Perigort, la Marche, Agenoys, Condonmoys, Bazadoys, Quercy, Armaignac et les Lannes, et a tous noz autres justiciers et officiers leurs lieutenens et chacun deulx, si comme a luy appartiendra, que cesdictes presentes lectres de convention et contraict ilz facent lire, publier et enregistrer en leurs courtz et jurisdictions, et tout le contenu en icelles gardent et observent, facent garder et observer de poinct en poinct selon leur forme et teneur, sans y contrevenir ne souffrir ou permectre y estre contrevenu en aucune maniere, nonobstant oppositions ou appellations, previllieges, exemptions, provisions, edictz, ordonnances, mandemens et queulx conques lectres impetrees ou a impetrer, exprimees et non exprimees par ces presentes, a ce contraires et prejudiciables, ausquelles, de nosdictz mouvement, certaine science, puissance et auctorite susd., avons derroge et derrogeons par cesd. presentes et a toutes autres choses que lon

---

(1) « Salorge, amas de sel. » (ROQUEFORT.)

pourroit dire et proposer au contraire, en contraignant a ce faire et souffrir tous ceulx quil apartiendra par toutes voyes et manieres deues et raisonnables. Et, pour ce que de cesd. presentes lon pourra avoir a besoigner en plusieurs et divers lieux, nous voulons que au vidimus dicelles faict soubz seel royal ou copie deuement collationnee par lung de nos amez et feaulx notaires et secretaires foy soyt adjoustee comme a cedict original, lequel, affin que ce soit chose ferme et stable a tousjours, nous avons signe de n^{re} propre main, et a icelluy faict mectre n^{re} seel, sauf en autres choses n^{re} droict et lautruy en toutes. Donne a Fontainebleau, au moys de decembre lan de grace mil cinq cens cinquante troys, et de n^{re} regne le septiesme. Ainsin signe : HENRY. Et plus bas est escript : Par le roy, estant en son conseilh : DUTHIER. Contentor.......... Et seelles du grand seel en cire vert.

[Quart et demi du sel : repartition de la somme à payer par le clergé.]

ESTAT ET DEPARTEMENT faict au conseilh prive du roy de la somme de neuf vingtz dix neuf mille livres tourn. que doivent pourter les arcevesques et evesques, prelatz, chappitres, clerge, benefficiers et gens desglize, seculiers et reguliers, des dioceses cy ampres declairez, pour leur contingente portion de la somme de unze cens quatre vingtz quatorze mille livres tourn., a quoy les gens des troys estatz des partages et autres commodite ou interrestz en lacquisition des droictz du quart et demy du sel, leurs depputez ou la plus grande et saine partie diceulx ont convenu et accorde avec le roy pour lad. acquisition par eulx faicte dudict seigneur au denier douze de sesdictz droictz de quart et demy du sel de Poictou, Xainctonge, ville et gouvernement de La Rochelle et autres, ayans commodite ou interrestz en ladicte acquisition, comme dict est ; ladicte somme paiable audict S^r es mains de ses receveurs generaulx establiz a Poictiers, Rion et Agen, respectivement, aux premiers jours de mars et jung prochains venans, par moytie, aux despans, fraiz et mises desdictz gens desglize desdictz dioceses qui sensuivent :

ET PREMIEREMENT :

BOURDEAULX............... xiij^m vj^c iiij^{xx} v l/ viij s/ ix d/.
AGEN.................... xiiij^m v^c lxxvij l/ vij s/ t/.

Cahors..................	xxj^m v^c xxxvij l/ v s/ ij d/ t/.
Bazas...................	v^m viij^c lxiij l/ vj s/ x d/.
Dacqs...................	vij^m ix^c vj l/ xvij s/ iiij d/.

Poictiers, non compris les beneficiers qui sont en larchipreeuere de Loudun et autres endroictz dudict diocese estans de pays de gabelle, a plain mentionnez es certiffications qui seront atachees a la commission soubz le contreseel de la chancellarie, la somme de   xxj^m vij^c xxxix l/ j s/ v d/.

Maillerais, non comprins aussi aucuns beneffices dud. diocese qui sont en pays de gabelle, comme est contenu ez certiffications atachees a la commission, comme dessus, la somme de...............   vij^m v^c lxviij l/ j s/ iiij d/.

Lusson, non comprins pareillement la somme de m l/, a este cy devant faicte moderation sur les quatre decimes dudict diocese, comme est contenu en la certiffication qui sera atachee, comme dessus, a la commission, la somme de..................   v^m vj^c iiij^xx xviij l/ xviij s/ vj d/.

Lectore.................	iiij^m iij^c xxiiij l/ xiiij s/ iiij d/.
Xainctes................	xxv^m xxxiij l/ xj s/ v d/.
Angolesme..............	viij^m ix^c lxxij l/ xv s/ vj d/.
Perigeulx..	x^m viij^c xxxiij l/ xv s/ vij d/.
Condon.................	ix^m D^c lxviij l/ xvj s/ vj d/.
Sarlat..................	vi^m ix^c lx l/ ij s/ vj d/.
Lymoges................	xxij^m iiij^c iiij^xx xvj l/ xij s/ vj d/.

Thule, eu esgard au moderations cy devant faictes par le roy des decimes dudict diocese et aux comptes de ce randuz despuys lan mil v^c xlvij, la somme de..........   ij^m iij^c xv l/ viij s/ t/.

Aux....................	iij^m ix^c lxxiij l/ iiij s/ t/.
Lombes................	xvj^c xxxiiij l/ vj s/ viij d/.
Comminge..............	xj^c j l/ xiij s/ iiij d/ t/.
Conzerans.............	v^c iiij^xx vj l/ xiij s/ iij d/ t/.
Montauban.............	xvij^c xiiij l/ xiij s/ iiij d/ t/.
Tarbe..................	xiij^c viij l/ vj s/ viij d/ t/.

Laquelle somme de ix^xx xix^m livres le clerge des dessusd. dioceses doibt pourter pour sa contingente portion de ladicte vj^e partie en principal de lad. acquisition, et dicelle veult et entend le roy estre faict departement et cothisation par le menu par les arcevesques et evesques desdictz dioceses, leurs viccaires depputez ou commis, le plus justement egallement et en la moindre charge desd. gens desglize que faire se pourra, faisant en ce, par lesdictz prelatz, leursdictz viccaires depputez ou commis, telle et si bonne dilligence que les deniers en soyent forniz audict S^r ez mains desdictz recepveurs generaulx respectivement aux termes dessusd., pour incontinant apres estre par eulx apportez ou envoiez au tresorier de lespargne dudict S^r et emploiez en ces affaires de la guere, ainsin que par ledict Sg^r sera ordonne, et a ce que plus commodement lesdictes cothisations puissent estre entierement fornies dedans ledict temps. Ledict S^gr, inclinant aux requestes et remonstrances que leur faict aucuns desdictz prelatz, veult aussi et entend que lesdictz prelatz, chappitre et clergie ayent et prennent pour ayde a ladicte cothisation les prebstres seculiers commandeurs et autres reguliers qui tiennent donmaine noble, rocturier ou non, pour raison desquelz toutesfoys ilz nauroient este cothisez a la contribution des decimes ni en la taille, et encores a ce que ceulx dudict clerge et beneficiers desdictz dioceses ayent meilleur moien fornir, chascun en son regard, ladicte somme de ix^xx xix mille livres, ledict S^r leur a accorde quilz soient tenuz en surceance jusques au jour de Noel mil cinq cens cinquante quatre de la somme de cinquante mille livres tourn. quilz debvent respectivement payer des quatre decimes ordonnez estre levez en lannee prochaine et payable aux premier jour de fevrier et de may prochain venent, et la ou audict jour et feste de Noel mil cinq cens cinquante quatre ilz seroient deffaillans et en demeure de payer lad. somme de cinquante mil livres en tout ou partie, en ce cas ce qui sen deffauldera cera adjouste et mys de creue sur eulx, chascun en son regard, avec les decymes si aucunes sont leurs en lannee apres ensuyvant, sinon payeront ladicte somme de cinquante mil livres comptant, ou ce que ce trouvera lors en rester, et ou iceulx arcevesques, evesques et prelatz, leursd. viccaires, depputez ou commis seroient reffuzans et en demeure de faire lesd. departemens et cothisations dedans quinze jours apres la sommation que le roy veult et entend leur en estre respectivement faicte par les bailliz et seneschaulx ou leurs lieutenens, en la province desquelz lesdictz dioceses ou partie diceulx sont assiz, ledict Sgr veult audict cas iceulxdictz departemens et cothisations estre faictz en la forme dessusd. par lesdictz baillifz, seneschaulx ou leursdictz lieutenens, lesdictz prelatz ou leursd. viccaires, commis et depputes et les advocatz et procureurs dud. Sgr en chascun desd. lieux presens ou appellez, et que lesd. du clerge soient contrainctz au payement dicelles cothisations, comme est accoustume faire pour les decimes et autres deniers royaulx. Faict au conseilh prive du roy tenu a Fontainebleau, le unziesme jour de decembre mil cinq cens cinquante troys. Ainsin signe : HENRY ; et plus bas : DUTHIER.

—

DEPARTEMENT faict au conseilh prive du roy de la somme de neuf vingtz dix neuf mille livres tourn., que ce monte la sixiesme partie afferant a payer par lestat de noblesse des pays et eslections cy ampres declaires qui ont accoustume eulx fornir, et qui on deu ce fornir du sel de quartaige, et qui ont interestz ou rapportent profficit a lacquisition faicte par les gens des troys estatz desdictz pays des droictz de quart et demy quart du sel desd. pays pour leur contingente portion de la somme de unze cens quatre vingtz quatorze mille livres, que se monte le priz et sort principal de ladicte acquisition, ycelle somme payable aux receveurs generaulx de Poictiers, Rion et Agen, chascun en son regard, les premiers jours de mars et de jung prochains par moytie, aux despans, fraiz et mises de ladicte noblesse, ainsin quil sensuyt suyvant le contraict et convention sur ce faict cedict jour : [Quart et demi du sel : répartition de la somme à payer par la noblesse.]

ET PREMIEREMENT.

La noblesse estant ez eslections et pays du Poictou, la somme de soixante quatre mil neuf cens quarante deux livres.

La noblesse de Sainctonge.......	xx^m vj^c xxxiij l/.
La noblesse de la ville et gouvernement de La Rochelle.	iiij^m v^c xxiij l/.
DAngoumoys................	vj^m vj^c lxv l/ v s/.
Du Hault-Limosin.	xvij^m vij^c iiij^xx xiiij l/ x s/.
Du Bas-Limosin..............	xij^m vij^c iiij^xx xiij l/ xv s/.
De la Marche, non comprins la viconte de Turaine...............	viij^m dlxij l/ v s/.
De Combrailhe.................	xvij^c iiij^xx ij l/.
De Francaleu.................	iij^c lxxvij l/ x s/.
De la viconte de Thuraine, non comprins ce qui est en Auvergne..	ij^m vij^c l l/.
De Perigord.................	x^m vij^c xiij l/.
De Bourdeloys et Guyenne......	viij^m vij^c l l/.
Des jugeries de Riviere et Verdum	ij^m lxix l/ v s/.
De Quercy, non comprins ce qui est de Turaine.................	xj^m ij^c lv l/ x s/.
DAgenoys, non comprins la conte de Carmaing...............	xi^m vj l/ xv s/.
De Comminge, non comprins aussi Turaine.................	ij^m vij^c v l/ v s/.
Des Lannes..................	ij^m xix l/ x s/.
De Condonnoys, Astrac et Bazadoys, en ce qui se ressent et rapporte proffit de ladicte acquisition, la somme de.............	iiij^m iiij^c xx l/ x s/.
Darmignac...................	v^m vj^c xxxvij l/.

Et pareille de ix^xx xix^m l/, de laquelle ladicte noblesse payera aux jours susdictz les troys quartes parties, montant vii^xx ix^m ij^c l l/.

Et au regard de lautre quarte partie dudict sixiesme, montent quarante neuf mil sept cens cinquante livres, le roy, inclinant aux requestes et remonstrances que luy ont este faictes de la part de ladicte noblesse ou daucuns leurs depputes, et a ce qui plus commodement ladicte sixiesme partie afferant a payer par lad. noblesse du pris de ladicte acquisition puisse estre entierement fournie dedans le temps dessusd., leur a accorde icelle estre cothisee et mise sur les fiefz tenuz par les rocturiers esdictz pays et eslections, dont sera faict departement au fur de ce que lesdictz rocturiers ont accoustume contribuer par ayde avec ladicte noblesse a larierban, et en leur reffuz ou delay dedans huictaine ampres que lesd. bailifz, seneschaulx ou leurs lieutenens de chascune province les auront faict convocquer ou appeller pour cest estat, iceulx bailifz et seneschaulx ou leursdictz lieutenens, ledict delay passe, sans autre summation ne declaraction du roy, procederont audict deppartement par la forme dessusd. en chascun des dessusd. pays respectivement. Et, si lesd. depputez dicelle noblesse font dedans ladicte huictaine ledict departement, ce sera le tout en presence desdictz bailifz, seneschaulx ou leurs lieutenens et les advocatz et procureurs du roy en chascun desd. lieux et le plus justement et egallement, et en la meilleure dilligence que faire ce pourra; et ou le total de ladicte quarte partie dudict sixiesme ne se pourra lever sur lesd. fiefz tenuz par lesdictz rocturiers au feur que dessus; et qui sen defauldra sera cothise et mis sur le tiers et commun estat de chacun desd. pays le plus justement et egallement que faire ce pourra, oultre les deux tiers que ledict tiers estat porte et doyt pourter de ladicte acquisition.

Faict au conseil prive du roy, tenu a Fontainebleau, le unziesme jour de decembre lan mil cinq cens cinquante troys. Signe Henry, et plus bas : Duthier.

Departement faict au conseilh prive du roy de la somme de sept cens quatre vingtz seize mille livres tourn. pour les deux tiers de la somme de unze cens quatre vingtz quatorze mille livres tourn., lesquelz deux tiers doibvent porter les gens du tiers et commun estat des pays cy ampres declairez tant subjectz aux droictz du quart et demy accoustumez estre levez sur le seel en Poictou, Xainctonge, ville et gouvernement de La Rochelle, que rapportans proffict et commodite en la vente que ledict seigneur leur a faict dicelluy quart et demy, suivant les contraict et convenance qui en ont este faictz par ledict S^r, le jourduy, au denier douze, avec les gens des troys estatz desdictz pays, leurs depputes et scinditz, ou la plus grande et saine partye diceulx, icelle somme de sept cens quatre vingtz seize mille livres payable par ledict tiers estat ez mains des recepveurs generaulx establiz par ledict Sg^r a Poictiers, Agen et Ryon, chascun en sa charge, aux despans desdictz pays [Quart et demi du sel : répartition de la somme à payer par le tiers-état.]

respectivement ez premiers jours de mars et de jung prochainement venantz par moytie.

ET PREMIEREMENT.

Le plat pays de Poictou et villes contribuables a la taille sur lestandue de neuf sieges et receptes particulieres de taille estans en leslection de Poictou, cest assavoir Poictiers, Chastelleraud, Leblanc en Berry, Bourganeuf, Niort, Sainct Mexent, Fontenay le Conte, Thouars et Mauleon, et tout ce qui est comprins et contribuable a la taille soubz ladicte eslection, ensemble les isles adjacentes audict pays et eslection et les villes franches et autres lieux desd. pays et seneschaucees estans en ladicte election de Poictou, rapportans proffict et commodite en lacquisition desd. droictz de quart et demy, la somme de.................................... ij^c lix^m vij^c lxviij l/.

Le plat pays et villes contribuables a la taille en leslection de Xainctonge, avec les isles composes ou affranchies de taille et les villes franches, si aucunes on y a rapportans proffict comme dessusd........................... iiij^{xx} ij^m v^c xxxij l/.

Le plat pays, villes et villaiges contribuables a la taille du gouvernement et eslection de La Rochelle, comprins le conte de Benon et les villes franches et isles y estans, affranchies ou composees a la taille, rappourtans proffit en lad. acquisition............................ xviij^m iiij^{xx} xij l/.

Le plat pays dAngoumoys, villes et villaiges contribuables en la taille en lelection dAngoulmois, ensemble les villes franches y estantz............................ xxvj^m vj^c lxj l/.

Le plat pays, villes et villaiges contribuables a la tailhe en leslection de la Marche avec les villes franches si aucunes en y a, non comprins ce qui est des eslections de Poictou et Hault-Lymosin.............................. xxxij^m vj^c xlix l/.

Le plat pays, villes et villaiges de lelection du Françaleu, y comprins les villes franches saucunes en y a................................... xvdx l/.

Le plat pays, villes et villaiges contribuables a la taille au pays et eslection de Combrailhe, y comprins les villes franches saucunes en y a..................... vij^m dxxviij l/.

Le plat pays, villes et villaiges contribuables a la taille en lelection du Hault Limosin, avec les villes franches dicelle election............................ lxxj^m clxxviij l/.

Le plat pays et villes payans tailhe en lelection du bas pays de Limosin, ensemble les villes franches saucunes en y a, non comprins ce qui est en viconte de Turaine, assiz audedans lad. eslection du pays de Limosin.......... Lj^m DLXXV 1/.

La viconte de Thuraine affranchie, en tant quelle rapporte proffict en lacquisition desdictz droictz de quart et demy, hors mys ce qui est assiz au dedans les eslections dAuvergne, seullement acause que les pays et eslections dAuvergne ne sont comprins en lad. acquisition.......... xj^m 1/.

Le plat pays et villes payans taille en lelection de Perigort, comprins les villes franches estans audict pays, et rabbatu ce qui est enclave du viconte de Turaine, comprins en larticle precedent................................ xvij^m viij^c Lij 1/.

Le plat pays, villes et villaiges contribuables a la tailhe en la recepte dAgenoys, qui a accoustume user, peult et doibt user dans ced. quart..................... xLiiij^m xxvij 1/.

Le plat pays et villes contribuables a la taille en la recepte des tailles de Quercy, y comprins les villes franches saucunes y en a, et rabatu ce qui est du viconte de Turaine, conthe en larticle cy dessusd..................... xLv^m xxij 1/.

Le plat pays et villes contribuables a la taille en la recepte de Riviere et Verdum, en tant quil y en a eulx fornissans et qui se peuvent et doibvent fornir du sel de Brouaige, et consenquement rapportent proffict en ladicte acquisition...................... viij^m iiDlxxvij 1/.

Le plat pays et villes contribuables a la taille en la recepte de Comminge, Sainct Girons et Bigoure, pour le regard de ceulx qui se fornissent du sel de Brouaige, et qui par ce rapporteront proffict en lad. acquisition............. x^m viij^c xxj 1/.

Le plat pays et villaiges contribuables a la taille abbonnes et par pactes en la recepte des Lannes, y comprins les villes franches et autres lieux y estans rapportans proffict et commodite en lad. acquisition............... viij^m Lxxviij 1/.

Le plat pays, villes et villaiges contribuables a la taille en la recepte de Condonnoys, Astrac et Bazadois, pour le regard de ceulx qui ont accoustume et doibvent user du sel de Brouaige, y comprins les villes franches et autres lieux ressentans proffict en lacquisition desd. droictz............... xvij^m vj^c iiij^{xx} ij 1/.

Le plat pays, villes et villaiges de la recepte dArmignac et Segansac, pour le regard de ceulx qui ont accoustume et doibvent user du sel de Brouaige, comprins les villes franches, saucunes en y a, rapportans profficit comme dessus.................................. xxij^m vDXLViij l/.

Le tiers et commun estat des seneschaucees de Guyenne et pays de Bourdellois et les villes franches desd. seneschaucees et pays, en tant quilz se peuvent sentir et rapporter profficit en rapporter profficit en lad. acquisition. ... xxxv^m l/ t/.

Et pareille vij^D iiij^{xx} xvj^m l.

Veu et entend le roy que, en faisant les cotisations particulieres des sommes dessusdictes en chascun desd. pays, receptes et eslections par les commissaires a ce pour luy ordonnes avec eulx ung ou deux personnaiges de chascun siege, recepte et ellection, iceulx commissaires ayent, chascun en son endroict, regard a ce que les pays plus prochains des maraiz salans non proprietaires diceulx nauroient pas si grand interestz en lad. acquisition, leur sel moins charge de quart et demy que celluy des autres plus loingtains, et consequemment nen rapporteront si grande commodite, aient aussi regard ad ce que en aucunes desdictes villes franches ou contribuables a la taille et semblablement sur les isles et maraiz salans il y a des proprietaires desdictz maraiz salans et autres bons marchans frequentans le commerce et trafficq dudict sel qui en ceste acquisition rapporteront plus de profficit que les autres non ayans ce moien, et autres choses quilz verroient a conciderer sur ce, et suyvant le fort portant le foible facent leurdicte cothisation particuliere le plus justement et egalement et a la moindre foule et charge du peuple que faire se pourra en leurs loyaultes et consciences.

Faict au conseilh prive du roy, tenu a Fontainebleau, le unziesme jour de decembre lan mil cinq cens cinquante troys. Ainsin signe : HENRY, et plus bas : DUTHIER; atache soubz le contresel en cire vert ausd. lectres de rachapt.

Appel interjette par les consulz de Limoges du departement de la soulde faict par le gouverneur, pourtant commandement aux habitans des hault et bas Limosin de partir les deniers egalles par le lieutenent general.

HENRY, PAR LA GRACE de Dieu, roy de France, au premier n[re] huissier ou sergent sur ce requis, SALUT. Les manans et habitans du hault pays de Limosin nous ont faict remonstrer que, par noz lectres patentes du viij[e] novembre dernier, nous aurions mande au seneschal de Limosin ou son lieutenant cotiser et deppartir sur les villes clozes du hault et bas pais de Limosin la somme de vingt quatre mil livres t/, a laquelle montoit leur part et cotite de la soulde de cinquante mil hommes de pied, lesquelles furent presentees a maistre Gaultier Bermondet, lieutenant general et juge magistrat presidial au siege de Limoges, qui, appelle ceulx qui faisoyent a appeller, auroit, le xiij[e] jour de decembre dernier, faict led. departement ainsi quil avoit accoustume, et icelluy envoye tant a n[re] recepveur general de Rion que ez villes y contenuez, lesquelz auroyent procede aux deppartemens particuliers et comanse lever lesd. sommes. Neanmoingz Francoys de Pont Briant, seneschal de Limosin, se seroit transpourte en la ville de Limoges, et, sans aucune commission, ordonna que, sans avoir esgard aud. departement faict par led. Bermondet, lieutenant general, noz advocat et procureur et consulz desd. villes comparestroyent par devant luy au vilaige de Segur, distant dud. Limoges de dix lieues, au lendemain pour estre par luy procede a faire nouveau departement. Surquoy lesdictz consulz dud. Limoges luy auroyent remonstre led. departement avoir ja este faict par led. lieutenant general, et que, suivant icelluy, lesd. villes du hault pais avoyent faict lesdictz departemens particuliers et comanse a lever lesd. deniers, au moyen de quoy il ne pouvoit proceder a aultre departement, et quant il le voudroit faire seroit grand retardement de noz deniers et une grand foule au peuple. Ce nonobstant, led. de Pont Briant auroit ordonne quil passeroit oultre. A ceste cause, lesd. consulz, estans advertis de plusieurs faictz rendant led. de Pont Briant incapable dud. departement, et tous autres lauroyent pour les causes contenues en iceulx recuse, lesquelles recusations il auroit receues ; et neanmoingz, sans avoir esgard a icelles, auroit faict de rechief comandement ausd. consulz compareoir devant luy a ladicte assignation, dont lesdictz consulz auroyent appelle. Nonobstant lequel appel, led. de Pont Briant auroit faict autre departement et plusieurs aultres choses contre et au prejudice desd. exposans, lesquelz y ont appelle et appellent par ces presentes a nous et a n^{re} prive conseil, nous suppliant et requerant leur pourveoir sur ce. Nous, A CES CAUSES, et mandons et comectons par ces presentes que led. de Pont Briant, conme prins a partie tu adjournes a compareoir a certain et competant jour par devant nous, en n^{re} prive conseil, pour soustenir et deffendre lesdictz tors et griefz, iceulx veoir corriger et amander si faire se doibt, et aultrement procedder comme il appartiendra par raison a luy intime et a tous aultres quil appartiendra quilz soyent et comparent audict jour silz cuydent que bon soit et que lad. cause et matiere dappel leur touche ou appartiegne en aucune maniere, leur faisant et a chacun deulx expresses inhibitions et deffenses de par nous, sur certaines et grandes peines a nous a applicquer, que, pendant et durant lad. cause et matiere dappel, contre ne au prejudice dicelle ne desd. exposans ilz nactanptent ne innovent, souffrent estre actempte ne innove en aucune maniere, ains, saucunes choses estoit faicte, au contraire la facent mectre incontinant et sans delay au premier estat et deu, faisant oultre expres comandement de par nous a mesmes peines a applicquer que dessus aux habitans desdictes villes clozes dud. hault et bas pais de Limosin, que, sans avoir esgard audict departement secondement faict par led. de Pont Briant, ilz ayent, suyvant led. premier departement faict par led. Bermondet, lieutenant general, cotiser, deppartir et faire lever les deniers de lad. soulde de cinquante mil hommes, et iceulx payer et delivrer ez mains de n^{re}d. recepveur general de Rion, aux jours et termes prefix et ordonnes par noz lectres patentes sur ce expediees ; signiffier en oultre aud. de Pont Briant que nous avons entendu et entendons les deniers de la composition du quart et demy du sel et aultres ordonnes estre leves sur nosd. pais du hault et bas Limosin estre departis par n^{re}d. lieutenant general, appelle avec luy noz officiers et aultres qui pour ce seront a appeller, sans que led. de Pont Briant sen puisse entremectre en quelque maniere quecessoit, et pour veoir revocquer, casser et adnuller sesd. procedure, ladjourne pardevant nous en n^re d. prive conseilh aud. jour ou aultre certain et competant, le tout par provision et sans retardement de noz deniers. De ce faire tavons donne et donnons plain pouvoir, puissance, auctorite, commission, et mandement special par cesd. presentes, nonobstant quelzconques ordonnances, restrictions, mandemens, deffences et lectres a ce contraires, mandons et comandons a tous noz justiciers, officiers et subgectz, que a toy, en ce faisant, sans demander aucune permission, placet, visa ne pareatis, soit obey, car tel est n^re plaisir. Donne a Paris, le xxj^e jour de janvier lan de grace mil cinq cens cinquante troys et de n^re regne le septiesme. A signe dessoubz : Par le roy en son conseil, BURGENSIS ; et seelle a simple queue en cire jaulne.

Commission pour informer sur les faictz et articles presentes au conseil prive contre le gouverneur.

HENRY, PAR LA GRACE DE DIEU, roy de France, au premier de noz ames et feaulx conseillers et maistres des requestes de n^re hostel, presidans, conseillers de n^re grand conseil et de noz cours de parlement de Paris, Tholoze et Bourdeaulx et chacun deulx, salut et dilection. Veuez par nous en n^re prive conseil les faictz et articles a nous presentes par les consulz, manans et habitans de n^re ville de Limoges, tant pour eulx que pour les aultres villes et lieux du hault pais de Limosin contre Francoys de Pont Briant, escuyer, Sg^r de Montreal, seneschal de Limosin, cy encloz, soubz le contresel de n^re chancellarie, vous mandons et ung chacun de vous sur ce requis comectons par ces presentes que, appelle dun bon et notable personnaige que vous conmectres n^re procureur en ceste partie, vous informes tant par lectres que tesmoingz sur lesdictz faictz, articles et aultres que plus a plain vous seront bailles par escript, et contre les delinquans et coupables procedes par adjournementz personnelz, prinse de corps, adjournemens a trois briefz jours, adnotation de biens, recollement et confrontation de tesmoingz, et autrement extraordinairement a linstruction desd. proces, nonobstant oppositions ou appellations quelzconques et sans prejudice dicelles, pour lesquelles ne voulons lesd. instructions estre differees, en contraignant ou faisant contraindre tous greffiers, scribes, secretaires, notaires, tabellions et aultres personnes publicques a mectre par devers vous tous et chacuns les registres, cedulles, quictances, roolles, taxations, departemens, commissions, contrainctes, lectres missives, informations, proces, procedures et aultres pieces requises ou qui pourront servir a la verifficatiqn desd. cas, crimes et instructions desd. proces, et ce par toutes voyes deuez et raisonnables, nonobstant comme dessus. Et parce que aucuns, par craincte ou faveur dud. de Pont Briant, pourroyent cacher, receler la verite, et reffuser de depposer en lad. matiere ou delivrer lesd. pieces, ou aultrement empescher quelles ne vinsent en evidance, nous avons permis et permectons a n^{re}d. procureur faire procedder par censures ecclesiasticques contre tous sachans la verite des faictz et cas dessusd. ou daucun diceulx, ensemble les registres, proces, procedures, lectres et aultres pieces dessusd., et, leurs revellations faictes et par vous receues, et les revellans recoles, confrontes et led. proces instruict, les renvoyer avec les prisonniers, si aucuns en y a, soubz bonne et sauve garde, par devers nous, en n^{re}d. prive conseil, pour y estre jugez, decides et determines ou renvoyes en telle de noz cours souveraines ou aultres juges que verrons estre a propos. Et, au cas que, en procedant par vous a linstruction desd. proces, ledict de Pont Briant, ses complices ou aultres, ne voudroyent obeyr a voz decretz et ordonnances, ains a icelles resister par voye de faict, nous vous avons et a chacun de vous permis et permectons assambler tel et si grand nombre de gens que la force et auctorite nous en demeure. De ce faire vous avons donne et donnons plain pouvoir, auctorite et commission et mandement special par cesd. presentes, nonobstant comme dessus et aultres oppositions ou appellations quelzconques et sans prejudice dicelles, pour lesquelles ne voulons estre differe. Dont nous avons retenu et reserve, retenons et reservons a nous et a n^{re}d. prive conseil la cognoissance. Mandons et comandons a tous noz justiciers, officiers et subgectz que a vous et chacun de vous, voz commis et depputes en ce faisant, obeyssent et entendent diligemment, et prestent et donnent conseil, confort, aide, mainforte et prison si mestier est; et requis en sont sans demander aucune permission, placet, visa ne pareatis ne faire aucune insinuation de ces presentes, soit obey. Donne a Paris, le premier jour de fevrier lan de grace mil cinq cens cinquante troys, et de n^{re} regne le septiesme. Signe : Par le roy, le vicomte DE ROISSY, maistre des requestes ordinaire de lostel, present Burgensis; et scelle en cire jaulne a simple queue.

Permission aux consulz, manans et habitans de Limoges et leurs consors pour faire et constituer scindic.

HENRY, par la grace de Dieu roy de France, au seneschal de Limosin ou son lieutenant, salut. Noz chers et bien ames les consulz, manans et habitans de n^{re} ville de Limoges et leurs consors nous ont faict dire et exposer que nous avons cy devant faict expedier noz lectres de commission pour enquerir et informer des concuctions, exactions, pilleries et aultres crimes et exces commis sur le peuple dud. hault pays de Limosin, et pour faire et parfaire le proces aux malfacteurs et coupables desd. cas, la reparation et pugnition desquelz iceulx exposans poursuyvroyent voluntiers sil nous plaisoit leur permectre et octroyer de eulx assambler et faire et creer ung ou plusieurs scindicz ou procureurs pour faire les poursuites et diligences a ce necessaires. Nous, a ces causes, desirans pugnition exemplaire estre faicte desd. malfacteurs et delinquans a iceulx et leursd. adherans, avons permis et octroye, et de noz certaine science, plaine puissance et auctorite royal permectons et octroyons deulx assambler en n^{re}d. ville de Limoges ou aultre lieu a ce plus comode, et illec faire creer et establir ung ou plusieurs scindicz et procureurs pour et au nom dud. pays faire les poursuites et diligences necessaires aux proces desd. malfacteurs et delinquans et aultrement vacquer et entendre a tous aultres affaires et negoces touchans et concernans, ou que si apres pourront toucher et concerner led. hault pays de Limosin, mandant et comectant au premier n^{re} huissier ou sergent de convoquer et assigner en n^{re}d. ville de Limoges ou aultre lieu qui sera sur ce advise tous et chacuns ceulx qui seront a convocquer et appeller en la creation, constitution et establissement desd. scindicz et procureurs. Et vous mandons et comectons par ces presentes que de noz presens permission et octroy vous souffres et faictes lesd. exposans plainement et paisiblement joir et user sans leur y mectre, faire ou donner, ne souffrir estre mis, faict ou donne aucun trouble ou empeschement au contraire ; ains, si faict, mys ou donne avoit este, ilz le cassent, revocquent et adnullent et remectent incontinant et sans delay au premier estat et deu. Car tel est n^{re} plaisir. Donne a Paris, le xj^e present jour de fevrier lan de grace mil cinq cens cinquante troys, et de n^{re} regne le septiesme. Et signe : Par le roy, le Sgr DE ROISSY, maistre des requestes ordinaire de lhostel, present Burgensis ; et scelle a simple queue en cire jaulne.

Sensuict la sentence donnee par le general de Rion, par laquelle fut dict que le departement du gouverneur sortiroit a effect.

VEUEZ les lectres patentes du roy n^{re} sire, en date du vingt neufiesme jour de janvier dernier passe, a nous presentees par Me Jehan de La Porte, juge de Bonnesaigne, soy disant avoir charge des scindicz des villes clozes du bas pais de Limosin ; ensemble les departemens et proces verbal de noble Francois de Pont Briant, seneschal de Limosin, faictz sur lexecution de la commission envoyee par le roy pour le faict de la soulde, en date du mois de novembre dernier ; certain extraict signe du Claux, contenant la cotisation et departement de la soulde que fut faict au hault et bas pais de Limosin, lan mil cinq cens cinquante troys, finissant le dernier jour de decembre dernier passe ; aultre extraict signe Douhet, contenant le departement de la soulde pour le regard du hault Limosin, en date du xiij^e de decembre dernier passe, icelluy departement faict par Me Gaultier Bermondet, lieutenant general aud. hault pais de Limosin ; certain proces verbal faict par led. Bermondet, lan mil cinq cens quarante troys, sur le deppartement de lad. soulde; toutes lesd. pieces atachees ausd. lectres patentes soubz le contre sel de la chancellarie, coppie des lectres de la commission de la soulde, en date du mois de novembre dernier, addressans au seneschal de Limosin ou son lieutenant, icelle coppie collationnee a loriginal, signee Bermondet et Douhet; loriginal dud. proces verbal dud. Bermondet faict sur le departement de la somme de vingt quatre mil livres t/, mandee imposer sur le hault et bas Limosin en date du xiij^e jour de decembre dernier; coppie des lectres patentes du roy n^{re} sire de lan mil cinq cens quarante sept, par devers nous produictes par Me Pierre de Charlonia et Guillaume Botin, eulx disans avoir charge des consulz de la ville de Limoges et aultres consulz des villes dud. hault Limosin; ensemble le vidimus des lectres de relief obtenues par les manans et habitans du hault Limosin en date du xxj^e de janvier dernier; veu aussi le departement faict lannee derniere par led. seneschal de Limosin pour le faict de la soulde, suyvant lequel departement furent les deniers payes et delivres a Me Jehan du Claux, recepveur general, remonstrances verbalement faictes par devant nous par lesd. de La Porte, de Charlonia et Botin, et tout considere, Nous, apres avoir le tout comunicque a maistres Jacques du Bourg, lieutenant general en la seneschaucee et siege presidial dAuvergne estably a Rion, et Antoine Arnaud, procureur du roy aud. siege, et, suyvant leur advis et le pouvoir a nous donne par lesd. lectres, avons ordonne et ordonnons par provision que, sans avoir esgard quant a present au departement faict par led. Bermondet, lieutenant general, le xiij^e decembre dernier, led. departement faict par led. seneschal en date des cinquiesme et septiesme janvier dernier passe sortira son effect, et, suyvant iccelluy, les deniers imposes et deppartis par led. seneschal sur le hault et bas Limosin seront payes et delivres au recepveur general des finances estably en ceste ville, a Rion, le tout par maniere de provision comme dict est, et sans prejudice des droictz, despans, domaiges et interestz des parties, pour regard desquelz lesd. parties se pourverront si bon leur semble au roy et noss^{grs} de son conseil prive ou aultrement, ainsi quelles verront estre a faire par raison. Signe : Veyni du Bourg, Arnault.

Pronunce par nous, Michel Veyni, chevalier, S^{gr} de Fernoel et Darbouze, conseiller du roy et tresorier de France, general de ses finances en la charge et generalite establie a Rion, conmissaire par le roy en ceste partie, ez presences desd. de La Porte, de Charlonia et Boutin. Lequel de Charlonia nous a remonstre quil na charge dacepter n^rd. sentence, et proteste pour le hault pais de Limosin de se pourveoir, ainsi quilz verront estre a faire, le quinziesme jour de fevrier lan mil cinq cens cinquante troys. Signe : Par le comandement de monds^gr le general, BONIFACE.

Lectres patentes pour faire mectre a execution larrest donne au conseil prive, selon sa forme et teneur, nonobstant oppositions ou appellations.

HENRY, par la grace de Dieu, roy de France, au premier de noz ames et feaulx conseillers et maistres des requestes ordinaires de n^re hostel, conseillers en noz grand conseilh, courtz de parlement de Paris et Bourdeaux, et chacun deulx premier sur ce requis, salut. Nous vous mandons, comectons et enjoignons par ces presentes que larrest que par nous en n^re prive conseil, donne cy par extraict, atache soubz le contre sel de n^re chancelarie, vous mectes a deue et entiere execution de poinct en poinct, selon sa propre forme et teneur en ce quil requiert execution, en contraignant a ce faire et souffrir tous ceulx qui sapartiendra et qui pour ce seront a contraindre par toutes voyes et manieres deuez et raisonnables, nonobstant oppositions ou appellations quelzconques et sans prejudice dicelles, pour lesquelles ne voulons estre differe, car tel est n^re plaisir. De ce faire vous avons et a chacun de vous donne et donnons plain pouvoir, auctorite, conmission et mandement special par cesdictes presentes. Mandons et comandons a tous noz justiciers, officiers et subjectz que avons en ce faisant soit diligenment obey. DONNE a Fontainebleau, le xix^e jour de mars lan de grace mil v^c cinquante troys, et de n^re regne le septiesme. Signe : Par le roy en son conseil, DE LAUBESPINE; et scelle en simple queue de cire jaulne.

Coppie de larrest donne au conseil prive contre le gouverneur de Limosin et aultres y nommez.

Extraict des registres du conseil prive du roy.

Entre les consulz, manans et habitans de la ville de Limoges et hault pais de Limosin, demandeurs et requerans linterinement dune requeste, et, en ce faisant, que les departemens faictz en ceste presente annee par le lieutenant Bermondet, tant de la somme de vingt quatre mil livres t/ pour la soude de cinquante mil honmes de pied que des deniers de la composition du quart et demy du sel, sortissent leur effect, a la charge de payer par lesd. demandeurs et mectre les deniers ez mains du recepveur general dedans les jours et termes par le roy ordonnes, dune part; et les gouverneur, seneschal et procureur du roy en lad. seneschaucee, deffendeurs et empeschans leuterinement dicelle requeste, et requerans que certaine sentence donnee par le general establý a Rion, le quinziesme de fevrier dernier, fust confirmee en tout et partout, et que le departement faict par led. seneschal des deniers du rechapt du quart et demy quart sortist son effect par provision, et que lesd. consulz fussent condampnes en tous lesd. despans, domaiges et interestz, aultres. Veu par led. conseil lad. requeste, escriptures et productions des parties mises par ordonnance dud. conseilh ez mains dun des m^{es} des requestes de lhostel du roy; oy son rapport, et tout considere, led. conseil, en interinant la requeste desd. consulz, manans et habitans, a ordonne et ordonne que, sans avoir esgard au jugement et sentence dud. general, les departemens faictz par led. Bermondet, lieutenant, comme faictz a moindres charge et frais pour led. pais, tiendront et sortiront leur effect, a la charge de payer par lesd. consulz, manans et habitans, et mectre les deniers es mains dud. recepveur general dedans les jours et termes que par led. S^{ur} ont este ordonnes, suyvant loffre par eulx faicte, a quoy de leur consentement ilz ont este condannes par led. conseil, lequel a ordonne et ordonne que les deniers receuz par led. seneschal et aultres qui ont vacque aud. departement et assiete pour leurs salaires et vacations, par vertu de la taxe par led. seneschal faicte, seront par eulx randus ez mains de celluy qui a charge de recevoir les deniers du rachapt pour servir a la descharge du peuple sur le terme et quartier restant a payer, sauf toutesfois a bailler audict procureur et aultres qui seront delegues pour venir devers le roy pour leffect de labolition du quart et demy quart telle sonme quilz peuvent avoir fraye pour leur despance du voiage quilz ont faict pour ceste cause seulement. Et ordonne led. conseil que doresnavant, ou il adviendra quil soit besoing faire telz et semblables departemens, led. gouverneur et seneschal, sil est present au pais, les fera lesd. departemens, appelle avec luy led. lieutenant general et aultres officiers du roy; et, ou led. seneschal seroit absant ou aultrement empesche, led. lieutenant les fera le plus egallement quil pourra adviser en leurs conscienses et a la moindre foule et charge des subgectz du roy que faire pourra. Et, quant aux appellations, proces et differans meuz entre lesd. parties, a cause de ce que dessus, led. conseil les a mys et mect hors de court et de proces, et sans despans. Et, pour le regard des articles presentes cy devant au conseil par lesd. consulz, manans et habitans et mentionnez en lad. requeste, se pourront pourveoir par devant le conmissaire qui par lectres patentes leur est baille. Faict aud. conseil, tenu a Fontainebleau, le xvij^e jour de mars lan mil v^c cinquante troys. Signe dessoubz : DE LAUBESPINE.

Conmission adroissante a mons^r Me Henry de Mesmes, conseiller au grand conseilh, pour informer contre le gouverneur, nonobstant les recusations contre luy proposees.

HENRY, par la grace de Dieu, roy de France, a n^{re} ame et feal conseiller en n^{re} grand conseilh Me Henry de Mesmes, salut et dilection. Veu en n^{re} privé conseil les causes de recusation contre vous proposees par Francois de Pont Briant, Sr de Montreal, gouverneur et seneschal de Limosin, cy atachees soubz le contresel de n^{re} chancelarie, et sans avoir egard a icelles, vous mandons, conmectons et enjoignons que, nonobstant lesd. causes de recusation et appellations a vous interjectees par led. de Pont Briant et aultres oppositions et appellations quelzconques faictes et a faire, relevees ou a relever, et sans prejudice dicelles, vous proceddez au faict et execution de noz lectres patentes de conmission a vous addroissantes pour le regard des informations mentionnees en nosd. lectres, et, lesd. informations faictes et production que les impetrans de nosd. lectres voudriont faire par devant vous pour la verifficiation des cas par eulx mis sus audict de Pont Brient et aultres coupables desd. cas, icelles pourtes ou envoyes par devant nous en n^{rre}d. prive conseil, pour, le tout veu, estre pourveu conme de raison. Et, affin de oster toute suspection aud. de Pont Briant de la ville de Limoges, proceddes en la ville dUserche, quest hors du hault Limosin la plus prochaine dicelluy. De ce faire vous avons donne et donnons plain pouvoir, auctorite, commission et mandement special par ces presentes, nonobstant comme dessus et quelzconques edictz, ordonnances, restrictions, mandemens, deffenses et lectres a ce contraires. Mandons et comandons a tous noz justiciers, officiers et subjectz que a vous en ce faisant obeyssent et entendent diligenment. Car tel est n^{re} plaisir. Donne a Paris, le neufiesme jour dapvril lan de de grace mil cinq cens cinquante quatre apres Pasques, et de n^{re} regne le huictiesme. Signe : Par le roy en son conseil, ROBERTET ; et scelle en simple queue de cire jaulne.

Coppie de lectres patentes pourtant pouvoir a mess^{ors} du grand conseil donner advis sur les informations faictes contre le gouverneur.

HENRY, PAR LA GRACE de Dieu, roy de France, a noz ames et feaulx les gens de n^{re} grand conseil, salut et dilection. Nous avons cy devant conmis n^{re} ame et feal conseiller en n^{rre}d. conseilh Me Henry de Mesmes pour informer des cas, crimes et delictz que les consulz, manans et habitans de Limoges et pais de Limosin maintenoyent Francois de Pont Briant, S^{gr} de Mont Real, seneschal dud. pais et aultres, avoir conmis, et sur iceulx instruire le proces jusques a sentence diffinitive exclusivement, pour, led. proces instruict et mys en estat de juger, le pourter ou envoyer par devers nous en n^re prive conseilh pour y estre juge ou par telz juges qui seroyent par nous conmis. Suyvant lesquelles nosd. lectres led. de Mesmes auroit comanse informer, contre lequel led. de Pont Briant auroit propose causes de recusations, lesquelles, veues en n^re prive conseil, Nous, sans y avoir esgard, aurions, par noz aultres lectres, mande aud. de Mesmes informer, tant par lectres que tesmoingz, des cas mys sus aud. de Pont Briant et aultres, pour, les informations faictes et rapportees par devers nous en n^re prive conseil, y estre par nous pourveu ; a quoy led. de Mesmes auroit satisfaict, de sorte quil ne reste a present que veoir lesd. pieces et informations, et icelles decreter, ce que ne peult estre a present faict en n^red. prive conseil, pour les affaires de n^re royaulme, ausquelz n^red. conseil est ordinairement occupe. Nous, a ces causes, vous avons renvoye et renvoyons lesd. pieces et informations, et vous mandons et tres expressement enjoignons par ces presentes que, au rapport dud. de Mesmes, vous procedes incontinant et sans delay a la vision desd. pieces et informations, et, sur les decret et aultres provisions requises que trouveres resulter desd. pieces et procedures, donnes et nous envoies vostre advis, pour, icelluy veu, estre pourveu sur le tout ainsi que verons estre a faire par raison. Car tel est n^re plaisir, nonobstant quelzconques edictz, ordonnances, restrictions, mandemens, deffences et lectres a ce contraires. Donne a Coucy, le vj^e jour de jung lan de grace mil cinq cens cinquante quatre, et de n^re regne le huictiesme. Signe dessoubz : Par le roy, vous present, DELOMENIE ; et scelle de cire jaulne en simple queue.

Advis du grand conseil donne sur le decret et provision des informations faictes contre le gouverneur.

Extraict des registres du grand conseil du roy.

Veu par le conseil les charges, informations faictes a la

requeste des consulz, manans et habitans dud. Limoges et hault pais de Limosin, le procureur general du roy joinct a lencontre de Francois de Pont Briant, gouverneur et seneschal dud. pais, lectres patentes du roy du sixiesme de ce present mois, par lesquelles lesd. informations sont renvoyees aud. conseilh pour donner advis sur le decret et provision dicelles conclusions du procureur general du roy, le conseil est dadvis que le roy, si est son bon plaisir, doibt ordonner que led. de Pont Briant sera prins au corps en quelque lieu que prins et apprehende pourra estre, sinon adjourne a troys briefz jours, pour respondre a telles fins et conclusions que led. procureur general du roy voudra contre eulx prandre et eslire et ausd. manans et habitans a fin civile seulement. Delibere audict conseil, a Paris, le vingt troisiesme jour de jung mil v^e cinquante quatre. Signe : MIGOT. Collation est faicte.

Decret et provision du conseil prive contre le gouverneur, pourtant adjournement personnel.

Extraict des registres du conseil prive du roy.

Veu au conseil prive du roy estably pres la royne les lectres patentes dud. S^{gr} du premier de fevrier dernier, par lesquelles est mande au premier maistre des requestes dud. S^{gr}, conseillers en ses grand conseilh, court de parlement et aultres, informer sur certains faictz et articles presentes aud. S^{gr} en sond. conseil par les consulz de la ville de Limoges contre Francoys de Pont-briant, chevalier, S^{gr} de Montreal, gouverneur et seneschal de Limosin, et proceder a faire et parfaire le proces criminel contre les coupables jusques a sentence diffinitive exclusivement, et, lesd. proces instruictz et mys en estat de juger, les pourter ou envoyer par devers led. S^{gr} en sond. conseil pour y estre juges ou pourveu de juges pour ce faire; aultres lectres du neufiesme jour dapvril dernier, par lesquelles est mande a Me Henry de Mesmes, conseiller dud. S^{gr} en son grand conseil, qui sestoit, en vertu desd. premieres lectres, transporte au pais de Limosin pour informer et faire les procedures susd., proceder et informer desd. cas contre led. de Pontbriant et aultres, nonobstant les recusations par icelluy de Pontbriant proposees contre led. de Mesmes, pour, les informations faictes et rapportees au conseil, estre procede et pourveu comme de raison; aultres lectres patentes du sixiesme jung dernier, par lesquelles est mande aud. grand conseilh, veoir lesd. informations et procedures faictes contre led. de Pont Briant, et donner advis sur le decret et provision requise, conclusions du procureur general dud. S^{gr} aud. grand conseil, auquel lesd. informations et procedures auroyent par ordonnance dud. grand conseil este comunicquees les procedures faictes par led. de Mesmes, ensemble ladvis dud. grand conseil, et, tout considere, le conseil a ordonne et ordonne que led. de Pont Briant sera adjourne a comparoir en sa personne aud. conseil au quinziesme jour apres que led. adjournement luy sera baille, pour respondre aux fins et conclusions dud. procureur general dud. S^{gr} et ausd. consulz de lad. ville de Limoges, a fin civile seulement. Et a led. conseil inhibe et defendu aud. de Pont Briant sentremectre en quelque maniere que ce soit du faict et departement des ban et arrierban, soude de cinquante mil hommes a pied et autres impositions que seront cy apres ordonnees par led. S^{gr} estre imposees et levees sur lesd. habitans dud. pais de Limosin, jusques a ce que le proces dud. de Pont Briant sera faict et parfaict, et par led. S^{gr} ou conseil yeu aultrement en soit ordonne. Faict aud. conseil, tenu a Rens, le ve jour de juillet lan mil cinq cens cinquante quatre. Signe dessoubz : HURAUD.

Coppie des lectres patentes obtenues sur la declaration faicte par le roy tochan lexemption du ban et arrierban.

HENRY, PAR LA GRACE de Dieu roy de France, a tous ceulx qui ces presentes lectres verront; salut. Les bourgeois, manans et habitans de nostre ville de Limoges nous ont faict remonstrer que, combien que par privileiges expres a eux octroyes et concedes par noz predecesseurs roys et par nous confirmes, ilz soyent francz, quictes, exemptz du faict, payement et contribution de noz ban et arrierban pour raison des biens nobles et aultres par eulx tenuz et possedes subgectz aud. ban et arrierban, et que de lad. exemption ilz ayent tousjours par cy devant joy et use paisiblement sans quilz ayent este appelles ne enrolles au rolle dud. ban et arrierban de la seneschaucee dud. Limosin, et que par edict nous avons volu et ordonne que les manans et habitans des bonnes villes de nostre royaulme ayant droict de bourgeoisie et exemption de nosd. ban et arrierban ne seront tenus compareoir ne contribuer a iceulx, sinon que pour tres grande et urgente cause et necessite evidente il eust este advise et conclud par ladvis et deliberation des princes de nostre sang, auquel cas ilz seroyent tenus compareoir pour celle foy et sans prejudice de leursd. privileiges; neanmoingz, ceste presente annee, Francois de Pont Briant, seneschal de Limosin, auroit enrolle, taxe et cotise plusieurs desd. bourgeois, manans et habitans de lad. ville au faict de nosd. ban et arrierban, et sesfforce les contraincdre au payement desd. taxes, cotisations et service; sur quoy lesd. exposans nous ont tres humblement faict supplier et requerir leur pourveoir. Nous, a ces causes, et apres que avons faict veoir en nostre prive conseil lesd. privileiges par nosdictz predecesseurs et nous octroyes et confirmes a lad. ville de Limoges, voulans a icelle comme a lune des bonnes et anciennes de nostre royaulme conserver et entretenir iceulx privileiges, avons, en ensuivant n^{re}d. edict, dict et declaire, et de noz certaine science, plaine puissance et auctorite royal, disons et declarons que nous avons entendu et entendons que lesd. manans et habitans de n^{re}d. ville de Limoges ayent tant en general que particulier jouy et jouyssent desd. privileiges sans quilz ayent este ne soyent comprins cotises taxes et contribuables au faict, service ou contribution de nosd. ban et arrierban en quelque facon et maniere que ce soit, ains voulons, entendons et nous plaict quilz en demeurent francs, quictes et exemptz comme ilz ont faict jusques a present, sans quilz soyent ne puissent estre contrainctz a compareoir ne contribuer, si non en cas contenus par n^{re}d. edict, nonobstant que, par les commissaires denomes pour le faict, convocation et assemblee de nosd. ban et arrierban, soit mande comprandre tous previlegies et non previlegies, exemptz et non exemptz; en quoy nous navons entendu et nentendons comprandre lesd. exposans, ains les en avons pour les causes que dessus exceptes et reserves, exceptons et reservons par ces presentes, par lesquelles donnons en mandement a noz ames et feaulx les gens tenant le siege presidial par nous estably en la ville de Limoges et aux commissaires par nous commis et a comectre pour le faict desd. ban et arrierban et a tous noz autres justiciers et officiers quil appartiendra que de noz present declaration et de tout le contenu cy dessus ilz facent, souffrent et laissent lesd. bourgeois, manans et habitans joyr et estre plainement et paisiblement, sans en cela leur faire mectre ou donner, ne souffrir estre faict, mys ou donne aucun trouble ou empeschement au contraire. Et, si lesd. bourgeois, manans et habitans ou aucun deulx avoyent este contrainctz payer lesd. cotisations, ou pour raison dicelles aucunes de leurs terres, seigneuries, fiefz ou aultres biens avoyent este saisis, arrestes ou aultrement empesches, leur fassent randre et restituer et lever et oster lesd. saisies et empeschemens, et le tout mectre incontinant et sans delay a plaine et entiere delivrance et au premier estat. Et de ce en contraignent a ce faire et souffrir tous ceulx quil appartiendra par toutes voyes et manieres deuez et raisonnables, nonobstant oppositions ou appellations quelzconques et sans prejudice dicelles, pour lesquelles ne voulons estre differe, car tel est nostre plaisir, nonobstant quelzconques ordonnances, restrictions, mandemens, deffenses et lectres a ce contraires. En tesmoing de quoy nous avons faict mectre nostre seel a sesd. presentes. Donne a Laon, le xv^e jour de jung lan de grace mil cinq cens cinquante quatre, et de nostre regne le huictiesme. Signe sur le repliz : Par le roy en son conseil, DE LAUBESPINE; et scelle a double queue.

Lesquelles lectres sustranscriptes ont este leuez et publiees au siege presidial de Limoges, et inhibe a tous de contrevenir au voloir du roy, et enroller a ladvenir ausd. ban et arrierban les manans et habitans de lad. ville de Limoges. Et, sil leur avoit este donne aucun trouble ou empeschement, a este faict comandement a tous quil apartiendra le remectre incontinant et sans delay au premier estat et deu, comme apert par lacte de lad. publication en date du ve decembre mil v^e cinquante quatre. Signe : ROQUE; commis du greffier. Lequel acte a este mys et atache ausd. privileiges du ban et arrierban dans lad. cassette longue de bois estant aud. consulat.

Coppie de lappoinctement et transaction faicte entre les manans et habitans des hault et bas Limosin sur le departement des deniers de la soulde et aultres extraordinaires.

Nous, garde du seel auctenticque royal estably pour le roy nre sire aux contraictz au bailiage de Limoges, a tous quil appartiendra et qui ces presentes verront et orront scavoir faisons. Comme plusieurs differans soyent meuz cy devant entre les manans et habitans des hault et bas pais de Limosin, tant pour raison des departemens faictz par messgrs les seneschal de Limosin et lieutenant general au siege de Limoges des sommes par le roy imposees sur les villes clozes desd. pays pour partie de la soulde de cinquante mil hommes a pied que des aultres impositions conjoinctement ordonnees par led. Sgr a estre leves sur lesd. pais, pource que les habitans dud. bas pais disoyent debvoir seulement estre cotises et pourtes le quart ou pour le plus le tiers desd. sommes conjoinctement imposees sur tous lesdictz pais, ayant esgard a la sterilite desd. bas pais et pouvrete des habitans dicelluy, joinct que les habitans de la viconte de Turenne cy devant contribuables audict bas pays ont este eclipses et distraictz de lad. contribution au moyen de lexemption et previleige a eulx baille par le roy, et considere aussi la richesse des habitans de la ville de Limoges et augmentation obvenue ausd. habitans desd. hault pais de Limosin pour la reunion des troys chastelanies de Belac, Rancon et Champaignac, nouvellement adjouxtees et unies aud. hault pais de Limosin, lesd. habitans dud. hault pais disans du contraire que les departemens de toutes lesd. sommes incontinant imposees sur lesd. hault et bas pais, tant pour les souldes que aultres impositions extraordinaires, debvoir a tout le moingz estre faictz par moictie, considere la fertilite des terres et abondance de tous fruictz estans audict bas pais de Limosin est plus grande sans comparaison que nest aud. hault pais, et mesmes des vins, dont ilz recoipvent grandes sommes de deniers, et sur ce vouloyent et accordoyent lesd. habitans dud. hault pais estre reigles selon larrest dernierement donne au conseil prive du roy, confirmatif du departement faict par monsʳ Bermondet, lieutenant general au siege de Limoges, de la somme imposee sur les villes clozes desd. pais, pour partie de la soulde de cinquante mil hommes de pied, et parce que les habitans dud. bas pais disoyent led. arrest ne leur pouvoir nuyre parce quilz navoyent este oys, et aussi quilz ny sont nommes. Sur ce, lesd. parties, deduysans dun coste et daultre plusieurs faictz et moyens, estoyent en voye dentrer en grand proces et faire plusieurs frais. A ceste cause, les habitans desd. pais, ayant dun coste et daultre advise sur ce que dessus, et voulant obvier a la foule quilz ont cy devant heue et aux frais quil leur faudroit supporter par ladvenir, auroyent deppute et nomme chacun de sa part scindicz, consulz et procureurs pour saccorder desd. differans et debatz; que pour cest effect ce seroyent ce jourduy assambles en la present ville de Limoges.

Pour ce est il que, de la part des habitans dud. bas pais de Limosin, presens venerables maistres Jehan de Puy de Val, doyen de lesglise de Tulle, et Leonard de Cosnac, protonotaire du Sainct Siege appostolique, delegues dud. bas pais, et honnorables maistres Francoys du Peyrat, juge magistrat civil au siege presidial de Brive, Jehan Joubert, lieutenant criminel dudict Tulle, Pascal Verllac, conseiller et enquesteur a Brive, Pierre Cornier (?), procureur du roy a Tulle, Antoine Lestang, consul et bourgeois de la ville de Brive, Estienne Mynot, marchant dud. Brive, Jehan Treiles, marchant de Tulle, Bartolome Balagier, bourgeois de la ville dUserche, ayans procuration et ayant charge expresse des habitans dud. bas pais, ont, soubz le bon plaisir du roy, accorde, convenu et transige avec venerable Mᵉ Marcial Benoist, official de Limoges, honnorables Mᵉˢ Joseph de Beaune, juge magistrat criminel au siege presidial dud. Limoges, Jehan Maledent, advocat du roy, Pierre Ardent, procureur du roy, Leonard Barny, juge ordinaire dud. Limoges, Francoys Bechameil, prevost, Marcial Essenaud, contrerolleur, Joseph Ruaud, enquesteur, Pierre de Charlonia, procureur du roy de Navarre, sires Marcial Vertamon, Francoys du Bois, Jehan du Boys, Jacques Benoist, Jehan Veyrier, Jehan Penicaille, Marcial Peyteau, Marcial Maillot, Jacques Chapfort dit Claveau et Leonard Dubouscheys, presens, et tant pour eulx que pour Bartolome des Flotes et Pierre La Gorce, tous consulz de Limoges, consulz de lad. ville de Limoges, tant pour eulx que pour les aultres habitans dud. hault pais, que, pour ladvenir, des sommes que seront par le roy ordonnees estre levees sur les habitans desd. pais tant pour la soulde des gens de pied que aultres impositions extraordinaires conjoinctement imposees sur lesd. pais, iceulx manans et habitans dud. hault pais en prandront et esgualeront pour leur cotite de vingt quatre milz livres la somme de quatorze milz deux centz cinquante livres, et les habitans dud. bas pais la somme de neuf milz sept centz cinquante livres, et du plus ou moingz a lequipollent; et ont volu et accorde les departemens des deniers extraordinaires conjoinctement imposes sur lesd. pais estre faictz pour ladvenir, suyvant et a lequipollent desd. accord et composition que lesd. procureurs et consulz respectivement ont promis par tant que besoing seroit faire ratiffier aux habitans desd. pais, sur peine de tous despans, domaiges et interestz et de cinq cens escus payables de la part de ceulx qui fauldront de ce faire dans troys mois ampres la requisition que leur en aura este faicte a ceulx qui auront obey en ce quil est dict que les departemens faictz du passe jusques a huy sortiront leur plain effect et demeureront toutes assignations baillees a la requeste des parties, proces et procedures nulles et sans effect et poursuite, et les parties dun coste et daultre, quictes de tous despans, domaiges et interestz jusques au present jour, sans en ce comprandre et deroger en facon et maniere que ce soit a lobligation ce jourdhuy faicte aud. Vertamon et aultres ses compaignons, en leurs noms propres et prives, pour les sommes et frais par eulx frayes et advanses au recepveur general de Rion par les habitans dud. bas pais de Limosin. Laquelle obligation pour ce regard demeure entiere et en sa force et vigueur en ce quil est reserve par expres, que, si pour ladvenir les habitans de lad. viconte de Turenne estoyent declaires contribuables, cela viendra a la descharge et profict des habitans dud. bas pais. Et ou la somme de deniers que souloyent pourter les habitans de lad. viconte seroit revectee par le roy ailleurs, le profict dudict revect reviendra aux habitans desd. hault et bas pais de Limosin, a lequipollent de ce que dessus; en ce que, sil est besoing y faire aucuns frais pour faire led. revect ou pour aultres affaires comuns desd. pais, lesd. frais se payeront a lequipollent par les habitans desd. pais. Et, pour plus grand assurance et fermete de la present transaction, les parties ont volu et consenty et accorde quelle soit emologuee, confirmee et decretee par le roy en son prive conseil. Et pour ce faire et requerir ont promis respectivement constituer scindicz ou procureurs ayans plaine et ample puissance. Les frais duquel decret et emologation se feront a comuns despans, a lequipollent de ce que dessus des habitans desd. hault et bas pays. Et ce que dessus lesdictz contractans, moyenant serement par eulx et chacun deulx faict aux sainctz Evangiles nostre S^{gr}, ont promis entretenir et acomplir, et pour ce faire ont audict nom oblige tous et chacuns les biens dez habitans desd. hault et bas pais respectivement, et iceulx soubzmis a la cohertion et contraincte dud. seneschal, en renuncand a toutes renunciations par lesquelles la presente transaction pourroit estre enfraincte. A quoy faire et tenir ont este de leur voloir et consentement condampnes par les notaires royaulx soubz signes. A la relation desquelz, nous, garde susd., avons faict mectre et apposer led. seel royal a ces presentes pour plus grand fermete dicelles. Faict et passe audict Limoges, en presence de noble Raymond de Buissac, escuyer, S^{gr} dud. lieu au bas Limosin, maistre Joseph Benoist, curé de Sainct Jullien de Tulle, et Jacques Gregoire, habitans dud. Limoges, tesmoingz, le dix septiesme jour de novembre mil cinq cens cinquante quatre. Signe dessoubz : CHARTAIGNAC, notaire royal, avec Me Leonard Merchadon. (LEONARD MERCHADON, notaire royal.)

Sentence dexemption des garnisons et contributions a icelles.

Le vingt troisiesme jour de decembre mil v^c cinquante troys fut pronunce sentence a n^{re} proficit declaratrice que les manans, habitans de lad. ville, faulx bourgz et taiables a icelle sont quictes, exemptz et non contribuables au payement de la taille des garnisons, commutation et augmentation des vivres de la gendarmerie. Laquelle avons leve grossoyee en cayers de parchemin, et est dans la boete de fert blanc que sont les previleiges desd. garnisons, comansant : « Les esleuz pour le roy, etc. », et finissant ainsi : « A este pronunce judicialement par messg^{rs} les esleuz ». Signe : P. DE CHARLONIA, greffier. Et est lad. sentence confirmatrice desd. previleiges.

Lectres par lesquelles est mande par provision au lieutenant general faire le departement des impositions extraordinaires en la ville de Limoges.

HENRY, PAR LA GRACE de Dieu roy de France, a n^{re} ame et feal conseiller et lieutenant general en n^{re} seneschaucee de Limosin et siege presidial de Limoges, maistre Gaultier Bermondet, et son absance, maladie ou aultre legitime empeschement, au lieutenant particulier dud. siege, salut. Pource que par arrest et jugement de n^{re} prive conseil, cy par extraict atache soubz le contresel de n^{re} chancellarie, est inhibe et defendu a Francois de Pontbriant, gouverneur et seneschal de Limosin, sentremectre en quelque maniere que ce soit du faict et departement des ban et arrierban, soulde de cinquante mil hommes de pied et aultres impositions que seront cy apres par nous ordonnees estre imposees et levees sur les habitans du pais de Limosin jusques a ce que le proces dud. de Pontbriant sera faict et parfaict, et par nous en n^{re} prive conseil veu aultrement en soit ordonne; et, affin que ce pendant led. departement soit faict ainsi quil est requis, vous avons et ung chacun de vous en la fourme susd. commis, ordonnes et depputes, connectons, ordonnons et depputons pour, appelle n^{re} procureur et aultres qui pour ce seront a appeller, proceder en n^{re}d. ville au departement desd. ban et arrierban, soulde de cinquante mil hommes de pied et aultres impositions que seront cy apres ordonnees estre imposees et levees sur les habitans desd. pays dud. Limosin, jusques a ce que par nous aultrement en soit ordonne, suivant led. arrest. De ce faire vous avons et a chacun de vous donne et donnons plain pouvoir, auctorite, commission et mandement special par ces presentes, nonobstant quelzconques edictz, ordonnances, restrictions, mandemans, deffenses et lectres a ce contraires, mandons et comandons a tous noz justiciers, officiers et subgectz que a vous ce faisant soit diligenment obey. Car tel est n^{re} plaisir. DONNE a Paris, le xj^e jour doctobre lan de grace mil cinq cens cinquante quatre, et de n^{re} regne le huictiesme. Signe dessoubz : Par le roy en son conseil, DUTHIER; et scele de cire jaulne sur simple queue.

Eslection faicte des consulz de la ville de Lymoges le septiesme jour de decembre lan mil cincq centz cinquante quatre, faicte par les manans et habitans de lad. ville, assanbles en la salle de la maisson comune de consoulat de lad. ville, apres avoir faict le serement au cas requis et acoustume, ont proucede a lad. elession comme sensuyt, et premyerement ont esleu du canton de

Las Taulas :

Marcial Decordes laisne.

La Porte :

Francoys Duboys le jeune.

Maiguyne :

Mycheu Taraut.

Le Marche :

Jehan Poyleve.

La Forye :

Jehan Decordes le jeune.

Le Cleuchier :

Guilhame de La Nouaille.

Boucharye :

Maistre Marcial Duboys.

Lansequot :

Pierre Saleys.

Les Conbes :

Pierre Segond dict Dade.

Vieulx Marche :

Thoumas Brugiere dict Durand.

Croyssances :

Marcial Gregoire ;
Jacques Juge.

Eslection faicte de mess les asseurs et partisseurs et cothisateurs dez tailles impousees la present anneé, commansant lan mil cinq centz cinquante quatre, finissant mil v^e cinquante cinq, faicte par mess^{rs} les habitans de lad. ville Lymoges, assembles en la sale du consulat et maison commune de lad. ville, a la maniere accoustumee et ampres le serement en tel cas requitz et accoustume de bien et fidellement, selon Dieu et conscience, faire la cothisation en la compaignie des consulz, a este procede a leslection comme sensuyt, le xvj^e jour de janvier lan mil v^e cinquante quatre.

Les Tavles :

Jehan Varacheau dict Rolland ;
Aymery Veyrier.

La Porte :

Jacques Bothaud ;
Mathieu Marlangeon.

Maigneaye :

Marcial Merly ;
Jehan Bertrand dict Pastisson.

Le Marche :

Jacques de La Roche dict Vouzelle ;
Jehan Londeys.

La Faurie avec le canton Solompnhac

Andre Barnon ;
Pierre Veyrier.

Le Cluchier :

Bartholome Bilhard ;
Francoys dict ....

Boucharie :

Jehan Nadau ;
Jehan Limosin dict Jay.

Lansecoql :

Jehan Picaud, relogayre (horloger) ;
Pierre Gay dict Combeys.

Les Combes :

Franceys Debouscheys dict La Nault ;
Jannet Reynier.

Vieulx Marche :

Nicholas Guery ;
Mathieu Veracheau.

Faict lez jour et an que dessus, et en la sale de la present maison, lez jour et an susd.

(Signé :) M. DESCHAMPS, scribe ordinaire de la ville de Lymoges.

— 69 —

APRES QUE FUSMES ESLEUZ, NOUS FUT ENVOYE PAR MONS^r LE GENERAL Darbouze lectres du roy, par lesquelles nous estoit mande porter en la recepte generalle dudict seigneur la somme de sept centz cinquante livres tourn. pour nostre part de cent mille livre ordonnee estre prinse sur aucunes bonnes villes de son royaulme. Laquelle somme fut par nous payee par advis de conseil, suyvant lesd. lectres du roy et dudict general cy apres inserees, ensemble la quictence du payement, et desquelles la teneur est telle :

[Paiement de la somme de sept cent cinquante livres.]

De par le roy.

Chers et bien amez, voians lEmpereur sesforcer en continuant ses oppiniastratez et mauvaises voluntez de nous courir sus et faire du pis quil peult, nous avons advise, pour luy couper chemyn et faire perdre lesperence de nous endommaiger par les endroictz quil delebere, aussi pour maintenir et conserver noz subjectz en seurete, de tenir noz villes, places et chastaux de frontiere en force, bonne et deue reparation, et que pour ce faire est besoingt lever promptement sur aucunes bonnes villes de n^{re} roiaulme estans douees et fondees de grans biens et revenus patrimoniaulx et doctroy qui sont eslongnees de telz dangiers et inconvenians, et sur les deniers de leur patrimoyne et octroy la somme de cent mil livres ou aultre bonne somme quelles pourront aisement porter, et pour ceste fois seulement paiables dedans les premiers jours de janvier et mars prochains, par moictie et egalle portion, dont vostre ville pour sa part a este taxee a la somme de sept centz cinquante livres. A ceste cause, nous vous prions tres instamment et neantmoins ordonnons et tres expressement enjoignons que, considerans ce que dessus, vous ayes a satisfaire au paiement dicelle somme esd. jours, sans y user daucune longueur ne faire faulte. Car tel est nostre plaisir. Donne a Paris, le ix^e jour de novembre 1554. Signe : HENRY, et plus bas : LEGENDRE. Et au dessus est escript : A noz chers et bien amez les gouverneurs, consulz ou eschevins de nostre ville de Limoges.

MESSIEURS les consulz, vous verrez par les lectres du roy que je vous envoye quil est besoing que vous secourrez ledict seigneur de la somme de sept centz cinquante livres. A ceste cause, ne faillez a tenir ladicte somme preste, de sorte quelle soit par vous portee a la recepte generale establie en ceste ville de Riom, aux termes et ainsi que le contiennent lesd. lectres, sans attendre que lon use contre vous de contrainctes et que lon vous constitue en fraiz, et baillez a ce porteur certiffication de la reception desd. lectres et de la presente ou elle soit inseree, priant le Createur, messieurs les consulz, quil soit garde de vous. Escript a Rion ce xixᵉ novembre 1554. Signe : Votre entierement bon amy : Veyny. Et au dessus lad. lectre est escript : A messieurs les consulz de la ville de Limoges, a Limoges.

[Quittance de la somme de sept cent cinquante livres t/.]

JE, JEHAN DUCLAUX, conseiller du roy et receveur general de ses finances en la ville de Riom, confesse avoir receu content audict Riom des consulz et habitans de la ville de Limoges la somme de sept centz cinquante livres tourn., en testons vij^{xx}x l/ troys solz iiij d/, et le surplus en douzains liardz et doubles, surce quilz doyvent des deniers communs et octroy par eulx faict au roy, paiables les premiers jours de janvier et de ce moys devant passes. De laquelle somme de vij^c L livres t/ je me tiens content et bien paye, et en ay quicte et quicte lesd. consulz, habitans et tous aultres. Tesmoing mon seing manuel cy mys, le vingt sixiesme jour de mars mil cinq centz cinquante cinq. Signe : J. DUCLAUX.

[Affaire de Pontbriant. — V. page 45 et suiv.]

CERTAIN TEMPS apres nous fut presente certain arrest donne au grant conseilh entre nous, le procureur du roy joinct, demandeur en cas dexces, crimes et delictz, et deffendeur a linterinement dune requeste deslargissement d'une part, et messire Francois de Pontbriand, chevalier, seigneur de Montreal et senneschal de Limosin, par lequel nous estoit enjoinct poursuyvre ledict proces comme avons faict en vertu dudict arrest, duquel la teneur est telle :

Extraict des registres du grand conseil.

ENTRE LES CONSULZ, manans de la ville de Limoges et hault pays de Limosin, le procureur general du roy joinct, demandeurs en cas dexes, crimes et delictz, et deffendeurs a linterinement dune requeste deslargissement, dune part, et messire Francoys de Pontbriant, chevalier, seigneur de Montreal, senneschal et gouverneur de Limosin, prisonnier a la suyte du conseil, deffendeurs ausd. exces, et requerent linterinement de ladicte requeste tendent affin deslargissement de sa personne, daultre. Veu par le conseil les charges et informations faicte a la requeste desd. demandeurs, interrogatoires et confession dudict de Pontbriant, ladicte requeste tendent affin deslargissement du vingt quatriesme novembre dernier, arrest dudict conseil du dernier jour doctobre aussi dernier, par lequel ladicte matiere a este retenue en icelluy, suyvant le renvoy faict par le roy audict conseil de ladicte matiere par les lectres patantes du dix neufiesme septembre dernier, aultres lectres dudict seigneur, par lesquelles est ordonne que ledict de Pontbriant et maistre Joseph de Julien, recepveur ordinaire des tailhes audict Limoges, sont adjournees a comparoir en personne audict conseil; conclusions du procureur general du roy et desd. parties, et tout ce que par icelles a este mys et produict par devers ledict conseil, dict a este, sans avoir esgard quant a present a ladicte requeste de leslargissement requis par ledict de Pontbriant, que les tesmoins examines par lesd. informations seront recolles et, si besoingt est, confrontes audict de Pontbriant. Et luy sera son proces criminel faict et parfaict par Mr Henry de Mesmes, conseiller audict conseil, lequel pource faire icelluy conseil a commis et commect. Et seront lesd. consulz de Limoges tenus consigner par devers le greffe dudict conseil la somme de cinq cents livres tourn/ dans ung moys prochainement venent; dans lequel temps ledict conseil a ordonne que ledict commissaire se transportera en la ville de Bourges pour proceder a la confection dudict proces criminel, pardevant lequel ledict de Pontbriant sera tenu de comparoir en lestat, sauf a le faire restraindre par ledict commissaire suyvant lordonnance, et cependent a ordonne que ledict de Pontbriant demeurera en lestat a la suite dud. conseil, et luy a faict inhibitions et deffenses de ne sabsenter de lad. suite. Et oultre a ledict conseil enjoinct audict procureur general et ausd. consulz de Limoges de faire adjourner a comparoir en personne pardavant ledict commissaire, en ladicte ville de Bourges, ledict Mr Joseph de Julien, recepveur des tailhes dudict Limoges, pour estre oy et interroge par ledict commissaire et estre procede contre luy extraordinairement, ainsi quil verra.

estre affaire, sur peine de sen prendre ausd. consulz eu leur propre et prive nom des cas et delictz imposes audict de Julien et daultre amende arbitraire, sauf audict commissaire de povoir ordonner plus grande consignation, si faire se doibt, pour, ledict proces criminel faict et parfaict, et rapporté par devers ledict conseil, et les prisonniers renvoyes en icelluy, estre procede par ledict conseil au jugement dud. proces criminel, ainsi quil appartiendra. Prononce au procureur general du roy et procureurs des parties. A Paris, le dix neufiesme de decembre mil cinq centz cinquante quatre. Ainsi signe : FAURE, commis.

[Priviléges de la vi'e : vidimus.]

ET PARCE QUE les previleiges donnes et confirmes par les roys de France en ceste ville estoyent anciens, et pour cause des maignemens et qu'on les avoit produictz et portes en plusieurs et divers lieux, le parchemyn estoit afoybly et facil a rompre, affin de les contregarder, produire et porter a ladvenir ou bou sembleroit ez endroictz ou lon en avoit affaire, fut advise de les faire vidimer et reduire en forme de chartre. Et, pource faire, les envoyames a la court, ou furent les chartres, confirmations, ataches, enterinemens et aultres procedures et pieces vidimees, auctentiquees et de nouvau en parchemin et seellees du seel du roy a laz de soye, comme appert par ledict vidimus. Donne a Sainct Germain en Laye, au moys de julhet mil cinq cents cinquante cinq. Signe : Par le roy, maistre PIERRE DE SAINCT MARTIN, maistre des requestes ordinaire de lhostel, present Burgensis ; et plus bas : DE SAINCT MARTIN. Visa estant dans le coffre de la chambre du conseilh, dans une boyte de fert blanc.

[Service pour le roi de Navarre.]

AU MOYS DE JUNG ensuyvant, receumes lectres de monsr d'Aulteffort, gouverneur du roy de Navarre, par lesquelles nous donnoit entendre le trespas du feu roy de Navarre, qui deceda le 29e may 1555, et nous prioit faire prier Dieu pour ledict feu. Surquoy fut delibere par les officiers dudict seigneur et aultres habitans de ceste ville, de faire un service general en leglise collegialle Sainct Marcial, ce que acomplimes le quinziesme dudict moys de jung suyvant. Et fut faict ledict service fort honorablement avec flambeaux portans les armoiries dudict feu et de la ville, ou assistarent avec nous monsr le lieutenent general, lesdictz officiers et plusieurs aultres notables gens de ceste ville. Et partimes de la maison commune pour aller audict service, allans dung couste et daultre par les rues scavoir : les officiers dun couste et nous dung aultre, le tout suyvant ladvis et deliberation susd. et desd. lectres tant dudict seigneur dAulteffort que de levesque de Mende, desquelles la teneur est telle :

Messieurs les consulz de Limoges, aujourdhuy quon conte le huictiesme de jung, jay receu des lectres de monsr de Mende, et par icelles entendres le trespas du feu roy de Navarre, nostre maistre, a qui Dieu par sa saincte grace face mercy, quest ung grand dommage pour tout le royaulme de France, mesmement a ses pauvres subjects et serviteurs, suyvant les escriptz que mondict seigneur de Mende et que la raison le veult bien, je vous supplie de mon couste bien affectueusement faire prier Dieu pour le feu trespasse, et en ce faisant feres vostre debvoir et donrez ung contentement a monseigneur et dame de Vendosme, que leur sera fort agreable, et que vous pourra grandement aider pour ladvenir. Et surce, messieurs, je me recomande de bien bon cueur a toutes voz bonnes graces. De Haulteffort, ce huictiesme de jung 1555. Ainsi signe : Votre bon voysin et fidel amy, Aultefort. Et audessus est escript : A messieurs, messieurs les consulz de la ville de Limoges.

Monsieur, puys quil a pleu a nostre bon Dieu appeler a soy le roy de Navarre, nostre bon maistre, cejourduy entre deux et troys heures de matin, je nay volu falir a le vous faire entendre et vous asseurer que son heureuse fin et cognoissance quil a eu de Dieu jusques au dernier souspir est digne destre imitee ... ., dequoy nous devons remercier Dieu, ce que je vous prie faire de vostre part et le faire ascavoir a toutes les villes et lieux de vostre gouvernement que vous avez en ses terres dedela, les exortant tant a prier Dieu pour ledict seigneur roy que a nentreprendre aucune chose au prejudice de monsr de Vendosme et madame la princesse, heritiers dudict feu seigneur, ausquelz, en ce faisant, vous feres beaucoupt de service, et masseurent que vous le vouldres faire. Je priray Nostre Seigneur vous donner, monsr, bonne vie et longue. A Hayetman, ce vingt neufiesme de may 1555. Ainsi signe : Vostre meilheur

frere a vous faire service, lÉvesque de Mende; et au dessus est
escript : A monsʳ, monsʳ dAulteffort.

[Collége de Limoges : projet de fondation]

Apres se assemblarent en ladicte maison commune
messieurs les advocatz et procureurs du roy, les advocat et procureur du viconte, aucuns de messieurs les chanoynes de
Limoges, monsʳ lesleu Duboys, sires Pierre Bastide, Jehan
Luscure, Marcial Verthamon, Helies Galicher et aultres bourgeois et marchans dicelle, qui de bon zele pour la condition de
la jeunesse de la ville et circonvoysins y affluans, deliberarent
faire edifier et bastir ung colleige, et icelluy fornir de regens
doctes et experimentes tant en langues grecques que ez ars et
sciences liberalles et aultres bonnes lectres. Et pource faire fut
scrute les opinions dung chacun, et furent faictes plusieurs offres
pour aider et contribuer surce, comme est contenu au roolle
estant devers ledict esleu Duboys. Et, suyvant leur advis,
furent mis en justice pardavant messieurs les presidiaulx Jehan
et Aymery Veyrier, pour les contraindre de vuider leur maison
de Boucharie pour eriger ledict colleige audict lieu, et, obtenues
lectres du roy, pour avoir permission de dresser led. colleige et
contraindre tous ceulx qui pource fairoyent (seroyent) a contraindre. Lesquelles vous plara faire executer suyvant leur
forme et teneur, qui est telle :

Henry, par la grace de Dieu roy de France, au senneschal
de Limosin ou son lieutenent, salut. Les consulz de nostre
ville de Limoges nous ont faict remonstrer que, pour la condition
et institution de la jeunesse dud. lieu et aultres circonvoysins y
affluans, ils auroyent mys en deliberation de faire edifier et
bastir un collieige, et icelluy fornir de nombre competant de
bons regens, doctes et experimentez tant es langues, lectres que
es artz et sciences liberalles et aultres bonnes lectres. Et parce
que les deniers conmuns de ladicte ville sont si petitz que a
peine peuvent ilz satisfaire a lentretenement de la police dicelle,
et que a ceste cause ledict colleige ne pouroit estre fonde, basti
et dresse, ne lesd. regens stipendiez et salaries desd. deniers
conmuns, iceulx exposans auroyent faict remonstrer le tout
aux habitans de ladicte ville, lesquelz, quoy que soit la plus

saine partie diceulx, auroyent grandement loue ladicte entreprise et deliberation, et, quant aux fraiz a ce necessaires, auroyent este ·dadvis imposer sur eulx et aultres habitans de ladicte ville et faulx bourgs telle somme quon adviseroit estre necessaire pour la construction, edification et dotation dudict collieige. Et surce, en attendent nos lectres de permission et provision, lesd. exposans auroyent advise les lieu et place plus commodes audict collieige et moins dommageables au public de ladicte ville, et iceulx lieux et places voulu achapter des proprietaires et tenenciers dicelles, lesquelz auroyent refuse les vendre jacoit quilz leur soyent de nulle, quoyque soit bien petite commodite et valeur, et craignant que pour la necessite publicque ilz soyent contrainctz de les vendre, les auroyent prises et tenues au double plus quelles ne vallent ne pouroyent valoir, ce que pouroit empescher lerection, edification et establissement dudict collieige, au tres grant prejudice du bien publicque. Nous, A CES CAUSES, desirans les bonnes lectres fleurir en nostre royaulme, mesmement en nostre dicte ville de Limoges, cappitalle dudict pays, avons promis et promectons ausd. exposans faire bastir, construire et edifier ung collieige en tel lieu et endroict de ladicte ville plus commode quilz verront estre a faire, et icelluy fornir dung principal et tel nombre de regens que requis sera pour linstruction et erudition des enfans et jeunes gens dudict pays et aultres. Et vous mandons et commectons par ces presantes que, si, appelle nostre procureur en vostredicte senneschaulcee et aultres qui pource seront a appeller, il vous appert que la plus grande et saine partie desd. habitans ait consenty et consente que les deniers neccessaires tant pour lacquisition desd. lieux et places que pour la fabrique et construction dung collieige, gaiges et salaires desd. principal regens et aultres choses requises a lentretenement dudict collieige soyent imposes et cottises sur eulx et aultres habitans de ladicte ville et faulx bourgs. Vous en ce cas, faictes extimer et evaluer les deniers requis pour les frais et despences des choses susd., et iceulx imposez et cottisez sur lesd. manans et habitans et ung chacun deulx pour leur cottite respectivement, le fort portant le foible, et iceulx contraignez ou faictes contraindre au payement desd. cottisations par toutes les contrainctes et aultres voyes a ce neccessaires, non obstant oppositions ou appellations quelzconques, et sans prejudices dicelles, pour lesquelles ne voulons estre differe. Et en oultre, appellez les proprietaires et tenenciers desd. lieux et places nccessaires a la construction et erection dudict colleige, et les maistres expertz, faictes les priser et estimer selon quelles pouront justement valloir. Et, icelles prises et extimees, contraignez lesd. proprietaires et tenenciers dicelles a les vendre, ceder et transporter ausdictz exposans pour ledification dudict colleige, en leur payant les sommes esquelles elles auront este justement prisees, ou aultrement leur assignant si grand ou meilleur revenu quilz pourroyent vray semblablement avoir et recuilir desd. lieux et places. De ce faire vous avons donne et de noz certaine science, plaine puissance et auctorite royal, donnons plain pouvoir, auctorite, commission et mandement special par ces presantes, que nous voulons sortir leur plain et entier effect et estre reellement executees, non obstant comme dessus. Car tel est nostre plaisir, non obstant quelzconques edictz, ordonnances, privileiges, exemptions, coustumes, uz, stilles, observances et lectres a ce contraire. Donne a Sainct Germain en Laye, le unziesme jour de juillet lan de grace mil cinq cents cinquante cinq, et de nostre regne le neufiesme. Ainsi signe : Par le roy, vous present, BURGENSIS : et seelle des armoiries dudict seigneur en cyre jeaulne.

[Rente de dix livres due par l'abbé de Saint-Martial : transaction.]

ET PARCE quil nous estoit deu par labbe de Sainct Martial la somme de dix livres de rente sur le claud Choudeyron (1), et ne les voloit payer, ledict clau fut saisi et mys a la main du roy. A laquelle saisie ledict abbe se opposa en reconvenant, demanda sur la petite maison de ceans six solz de fondalite, et lesd. arreyrages de trente annees, aussi par sentence messieurs les esleuz fist declairer le village de La Deyliade exempt de tailhe, comme deppendent de Beauvays, membre de ladicte abbaye. Et tant fut procede que la matiere fut devolu par appel en la court des aydes de Perigueux, ou trouvames avoir mauvaise cause et estions en voye de faire plusieurs frais, pour ausquelz obvier, par advis de conseils, transigeames avec ledict abbe comme par la transaction cy apres inseree est contenu :

(1) Aujourd'hui clos Chaudron.

A TOUS CEULX QUI CES PRESENTES VERRONT, nous, garde du seel auctenticque roial estably aux contraictz au bailiage de Limoges pour le roy n^re sire, scavoir faisons que, par devant les notaires roiaulx soubz signes et en presence des tesmoingtz cy bas nommez en la ville de Limoges, ont este personnellement establiz maistre Marcial Duboys, Jehan Poyleve, Marcial Decordes, Guilhaume de La Nouailhe, Francoys du Boys, Pierre Segond et Thomas Brugiere, consulz de ladicte ville la present annee, tant pour eulx que pour les autres consulz de ladicte ville, leurs compaignons et absens et qui seront a ladvenir, et autres manans et habitans de lad. ville dune part, et reverend pere mon^sr Loys de Ginoilhac, prothonotaire du sainct siege apostolicque, conseiller aulmosnier ordinaire du roy et abbe de labbaye de Sainct Marcial de Limoges. Comme soit ainsin que lesd. parties ont dict et confesse que lesdictz consulz, en vertu de certaines lectres contenens transaction, du cinquiesme novembre mil quatre cens quatre vingts sept, signees de Ulmo, eussent faict saisir par auctorite du siege presidial de Limoges, par Mathieu Varracheau, sergent royal, des le vingt huictiesme daoust mil cinq cens cinquante quatre, tous et chacuns les cens et rantes audict seigneur abbe deubz sur le mas et cloz jadis appelle de Sainct Marcial, et a present le clos Choudeyron, situe pres leglise Saincte Valerie, hors les murs de la ville et cyte de Limoges, ung chemin entre deux, dune part, et le chemin publicq que lon va de lesglize Sainct Geral au pont Sainct Marcial, dautre, et aux treilles et vismieres du prieure Sainct Geral, dautre, et au chemin que lon va de la fontaine Sainct Geral a la roche au Guo, dautre, tant pour avoir payement de la somme de dix livres tournois a eulx deue par ledict seigneur abbe chacun an sur ledict cloz, a chacune feste des octaves mon^sr sainct Marcial, que pour les arreyrages de huict annees lors escheues, a laquelle saisie ledict seigneur abbe se fust oppose, et deduict entre autres choses que nestoit tenu payer lesdictes dix livres que preallablement lung desdictz consulz ne les luy vint demander en sa maison abbatiale, ce que navoit este faict; et parce disoit ladicte saisie estre nulle et elle debvoit estre declairee. Dabundant quil avoit droict de prendre chacun an sept solz six deniers de cens et fondalite sur a maison joignant a la grand salle de la maison comune de Limoges, situee en la rue de Font Grouleau, appartenant ausdictz consulz, manans et habitans de lad. ville de Limoges, confrontee entre la maison de Jehan Trotaud, dune part, et ladicte salle de consulat, dautre, et ladicte rue de Fontgrouleau par le devant, dautre, ensemble les arreyrages de trante annees, desquelles en tout evenement auroit requis compensation. A quoy lesdictz consulz auroient respondu et declaire ne debvoir sur ladicte maison que six solz tournois, comme ont faict apparoir et monstrer tant par la derniere recognoissance, signee M. Caroli, en datte du dixiesme jour de jung mil quatre cens quatre vingts seze, que par les quictances des derniers payemens. Aussi eust faict convenir ledict seigneur abbe lesdictz consulz par devant les esleuz au hault pays de Limosin, et deduict que de tout temps et antiennete le villaige de La Desliade, paroisse de Sainct Michel des Lyons, estoit des appartenances et deppendences de sa maison, lieu et repaire de Beauvoys, membre deppendent de ladicte abbaye, et parce exempt de toutes tailles et autres impositions qui se imposent sur les habitans de ladicte ville et hommes taillables en icelle. Ce nonobstant, lesdictz consulz auroyent enrolle et cottise les habitans dudict lieu et villaige de La Desliade ez rolles, cothisations et impositions dicelle dicte ville, pour raison de quoy tant auroit este procede en ladicte court que, par sentence desd. esleuz, ledict villaige auroit este declare exempt de toutes tailles et inhybe ausdictz consulz de les plus cottiser tant que ledict lieu sera tenu par serviteurs, et de la qualite quil est de present; le tout suivant la sentence, de laquelle y auroit heu appellation relevee par lesdictz consulz en la court des aides a Perigeux; surquoy les parties estoient en voye dentrer en grandz proces et faire plusieurs fraiz et mises. Pour ausquelles obvier, pour le bien de paix et soulaigement de la republicque, apres avoir consulte leurs affaires, traitans aucun leurs amys, LESDICTES PARTIES sont venues en transaction et accord comme sensuyt : SÇAVOIR est que ledict seigneur abbe a recogneu debvoir chacun an ausdictz consulz, presens et acceptans, sur le mas et cloz Choudeyron cy dessus designe lesd. dix livres tournois quil a promis payer et continuer doresnavant le payement chacun an audict terme des octaves mon^{sr} sainct Marcial, en les luy venant au preallable demander en sadicte maison abbatiale, et, en son absence, a son viccaire general, avant que pouvoir proceder par exeqution, de laquelle demande et summation sera creu a la simple assertion de lung des consulz de ladicte ville.

Moyennent lequel payement ledict Sʳ abbe, pour raison de sadicte abbeye, membres et officiers claustruelz, plus au long speciffies et designes par larrest de la court de parlement de Paris, signe a ...., en datte du vingt cinquiesme jour de jung mil troys cens soixante quinze, dont loriginal dicelle est demeure entre les mains desdictz consulz. Et demeurent quictes des fortiffications et reparations des murailhes, et le tout suivant ledict arrest, et, sans derroger a icelle et pour les arreyrages de lannee dernierement passee, a icelluy seigneur abbe paye et baille reaulment la somme de dix livres tournois ausdictz consulz, moiennant laquelle somme est demeure quicte tant de ladicte annee que de tous autres arreyrages jusques a ladicte feste de loctave monʳ sainct Marcial dernierement passe inclusivement. Et lesdictz consulz ont aussi recogneu tenir la maison susdicte joignant a ladicte salle du consulat, et ledict seigneur abbe, present et acceptans a cause de sadicte abbeye, estre seigneur foncier et direct dicelle, et avoir droit de prandre chacun an six solz tournois de cens et fondalite sur ladicte maison avec tout droict de fondalite et directe seigneurie, et ung chappon daccaptemens (1) en mutation de seigneur abbe, tant quilz seront tenentiers et proprietaires dicelled. maison. Lesquelz six solz ont lesdictz consulz, tant pour eulx que pour leurs successeurs, promis payer audict seigneur abbe ung chacun an a chacune feste de Noel. Et, moyennant ce, ledict seigneur abbe a recogneu estre paye et satisfaict de tous arreyrages de ladicte censive escheuz jusques a present, desquelz pareillement aquictez et quicte lesdictz consulz, presentz et acceptans, en pacte de jamais ne leur en riens demander. Pareillement ont aussi consenty et consentent lesdictz consulz que doresnavant ledict seigneur abbe et ses serviteurs dudict lieu de La Desliade, faisans valoir ledict lieu en qualite de serviteurs sans fraude, soyent exempts et non contribuables ez tailles de ladicte ville, le tout suivant la sentence desdictz seigneurs esleuz sur ce intervenue, en datte du quatriesme doctobre mil cinq cens cinquante troys. Et ont consenty que ladicte sentence soit exequttee par ung desdictz esleuz selon sa forme et teneur, nonobstant ledict appel, pourveu que lesdictz consulz, leurs successeurs ne autres ne soient tenuz a la restitution des deniers par eulx lever sur ledict bien de La

---

(1) « *Accapte*, droit qui était payé dans quelques provinces par les héritiers d'un tenancier soumis à rente, cens ou autre charge. » (Chéruel, *Dictionn. des instit.*)

Desliade, despans et amende si aucune en y avoit. Et, pour acquiesser a ladicte sentence, ont constitue procureurs les frequentans ladicte court, promis avoir aggreable ce que par eulx sera faict, soubz obligation et ypothecque de tous les biens dudict consulat. Et par mesme moyen ont consenty et consentent lesdictz consulz que main levee soit bailles audict seigneur abbe des cens et rantes a luy deubz sur ledict cloz saisi a leur requeste. Et, pour faire et prester ledict consentement, ont aussi constitue procureurs les frequentans le siege presidial a Limoges, ou le proces, pour raison de ladicte saisie, est pendent. Et, moiennent ce, lesdictes parties et chacune delles sen sont allees daccord et hors tous proces, sans despans, donmaiges et interestz, et ce que dessus icelles dictes parties et chacune delles, tant que chacune touche et peult toucher, mutue et solempne stipulation surce intervenant, ont promis tenir et accomplir de poinct en poinct, et, a deffault de ce, payer tous despans, donmaiges et interestz quelles feroient et soubztiendroyent lune par deffault de laccomplissement des choses susdictes, renuncant a toutes remunerations tant de faict que de droict, generales et speciales, a ce contraires; promectant lavoir pour aggreable, soubz lobligation et ypothecque de tous et chacuns leurs biens meubles et immeubles presentz et advenir queulxconques, quilz ont pource affectez, obliges et ypothecques, scavoir est : ledict seigneur abbe, tout le revenu et temporel de lad. abbeye, et lesdictz consulz, les fruictz, proffictz, revenu et emolumens de lad. maison comune et la maison susconfrontee pour le payement desdictz six solz tournois seullement. Voulu estre compelles par mons^r le gouverneur et seneschal de Limosin ou mons^r son lieutenent et gens tenens le siege presidial de Limoges et tous autres juges royaulx. Et ont voulu lesdictes parties presentes, de leur vouloir et consentement, jugees et condampnees par Bartholome Malerbault et Jehan Rogier, notaires royaulx. A la rellation desquelz avons faict mectre le seel royal a ces presentes. Donne et faict a Limoges, en presence de maistre Jehan Martin et Guilhaume Botin, tesmoingtz a ce appelles, le vingt neufiesme de novembre mil cinq cens cinquante cinq, moyennant serement par elles et chacune delles faict, preste aux sainctz Evangilles. Faict comme dessus. Ainsin signe : L. de Genoulhac, abbe de St Marcial; J. Poyleve ; M. de Cordes, comme consul; M. du Boys, consul; G. de La Nohailhe et Brugiere, consulz; P^{rre} Segond, consul; F^s du Boys, consul;

G. Botin, pour avoir este present; J. Martin, pour avoir este present.

(Signé:) Rogier, notaire royal, avec Me Bartholome Malerbaud, devers lequel est demeure loriginal.

(Signé:) Malerbaud.

(Signé:) Collin, notaire royal, avec Me Jehan Rogier.

Recu, le xxve de julhet, la somme de x 1/, comprins les vj solz qui luy sont deheuz.

Election de mess^{ers} les consulz de la ville de Lymoges, faicte par les manans et habitans dicelle, assembles a la maniere accoustumee en la sale du consulat et maison commune de lad. ville, ampres avoir faict le serement en tel cas requitz et accoustume de faire en telz actes, ont procede a lad. election, et ont esleu ceulx que sensuyvent. — 1555 finissent 1556.

Les cantons :

Les Taules :

Pierre Duboys.

La Porte :

Francoys Vidault.

Maignenye :

Jehan Disnematin dit le Dourat.

Le Marche :

Guillaume Disnematin.

La Faurie :

Monsr Me Pierre Clousel, docteur en medecine.

Le Clochier :

Jehan Lascure.

Boucharie :

Leonard Ladrapt.

Lansequot :

Jehan Combeys dict Gay.

Les Combes :

Jehan Bertrand.

Vieulx Marche :

Pierre Valade.

Croissances :

Aymery Veyrier;
Loys Romanet.

Faict en lad. sale du consulat et maison commune de la ville de Limoges, le septiesme jour de decembre lan mil cinq centz cinquante cinq.

(Signé :) M. Deschamps, scribe ordinaire desd. S^{rs} les consulz de Lymoges.

Election de mess^{rs} les asseurs et partisseurs des tailles impousees la present annee en la ville de Lymoges, la present annee commensant lan mil v^c cinquante cinq, finissant mil v^c cinquante six, faicte par mess^{rs} les manans et habitans de la ville de Lymoges, assembles en la sale de consulat et maison commune de lad. ville ; et, ampres le serement en tel cas requitz et accoustume faict, a este procede a lad. election comme sensuyt :

Les Taules :

Laurens Moret;
Vincens Thourier.

La Porte :

Mathieu Benoist ;
Gregoyre Pinchault.

Maignenye :

Jehan Yvert ;
Pierre Penigot.

Le Marche :

Jacques Raymond ;
Pierre Pabot.

La Faurie :

Pierre Bardonault ;
Christofle Tarneau.

Le Clochier :

Marcial Disnematin, garde de la Monnoye ;
Jehan Penicaille le jeune.

Boucharie :

Marcial Eyschaupre dict ......
Pierre ......

Lansequot :

Pierre Cortete ;
Michel Peyrault.

Las Combas :

Symon Yvernault dict Chardon ;
Claude Gandy.

Vieulx Marche :

Jehan Farne layne ;
Pierre Cibot dict Pelat.

Faict en lad. sale, le dix^{me} jour de decembre lan mil cinq centz cinquante cinq.

(Signé :) M. Deschamps, scribe ordinaire de mess^{grs} les consulz de Lymoges.

[Paiement de la somme de huit cents livres.]

BIENTOST APRES LESLECTION faicte, receupmes par homme expres, envoye par mons. dArbouze, general pour le roy a Riom, ou son commis, lectres du roy, par lesquelles nous estoit mande porter en recepte generale dudict seigneur, establie audict Riom, la somme de huict centz livres tourn. pour n{re} part de la somme de cent mil livres, ordonnee estre prinse sur aucunes bonnes villes de son royaulme, laquelle somme a este payee a deux termes, suyvent les lectres dudict seigneur, par adviz du conseil, et comme avoyent faict nos predecesseurs consulz ; lesdictes lectres du roy et dudict Darbouze, general, cy apres inserees avec les deux quictances du paiement, dont la teneur sensuit :

DE PAR LE ROY.

[Même affaire.]

CHERS et bien amez, encores que noz vouloir et deliberation fussent descharger ceste prochaine annee votre ville de la somme dont elle nous a cy devant subvenu et ayde pour les fortiffications des villes et places fortes de la frontiere de noz pays de Picardie, Champaigne, Luxembourg, Barrois et Lorraine, si noz affaires leussent peu permettre, ainsi que nous esperons, toutesfois, voyant la necessite nous presser, contraindre plus que jamais de faire promptement fortiffier lesdictes villes et places, en tel et si asseure estat que, sil y survenoit affaires, elles fussent pour resister aux entreprinses quon y vouldroit faire, affin aussi de maintenir nos subjectz voisins desd. frontieres en toute seurete, ce que ne pourrions bonnement faire pour les aultres grandes et inestimables depenses quil nous convient continuer pour la conduite et soustenement de la guerre, avons pour ces causes, par ladvis daucuns princes de notre sang et gens de notre conseil prive, advise faire encores lever ceste prochaine annee, commencent le premier jour de janvier mil v{c} LV, sur aucunes villes de notre royaulme estens douees et fondees de biens et revenuz patrimoniaulx et doctroy, et sur les deniers de leurd. patrimoyne et octroy la somme de cent mil livres ou aultre notable somme quelles pourront aysement porter, payables dedans les premiers jours de febvrier et may aussi prochain, par moictie et esgalle portion, dont votred. ville pour sa part a este taxee a la somme de huict cens livres. A ceste cause, nous vous prions tres instamment et neantmoings ordonnons et tres expressement enjoignons que, ne considerans ce que dessus, vous ayez a satisfaire au payement dicelle somme esd. jours, sans y user daucune longueur ne faire faulte. Car tel est notre plaisir. Donne a Viliers Costeretz, le x⁰ jour de novembre 1555. Ainsi signe : HENRY, et plus bas : BRETON. Et au dessus lad. lectre est escript : A noz chers et bien amez les consulz, bourgeois, manans et habitans de notre bonne ville de Limoges.

Sensuit la teneur des lectres du commis dudict seigneur Darbouze, nomme Boniface.

MESSIEURS, en labsence de mon seigneur le general mon [Même affaire.] maistre, jay receu les lectres missives du roy que je vous envoye, donnees a Villers Costeretz, le ix⁰ novembre dernier passe, signees de sa main, et au dessoubz Breton, par lesquelles et pour les causes y contenues, ledict seigneur vous mande et enjoinct que vous aiez a fornir et payer ez mains du receveur general des finances en ceste ville de Riom la somme de huict centz livres, a deux termes et paiementz egaulx, es premiers jours de febvrier et may prochains venens, a laquelle vous avez este cotizes pour v^{re} part de la somme de deniers ordonnes estre levees sur aucunes villes de ce roiaulme estans donnees et fondees de biens patrimoniaulx et doctroy, et sur les deniers de leurd. patrimoyne et octroy. Et, pource que le roy escript et ordonne a mondict seigneur le general de faire proceder a lexecution de ce que dessus en telle dilligence quil nen adviennе faulte ne retardement en ses affaires, comme plus aplain le contiennent les lectres patentes dud. seigneur, pourtent pouvoir et commission de vous y contraindre, je vous ay bien voulu advertir et prier que, a ceste fin, vous baillez certiffication a ce porteur desd. lectres missives du roy et de la presente ou elle soit inseree, me recommandant a voz bonnes graces, et priant le Createur, Messieurs, vous conserver en la sienne. Escriptes a Riom, ce xj⁰ decembre 1555. Ainsi signe : V^{re} serviteur et bon amy, BONIFACE. Et dessus ladicte lectre est escript : A messieurs, messieurs les consulz de la ville de Limoges, a Limoges.

La coppie des quictances.

[Même affaire.] Je, Pierre Pellisson, conseiller du roy et receveur general de ses finances a Riom, confesse avoir heu et receu contant audict Riom, des habitans de la ville de Limoges, la somme de quatre centz livres tournoys, assavoir xxij l/ x s/ en xviij carolus de Flandres, iij^c xvij l/ xviij s/ t/ en testons, xxxij l/ vj s/ en realles, xxvj s/ viij (d/) en berlingues, iij l/ xij s/ vj d/ en gros de Nesle, xxij l/ ij s/ en xij^{ains} (douzains) et iiij s/ x d/ t/ en monoye de liardz, sur ce quilz doibvent a cause des deniers comuns tant patrimoniaux que doctroy et du terme paiable le premier jour de fevrier prochain venent. De laquelle somme de iiij^c l/ tournoys je me tient pour contant et bien paye, et en ay quicte et quicte lesd. habitans de Limoges et tous aultres, tesmoing mon seing manuel cy mys, le dernier jour de janvier mil cinq centz cinquante cinq. Ainsi signe : Pellisson.

Pour iiij^c l/.

—

[Même affaire.] Je, Pierre Pellisson, conseiller du roy et receveur general de ses finances a Riom, confesse avoir eu et receu contant audict Riom, des manans et habitans de la ville de Limoges, la somme de quatre cens livres tournoys, cest assavoir x l/ en ij henrys, ij^c l/ xlij s/ en testons a xj s/ iiij d/ piece, xx l/ en realles, liij s/ iiij d/ en cavalotz de Gueldres, lvij l/ xiiij s/ en xij^{ains} (douzains), ix l/ x s/ en x^{ains} (dizains), xl l/ en liardz et viij d/ t/ en doubles, surce quilz doibvent a cause des deniers communs, tant patrimoniaulx que doctroy, et du terme payable le premier jour de may prochain venant. De laquelle somme de iiij^c l/ je me tien pour contant et bien paye, et en ay quicte et quicte lesdictz consulz, habitans et tous aultres, tesmoing mon seing manuel cy mys, le dernier jour davril m v^c cinquante six. Ainsi signe : Pellisson.

Pour iiij^c l/.

En ce mesmes temps, fusmes sommes par les predecesseurs consulz de reprendre le proces intente contre noble Francois de Pontbriant, gouverneur et senneschal de Limosin, ses complices et adherans, et par nous fut respondu que tresvolentiers reprendrions le proces, moyennent que les habitans du hault pays de Limosin y eussent consenty ou la plus partie diceulx. Et apres, aiant veu le consentement par eulx preste et lopposition de plusieurs, en tout suyvant le conseil, reffusames prendre ledict proces. Lesquelz predecesseurs consulz, voyant nostre responce, nous firent adjourner au grand conseil, duquel eusme larrest que sensuit :

[Reprise du procès Pont-Briant.
v. pages 45, 47, 49, 50, 52, 53, 54, 55, 56, 57, 58, 65, 70.]

Extraict des registres du grand conseil du roy.

Entre les consulz de la ville de Limoges, esleuz en lannee mil v^c l iiij, demandeurs en requeste par eulx presentee audict conseil le douzieme janvier dernier, dune part; et les consulz dudict Limoges, esleuz en la present annee, deffendeurs a ladicte requeste, dautre. Le conseil, les parties oyes, ensemble le procureur general du roy, en ayant esgard a la requeste desdictz consulz de lad. ville de Limoges en lad. annee mil v^c l iiij, a ordonne et ordonne que les consulz dicelle ville en lannee presente reprendront les proces criminelz, circunstances et deppendences, au lieu diceulx consulz de lannee derniere, pendent audict conseil entre lesdictz consulz, d'une part, et Me Joseph de Julien et complices denommes audict proces, daultre, selon les derniers erremens comprins, et en ayant esgard par ledict conseil a loffre indirectement faicte par Fousteau, advocat desd. consulz de lad. derniere annee. A condampne et condempne iceulx consulz, suivant ladicte offre, consigner et mectre es mains desd. a present consulz la somme de cinq centz livres tournoys, pour icelle convertir et employer a la poursuite et frais desd. proces, et a condempne et condempne lesdictz consulz de lannee presente en leurs propres et prive noms es despens., que seront taxes sans nouvel voyage. Et sera creu par serement le solliciteur des articles esquelz y eschet affirmation, sauf ausdictz apresent consulz de recuperer le reliqua des comptes desd. consulz de lannee derniere, si aucuns se treuve, par la closture diceulx, oultre et

[Arrêt qui condamne les consuls à continuer le procès.]

par dessus ladicte somme de v^c l/ au profit de lad. ville de Limoges. Et a ledict conseil ordonne et ordonne que lesdictz a present consulz seront tenus faire les poursuittes desd. proces suivant les arretz des prive et grant conseil, sur peine de tous despens, dommages et interestz en leurs prives noms. Et leur a ledict conseil permis et permet faire appeller, si bon leur semble, les manans et habitans du hault pays de Limosin, a telles fins que bon leur semblera, sans retardation de proces. Faict audict conseil, a Bloys, le vingt septiesme fevrier mil v^c LV. Signe FAURE, commis.

[Emprunt royal de huit cents livres. — Suite.]

AUSSI, VOYANS en ce mesmes temps les deniers par le roy cidavant empruntes navoir este par ledict seigneur assignes ny asseures, et le vouloir dudict seigneur estre les assigner en rente sur les deniers provenans des tailhes, apres avoir faict appeller les presteurs, furent depputes les aucuns desd. consulz pour aller vers ledict seigneur Darbouze, general de Riom en Aulvergne, duquel fut obtenu asseurance, de laquelle la teneur sensuit :

[Même affaire.]

HENRY, PAR LA GRACE DE DIEU, ROY DE FRANCE, A TOUS PRESENS et (advenir) salut. Encores que nous soyons contrainctz de continuer et plutost augmenter la despense de la guerre pour lasseurete et tuition de noz pays, pour aultant quil nous est besoing dentretenir a n^{re} soulde durant tout liver que ce presente une bonne et grande quantite de gens de cheval et de pied sur le pays de frontiere et dedans les villes, places et ysles par nous nouvellement conquestees, et davantaige nous tenir prest pour leste prochain a dresser et soubztenir une armee si bonne et puissante que nous puissions resister aux forces de lEmpereur, n^{re} ennemy et adversaire, et, avec laide de N^{re} Seigneur, luy faire tourner ses desseings et entreprinses et (a) sa perte et confuzion, si est ce que nous avons juste occasion de soulaiger n^{re} peuple en tout ce quil nous sera possible; actendu quil nous a par les annees passees et encores pour la presente secouru et aide de tout ce que nous luy avons volu faire demander, et affin que nosdictz affaires ne demeurent en ariere et puissions, comme il est tresrequis et necessaire, faire bonne et grande provision dargent, et aussi ne grever et surcharger nʳᵉd. peuple de nouveaulx subcides et empruns, nous avons, par ladvis et oppinion daulcuns princes et seigneurs de nʳᵉ sang et aultres grandz et notables personnaiges de nʳᵉ conseil prive, advise et resolu de vendre, aliener et engaiger a rachapt perpetuel jusques a la somme de soixante quatorze mil cinq centz livres tournoys de revenu annuel de noz dommaine, aydes, gabelles et aultres droictz et revenuz de noz royaulme, pays et seigneurie, et, oultre ce, de faire crier et proclamer a revendre a lad. condiction de rachapt aux plus offrans et derniers encherisseurs ce que cidavant, pour semblable cas et neccessite de guerres, a este de nosd. dommaine, aydes, gabelles, droictz et revenuz par nosd. predecesseurs seulement, et non par nous, vendu et aliene, a icelle condition de rachapt que encores na este revendu, a la charge daugmenter par lesdictz encherrisseurs le pris du sort principal dune quarte partie pour le moings, pour y entrer, et non aultrement. Scavoir faisons que, nous, suivant ledit advis et deliberation, et de noz certains science, plaine puissance et auctorite roial, avons par ces presentes dit, statue et ordonne, disons, statuons et ordonnons que nosd. aides, dommaines, gabelles et aultres droictz et revenuz, oultre les aultres ventes et alienations qui se sont parcidavant faictes, sera vendu et alienne a lad. faculte de rachapt perpetuel jusque a lad. somme de soixante quatorze mil cinq centz livres de revenu par chacun an, a la raison du denier dix en noz pays et duche de Normandie, et a la raison du denier douze en noz aultres pays, terres et seigneuries de nʳᵉ obeissence, par les commissaires qui seront par nous depputes de chascune de noz generalitez. Laquelle somme sera departie par noz receptes generales en la forme et maniere que sensuit, cest assavoir : en la recepte generale de Paris, pour dix sept mil livres; en celle de Chaalon, pour quatre mil cinq centz livres, et Amyens, quinze centz livres; a Rouen, pour douze mil livres; a .... (1), pour deux mil livres; a Bourges, pour troys mil livres; a Tours, pour sept mil livres; a Riom, pour neuf mil livres; a Agen, pour six mil livres; a Tholouze et Montpelier, pour huict mil livres; en celle de Bretaigne, pour deux mil cinq centz livres, et en celle de Bourgoigne .... (2). Et, oultre ce, avons ordonne et ordonnons que nosd. aultres dommaines, droictz et

---

(1) Le mot est en blanc dans le texte.
(2) Le copiste a omis la suite de la phrase.

revenuz ordinaires, extraordinaires et casuelz cy davant par nosd. predecesseurs alienez pour semblable neccessite de guerre seront, a lad. condicion de rachapt, cries et revendus aux plus offrans et derniers encherrisseurs, en augmentant par eulx ledit pris dudict sort principal dune quarte partie pour le moings sur ceulx a qui appartient led. sort principal, et non aultrement. Lesquelz en ce faisant seront rambources dicellui principal de la premiere vente qui en a este faicte et des loyaulx costz. Voulons et nous plaict que tant noz officiers que tous aultres, de quelque estat, qualite ou condiction quilz soient, soient receuz a achapter telle portion dud. dommaine, aydes, gabelles et aultres noz droictz et revenuz, qui auront le moyen et volente den achapter et acquerir, a la raison et condition dessusd.; le tout selon et ainsi que par nosd. commissaires sera advise pour le mieulx, et suivant les pouvoirs et commissions que leur seront a ces fins par nous expediees pour en accorder et contracter avec lesd. acquereurs, lesquelz, ensemble leurs heoirs et successeurs et ayans cause, joiront des portions de nosd. dommaine, aydes et gabelles et aultres droictz et revenuz a eulx vendus, alienes, cedes et transportes, selon les contraictz des venditions et alienations qui en seront passees par nosd. commissaires, avecques eulx en la meilheur et plus seure forme que faire ce pourra. Et dicelles acquisitions en pourront faire et disposer comme de leur propre chose jusques ad ce quilz aient este par nous ou noz successeurs entierement rembources et satisfaictz a une fois et a un seul paiement de sort principal de la vente et loiaulx costz dicelle, et ce sans precompter aucunement ce qui en aura este par eulx receu et loue despuis lesd. ventes et acquisitions par eulx faictes, et sans quilz en puissent estre deppossedez par subrogation de nous ne de nosd. successeurs, pour le regard de ce que aura este vendu ou revendu de n^{re} temps pour quelque augmentation de pris que on en scaiche offrir ne aultrement en quelque maniere que ce soit, si ce nest pour rev(e)nir et remectre en noz mains, comme ilz sont de present, moiennant le remboursement dessusd. en ung seul payement desd. sort principal et loyaulx costz dicelles, ventes et reventes, les deniers desquelles seront lesd. achapteurs tenuz mectre et delivrer ez mains des receveurs generaulx de noz finances respectivement chacun en sa charge et recepte generale, pour iceulx deniers estre employes au faict de noz guerres, ainsi que par nous sera ordonne. Si donnons en mandement a noz amez et feaulx les gens de noz courtz de parlement, chambre de noz comptes, courtz de noz aides, tresauriers de France et generaulx de noz finances que noz presentz eedit, statut et ordonnance ilz facent lire, publier et enregistrer, chacun en son regard, sans aucune restrinction, modification ou difficulte, souffrent et laissent lesdictz commissaires qui adce seront par nous depputes proceder au faict desd. ventes et alliennations, selon et en ensuyvant que dessus est dict et quil sera porte par leursd. commissions, et semblablement les acquereurs et achapteurs ausquelz ilz vendront et alieneront nosd. dommayne, aydes, gabelles ou aultres droictz et revenuz, joyr et user de ce qui leur sera vendu et aliene, et pareillement leurs heoirs et successeurs et ayans cause, plainement et paisiblement et perpetuellement a la charge dud. rachapt et remere perpetuel, selon et ainsi que dessus est dict, cessans et faisans cesser tous troubles et empeschemens au contraire. Et par raportant par lesd. receveurs, tant generaulx que particuliers, le vidimus de ces presentes, signees de n^{re} main, des pouvoir et commissions qui seront par nous expedies ausd. commissaires avec les coppies des contraictz qui seront par eulx passes des venditions et alliennations dessusd. et recognoissances desd. acquereurs surce suffisantes, nous voulons iceulx receveurs generaulx et particuliers estre tenuz quictes et deschargez en leurs comptes et par tout ailheurs ou besoing sera de ce que aura este vendu, revendu et aliene de nosd. aydes et gabelles en leurs charges et receptes sans aucune difficulte. Car tel est n^{re} plaisir, non obstant quelzconques eeditz, statutz et ordonnances a ce contraires, ausquelz ensemble aux derrogatoires des derrogatoires y contenues nous avons derroge et derrogeons de grace speciale, pleine puissance et auctorite roial par cesd. presentes. Et affin que ce soit chose ferme et stable a tousjours, nous avons a icelles faict mectre n^{re} scel, sauf en aultres choses n^{re} droict et laultruy en toutes. Donne a Fontainebleau, au moys de decembre lan de grace mil cinq centz cinquante troys, et de n^{re} regne le septiesme. Ainsi signe : Henry, et sur le replic : Par le roy, estant en son conseil, Hurault ; plus, sur le replic, est escript ce que sensuit : *Lecta, registrata et publicata, audito et id requirente procuratore generali Regis in quantum tangit domanium dumtaxat, Parisiis, in parlamento, octava die jannuari anno Domini millesimo quingentesimo quinquagesimo tertio ;* signe Duteillet. Leuez, publiez et enregistrees en la chambre des comptes du roy nre sire, oy et consentent son procureur general, le douziesme de janvier lan mil cinq centz cinquante troys; signe: CHEVALIER. Leuez, publiez et enregistrees en la court des aydes, oy surce le procureur general du roy, ce requerant, le dix septiesme jour de janvier lan mil cinq centz cinquante troys; signe LESUEUR. Et apres escript: Collationne par moy, et signe BURGENSIS.

[Même affaire.] HENRY, PAR LA GRACE DE DIEU, ROY DE FRANCE, a noz amez et feaulx conseillers, M^s Jehan Contel, maistre des requestes ordinaire de nre hostel et premier president en nostre grant conseil, Michel du Veyny, seigneur Darbouze, tresorier de France et general de noz finances en la charge et generalite establie a Riom, et Jehan de Senetaire, seigneur de Fonthanilhes, nre maistre dhostel ordinaire et seneschal de Beaucaire, salut et dilection. Comme, des le commencement de louverture de la presente guerre, eussions, pour solaiger nre peuple, faict vendre plusieurs partz et portions de nre dommaine et revenu, et sur aultres constituer rentes, et considerans que, despuis ce temps la, nred. peuple a faict ce quil a peu jusques icy pour subvenir a la grand et inestimable despence quavons heu a supporter pour la conduicte de nosd. affaires de guerre, et quil est plus que raisonnable de le supporter de tant que nous sera possible, ayons pour ceste cause, pour ne le surcharger et grever par nouvaux subcides ou empruns pour le faict desd. guerres, du consentement daucuns princes et seigneurs de nrᵉ sang, et par ladvis et deliberation de plusieurs bons et notables personnages de nre prive conseil, conclud et arreste continuer lesd. ventes et constitutions de nosd. dommaine et revenu jusques a la somme de soixante quatorze mil cinq centz livres de rente ou revenu annuel pour le pris de douze deniers le denier, et ainsi que faict ja a este mesmes en nre generalite et tresorerie de Riom, jusques a la somme de neuf mil livres tournoys, et oultre ce, de faire crier et proclamer a revendre, a lad. condition de rachapt perpetuel, aux plus offrans et derniers encherrisseurs ce que cidavant pour semblable cause et necessite de guerre a este de nosd. dommaine, aydes, gabelles, droictz et revenuz par nosd. predecesseurs seulement, et non par nous, vendu et alienne a icelle condition de rachapt qui na encores este revendu, a la charge daugmenter par lesd. encherrisseurs le pris du sort principal dune quarte partie pour le moins pour y entrer, et non aultrement; et de lad. conclusion et arrest faict certain eedit que avons ordonne estre emologue, leu, pupblie et enregistre tant en noz courtz de parlement, chambre de noz comptes, courtz de noz aydes, que tresoriers generaulx de noz finances, pour lasseurte des achapteurs et de leurs heoirs et successeurs ou ayans cause, ainsi quil est plus au long porte, contenu et declaire par icelluy eedit. Pour faire lesquelles ventes, constitutions et choses adce requises et necessaires, est besoing commectre et depputer aucuns bons et notables personnages a nous scurs et feables. Pour ce est il que nous, a plain confians de voz personnes sans souffisance, loyaultes, preudhommies et bonnes diligences, vous avons commis et depputes, commiectons et depputons par ces presentes pour, reprins par vous n^{rr}d. eedit ou lextraict dicelluy des registres de nosd. courtz de parlement ou chambre de nosd. comptes, pour proceder en n^{rr}d. trezaurerie et generalite de Riom, tant au faict desd. constitutions de rentes, et sur telles portions de n^{rr}d. dommaine, aydes, gabelles et aultres noz droictz et revenuz ordinaires, extraordinaires et casuelz de ladicte trezaurerie et generalite qui mieulx le pourront porter ou bien a la vente ou engaigement dicelles portions jusques a lad. somme de neuf mil livres de rente ou revenu annuel, si faire se peult, dud. nombre de soixante quatorze mil cinq centz livres tournoys contenues par n^{rr}d. eedit a toutes personnes qui en vouldront achapter et acquerir, soit noz officiers ou aultres, de quelque estat et qualite quilz soient, et pour ledit pris de douze deniers le denier, selon lestimation que par vous en sera faicte sur le(s) six, cinq, quatre ou troys dernieres annees dont se trouvera avoir este compte en nosd. chambres des comptes, ou bien sur les baulx afferme qui ont este faictz dicelles troys ou quatre dernieres annees, desquelles vous ferez une, comme ainsi que verres nous estre plus utile et proffitable, le tout a condition de rachapt perpetuel. Faictes aussi crier et proclamer lesd. aultres portions de nosd. dommaine, aydes, gabelles et aultres noz droictz et revenuz par nosd. predecesseurs vendu a pareilhe condition de rachapt et pour semblable neccessite de guerres non encores revendu, pour par vous estre revendu a icelle condition aux plus offrans et derniers encherrisseurs, a la charge dune quarte daugmentation pour le moings, oultre le pris pour lequel ilz ont este par nosdictz predecesseurs estre vendus et rembourcées lesd. pris a qui il appartiendra, et tout ainsi et par la forme et maniere que le contient n^red. eedit et statuz. Davantaige vous transporteres, si besoingt est, par toutes les villes, lieux et endroictz que verres bon de lestendue de n^rd. tresaurerie et generalite de Riom, pour donner ordre a la celeration et avancement de noz deniers tant ordinaires que extraordinaires. Et, pource faire, useres et feres user de telles contrainctes contre les redevables ou refuzans et delayans que adviserez, decernant a ceste fin voz lectres de pouvoir, mandement que nous voulons estre executoire tout ainsi que si elles estoient emanees de nous. Et tout ce que faires et faires faire en vertu dicelles nous lavons eu et avons des a present comme pour lors agreables, et comme tel valide et auctorise, validons et auctorisons par cesd. presentes, par lesquelles ne voulons et vous mandons en tout ce que dessus vous ayez a proceder, vacquer et entendre par la maniere susd. le plutost et en la meilleur diligence que faire ce pourra. Et les deniers provenens desd. ventes, rentes ou constitutions, faire mectre incontinent ez mains du receveur general de nosd. finances a Riom, pour estre par luy aussi tost apportez et mis ez mains du tresorier de n^re espargne, et par icelluy tresorier bailles et delivres pour les affaires de la guerre, selon que par nous luy sera ordonne. De ce faire vous avons, et au troys ou deux de vous, en labsence du tiers, donne et donnons plain povoir, auctorite, commission et mandement special, prometantz en bonne foy et parolle de roy par ces presentes, signees de n^re main, avoir agreable tenir ferme et stable a tousjours tout ce que par vous sera surce faict, constitue, vendu, revendu et arreste par la maniere dessusd., et quil est contenu par n^red. eedit; voulons et ordonnons le tout respectivement valoir et servir ausd. achapteurs et leurs heoirs et successeurs et ayans causes, comme si faict avoit este par decret et adjudication de nous ou delivre de noz cours souveraines. Et, quant a ce, avons les lectres, contractz, proclamations, ventes, constitutions et delivrance que surce fairez ou faires faire validees, auctorisees, validons et auctorisons par cesd. presentes; et que, en vertu diceulx contractz, les acquereurs soient mys en possession et saisine reelle et actuelle de toutes et chacunes les choses qui leur seront par vous vendues selon la forme et la cause dessud., et que eulx, leurs heoirs et successeurs et ayans cause en joissent plainement et paisiblement comme de leur propre heritaige jusques au jour dudict rachapt, en mandant et commandant ausd. gens de nosd. courtz de parlement et chambre de nosd. comptes, cours des aydes et pareillement ausd. trezauriers generaulx et a tous noz baillifz, senechaulx, prevostz et aultres noz officiers justiciers, presens et advenir, et a chacun deulx, si comme a luy appartiendra, de maintenir, garder et observer tous les acquereurs en possession, joissance et delivrance que par vous leur seront respectivement faictes par la maniere dessusd. de nosd. droictz et revenuz, sans soufrir ne permectre aucun trouble ou empeschement leur estre faict, au contraire; et lequel, si faict, mis ou donne leur avoit este ou estoit, ostent et mectent incontinent et sans delay a pleine delivrance. Et oultre, mandons ausd. gens de noz comptes et trezorier general de faire aussi tenir quictes et decharger noz receveurs particulier et general dud. Riom et chacun deulx respectivement ez comptes et estatz de leurs receptes et administration de ce que par vous sera, ainsi que dict est, vendu et constitue sans difficulte, en rapportant seullement le vidimus de cesd. presentes, faict soubz seel royal, et les contractz dicelles venditions et ventes. Car tel est n^{re} plaisir, non obstant quelzconques ordonnances, mandemens, restrinctions ou deffenses a ce contraires. Et au reste mandons par cesd. presentes a nostredict conseiller et maistre des requestes ordinaire de nostredit hostel que, pour le deu de son estat et charge, il ait a vacquer sompnieusement et diligemment a la visitation et inquisition des abbuz de n^{re} justice ez villes de lad. charge et generalite, ordre et police des subjetz presidiaulx, et faire du tout bon et ample proces verbal, pour, icelluy rapporte et veu, ordonner ce que de raison. Donne a Farrieres, le treziesme jour du moys de mars lan de grace mil cinq centz cinquante troys, et de n^{re} regne le septiesme. Et audessoubz : signe, HENRY, et : *Escript par le roy,* signe DELAUBESPINE. Et scelle a simple queue en cyre jeaulne, aux armes du roy n^{re} sire.

HENRY, PAR LA GRACE DE DIEU, ROY DE FRANCE, a n^{re} [Même affaire.] ame et feal conseiller Me Michel Veyny, seigneur Darbouze, tresorier de France et general de noz finances, estably a Riom, salut et dilection. Nous avons este adverty que les lectres de pouvoir et commission que lannee passee nous fesmes expedier a noz amez et feaulx conseillers, Me Jehan Coutel, president en nostre grant conseil et M^e des requestes ordinaire de n^{re} hostel, et Jehan de Senectaire, seigneur de Fontanille, lung de noz maistres dhostel ordinaires, et a vous pour aliener, vendre et engaiger aucunes portions de noz dommayne, aydes, gabelles et aultres noz revenuz et choses declairees par icelles en v'ed. tresaurerie et generalite, nont este et ne sont du tout executees et acomplies, et quil reste encores a employer esd. alienations, venditions et engaigemens partie de la somme portee par icelles, et pour ce que sommes contrainctz pour semblables causes et occasions que celles y contenues, et faire parachever et continuer lexecution et recouvrer promptement ce quil reste de ladicte somme pour employer en noz affaires de la guerre, Nous, a ces causes, vous mandons et enjoignons que, appelle avec vous noz baillifz, seneschaulx ou leurs lieutenans ez lieux ou vous vacquerez, que nous avons et ung chacun deulx respectivement commis et subroges, commectons et subrogeons pour cest effect au lieu desd. Coutel et de Senetaire, et, reprins pardevers vous nosd. lectres de commission et pouvoir, encores quelles fussent surannelles (1), a quoy vous ne vous arresterez, procedes et passes oultre a lentiere et parfaicte execution dicelles de poinct en poinct, selon leur forme et teneur. Promectant en bonne foy et parolle de roy par ces presentes, signees de n^{re} main, avoir agreable tenir ferme et stable tout ce que par vous et icelluy qui vacquera avec vous sera faict et accorde et passe en cest endroit, circunstances et deppendences. Et lavons des a present, comme pour lors et pour des lors, comme pour maintenent, de noz certaine science, plaine puissance et auctorite royal, valide et auctorise, validons et auctorisons par cesd. presentes, par lesquelles vous avons et a celuy de ce faire qui vacquera, comme dict est, en lad. execution avec vous, donne et donnons plain pouvoir, commission et mandement special. Car tel est n^{re} plaisir. DONNE a Fontainebleau, le vingt troysiesme jour de febvrier lan de grace mil v^c cinquante quatre, et de nostre regne le huictiesme. Signe audessoubz : HENRY, et *Escript par le roy :* BURGENSIS. Scelle a simple queue en cyre jeaulne aux armez du roy.

(1) Qui a plus d'un an.

ROOLLE DAUCUNS PARTICULIERS, MANANS ET HABITANS *de la* [Même affaire.] *ville de Limoges qui ont forny deniers au roy en lannee presente, soubz constitution de rente au denier douze sur lequivalent du pays et election du hault Limosin.*

ET PREMIEREMENT :

Jehan Guibert	dix escuz.
Francois et Jehan Vidaux	cinquante escus.
Jacques et Mathieu Benoistz	vingt cinq escus.
Catherine Juge, vefve de feu Pierre Gay	vingt escus.
Albert Hardy	dix escus.
Mathieu Marlangeon	trente escus.
Leonard Michel et ses freres	dix escus.
Jacques Michelon	dix escus.
Jehan Meyze	quinze escus.
Pierre Romanet	soixante escus.
Francoys du Boys dict Barbe	dix escus.
Lazare Martin et son frere	trente escus.
Jehan et Marcial Colombz	soixante escus.
Helies et Jehan Rogiers	trente escus.
Joseph Rogier	trente escus.
Jehan Gergot	quarante escus.
Francoys Martin	vingt cinq escus.
Jehan Penicailhe	trente escus.
La vefve Pierre Simon et ses filles	trente escus.
Pierre et Marcial Boullons	quinze escus.
Marcial Verthamon	cent escus.
Pierre Decordes, Jehan et aultre Jehan Decordes	trente escus.
Mathieu Petiot	cinquante escus.
Guilhaume Champaignac	quinze escus.
Marcial Maillot	trente escus.
Jehan Duboys et Jehan Duboys son nepveu	quatrevingtz dix escus.

Simon de Vaulx laisne	vingt escus.
Loys Romanet	dix escus.
Jacques de La Roche dict Vouzelle	vingt cinq escus.
Pierre Merlin laisne	vingt escus.
Guillaume Disnematin	quarante escus.
Marcial Peyteau	vingt cinq escus.
Helies Galichier	quatre vingtz escus.
La vefve Leonard Bonyaud	vingt cinq escus.
Colas Guery	vingt escus.
Jacques Claveau	douze escus.
Jehan et Joseph Lascure	soixante escus.
Joseph Doyneys et son frere	quinze escus.
Les heoirs M° Bartholome Penicailhe	trente deux escus.
Pierre Mosnier	vingt cinq escus.
Marcial Martin, seigneur du Mont	vingt escus.
Jacques Martin	vingt escus.
M° Joseph Baignol	trente escus.
Aymery Verrier	vingt cinq escus.
Jehan et Pierre Douhetz	vingt cinq escus.
Dominicque de Beaunom	dix escus.
Mathieu et Michel Mercier	trente cinq escus.
Pierre et Anthoyne Duboys	trente escus.
Jehan Verrier	vingt cinq escus.
Helies Duboys dict Moriquet (?)	vingt escus.
Jehan Boulet	quarante escus.
La vefve et heoirs Simon du Peyrat	trente ung escus.
La vefve et heoirs M° Jehan Bechameïl	cinquante escus.
La vefve mons' Anry	douze escus.
Estienne Alesme	douze escus.
Francois de La Roche dit Senon	soixante escus.
Jehan Alesme	trente escus.
Jehan Disnematin dict Le Dourat	quinze escus.
Bartholomy des Flottes	vingt escus.
M° Pierre Deleobardy	quinze escus.
Jacques Bardinet dict le Petit	quinze escus.
Jehan Cibot dict Cibotus	trente escus.
Marcial Las Vachas	vingt escus.
Helies Benoist	vingt escus.
Jehan Farne	trente escus.
Francois Dethasseilh dict Chaffort	quinze escus.
Francois Ruaud dict Delavau	vingt cinq escus.

Monsr de Voyon	dix escus.
Me Simon Descoustures	quarante escus.
Marcial, filz de feu Jacques Benoist	quinze escus.
Mathieu Michel	dix escus.
Gerauld Lagorce dict Peyrou	trente deux escus.
Estienne de Beaunom dict Lobre	vingt escus.
Francois du Bouscheys et ses freres	vingt escus.
Leonard du Bouscheys	vingt escus.
Nardon Sennemault	vingt escus.
Pierre Mauple	soixante escus.
Mathieu Johanneaud	vingt escus.
Gregoire Deschamps et son frere	vingt escus.
Pierre Bastide	cinquante escus.
Psaulme Peconnet	dix escus.
Jehan Hardy	trente escus.
Jehan et Marcial Maledentz	quatre vingtz escus.
Estienne Disnematin et les heoirs Leonard Colin	cinquante cinq escus.
Audoyn Dauvergne	trente escus.
Audoyn Gudin	quinze escus.
Mathieu Alesme	vingt cinq escus.
Marcial Decordes le jeune	quinze escus.
La vefve Pierre Darfeulhe	quinze escus.
Marcial Debeaubrueilh dict Mouton	dix escus.
Francois Duboys le jeune	vingt cinq escus.
Marcial Decordes laisne et sa niepce, filhe et heritiere de Pierre Decordes, huict vingtz dix escus, assavoir : ledict Decordes, cinquante escus, et sa niepce, six vingtz escus, pour ce, cy	huict vingtz dix escus.
Jehan Poyleve	soixante dix escus.
Pierre Saleys	quarante escus.
Marcial Gregoire	trente escus.
Monsr Mannyere	quatre vingtz escus.
Monsr Peyroche	cinquante escus.
Thomas Durand	vingt escus.
Monsr Poyleve, advocat	vingt escus.
Me Jehan Mercier, chanoine	quarante escus.

Somme toute
Troys mil cent trente ung escu soleil.

Faict le septiesme de janvier mil cinq centz cinquante cinq. Ainsi signe : VEYNY.

[Même affaire.
—
Reçu
de 3,131 écus]

JE, GUY DE CHALVET, conseiller du roy et receveur general de ses finances en la ville de Riom, confesse avoir heu et receu contant en la ville de Limoges, des manans et habitans de lad. ville, et par les mains de sires Marcial Maillot, Marcial Martin et Francoys Vidault, la somme de troys mil cent trente ung escu soleil, valant la somme de sept mil deux centz une livre six s/ tournoys en clvij γ et demi soleil a xlvj s/ piece, iiij^{xx}vj ob(oles) (?) a xxvj s/ viij d/ aussi piece, iiij^c xij imperialles et demi a xxv s/ piece, lx henriz a l s/ piece, v lions et vj escus vieux a lv s/ t/ piece, xij^{ains} xv^c xxx l/ t/ et le reste en testons, realles, dixains et pieces de nesle, pour une constitution de rente acordee par mons^r le general de la charge commissaire surce depputé par le roy aux manans et habitans de lad. ville de Limoges, nommez en ung rolle, en vertu duquel lesd. deniers ont este cuilhis et levez. De laquelle somme de iij^m c xxxj escus 77 sol(eil) je me tiens pour content, bien paye, et en ay quicte et quicte lesd. manans et habitans de lad. ville et tous aultres, tesmoingt mon seing manuel cy mis, le vingt huictiesme jour de juilhet mil v^c cinquante cinq. Ainsi signe : DE CHALVET. Pour troys mil cent trente ung escu.

[Lettre
de constitution
de la rente
de
600 l/ 2 s/ 6 d/.]

MICHEL VEYNY, chevalier, seigneur de Fernoel et Darbouze, conseiller du roy, tresorier de France et general de ses finances en la charge et generalite establie a Riom ; Jacques du Bourg, aussi conseiller du roy, lieutenent general en la senneschaulcee dAuvergne et siege presidial dud. Riom, commissaires ordonnes par ledict seigneur sur lalienation de son dommayne, aides et gabelles en lad. generalite, ainsi quil appert par lectres patentes donnees a Fontainebleau, le vingttroysiesme jour de febvrier lan mil cinq centz cinquante quatre, contenans n^{re} pouvoir et commission, reprenant lexecution daultres lectres patentes adressantes a Me Jehan Coutel, president au grant conseil et m^e des requestes ordinaire de lhostel du roy, au seigneur de Fontanilhes, senneschal de Beaucaire et m^e dhostel ordinaire de la maison dud. seigneur, et a nousd. general, donnees a Farrieres, le treziesme jour de mars mil v^c liij, suivant leedit surce faict au moys de decembre aud. an, leu, publie et enregistre ez courtz de parlement, chambre des comptes et generaulx de la justice des aydes a Paris, le vidimus desquelles lectres de eedit et commission deuement collationne aux originaulx est atache a ces presantes soubz n^{re} contreseel; SCAVOIR faisons que, en procedent au faict et execution de n^{re}d. commission, avons, pour et au nom du roy n^{re}d. seigneur, vendu, cede, quicte, transporte et delaisse, et par cesd. presentes vendons, cedons, quictons et transportons et delaissons desmaintenent a tousjours, soubz faculte de rachapt perpetuel, aux manans et habitans de la ville de Limoges denommes au roolle cy atache soubz n^{re}d. contreseel, le notaire royal soubz signe present, acceptant et stipulant pour eulx, leurs successeurs et ayans cause, cest assavoir : la somme de six centz livres deux solz deux deniers tournois de rente et revenu annuel, a les avoir prendre et parcevoir doresnavent par chacun an sur les deniers de lequivallent et par les mains du receveur diceluy en lelection du hault Limosin, a telz et semblables termes et paiemens que lesd. deniers ont acoustume estre payes par ledit receveur, a commencer du premier jour du present moys de janvier. Ceste vente, cession et transport faicte pour le pris et somme de sept mil deux centz une livre six s/ t/, que lesdictz achapteurs denommez ont fourny et paiez comptant ez mains de Me Guynot de Chalvet, receveur general des finances en ceste dicte ville de Riom, par sa quictance du vingt huictiesme de juillet dernier passe, aussi atache a ces presentes. Moyennent laquelle nous avons saisy et vestus lesd. achapteurs, leurs successeurs et ayans cause de lad. rente de six centz livres deux s/ ij d/ t/ par la teneur des presentes, leur en baillant et delaissant desmaintenent la possession et propriete pour en joir comme de leur propre bien et loyal acquest, a commencer comme dict est et soubz condition de pouvoir, par ledict seigneur et ses successeurs roys, rachapter et reunir lad. rente aud. equivallant tout ainsi quelle estoit auparavant sesd. presentes, en rendent et paiant par une fois seulement ausd. achapteurs ou leurs successeurs lad. somme de sept mil deux centz une livre six s/ t/ et non aultrement. Lesquelz, jusques adce, en joiront par la forme et maniere dessusd., promectant en bonne foy, pour ledict seigneur audict nom de commissaire, garder, observer, entretenir et garentir tout ce que dessus, par tout ou il appartiendra, sans jamais aller ne faire venir au contraire par quelque voye et maniere que ce soit, en mandant aux elleuz dudict hault Limosin que du contenu en cesd. presantes ilz luissent, facent et souffrent joyr et user lesd. achapteurs, leurs successeurs et ayans cause plainement et paisiblement, en contraignant adce faire et souffrir tous ceulx quil apartiendra et seront a contraindre par toutes voyez deuez et raisonnables, sans ce quil soit besoingt ausd. achapteurs ne pareillement au receveur dud. equivallent present et advenir en avoir aultre acquist, mandement ou descharge que cesd. presantes. Rapportant lesquelles quictances ledict receveur general ou le vidimus dicelles faict soubz seel royal pour une foys seulement avec quictance du paiement de lad. vente surce suffizante, ledict receveur de lequivallent en demeurera quicte et decharge en ces comptes, et sera icelle rente rabbattue de sa recepte par nos^{grs} et freres les gens des comptes a Paris, ausquelz le roy mande ainsi le faire sans difficulte. En tesmoingt de ce, nous avons signe ces presentes, icelles faict signer de noz armes et signe a maistre Benoist de Matucieres, notaire royal en la ville de Riom, le septiesme de janvier mil cinq centz cinquante cinq. Ainsi signe : VEYNY, DUBOURG et DE MATUCIERES, notaire royal à Riom, et seelle de leurs armes.

[Nomination de Pierre Moret à l'office de scribe des consuls.]

POURCE QUE LOFFICE DESCRIBE VACCOIT PAR LE DECES DE M° Marcial Deschamps, en fut pourveu maistre Pierre Moret, qui fit le serement, et a lectres de nous.

[Misère : mesures prises en faveur des indigents.]

SUYVANT la volente et commandement de Dieu davoir tousjours la charite en recommandation et subvenir a leffrenee et grande quantite de pouvres tant oppidens (1) que estrangiers, esquieulx nestoit possible suffizemment satisfaire, et faisoient plusieurs indignites en la ville les estrangiers par les rues et carreffours, pour au tout obvier, suyvant les pollices de Paris, Roam, Orleans, Riom et plusieurs aultres villes de ce royaulme, furent assembles en la maison dudict consulat, du commencement du premier jour de febvrier mil v° LV les principaulx de lad. ville, et fut declare ce que dessus avec plusieurs remons-

(1) Habitants de la ville.

trances, oultre lobeissance que devyons a Dieu dentretenir les pauvres. Et tant fut en ce faire continue remonstre a tous les manans et habitans dudict Limoges, que chacun diceulx chrestiennement se cothiza pour distribuer de ses biens selon sa faculte et volunte, en sorte que les estrangiers sains avoient la passee selon lexigence de leurs personnes, et les habitans, souffizante noriture de pain pour a peu de leur travailh estre suffizemment allimentes sans aucune perdition de leur temps, comme est plus amplement declaire en lordonnance faicte sur la subvention desd. pouvres distribuee par bayles, contables et recepveur comme appert par lordonnance faicte desd. pouvres par les depputes. Et a ces fins heumes lectres du roy, desquelles la teneur sensuit :

HENRY, PAR LA GRACE DE DIEU, roy de France......... (1).

EN CE MESME AN, a la fin du moys dapvril mil cinq centz cinquante six, receupmes lectres du roy de Navarre, duc de Vendomoys, pair de France et viconte de Limoges, aussi gouverneur de Guyenne, par lesquelles nous mandoit estre en deliberation venir en ce lieu faire son entree le vingt cinq^{me} suyvant, et vouloit le tout estre ordonne selon ladvis du seigneur Descars, auquel se rapportoit du tout, comme est contenu en ces lectres, desquelles la teneur sensuit : [Lettres d'avis de l'arrivée du roi de Navarre.]

LE ROY DE NAVARRE, DUC DE VENDOSMOYS et de Beaumont,
pair de France, viconte de Lymoges.

Treschers et bien amez, comme les subgectz ne peuvent avoir cognoissance de laffection de leurs seigneurs jusques a ce que lexperience en porte tesmoignage, aussi ne scavions nous tirer meilleure preuve des louables rapportz que lon nous a faictz de la bonne volunte dont vous nous estes enclins, que par aller jusques chez vous remercher (2) ez voz visaiges ce que le cueur a (et) lintention nous gardent audedans. Qui est cause quapres

---

(1) La suite manque : une page en blanc dans le manuscrit.
(2) « Remercher : désigner, marquer. » (ROQUEFORT.)

avoir delibere de passer par vostre ville et y faire n^re entree le xxve jour du moys de may prochain, en quoy nous esperons bien trouver, tant en v^re reception que toutes aultres demonstrations, une gratuite, voluntaire et liberalle honnestete, que nous avons prie et donne charge a n^re ame et feal le seigneur Descars, present porteur, vous faire entendre plus particulierement nostre deliberation et daultres propos sur cest affaire. Dont, pour la parfaicte et singuliere fiance que nous avons en luy non seulement en cela mais en tous noz aultres plus grans et importans negoces. Nous vous prions loyr et le croire et adjouster autant de foy a ce quil vous dira de n^re part que vous feriez a n^re personne. Prians Dieu, treschers et bien amez, quil soit garde de vous. Escript a Nerac, le xviij^e jour dapvril 1556. Signe Antoyne. Et sur lad. lectre est escript : A noz treschers et bien amez les consulz, manans et habitans de la ville de Limoges.

Celles dudict seigneur Descars, desquelles la teneur sensuit :

Messieurs les consulz, je vous envoye une lectre que le roy de Navarre vous escript. Par la vous entendres laffection et volente quil vous porte, et comment il a delibere de faire son entree a Limoges le vingt cinquiesme jour du moys de may. Je pense que vous vous assemblerez tous, et puys me feres entendre V^re volente, qui me gardera vous faire plus longue lectre, en vous asseurent que vous navez voisin ne amy qui de meilheur cueur vous face plaisir que moy a lendroit que memployeres daussi bonne volente que je me recommande de bon cueur a vous. Priant le Createur vous donner ce que desirez. Descars, ce xxiij^e apvril. Signe : V^re entierement bon amy et voysin, Descars. Et audessus est escript : A messieurs les consulz de Limoges, a Limoges.

Et pour estre asseure de ce questoit neccessaire preparer pour lentree dudict seigneur, furent depputes deux desd. seigneurs consulz pour aller a Nerac vers ledit seigneur. Et rapportarent sa volente et deliberation avoir este dicte audict seigneur Descars, et lequel vouloit estre moyen et conseiller de tout ce questoit neccessaire, comme appert par les lectres dud. seigneur roy, que apportarent lesd. seigneurs consulz audict seigneur Desquars, desquelles la teneur sensuit :

Monsr Descars, je ne doubte poinct par ce que maves faict entendre par Brondeau de v^re part, suyvant les lectres que vous luy aves escriptes, que vous ne soyes ordinairement en bien fort grand attante de la seurete de mon partement, estre au vray adverty du jour de mon entree a Limoges; mais je vous diray que je ne suys de mon couste en moindre soucy pour beaucoupt d'affaires a mon particulier, ou je pencoys donner ordre me retrouvent a la court vers la fin de ce moys, comme je avoys longtemp a delibere. Toutesfois, le roy mayant adverty des forces que le roy dEspaigne faict passer en Engleterre, qui nest pas sans suspection que luy mesme y pourra aller et de passer le long de ceste coste pour venir en Espaigne, je ne puys encores abandonner mon gouvernement ny resouldre de mon partement que lon ne voye que deviendra tout cela. Et ce pendent je vous prie entretenir tousjours les habitans dudict Limoges en mesmes parolles que vous aves faict jusques icy, masseurant quilz sacquiteront de toutes choses, en sorte que jaray occasion de leur scavoir gre de leur bonne volente. Et ne faictes nulle doubte de les asseurer que tost ou tart, men allent trouver le roy, je ne fauldray poinct de passer par leur ville et les veoir. Et, si mons^r Descars est homme de si bonne chere quil veult faire croire, on verra comme il festoyera ses amys. Je ne vous puys dire aultre chose; mais, estant sur le poinct de partir, je vous en advertiray dix ou douze jours devant. Priant Dieu, mons^r Descars, quil vous ait en sa sainte garde. Escript a Nerac, le xiij^e jour de jung 1556. Ainsi signe : V^re bon amy, Anthoine. Et dessus est escript : A mons^r Descars.

Au moys de jung suyvant, receupmes lectres dudict seigneur roy, par lesquelles declairoit les empeschemens quavoient retarde sad. entree et venue en ce pays, comme est declaire par les lectres dudict seigneur, desquelles la coppie sensuit :

Le roy de Navarre, viconte de Limoges,.... .... (1).

(1) Il y a ici trois pages en blanc dans le manuscrit.

Eslection de messieurs les consulz de la ville de Limoges, faicte par les manans et habitans dicelle, assemblez en la maniere accoustumee en la salle de consulat, apres avoir le sirement au cas requis, faicte le vij^e de decembre 1556.

Les Taules :

Michel Mercier.

La Porte :

Pierre Mauplo.

Maigninie :

Lazare Martin.

Le Marche :

Jacques Vouzelle.

La Fourie :

Jehan Colomb.

Le Clochier :

Marcial Disnematin, garde.

Boucharie :

Marcial Eschaupre.

Lansequot :

Jehan de La Chenault.

Les Conbeys :

Francoys du Boucheys.

Le Vieux Marche :

Jehan Farne.

Croissances :

Francoys Martin ;
Jehan du Boys l'ayne.

Faict a Limoges, en la maison comune de consulat, les jour, moys et an que dessus.

(Signé :) Mouret, scribe desd. S^rs.

Eslection des conseillers et collecteurs des tailles imposees la present anne mil cinq cens cinquante six, finissant cinquante sept, faicte en la salle de la maison commune de consulat par les manans et habitans de la present ville, pour icelle faire assemblez, apres avoir faict le sirment accoustume faire en tel cas, le xx^e jour de janvier mil v^c cinquante six.

Les Taules :

Marcial de Beaubrueil dict Mouton ;
Pierre Bouton.

La Porte :

Pierre Moureil ;
Massias Valerique.

Maigninie :

Jehan La Fosse ;
Thomas de Fayoles.

Le Marche :

Jehan Coulin dict Lanyelaud ;
Bartholome Juge.

La Fourie :

Aymery Bardonnaud ;
Estienne Baud.

Le Clochier :

Pierre Merly ;
Pierre Bonnet.

Boucharie :

Bertrand de Mons ;
Pierre Gadaud.

Lansequot :

Mathieu David ;
Charles Cottissas.

Les Combes :

Marcial du Boucheys ;
Bartholome Venaud.

Le Vieux Marche :

Guillaume Marliandon ;
Helies Benoist.

Faict a Limoges, le xxe jour de janvier mil v^c cinquante six.

(Signé :) Mouret, scribe desd. S^{rs} consulz.

[Entrée
à Limoges
du roi
et de la reine
de Navarre.
V. page 103.]

LE PLUS IMPORTANT AFFAIRE QUE NOUS FUT BAILLÉ (1) en recommandation par les derniers et precedans consulz, incontinant apres n^{re} eslection, fut de pourveoir et tenir la main a la bien proche et desirée entrée des treshaulx et puyssans prince et

---

(1) Cette pièce porte les accents, les apostrophes et la ponctuation en certains endroits. — Pour les accents et les apostrophes, nous ne les avons indiqués que là où ils se trouvent sur le manuscrit.

princesse Anthoyne de Bourbon et Jehanne dAlebret, roy et royne de Navarre, duc et duchesse de Vendosmoys, viccomte et viccomtesse de la present ville de Limoges. Et, puys l'advenement en n^{re} consulat jusques au jour de ladicte entrée, par l'advis et deliberation tant desdictz consulz anciens et des douze honmes deputez par la commune pour cest effect que de plusieurs personnes notables de ladicte ville, on mit ordre a ce que tous les apprestz ordonnez pour la reception desdictz seigneur et dame fussent en tel estat qu'il y heust occasion de contentement. Pendant ce temps, furent faictes par plusieurs foys monstres en equipaige de sept a huict cens honmes à pied choisiz de toutes les gens de mestiers de ladicte ville. Aussi furent faictes assemblées des enfans dhonneur, qui se mirent en leur debveoir se tenir prestz, attandans avec grand liesse ladicte entrée et joyeulx advenement.

A TANT, S'ACHEMINANS LESDICTZ SEIGNEUR ET DAME VERS la presant ville, arriverent le dixneufiesme de decembre au chasteau des Cars, et, le l'endemain, partans d'illec, s'en allerent au chasteau d'Ysle, aulquel lieu, heure de la presdinée, par advis et deliberation des suz nonmez, accompaignez des bourgeoys et marchans notables de la present ville, allasmes presenter avec toute obeyssance les clefz de ladicte ville. Monseigneur l'evesque de Mande, chancelier desdictz seigneur, et dame, et le seigneur des Cars, advertiz de n^{re} venue, nous introduisirent en la salle ou lesdictz seigneur et dame estoyent montez et seans sur ung eschaffault esleve de terre de troys a quatre piedz, richement tapisse, couvert d'un ciel de damas rouge, pour oyr les salutations et recepveoir les clefz qui de n^{re} part leur debvoyent estre presenteez.

ENTREZ DANS LADICTE SALLE audevant led. eschaffault, flechissans les genoux en terre avec grand honneur et reverence, nous nous presentasmes a Leur Majeste, a laquelle, par le consul Lazare Martin, fut faicte la harrengue, et lesdictes clefz (par luy premier reverenment baiseez) furent presentéez, lesquelles ledict seigneur receust avec une benignite, joyeuse caresse et grand contentement; lesquelles tout incontinant il remit entre noz mains, nous en reconmandant la garde, offrant de sa part, conme seigneur de ladicte ville, la tenir en sa foy, protection et sauvegarde, a laquelle nous soubzmettant humblement et remerciant Leur Majeste, primes congé et departimes dudict lieu.

Ledict jour, apres l'heure de vespres, lesdictz seigneur et dame partirent dudict chasteau, prenans leur chemin au prieure Sainct Geral les Limoges, accompaignez des seigneurs evesques de Mande et d'Holeron, des seigneurs de Roan, des Cars, Pompadour, L'Avauguyon et plusieurs aultres gentilhonmes tant de sa cour que de ce pays.

Estans pres dudict prieure, marcherent au devant tant leurs joueurs de cornetz a boquin que les trompettes, clerons, tabours, phiffres, auboys et aultres joueurs d'instrumens par nous envoyez. Et furent saluez lesdictz seigneur et dame par la ville de grand nombre de pieces d'artillerie. Furent aussi lanceez des craneaulx des murailles et aultres lieux plusieurs fuzeez, les unes voltans et sifflans en l'air, les aultres parmi la grand multitude du peuple estant en ladicte place (d'un affectionne desir attandant la venue desdictz seigneur et dame), laquelle, esfroyee desd. fuzeez, fuyoyt qui ca qui la, causant par ce moyen mainte rizee a la compaignie.

Parvenuz lesdictz seigneur et dame audict prieure avec grand liesse et applaudissement de tout le peuple, furent reverenment saluez et recuilliz par monsr larchidiacre Benoist, prieur dudict lieu, ou ilz feirent sejour jusques au lendemain, qui estoyt le lundy.

Advenant lequel jour de lundy et xxj^e dudict moys de decembre, envyron lheure de sept heures du matin, sortirent les bandes et compaignies hors de la ville par la porte de lArrenne, et, passant audevant le convent des Carmes, cheminerent en la place dudict St Geral, pour, illec assembleez et ralliez, marcher par ordre au devant la majesté dudict seigneur.

Cependant que lesdictes compaignies se rengeoyent, le roy partit dudict prieure pour s'en aller sur leschaffault que luy avoit este dressé, tenant au piramide estant dans le recloz qu'est au devant l'esglise St Geral, pour veoir passer lesdictes bandes, oyr et recepveoir les harrengues et salutations que luy seroyent faictes de la part de ceulx de ladicte ville. Et, pour garder que en cela n'y heust presse ni confusion, et que ceulx qui seroyent montez sur ledict eschaffault pour l'effect que dessus ne nuysissent aux aultres qui les suyvoyent, lon y feit deux escalliers, l'un qui servit a monter et l'aultre a descendre. Et fut ledict eschaffault couvert de rameaulx et riche tapisserie, entourné de columpnes couvertes de verdure, esquelles pendoyent des festons portans les armoyries desdictz seigneur et dame, envyronnes de chappeaulx de triumphe. Sur le devant dicelluy regardant sur le chemin, fut tendu ung dès, soubz lequel fut posée la chaise dudict seigneur, couverte d'un riche tapiz de veloux rouge, senme de fleur de lis d'or traict, pour y seoir la' majeste dudict seigneur.

Peu après son arrivée audict lieu conmenserent a marcher au devant de Sa Majeste les quatre ordres mendiannes et les esglizes parrochialles de ladicte ville, qui reverenment et religieusement saluerent ledict seigneur.

Apres, suyvit maistre Pierre Boyol, recepveur pour le roy en leslection du hault pays de Limosin, colomnel de l'infanterie, revestu d'un manteau de veloux noir fouré d'ermines, couvert et enrichi de fers et boutons dor, monte sur une hacquenée blanche, bravement harneschee, garnie de pennasche des coleurs desdictz seigneur et dame. Au devant de luy marcheoyent en ordonnance dix allebardiers habillés a la suysse et deux aultres apres, accoustrez de mesme, accompaigne de quatre tabours et phiffres.

Parvenu pres la majeste dudict seigneur, mit pied a terre, et, flechissant les genoux, luy feit son harrengue, laquelle ledict seigneur oyt et receust plaisenment, comme de ce feit demonstration son benin regard et responce que de sa bouche royalle il feit. Ledict Boyol, ramonté sur son hacquenée, demeura en ladicte place, attandant passer les compaignies estans soubz sa charge.

A sa queue marchoyt son lieutenant, revestu de veloux gris, monte sur ung brave cheval de service, bravement barde et garni de son pennache, suyvi de ses compaignies qui venoyent apres queue a queue.

Marcherent apres les deux cappitaines des cantons du Clocher et des Combes, revestus de velouz incarnat decoupé, mennans soubz leur conduyte quatre cens cinquante honmes equipez en gens de guerre marchans de front cinq a cinq a enseignes desployeez, de coleurs desdictz seigneur et dame, illustreez de leurs armoyries estans au milieu.

Suyvoyent les cappitaines des cantons de Lansequot et Banc Lagier, en mesme ordre et parure, avec deux cens acquebutiers, picquiers et aultres equipez en gens d'ordonnance.

Ceulx la passez, s'apparut le cappitaine du canton de Boucharie, vieux grisard dun visaige joyeux et allaigre, portant ung baston au poingt, marchant avec gravite et d'une grand bravade, revestu de veloux blanc decoupe, son bonnet de veloux noir garni de plumes blanches, distant de troys couldeez de ses soldartz, qui estoyent quatre cens en nombre, habillez de mandilz blancz, marchans tous bravement et courageusement cinq a cinq en renc de bataille, animez de la preudhonmie de leur cappitaine, qui de sa contenence et forme de faire contenta fort ledict seigneur et toute son assistance.

APRES EULX marcherent les cappitaines, lieutenans et enseignes des cantons de Maigninie et des Taules, diversement et richement accoustrez des couleurs desdictz seigneur et dame, parez de fers et boutons d'or et aultres riches parures de grand pris et valeur, avec six cens honmes bravement accoustrez, equipez en gens d'ordonnance, marchans cinq a cinq, accompaignez de grand nombre de tabourins et phiffres decorans grandement lesdictes compaignies.

TOUTES LESDICTES compaignies passeez, marcha apres, a cheval, ledict Boyol, accompaigne de ses gens en lestat et equipaige que dessus.

CE FAICT, se monstrerent trente jeunes honmes, enfans des principaulx bourgeoys et marchans de ladicte ville, conduictz par leurs cappitaine, lieutenant, enseigne et guydon, habillez de pourpoinctz de satin et chauses de veloux blanc, amantellez de manteaulx a l'alemande de veloux incarnat, bordez de passemens et canetilles d'argent, enrichiz de boutons d'or, ayans boutines pareez de mesme coleur garnies de boutons d'or, montez sur chevaulx d'Espaigne et aultres braves chevaulx de service, bardés et pennachez de pareille parure, marchans tous lentement le pas deux a deux en bonne ordonnance, saluerent la majeste dudict seigneur, a laquelle ledict cappitaine, descendu de cheval, a genoux feit son harrengue, laquelle ledict seigneur avec gratieux recueil debonnairement receust.

A LEUR SUYTE cheminoyent deux a deux les principaulx des bourgeois, marchans, advocatz et procureurs de ladicte ville, decenment habillez et vestuz de leurs bonnes robes, ensemblement peslemeslez, montez sur chevaulx garniz de leurs housses, representant le corps des citadins de la ville.

LES CONSULZ DE LA PRESANT ville marcherent apres, vestuz de juppes de damas, portans robes longues de veloux noir, faconneez a la tresoriere, et dessus chapperons de damas cramoisi rouge a borletz et longue cornette, montez sur braves chevaulx, garniz de leurs housses. Precedoyent auldevant eulx leur scribe et porte masse a cheval, et a pied les six gaigiers de la ville, vestuz de robes miparties des coleurs de la ville, qui sont pers et rouge, portans chascun ung baston colore de mesme. Ayant, en passant, salue la majeste dudict seigneur, descendirent pour monter sur ledict eschaffault, et vers eulx s'adressa led. seigneur, aulquel fut pronuncee la harrengue par le consul Jehan du Boys, lequel ledict seigneur benignement acousta et receust avec grand contentement, conme notoirement apparut par la demonstration de son plaisant regard et gratieuse responce quil feit.

Suyvirent apres les officiers dudict seigneur en la present ville, habillez de leurs robes tallaires (1), accompaignez de leurs sergens, accoustrez de sayes rouges portans les armoiries desdictz seigneur et dame.

Tout le corps de la ville et compaignies en ordre et parure que dessus est dict passez, les gens tenans le siege presidial pour le roy en ladicte ville suyvirent apres en housses, portans leurs robes longues et audessus leurs chapperons, ayans au devant eulx leurs greffiers et huissier, lesquelz reverenment saluerent ledict seigneur, et par le principal d'entre eulx fut pronuncée la harrengue, qu'il receust avec grand contentement

N'est a obmettre que, passans lesdictes compaignies, a larrivee d'une chascune d'icelles, la diversité d'instrumens tant dudict seigneur que de la present ville sonnoyt melodieusement. Incontinant apres, ladicte Majeste fut saluée du nombre des pieces d'artillerie que le jour auparavant, et furent esparses et jecteez grand nombre de fuseez.

Messeigneurs les evesques de Mande et d'Oleron, revestuz de leurs roquetz episcopaulx, prindrent leur chemin pour marcher au devant la majeste dudict seigneur.

Ledict seigneur marcha apres royallement, revestu richement d'un saye a demy manches de toille d'argent frizée, excellent et fort riche, couvert de bandes frangeez, le vuyde desquelles estoyt mesmement decoupe et enrichi de fers et guympures et boutons d'or, monte sur une brave hacquenée blanche, belle au possible, bardee de mesme parure, ayant au devant de sa personne ses laquays, testes nues, habillez de pourpoinctz et chausses de ses coleurs, et a ses costez et au tour

---

(1) « *Talaris*, relatif à la cheville du pied; *talaris tunica*, tunique longue, flottante, qui descend jusqu'à la cheville du pied. (Cic., *Verr.*, 2, 5, 31). » (Freund, *Dict. lat.*)

de luy les Suysses et archers de la garde de son corps avec leurs allebardes, revestuz dhocquetons desd. coleurs.

Les seigneurs de Rouen, des Cars et aultres suz nonmez et plusieurs aultres gentilhonmes estans en grand nombre, noblement equipez, montez sur braves chevaulx coursiers bardez de parures se raportans a leurs accoustremens, suyvoyent la majeste dud. S⁓.

Apres, marcheoyent, a cheval, sur le derniere, les archers de larriere garde avec leurs hocquetons des coleurs desdictz S⁓ˢ, ayans bastons en main pour garder qu'il n'y heust aulcun desordre.

Le roy, en la pompe et magnifficence que dessus, chemina en ladicte ville, passant aux faulxbourgs de Maigninie. Audevant lavant portal du bouleverd de la porte Maigninie furent esleveez des colompnes et ouvraiges couvertes de vertz feulhardz, parmi lesquelz estoyent les armoyries desdictz seigneur et dame, entournez de chappeaulx de triumphe. Fut aussi dresse ung eschaffault et theatre joignant audict avant portal, couvert et entourne de verdeur et tapisserie, ou fut jouee la moralite cy apres descripte de bonne et louable invention, faisant clere et ouverte demonstration de la joye et liesse incroyable que les manans et habitans de lad. ville recepvoyent de la nouvelle venue de leur naturel seigneur et viccomte, lequel, par sa grand noblesse, singuliere vertu et royalle bonte, avoyt le cueur de tous lesdictz habitans en sa main, soubz le gouvernement de laquelle ung chascun de franche volunte se soubzmettoyt.

Ledict seigneur estant arrive a lendroict dudict eschaffault, cessa la diversite d'instrumens qui jouoyt au devant de luy, et les personnaiges de la moralite commenserent a chanter la chanson que sensuyt :

> Est il aultre beatitude
> Fors celle qu'ont dessus les champs
> Bergers, qu'en grand mansuctude
> Oyent les oysillons des champs,
> Et en seurté par tout marchans,
> Soubz leur prince, qu'en grand desir
> Les defend de tous desplaisirs.

Parachevee la chanson, jouerent :

Le premier berger;
Le second;
Le tiers;
Limoges;
Sa fille.

LE PREMIER BERGER commence :

Vive bergerie
En amour nourie
Prez de leur troupeau,
Disant champtz nouveaulx,
Le long de l'orée
D'un boys, decorée
De diverses fleurs,
Que ses grandz seigneurs
Avec leur finance,
Sauf leur reverence,
N'ont pas si bon temps !

LE SECOND BERGER.

Comme tu l'entendz,
Scavoir je desire
De ce que veulx dire
Qu'un grand terrien
De c'il qui n'a rien
N'a pas ladvantaige.

LE PREMIER.

Je ne suys si volaige
Qu'a la noblesse nous veulle comparer,
Mais je veulx dire s'il nous fault labourer
En grand travail pour cultiver la terre :
Aussi sont ilz tous les jours a la guerre
Pour soubstenir le paovre populaire,
Qu'est bien un faict d'un pasteur debonnaire,
Mettre sa vie en ung si grand danger
Pour des tirans nous garder d'oultrager :
Voyla comment je pance et arregarde
Qu'ilz ont peyne pour nre sauvegarde,

Et nous, n'avons que garder brebietes
En leur pasture, et dire chansonnettes :
Qu'en veulx tu dire? Mais n'est il pas ainsin?

LE SECOND BERGER.

Oy certes, compaignon mon voisin,
Et le bon temps qu'avons vient de leur part.
Comme pasteurs nous gardent dans leur parc,
Sans eulx l'Esglize seroyt tost mise au bas,
Sans eulx le monde regneroyt en debatz,
Sans eulx le droict ne seroyt maintenu
Qu'en France on void par eulx entretenu :
Pource, amy, je suy de ton advis.

LE TIERS BERGER.

Il faict bon oyr vos devis,
Gentilz bergers. Appelez vous pasteurs
Ces grandz seigneurs, et les preservateurs
De toute la conmune republique?

LE PREMIER BERGER.

Oy, voidz tu ce prince sans replique?
C'est le pasteur des paovres Limosins ;
Dont sont heureux plus que tous leurs voisins
D'avoir seigneur de race si notable
De sainct Loys, prince tant admirable,
Qui fut jadis prince des preudz Gauloys,
Dont Pharamon fut premier qui feit loix ;
Que le regne des preudz fleurons de France
Ne peult jamais tumber en decadance :
Leur origine vint de la nation
Des preux Troyens, d'un nonme Francion :
Voyla en bref sa noble geniture.

LE TIERS BERGER.

Tu nous raconte une belle adventure
Pour ce pays ; qu'un prince de tel nom,
Ung second Mars, qu'a tel bruict et renom,
Vient visiter l'ancien honme Limoges.
Allons le donc trouver dedans ses loges
Pour l'advertir du faict tant souette.

LE PREMIER BERGER.

Je le veulx bien, j'en suys tout appreste.

Lors ilz s'adressent vers Limoges, qui tenoyt contenance de prandre repoz, aulquel le premier Berger dict :

> Sus Limoges ! que faictz tu la ? dors tu ?
> Ors te veoidz je de tous biens revestu,
> Quand ton seigneur si noble et magnanime
> T'est venu veoir, quest de si bon regime
> Que puys le temps que tu as este construict
> N'as heu pasteurs que fusse mieulx instruict
> En bonnes meurs, et telle en est la fame
> Qui defens bien ses subgects de difame.
> Te voidz la donc ce roy qu'est ton viccompte,
> Qui te vient veoir comme je te raconte ;
> Te veoidz la donc ton guydon, ton rampart,
> Qui surmonte des vertus la plus part
> De ceulx qui sont ores soubz la machine
> Du monde rond, lequel te monstre signe
> De grand amour quand pour te veoir prent peine.

Limoges, personnaige gris et aage, habille a l'ancienne mode, levant la teste, regardant en hault, dict :

> O seigneur Dieu, ta bonté souveraine
> Je doibz louer, puys que mon trescher syre
> M'est venu veoir, lequel tant je desire.
> Or sus doncques, amys ! faictes moy place,
> Que je voye de vertu l'oultrepasse.

Puys se mit a genoux, et, sedressant audict seigneur, dict :

> O puyssant roy benin et charitable,
> Fleur de toute noblesse honnorable,
> Graces te rendz de genoux, teste nue,
> Puys qu'il ta pleu faire ta bien venue
> En ce pays, qui ne meritoyt pas
> Qu'eussiez prins peine de faire tant de pas
> Pour venir veoir ceste petite ville.
> Elle est a toy, mais par tropt est debile
> Pour recepveoir ung prince si afable,
> A qui est deu honneur innestimable.

Veoidz Limoges, qu'a heu beaulcoupt d'afaires
Qui sont este a luy fort improsperes,
Car les Angloys et aultre nation
L'ont quasi mise en desolation,
Veu qu'aultres foys, en grand prosperité,
A heu grand bruict tant ville que cité;
Mais, apres Dieu et le bon roy de France,
En toy seul git toute son esperance
De parvenir en aussi grand haultesse
Qu'a present est l'ancienne Lutesse.
Me veoidzcy dont, et tout ce populaire,
Qui te retient pour defenseur et pere,
Crians trestous, grand, petit et menu :
Fleur de noblesse, tu soys le bien venu !

Releve, monstra de sa main un grand cueur rouge couvrant une pomme, dans laquelle estoit ung enfant de l'eage de dix ans, accoustree en fille et deesse, teste nue, ayant sa chevelure blonde, longue, crespelée et esparse sur ses espaules, revestu de veloux et satin blanc, parée de diamans, piarres orientales et grosses perles brillans vivement par le moyen de la clarte du soleil, qui raionnoyt sus. Ledict cueur fut miparti et ouvert, et, la pomme estant au dedans escartellée dans icelluy, s'apparut ladicte fille, tenant en sa main une clef dargent. Lors Limoges, continuant son propoz, dict :

Voyci ma fille, qui, de amour fervente,
Treshumblement service te presente.

Subitement du milieu dudict eschaffault fut lad. fille, par engin et a couvert, portee au devant la personne dudict seigneur, ou estant dict :

Je loue Dieu de m'avoir faict la grace
De me donner ung si noble seigneur
Que vous, estant ores en ceste place,
Et dont vous plaict me faire cest honneur
Me venir veoir en liesse et bon heur ;
Car, si je suys desormais afligée,
Par vous seray grandement soulaigée.
Par quoy je veulx employer mon pouvoir,
O roy heureux, de vous bien recepveoir.
Recognoissant estre v^{re} servante,
En tous endroictz jen fayray mon debvoir.
Voici ma clef qu'umblement vous presente.

Ledict douzain pronunce, presenta et delivra ladicte clef audict seigneur, qui la prit et porta en sa main jusques a son logis, lequel fut espris d'un souverain plaisir tant d'avoir entendu paisiblement le contenu en lad. moralite que aussi de la bonne grace de ladicte fille, qui tresbien avec grand contentement joua son personnaige.

LADICTE MORALITE JOUÉE, ledict seigneur marcha audedans la ville, a l'entree de laquelle et a lendroict dudict avant portal fut miz sur Sa Mageste ung poyle de veloux rouge incarnat, semme de fleurs de lis d'or traict, couvert de ses armoiries et chiffres, faictes subtillement de broderie de fil d'or et dargent soupresus, qui fut porte premierement par six desdictz consulz despuys ladicte porte jusques a lesglize Sainct Marcial, et de la jusques au chasteau du Brueil par les aultres six consulz.

EN LADICTE COMPAIGNIE et magnifficence que dessus, ledict seigneur entra en sa bonne ville de Limoges avec une joye indicible et exultation de tout le peuple, sonnans les cloches de toutes les esglizes, et chemina par la rue de Maigninie, laquelle et toutes les aultres il trouva tendues de belles tapisseries et remplies de grand nombre de personnes tant de ladicte ville que forains et extrangers; et, parvenu en la place et careffour de la porte Poulaliere, ou avoyt este erigé ung aultre eschaffault a son honneur et louange, jouerent les personnaiges ci apres nonmez ce que s'ensuyt :

VERTU conmence :

HONNEUR je doibz pour chacun sien merite
De ses haultz faictz a ce prince royal,
Qui s'est monstre mon amy tresloyal :
Je le luy rendz, car tresbien le merite.

HONNEUR.

Sa Majeste, de tous tant estimée,
Feray si hault par la force extoller,
Qu'a tout jamais on en verra voler
Dessus les cieulx sa noble renonmée.

Apres joua Limoges avec troys habitans sur la bien venu dudict seigneur ce que sensuyt :

LE PREMIER HABITANT comence.

Rome, voyant ses Cezars retournez
Des regions loingtaines, grandes indices
Monstroyt de joye, or combattant aux lisses,
Et sestudiant a ses temples orner.

LE SECOND.

Voyre le tout tapisse richement,
Les quarrefours, les rues, les maisons,
Dont je concludz, en suyvant les raisons,
Qu'au prince fault fere tel traictement.

LE TIERS.

Suz donc, amys! laissons ceste tristesse
Que si long temps noz paovres cueurs tenuz
En langueur a, puys que sommes venuz
Au point de la desiree liesse.

LE PREMIER.

Cest bien raison de tout enuy chasser.
Or maintenant, puys que le roy arrive,
Digne sur tous, que plus que Nestor vive,
Et que ne vient que biens nous pourchasser.

LE SECOND.

C'est bien raison que chacun a part soy
Et le conmun ensemble ressentir;
Sen veult que ciel et terre retentir
De joye on fasse au venir de ce roy.

LE TIERS.

Aussi le veult nre pere Limoges,
Qui travailler long temps on peut veoir,
Pour dignement son seigneur recepveoir,
A preparer le mieux qu'il peult ses loges.

LIMOGES.

Jay longuement avec mes habitans
En dueil vescu, sans avoir esperance
Qu'on heust de moy pitie ou souvenance;
Mais maintenant japercoys que le Temps

Pour desormais nous rendra tous contens :
A tout soudain change de contenance.
Je cognoys de justice la balance,
La doulce paix qui banyt tout contens ;
Je sens venir, je veoidz les verdz rameaulx
De l'olivier : o mon Dieu, qu'il est beau !
O ! qu'il a d'ans que ne veidz le pareil !
Bien venez vous la paix, et le seigneur
Bien venu soyt qui nous porte cest heur,
Plus doulx que nest du printemps le soleil !

LE PREMIER.

Bien venu soyt c'il qu'entre les humains
Plus grand que soyt en terre ne province
N'a jamais heu roy, comte, duc ne prince,
Fusse des Grecs ou superbes Romains !

LE SECOND.

Bien venu soyt le noble sang de France,
Rasse d'Hector, quest a bon droict chery
Et extime de n^{re} grand Henry
Par sa vertu grandeur et excellence !

LE TIERS.

Bien soyt venu a la ville et aux champs
Qui dœil bening petit et grand regarde,
Des bons le fort et seure sauvegarde,
Et au rebour lexilleur des meschans.

PENDANT QUE CHASCUN personnaige jouoyt son roolle, le roy, estant au devant ledict eschaffault escoutoyt ce qu'ilz disoyent, et, la moralite finée, marcha jusques au devant le grand portal de l'esglize Sainct Marcial, ou, estant, descendit pour y aller faire son oraison, ainsi qu'il est de bonne et louable coustume. Et fut suyvi dudict seigneur des Cars et plusieurs aultres gentilhonmes. Estant de retour, passa par la rue des Cousteliers (1), et s'en monta au chasteau du Brueil, au devant l'entree duquel

---

(1) Le chemin le plus direct et le moins difficile pour un cortége se rendant de la place Saint-Martial, où se trouvait l'église, à la place de la Préfecture, où était le Breuil, est de passer par les rues *du Clocher* et *Gaignole*. Il n'y a plus de rue *des Cousteliers* à Limoges : il s'agit probablement de la rue Gaignole, dont le nom semble venir d'un diminutif du bas-latin *gaina*, en latin *vagina*, gaîne, nom qui se rapporterait parfaitement à l'ancienne dénomination.

fut dressee une longue allee et gallerie, qui menoyt dudict chasteau, en la salle du siege presidial de la present ville, reduicte en salle de bal, pour l'aisance et conmodite dudict logis. Au devant d'icelle estoyent deux touraces soubztenant ung berceau faisant lentree de ladicte galerie, entournee de columpnes et ouvraiges entrelassez, revestuz et couvertz tant de verdure que aultres parures, enrichiz de festons, soubztenans les armoiries desdictz seigneur et dame et de la present ville. Estans au milieu des chappeaulx de triumphe, a prochans dudict chasteau se rengerent lesdictes compaignies pour resaluer la majeste dudict seigneur, au devant desquelles il passa, et descendit audict chasteau, lequel il trouva pare et accoustre de belles et riches tapisseries.

S'ensuyt *lordre de lentree de la royne.*

Ledict jour, mesmes heure de deux heures apres mydy, lesdictes compaignies, partans dudict lieu, s'acheminerent vers ladicte place Sainct Geral, pour illec sassembler et aller recepveoir la royne, qui estoyt sur leschaffault prepare pour le roy, accompaignee desd. seigneur de Mande et d'Holeron, le seigneur des Cars, et plusieurs aultres gentilhonmes, dames et damoiselles de sa maison.

Marcherent au devant d'icelle lesdictz quatre ordres mendianes et esglizes, lesdictz colomnel, cappitaines, lieutenens et gens de pied desdictz cantons, lesdictz enfans d'honneur, bourgeoys, marchans, advocatz et procureurs, lesdictz consulz, officiers, magistratz, en la mesme parure et ordonnance qu'ilz avoyent faict auparavant devant la personne du roy. Et luy furent faictes par les principaulx dentre eulx les harrengues dont elle receust ung singulier plaisir. La ville, inconfinant apres, salua ladicte dame de mesme quantite de pieces dartilerie et lancement de fuseez quelle avoyt faict ledict seigneur.

Lesdictes compaignies en l'equipaige que dessus est dict passeez, quelque intervalle de temps apres marcherent lesdictz seigneurs evesques de Mande et d'Holleron.

La royne suyvoyt apres, habillée de drapt d'or, forée

d'ermines, paree de carcans, piarres de hault pris et aultres pierreries de grande excellence et inestimable valeur, avec aultres parures et enrichissemens, telz quon peult penser convenables et servis a si grande et magniffique princesse, montee sur une hacquenee blanche richement enharnachee.

Au coste de ladicte dame estoyent ses pages et lacquays, testes nues, habillez de ses coleurs.

Apres elle suyvirent madame de Rouen, accompaignée dudict seigneur des Cars, et plusieurs aultres dames et damoizelles costoyeez desdictz seigneurs gentilhonmes.

En cest estat et ordonnance chemina ladicte dame en ladicte ville, tenant mesme chemin qu'avoyt faict ledict seigneur, et, arrivee a ladicte porte Maigninie, audevant dudict eschaffault, cessa la diversite d'instrumens qui la precedoyent, fut conmensee par lesdictz chantres et musiciens la chanson que sensuyt :

> Si on faict bruict que Pallas par Prudence
> A heu grand loz, aussi veoid on en France
> Une dame qu'a le tout surmonte,
> Tant en scavoir qu'en richesse et beaulte,
> Comme heust Juno et Hester honnorée :
> Cest la royne de Navarre, parée
> De telz vertuz, et noble viccomtesse
> Des Limosins, lesquelz tient en haultesse.

Et tout incontinant jouerent Apollo et troys muses, scavoir Calliope, Clio, Euterpe, ce que sensuyt :

APOLLO conmence :

> Si je voulays de la fille et la mere
> Chanter le loz suz le son de ma lyre,
> Et, l'exaltant, en beaulx vers le descripre,
> Il me fauldroyt Vergille ou mon Homere.

CALLIOPE.

> Nymphes et dieux, venez : on vous appelle,
> Pour maintenant, en n^{re} compaignie,
> Vous accorder dune doulce harmonie
> A sublimer leur louange immortelle.

CLIO.

> Descendez tous du hault manoir celique ;
> Espritz divins, venez en ces bas lieux
> Nous y ayder, afin que puyssions mieux
> Les eslever en gloire deifique.

EUTERPE.

Certes mes seurs louer ne cesseront
La fleur des fleurs, feu reyne Marguerite,
Sa fille aussi, lexcellente Charite (1),
Tant que les cieulx et terre durcront.

APRES ENTRA dans ladicte ville, et par lesdictz consulz fut pose suz elle un poyle de veloux blanc senme de fleurs de lis, couvert de ses armoiries et chiffres de pareille estoffe que celuy dudict seigneur.

EN LADICTE pompe et magnifficence que dessus, entra lad. dame par ladicte ville, passant par les rues susdictes, quelle trouva tapisseez et parreez conme dessus est dict. Et, arrivee au carrefour de la porte Poulaliere, de rechef fut saluee, et a son honneur chantee la chanson que sensuyt :

    O Deite supernelle,
    O souverain Dieu des Dieu,
    (Las!) a ta paovre sequelle
    Soys misericordieux !

    En ses griefz, maulx et misere,
    En toy seul a son recours ;
    Par quoy, Seigneur, ne diferre
    De luy donner bon secours.

    Elle souloyt en liesse
    Vivre, prenant grand soulas,
    Dessoubz sa dame et maistresse,
    Soubz la francoyse Pallas.

    Mais l'envie sathanique
    De la cruelle Atropos,
    Par malice tropt inique,
    Luy tollut tout son repos,

    Quand sa royne Marguerite
    La fatalle luy osta
    La plus noble fleur deslite
    Qu'onques la terre porta ;

    Car la science honnorée,
    De tous beaulx ars eslevez,

---

(1) Grec Χάριτες, Grâce, nom générique des trois Grâces. Pline a employé ce nom au singulier pour signifier l'une d'elles.

Fut par elle restauréé,
Et bons espritz relevez.

Dont la paovre desolée
Ne cesse de souspirer,
Et, pour estre consolee
Ne scait ou se retirer,

Sinon que tu lui reserve,
O mon Dieu, a ladvenir,
Sa fille pour sa Minerve,
A fin de l'entretenir.

O Deite, etc.

LADICTE CHANSON chantee, deux personnaiges, representans Pallas et Mercure, sadressant a ladicte dame, luy presenterent les deux quadrins que sensuyvent :

PALLAS.

Par ses vertuz et son divin scavoir,
Ta mere a sceu son nom eternizer,
Et toy aussi, pour t'immortalizer,
De limiter fays tresbien ton debvoir.

MERCURE.

J'annonceray la hault a tous les dieux
Tes grandz vertuz, desquelles le clair lustre
Sespand par tout (princesse tresillustre),
Obscurcissant le soleil radieux.

DILLEC S'ACHEMINA au devant ladicte esglize Sainct Marcial, ou elle descendit pour faire son oraison, et fut accompaignee par lesdictz seigneurs de Mande, dHolleron, des Cars et plusieurs dames de sa suyte.

APRES, ramontee sur son hacquenee, estant soubz ledict poyle, fut conduite en ladicte magnifficence audict chasteau du Brueil, au devant lequel, en bonne ordonnance, toutes lesdictes compaignies se rengerent pour reveremment saluer lad. dame.

EN LADICTE salle du bal, parée de belle tapisserie, couverte douvraiges et entrelassures garniz de festons et chappeaulx de triumphe de verdeur entournans les armoiries desdictz seigneur et dame, fut faict le seoir le souper royal, ou lesdictz seigneur et dame furent serviz par lesdictz gentilhonmes de toutes les viandes exquises que produisit nature en la saison. Les tables leveez, fut conmense le bal par ledict seigneur suyvi par lad. dame et plusieurs grandz seigneurs, dames et damoizelles, dansans de bonne grace avec une exultation et joye incroyable.

Le lendemain de ladicte entree, ledict seigneur alla en lesglize cathedrale Sainct Estienne, ou il fut reverenment et honnorablement recuilli par les doyen, chanoynes et viccaires d'icelle, revestuz de leurs chappes et riches ornemens de ladicte esglize. En laquelle, devottement et solempnellement, ledict seigneur feit celebrer une haulte messe, respondans harmonieusement les chantres de sa chapelle. Et apres ledict service feit la presche mons^r David, son prescheur ordinaire, homme de grand scavoir et erudition.

Le jour apres, heure de la presdinee, accompaignez des principaulx bourgeoys et marchans de ladicte ville, allames audict chasteau presenter ausdictz seigneur et dame les riches presans qu'avions faict faire pour Leur Majeste. Et, pour donner a entendre leur facon, premierement convient noter qu'ilz estoyent tout de fin or de ducat, ciselez, burinez et conduictz par tel artiffice d'orfeuvrerie que louvraige et facon randoyt grandement louables les faconneurs et ouvriers dicelles. Cestoyent deux pieces rondes, massives, de la largeur d'un demy pied et espoyseur d'un demy doigt. Sur le plat fond de celle dudict seigneur fut d'un coste elaboureement esleve ung trophee fourni de toutes sortes de bastons, arnoys et armeures de guerre, subtillement ouvre et taille, au bas duquel estoyent en petit volume poseez les armoyries de la ville; en laultre coste estoyent les armes dudict seigneur, entoureez du colier de lordre de France, artifficiellement faconneez, et autour dicelles escript en lectres capitales : Antonius, Dei gra. rex Navarræ, dmus supremus Bearniæ, dux Vindocinum et Bellimontis, comes Armeniaci et Petragoricensis, vicecomes Lemovicum, 1556.

Pour ladicte dame aussi fut faicte une aultre piece de pareille estoffe, grandeur et espoysseur que la susdicte, en laquelle, d'un coste, d'exquise mainsfacture estoyt figuree une Minerve en relief, le visaige de laquelle se rapportoyt naifvement a celuy de ladicte dame, plantee debout, tenant contenance de marcher en champt de bataille, ayant sur sa teste ung armet, suz son doz une cuyrace, en ses mains une lance et ung escu, sur lequel estoyt plantee la teste de Meduse gorgonienne, et soubz ses piedz un tas de livres, tout aupres une chouette, dediee a lad. deesse. De la terrace ou elle estoyt fichee sourdoyent des rameaulx de lauriers sespanchans tout au tour, et au pied du tige d'iceulx estoyent les armoyries de la present ville. De l'aultre coste estoyent les armes de lad. dame, releveez curieusement, et autour desdictes pieces, au dedans des filletz et mollures, escript en lectres versales : JOHANNA, DEI GRA. REGINA NAVARRÆ, DNA SUPREMA BEARNIÆ, DUX VINDOCIN. ET BELLIMONTIS, COMES ARMENIACI ET PETRAGORICEN., VICECOMES LEMOVICUM.

LESDICTES DEUX PIECES furent mises dans deux couppes d'argent doreez, tailleez et ciceleez d'une singuliere mainsfacture, curieusement elabouree, dont la façon nestoyt moingtz louable que celle desdictes pieces. Parmy icelles estoyent empraínctes les figures des dieux et deesses et les devises des quatre saisons de lan, soigneusement ouvreez, envyronneez de plusieurs compartimens crotesques et feullages diversiffieez.

LESDICTES DEUX COUPPES furent garnies chascune de son estuy, couvertz, celuy ou estoyt le presant dudict seigneur, de veloux rouge, et laultre de blanc, avec les armoyries desdictz seigneur et dame estans respectivement en ung chascun.

Estans entrez audict chasteau, trouvasmes lesdictz seigneur et dame assiz, et au devant eulx une table couverte dun riche tapiz de veloux vert. A Leur Majeste fut pronuncee la harrengue par Me Marcial de Douhet, greffier dudict siege presidial, seigneur du Puymolinier, ayant les genoux en terre. Laquelle finie, presenta dans lesdictes deux couppes lesdictz presans. Ledict seigneur de sa bouche royale feit responce a ladicte harrengue, et offrit s'employer a la protection et sauvegarde du bien de lad. ville. Et avec remerciement prit et regarda curieusement lesdictes pieces et couppes, lesquelles lesdictz seigneur et dame receurent cordiallement, conme clairement feit demonstration la joyeuse veue de Leur Majeste monstrant evident signe de liesse et contentement.

LEDICT SEIGNEUR et dame feirent sejour en la presant ville dez le jour de leur entree jusques au dernier jour des festes de Nohel, et ce pendant, chascun jour a leur resveil, les saluans, leur baillasmes le bon jour, les accompaignant ez lieux et endroictz ou il estoyt de leur plaisir seigneurial aller et mesmes aux esglizes, esquelles par les chantres de la chappelle dudict seigneur se faisoyt avec devotes cerimonies le service divin, frequente par grand multitude de gens de ladicte ville avec une telle allegresse qu'au visaige d'un chascun on voyoyt une deliberee resjouyssance pour estre grandement contentez de ladicte magnifficence royalle et presence de la majeste de si magnanimes et accompliz princes.

Le vingt huictiesme de decembre, jour de la feste des sainctz Innocens, fusmes advertiz que lesdictz seigneur et dame vouloyent faire leur partement de ladicte ville. Parquoy allasmes devers eulx audict chasteau, et les remerciasmes treshumblement des bien et honneur qu'ilz avoyent faict à leur ville avec offre de noz cueurs et noz vies a les servir et obeyr a jamais, les suppliant icelle conme estant a eux avoir en reconmandation et vouloir tenir les habitans d'icelle pour a jamais serviteurs et humbles subjectz de leur majeste royalle.

A la presdinée, estans avec nous plusieurs bourgeoys et marchans de la presant ville, en bon ordre et equipaige convoyasmes ledict seigneur et dame jusques au lieu du Masjembost (1), ou disans a Dieu a Leur Majeste, priasmes le Tout Puyssant leur vouloir impartir sa grace et en fin perpetuelle felicite. Ou fut la tresnoble et louable yssue de ladicte entree.

[Disette de blé: visite des greniers, mesurage, taxe du blé, inhibitions, etc.] Sur la fin du moys de may apres ensuyvant, parce que les deux annees precedentes mil cinq cens cinquante cinq et cinquante six furent grandement steriles en bledz et aultres leguns, tant au pays de Limosin que aultres circonvoysins, de sorte que en ladicte saison ung chascun avoyt presque mesnaige le bled amasse pour sa provision, on ne pouvoyt lors trouver de bledz que bien peu, la plus part tant des habitans de la present ville que aultres de lentour ayans accoustume en faire amas pour la provision d'icelle ville nen estans pourveuz que pour leur fourniture. Au moyen de quoy survint une si grand cherte de bled au pays de Lymosin et aultres provinces circonvoysines que quasi tous les habitans desdictz lieux, mesmes de la montaigne, venoyent achepter grains en la present ville pour se pourvoir a grandz requestes et a pris presque voluntaire

(1) Le Masjambost se trouve sur la route d'Angoulême, à environ deux kilomètres de Limoges.

des possesseurs, le transportans au lieu quilz avoyent accoustume le porter vendre ordinairement. Ce que causa ung tel esmoy et effroy en lad. ville que le bled s'augmentoyt journellement en pris, tellement qu'on ne s'enquerroit de la valeur, mais du lieu ou il y avoyt a vendre (cessant l'accoustumé conmerce et apport du bled qui journellement se faisoyt en la Claultre (1) et marche). TOUT INCONTINENT apres que nous fusmes advertiz de ce que dessus et qu'en heusmes certaine cognoissance, taschans pourveoir aux habitans de la present ville de bledz necessaires pour leur provision et fourniture a pris modere et raisonnable jusques aux moissons lors prochaines, qui promettoyent a ung chascun abundance de grains et cessation de lad. cherte, meuz de pitie envers le conmun populaire, et craignans linsult (2) qui s'en pouvoyt encourir, en la compaignie des officiers du roy de Navarre en diligence fismes reveue et perquisition de la quantite de bled qui pouvoyt estre aux maisons et greniers d'un chascun des habitans d'icelle ville, en faisant faire ouverture d'iceulx pour mesurer et scavoir le nombre du bled, et icelluy faire rediger par escript. Et, le tout visite et inventorise, sen trouva asses grand nombre, non toutesfoys souffisant entierement pour fournir la ville jusques a ce que le nouveau seroyt recuilli. Au moyen de quoy, apres qu'a ung chascun de ceulx qui possedoyent led. bled en fut delaisse a souffisance pour leur provision jusques au recueil du nouveau, leur furent faictes inhibitions et deffences, a peine de mil livres, vendre ne allienner leurs bledz inventorisez a aultres qu'a ceulx qui en seroyent despourveuz et necesserement en auroyent affaire (3) pour leur nouriture et entretenement, et iceulx seulement delivrer et distribuer tout ainsi que par nous en brevetz leur seroyt mandé, pour le pris et suyvant la taxe que moderement avoyt este resolue et arrestee, qu'estoyt xxiiij s/ le sestier seigle, et xxxiiij s/ le sestier froment, mesure de la present ville, combien que allieurs et ez envyrons il se vendit de XL a XLV s/ le sestier seigle, et le froment LX s/. Et, affin qu'on heust vouloir et occasion d'apporter grains en ceste ville, suyvant ce qu'on faisoyt auparavant, fut par edict proclamé que les voicturiers et ceulx qui apporteroyent bledz en la Claustre seroyent

---

(1) Le cloître où se tenait le marché au blé était situé rue des Taules. — V. T. I, p. 159.
(2) « *Insult*, bruit, tumulte, émeute. » (ROQUEFORT.)
(3) En auraient besoin.

exemptz de peages et droictz d'imposition accoustumez lever. Ce faict, affin que la ville fut pourveue promptement de pain, et que le peuple neust moyen se mescontenter de n^re administration, et que ledict bled saisy fut mesnaige et conduict par telle industrie qu'il assouvyt a ung chascun sans ce que les boulengers, musniers et aultres en peussent transporter ailleurs que en la presant ville, fut avisé avoir dix boulengers ausquelz journellement seroyent delivrez cent sestiers bled, pour iceulx faire mouldre, apprester et cuyre de gros pains noirs (appelez communement tourtes), et icelluy apres apporter en la present maison de Consulat, pour par nous estre delivrez et distribuez aux artisans, gens de mestier, laboureurs et aultres souffreteux despourveuz de bledz; ce que fut miz curieusement a effect. Et, ayans lesdictz dix boulengers preste serment de bien et fidellement servir la ville, ne transporter le bled, et icelluy bien apprester, leur furent journellement delivres brevetz pour prandre ladicte quantite bled, et en fut faict registre. Lequel bled reduict en pain ilz portoyent en la present maison, rendans compte et rapportans le bled au pain qu'ilz avoyent receu. Iceulx pains par nous ainsi receuz nous delivrions et faisions delivrer aux susd. artisans et ceulx qui en avoyent souffrance, tenans registre des personnes qui recepvoyent ledict pain et du nombre qui leur en estoyt delivre, afin que ladicte distribution, que dura lespace d'envyron ung moys, fut si esgallement et partiallement faicte qu'un chascun fut contente et rassasie. Que ne fut sans grand soin, peine et travail d'un chascun de nous, qui avoyt continuellement l'oeil et la main a respondre et satisfaire ung si grand nombre de gens qui se presentoyent a ladicte maison, et mesmes des forains et extrangers, qui, accourans des villaiges, serchoyent pain pour vivre et se retiroyent en lad. maison, lesquelz nous (estans esprins de doleur et pitie) n'avions pouvoir esconduyre, combien qu'il fut arresté quil en seroyt seulement delivre aux habitans de la ville. LEQUEL ordre et police fut par lesdictz officiers et nous entretenu et conserve en tel estat que ledict bled, qui ne sembloyt souffisant pour alimenter dix jours si grand nombre de gens (moyennant la grace de Dieu et conduicte) assouvyt ung chascun, et ladicte ville fut souffisement munie et servie competenment de pain. Et, n'estans encores levez les bledz nouveaulx, le Tout Puyssant, ouvrant par son infinie misericorde, ayant pitie de son paovre peuple, estans les fruictz de la terre prestz a cuillir monstrans evident signe de grand bien et prochaine fertilite, le sestier bled se diminua de beaulcoupt, et revint a xvij s/, et, au lieu qu'on n'en pouvoyt trouver auparavant pour argent, il sen trouva audict pris a foison et tant qu'on en vouloyt, ne pouvant scavoir don venoyt si grand bien que de la grace du souverain Seigneur, lequel, par sa grand misericorde et infinie bonte, veille garder son peuple de Limoges de famine et aultre inconvenient et adversite.

Quelque peu de temps apres, pour les grandz et urgens affaires du royaulme provenans du faict des guerres, le roy feit emprunt tant sur ses officiers et justiciers que aultres des seigneurs subalternes, bourgeoys, marchans, leurs vefves et faiteurs, advocatz et procureurs, sergens royaulx et aultres habitans aux villes et aux champs, qui furent contrainctz prester audict sieur les especes dor, esquelles ilz'estoyent cottizés par les lectres dudict emprumpt qui fut leve en chascune generalite par les commissaires a ce deputez, scavoir : [Emprunt royal.]

Chascun des maistres des requestes, tresoriers de France et generaulx des finances.................... xx escus soleil.

Chascun des recepveurs et controrolleurs generaulx, tresoriers de la maison du roy, de la marrine, des reparations, fortiffications et avitaillemens...................... xij escus soleil.

Chascun des senneschaulx, baillifz et leurs lieutenens civil et criminel et particulier, conseillers, magistratz, esleuz, maistres des eaulx et foretz generaulx et particuliers, leurs lieutenens, advocatz, procureur du roy et greffier en chascun desdictz sieges et jurisdictions, recepveurs particuliers et controrolleur tant du donmaine, aydes que gabelles et aultres impositions et subsides, tresoriers des cent gentilhonmes, payeurs des compaignies des gensdarmes et controrolleurs des guerres............................. viij escus soleil.

Chascun des enquesteurs esdictes cours et jurisdiction............................... vj escus soleil.

Chascun des procureurs du roy au magasin a sel................................... ij escus soleil.

Chascun des greffiers et mesureurs desdictz magasins............................... iij escus soleil.

Chascun des advocatz desdictes cours et jurisdictions, baillifz, chastelains, prevostz, maires, procureurs et recepveurs des terres et seigneuries subalternes............ ij escus soleil.

Chascun procureur ez sieges presidiaulx royaulx et subalternes.................... j escu soleil.

Chascun des aultres greffiers des greffes estans en ville cloze.. iij escus soleil.

Chascun des greffiers en ville non cloze... ij escus soleil.

Chascun des notaires des villes clozes, royaulx ou aultres........................ ij escus soleil.

Chascun des notaires des villaiges non cloz, royaulx ou aultres...................................... j escu soleil.

Chascun des sergens des villes clozes, soyent royaulx ou aultres.................................... j escu soleil.

Chascun des sergens des villaiges non cloz, royaulx ou aultres................................. demy escu soleil.

Chascun marchant, bourgeoys, vefve, trafficquans, leurs faiteurs et entremetteurs et aultres personnes ayans moyen et aisance demeurans ez villes clozes.......... iiij escus soleil.

Chascun desdictz marchans et aultres ayant moyen des villes et villaiges non cloz....................... ij escus soleil.

Suyvant le contenu en la commission et mandement de monsr le lieutenant general a nous dressee, delivrasmes les roolles de lequivallent de nre année, et baillasmes par declaration les bourgeoys, marchans, leurs vefves et faiteurs. Sans avoir esgard a laquelle, soubz le rapport d'aulcuns, les commissaires estans a Rion cottiserent non seulement les contenuz en nre declaration, mais plusieurs aultres et mesmes des artisans qui estoyent exemps a la contribution dudict emprumpt. Et furent cottisez personnes non comprises en nre declaration, qui furent contrainctz payer avec grandz plainctes et mescontentemens.

[Edit du roi relatif à la reddition des impôts perçus depuis trente ans. — Les consuls répondent qu'ils ne doivent

AU MOYS DE JUIN, ung huyssier de la court de messeigneurs les generaulx de la chambre des comptes a Paris, en vertu dattache diceulx, nous signiffia ung edict general faict par le roy nre syre, contenant commission et attribution de jurisdiction ausdictz seigneurs, aux fins de faire randre compte a tous recepveurs des deniers communs du ban et arrier ban, estappes et aultres deniers extraordinaires levez sur les manans et habitans du royaulme. Et nous fut faict commandement, en vertu de lad. attache et edict, nommer ceulx qui avoyent heu le maniement et recepte desdictz deniers levez en la presant ville puys trente ans en ca, pour les assigner sur reddition de compte. Et, par ce que, suyvant ladviz du conseil, feismes responce les deniers de la presant ville estre levez seulement sur les manans et habitans dicelle pour la reparation et fortiffication de ladicte ville, desquelz, par privileige, les consulz nestoyent tenuz randre compte qu'aulx successeurs respectivement les ungs aux aultres, ledict huyssier nous assigna par devant nosdictz seigneurs au moys apres ensuyvant avec plusieurs aultres consulz, gouverneurs et administrateurs des aultres villes cappitales de presant royaulme.

de comptes qu'à leurs successeurs, et sont assignés devant la chambre des comptes.]

Pour comparoir a ladicte assignation, fut envoye honme expres a Paris avec memoires et instructions, narratives au long du faict, aux fins den avoir resolution certaine, et scavoir comment seurement il y falloyt proceder. Et sur ce oppina le conseil conme sensuyt :

Sur le faict communique au conseil de la part des consulz de Limoges,

[Arrêt du conseil.]

Semble qu'il y a grande apparence en leurs deffenses mesmes au privileige dont ilz se veulent ayder et possession qu'ilz ont jusques a presant.

Et ne seroyent les lectres du roy par lesquelles il est mande contraindre toutes villes a randre compte, car cela se doibt entendre de celles qui n'ont point privileige special, et tel que peuvent avoir lesdictz de Limoges, aulquel n'y a point de derogation par lectres du roy.

Mais par ce qu'il n'appert dudict privileige, et qu'il fault icelluy monstrer par escript *per text. in C. porro extra de privilege*, fault en diligence envoyer ledict privileige en forme, ou bien icelluy faire collationner avec le procureur du roy, demandeur, ensemble les aultres pieces dont on se veult ayder et desquelles est parle par ledict memoire; ou aultrement y auroit dobte que lon ne voulcist recepvoir les deffenses desdictz consulz, deffendeurs.

Et, a ce que l'on demande le nom de tous les consulz de ladicte ville despuys trente ans en ca, deppend si ledict privileige sera receu ou nom.

Et, sur ce que ledict privileige na este receu ne veriffie aux comptes, semble qu'il nen a este besoingt, puys que auparavant on ne randoyt compte en la chambre. Toutesfoys, pour plus grande asseurte, lon poura obtenir lectres attacheez audict privileige et veriffication dicelluy, par lesquelles il sera mande aux cours de parlement, generaulx des aydes, chambre des comptes et aultres jurisdictions de ce royaulme, proceder a la veriffication dicelluy. Signe : DE LA PORTE et DE VILLECOQUET.

[Délai d'un mois accordé aux consuls pour présenter leurs priviléges.]

La presentation faicte, fut prins expedition en la cause avec monsr le procureur du roy en ladicte chambre des comptes, de laquelle nous fut envoye ung transcript, duquel la teneur sensuyt :

ENTRE le procureur general du roy en la chambre des comptes, demandeur en matiere de reddition de compte, d'une part, et les consulz de la ville de Limoges, deffendeurs et adjournez pour venir dire leurs causes de leur reffuz par eulx faict de (donner) les noms des recepveurs des deniers communs de ladicte ville depuys trente ans en ca, et pour quelles annees ilz ont exerce ladicte recepte, et aussi de delivrer et despecher ausdictz recepveurs les acquistz servans a la reddition desdictz comptes, pour en venir compter en la chambre, suyvant l'eedict du roy de l'annee mil cinq cens quarante deux, et ordonnance par luy sur ce faicte du seiziesme jour doctobre mil cinq cens cinquante six, par Me Estienne Le Beau, leur procureur, daultre part. APRES que ledict procureur general du roy a perciste en sa demande selon ses exploictz, libellez, et que lesdictz deffendeurs ont dict qu'ilz sont fondez en privileiges, confirmez par le roy nre syre, par lesquelz ilz sont exemps de randre compte desdictz deniers communs en lad. chambre ne allieurs, requerant delay leur estre donne pour en faire apparoir, APPOINCT est du consentement dudict procureur general, demandeur, que lesdictz deffendeurs auront et leur est donne delay d'un moys pour faire apparoir de leursdictz privileiges et confirmations diceulx. Faict en ladicte chambre desdictz comptes, le   jour de   (1) lan mil cinq cens cinquante sept.

Audict proces despuys a este procede, conme a este delaisse par escript aux memoires des successeurs consulz.

(1) Ces mots sont en blanc dans le manuscrit.

A LA FIN DU MOYS de juin et conmensement de juillet, passerent par ce pays de Limosin neuf enseignes de gens a pied, soubz la charge de cappitaines des La Vaulvenne, Boysse, ... Thouron, Seyssac et Montpolliant. Venans les cinq devers Tortoyrat, passerent par la ville Sainct Yrieys, et les quatre de Brive et Uzerche, lesquelles logearent aux quatre faulxbourgs Pont St Estienne, la Cite, Pont St Marcial et au Naveys de la presant ville. Et sejournerent successivement les unes apres les aultres huict jours entiers, se reposans, les unes attandans les aultres compaignies. Ausquelles chascun jour estoyt distribue en la maison de consulat grand nombre de pain, chair de beufz et de mouton, poysson, vin et aultres vivres necessaires, selon le nombre des personnes et merite de chasque jour pour leur nouriture et substantement. Que ne fut sans grand peine, fraiz et fournitures, lesquelles avec celles quavoyent faict les aultres habitans des villes et plat pays furent cottisez par mons^r le lieutenant general, conmissaire a ce deppute en vertu de lectres desquelles la teneur sensuyt (1).

[Passage de compagnies.]

Aussi au moys d'aougst, le roy de Navarre, gouverneur pour le roy en Guyenne, manda aux officiers du roy en la presant ville faire assembler les gens des troys estatz du hault pays de Limosin en la ville de Bourdeaulx, le xxviij^e de septembre, pour oyr ce que par luy seroyt propose. Et pour ce faire y fut envoye pour l'estat des gens desglize mons^r lassesseur de la gentillesse (2), le seigneur de Brechiat, et de la part du tiers estat les consulz Lazare et Francoys Martin, lesquelz se trouvarent en ladicte ville le jour de ladicte assignation. Et leur fut declaire par monsieur dAulte Clere, maistre des requestes, ce que sensuyt :

Les chefz des remonstrances proposeez par nous Geoffroys de Haulte Clere, conseiller du roy, maistre des requestes ordinaire de son hostel, conmissaire en ceste partie en l'assemblee des gens des troys estatz du pays et gouvernement de Guyenne,

[Demande d'une souscription volontaire pour levée et entretien de troupes.]

---

(1) La copie de ces lettres manque : il y a une page en blanc dans le manuscrit.
(2) Noblesse.

tenuz en la ville de Bordeaulx, le vingtneufiesme de septembre mil cinq cens cinquante sept :

Premierement, a remonstre universellement a tous les estatz la craincte et service de Dieu, aussi que par jeunes, oraisons, processions, predications et aultres prieres et suffrages a faire par tous les estatz en saincte esglize que nous puyssions appaiser lire de Dieu, a ce qu'il luy plaise envoyer une bonne paix et concorde entre les princes chrestiens, vouloir preserver et garder la personne du roy n^{re} souverain seigneur, des princes de son sang, cappitaines, gentilhonmes et le surplus de toute la noblesse, soldactz de son armee, et leur donner victoire contre ses ennemys;

Secondement, a remonstré la grandeur et importance des affaires dudict seigneur, lestat diceulx pour le temps presant, les grandz fraiz et despances qu'il luy a par cy devant convenu faire de plusieurs armees et qu'il luy convient faire de presant en celle qu'il a assemble en la Piccardie contre le roy Philippes, lesdictz des estatz assemblez debvoyent liberallement et aggreablement subvenir au roy n^{re} seigneur de telz deniers qu'il plairoyt a Sa Majeste leur demander pour le surplus de ceste annee et pour lannee advenir pour luniverselle deffense du royaulme;

Que, a limitation de Paris, ville cappitale du royaulme, qu'avoyt liberallement offert et fourny la somme de troys cens mil francz pour la solde de dix mil honmes de pied pour troys moys, chascune des villes dudict pays et gouvernement de Guyenne debvoyent offrir au roy liberallement le plus de sonme de deniers qu'ilz pouroyent, chascun selon les facultez a semblable offre;

Qu'il pouroyt estre, pour la promptitude de cest effect et liberalite, ilz previendroyent la majeste du roy, qui sen pouroyt contenter, sans user de cottisation et imposition, ainsy qu'il a este conmense a faire sur d'aultres villes.

Aussi icelluy de Haulteclere remonstre limportance du pays et duche de Guyenne et des villes des frontieres dicelle, a exorte lesdictz estatz des villes et provinces du plat pays de contribuer voluntairement pour la fortifficacion, munition et avitaillement desdictes villes des frontieres, principallement de la ville de Bourdeaulx, Libourne, Blaye, Daz, Bayonne et La Rochelle, qui estoyent les clefz pour ouvrir et fermer les portes aux ennemis et pour empescher leur descente.

DAVANTAIGE leur a propose de scavoir et enroller particulierement en chascune ville dudict gouvernement le nombre d'honmes de combat que chascune pouroyt mettre aux champs armez et soldoyez pour ung moys, pour subvenir promptement a lincursion et descente que pouroyent faire les ennemys, pour en tout ce que dessus en advertir le roy de Navarre, gouverneur, lieutenant general et admiral de Guyenne, pour en user quand besoingt le requeroyt, et aussi du tout en advertir la majeste du roy.

LEUR A este remonstre que s'ilz avoyent aulcunes requestes, plainctes ou doleances a faire ou remonstrer a la majeste du roy ou audict seigneur roy de Navarre, gouverneur et lieutenant general, icelluy de Haulteclere estoyt envoye et depute pour les entendre, et en faire le rapport ou envoyer son proces verbal. Signe : DE HAULTECLERE; et plus bas : Par commandement de mondict Sr de Haulteclere : DE COURBURE.

Nous avons faict faire et reparer pendant nostre annee les murettes gardiennes vulgairement appeleez les machicolis, depuys la porte de lArrenne jusques a la porte Montmailler, icelles refformant, y faisant faire des canonieres de dix en dix brasses avec des fenestres a repoz visans dans les fossez. Aussi faict reparer les canaulx et conduictz des fontaines, lesquelz trouvasmes fort ruynez et degastez, mesmes ceulx de la fontaine du Chevalet, qui furent curieusement par troys espertz visitez des la source de l'eau jusques a lad. fontaine. Et en fut faicte une figure pour veoir a loeil suz icelle les causes de ladicte ruyne et degastement. [Réparations aux murailles, aux fontaines et aux chemins.]

OULTRE CE, avons faict faire plusieurs reparations des chemins publicz devers la parroisse de La Brugiere, qui na este sans employer plusiers deniers; ayans en deliberation conduyre aultres plus grandz affaires et reparations, n'eussent este les negoces qui sont presentes durant le temps de n^{re} consulat, et proces qu'avons soubztenu tant en la cour des aydes a Perigueux que en plusieurs aultres endroictz.

Il y a ici un feuillet en blanc dans le manuscrit.

ESLECTION *de messieurs les consulz de la ville de Limoges, faicte par les manans et habitans dicelle, assemblez en la maniere accoustumee en la salle de consulat, apres avoir preste le serment au cas requiz, le septiesme jour de decembre mil cinq cens cinquante sept.*

Du canton des Taules :

Jehan Douhet.

La Porte :

Mathieu Benoist.

Maigninie :

Helies Rougier.

Le Marche :

Guillaume Champaignat.

La Fourie :

Jehan Roumanet.

Le Clocher :

Pierre Mosnier.

Boucharie :

Bertrand de Mons.

Lansequot :

Mathieu David.

Les Combes :

Jehan Yvernaud.

Le Vieux Marche :

Colas Guery.

Croyssances :

Anthoine du Boys ;
Joseph Martin.

(Signé :) Mouret, scribe desd. S^rs consulz.

Eslection *des collecteurs et conseillers de la present ville, faicte par les manans et habitans dicelle, assemblez en la maison conmune, suyvant lancienne costume, le xxviij^e de decembre mil cinq cens cinquante sept.*

Des Taules :

Pierre Faulte ;
Jehan de Nougeat.

La Porte :

Jehan Eytier dict Le Parve ;
Jacques Joussen.

Maigninie :

Jehan Pinot ;
Simeon Courteys.

Le Marche :

Mathieu Gadaud ;
Jehan de Cordes dict Le Coulhaud.

La Fourie :

Jehan de La Farre dict Le Furet,
Jehan du Boys.

Le Clocher :

Helies Peyrat dict Lannette ;
Claude Rouard.

Boucharie :

Nicolas Voulreys le jeune;
Pierre Sanxon.

Lansequol :

Francoys de Texueil dict Chaffort;
Francoys de Lanneau.

Las Combas :

Pierre de Muret;
Pierre Bouchaud.

Le Vieux Marche :

Marcial du Trueil dict de Las Eygâbellas;
Jehan Clement dict Pichecay.

(Signé :) MOURET, scribe de mess^{rs} les consulz.

[Lettres de Henri II portant création d'un impôt de poudres et de salpêtres(1).]

PEU DE TEMPS APRES N^{re} ESLECTION, ET AU MOYS DE DECEMBRE, le roy n^{re} sire envoya home expres en la present ville pour nous faire tenir ses lectres patentes cy apres transcriptes, avec lectres missives y atachees, contenans expres commandement faire amas, pour les causes y contenues, de nombre de pouldre et salpestre y designez. Lesquelles receües et comuniquees a nostre conseil, fut faicte et delivree responce, suivant le vouloir dudit seigneur porte par lesdictes lectres, narative des subsides, pertes et affaires supportez puys vingt ans en ca par les habitans de ladicte ville. Sensuit la teneur desdictes lectres patentes :

HENRY, PAR LA GRACE DE DIEU, ROY DE FRANCE, a noz chers et bien amez les gouverneurs, eschevins, consulz, bourgeois, manans et habitans de n^{re} ville de Limoges, salut et dilection. Comme des lannee mil cinq centz quarante sept, à n^{re}

(1) V. LEYMARIE, *Lim. Hist.*, p. 422.

advenement a la couronne, nous eussions delibere de faire faire une bonne et grande provision et amatz de salpestre pour convertir en composition de pouldres a canon, comme estant une des choses plus requises et neccessaires tant pour la munition et defence des places fortes de n^re roiaulme que pour la conservation et augmentation dicelluy, et pour ce faire ait este faict deslors ung deppartement et cottisation du nombre de huict centz miliers de salpestre sur les principales villes de n^re d. roiaulme et sur chascune dicelles pour telle quantite quelle pouroit aiseement et commodement amasser et avoir ordinairement prest, eu esgard aux deniers comuns tant patrimoniaulx que doctroy dont joissait pour lors chascune desdictes villes, sur lesquelz deniers comuns nous entendions les frais de lachapt et recouvrement desd. salpestres estre respectivement prins et portez par icelles villes, affin que, quant loccasion se presenteroit que nous aurions affaire desd. salpestres, nous la puissions faire recouvrer en icelles villes et apporter en noz munitions et hasteliers ou se font et composent ordinairement lesd. pouldres a canon; ce que nous aurions tousjours differe de faire pour daultant soulaiger nosd. villes, sinon en aulcunes dicelles, selon et ainsi quil en a este besoing pour les affaires qui se sont offertz et presentez, ausquelles toutesfois nous avons faict paier de noz deniers et fons de noz finances tous lesd. salpestres a chascune fois quilz nous ont este delivres, a tel pris et raison que nous avons veu et cogneu estre raisonnable pour les temps et saisons quilz ont este levez; de facon quil ny en a une seule qui puisse dire de nous en avoir faict don ou present dune once seulement, pour affaire tant fust il urgent qui se puisse estre presente, comme aussi nous ne les en avons point requises, ce pendent que noz deniers et finances lont peu souffrir et porter, et encores ne le vouldrions faire si par aultre moyen ou facon assez recherches de n^re part nous pouvions trouver lexpedient de pouvoir pourvoir a une si grande et inextimable quantite desd. pouldres a canon quil nous est a present neccessaire de recouvrer, oultre et par dessus la quantite de fondz que nous en pouvions encore avoir en nosd. munitions et que nosd. hastelliers peuvent fournir ordinairement avecques toutes les diligences possibles; lesquelles noz munitions, graces a Dieu, en sont encore, pour ceste heure suffisanment fournies pour les affaires presans. Mais, daultant que nous voyons a loeil et entendons par advertissemens certains que les grandes et jurieuses entreprises de noz ennemys, ja assez cogneues et lesquelles ilz veulent et sefforcent continuer a leur pouvoir, sont principallement fundeez sur la grande et incomparable quantite de munitions dartillerie dont lEmpereur et le roy dAngleterre, son filz, ont faict amas de longue main et mis ensemble avec laide, secours et liberalite de leurs subjectz et des villes de leur obeissence, lesquelles en ont voluntairement faict les achapts et porte les principaulx frais de leur bource; et quil est asses notoire que les forces et violences procedentes du faict de ladicte artillerie et munitions, dont adviennent les prinses des villes et places fortes et le gain et advantaiges des batailhes, rencontres et assaulx, ne se peuvent venger, repousser, recouvrer et reparer que par pareil et semblables effortz et effectz d'artillerie, quelque nombre dhomes que lon puisse mectre ensemble, a quoy nous ne voulons rien obmettre et oblier de n^{re} part de ce qui sera en n^{re} puissance; et que veritablement ce que nous avons desd. pouldres a canon en nosd. munitions ne pouroit satisfaire a la neccessite qui sefforce, sans desgarnir du tout et rendre despourveuez nosd. places fortes, en quoy faisant seroit aussi du tout habandonner et laisser en proye ce qui est couvert et maintenu en seurete pour la conservation dicelle; pourquoy obvier et donner ordre de bonne heure et ne tunber en linconvenient que lon void estre prepare a faulte de ce, ayons advise avecques aucuns princes de n^{re} sang et gens de n^{re} conseil prive quil ny a plus prompt moyen pour ceste heure et quasi point daultre qui se puisse presenter a temps pour parvenir a lexecution de noz desseins neccessaires pour rompre et empescher ceulx de nosd. ennemys, et recouvrer, sil est possible, ce quilz ont empourte sur nous, dont deppend la seurete, repos et tranquilite de tous nosdictz subjectz, que de prendre et lever sur nosd. villes, pour ceste fois seulement et sans le tirer a consequence, non le nombre et quantite de salpestre a quoy chascune dicelles a este cottisee, lequel ne pouroit estre si promptement converti en pouldres comme il est requis ez hastelliers qui besoignent pour nous, lesquelz sont assez empeschez, mais ung certain nombre de pouldres a canon que chascune dicelles fera faire et composer en son regard, selon le departement que nous en avons faict faire, eu esgard a lad. cottisation desd. salpestres. Nous, A CES CAUSES, ayans confiance que, pour les considerations dessusd. et aultres que vous pourres avoir de vous mesmes sur le discours et succes des affaires survenuz, qui vous touchent comme a nous, vous ne serez en cela moingtz prestz a recepvoir de bonne part ce que vous demanderons et a le faire promptement executer que nous serons a le desirer de vous; et, estant bien recors et memoratif que v^{re} part et cotte desd. huict cens milliers de salpestre monte et revient a la quantite de huict milliers, et que, en faisant et fournissent par vous jusques au nombre de six milliers de pouldre a canon seulement du tiltre des nostres, ce ne scaroit estre charge qui ne soit aisee et legere a porter; vous prions et neantmoins mandons que, sur tant que vous aves jamais desire ne faire chose qui nous fut agreable et qui porta tesmoinage de v^{re} fidelite et obeissance envers nous, vous ayes, en la meilheure et plus acceleree diligence que faire se pourra, a faire faire, composer et tenir prestes en n^{rre}d. ville de Limoges jusques audit nombre de six milliers de pouldre a canon, pois de marc, ez troys sortes greneez, assavoir est les troys pars grosse grenee, et laultre quarte partie menue grenee pour servir a acquabusiers; sur laquelle quarte partie il y ara ung dixiesme damource seulement; le tout du tiltre et compositions des nostres, qui est : pour sept livres de salpestre cuyt et rafyne par troys fois, une livre de souffre aussi bien affine, et une livre et ung quart de charbon de saule ou netprun (nerprun); et icelles pouldres, faictes et composees du tiltre que dessus, vous faictes mectre, enfoncer et encaquer dedans des caques et vaisseaux qui puissent contenir chascun deux centz livres de pois pour le moins de pouldre nette, poys de marc, sans comprendre le poix desd. caques; lesquelles caques vous ferez encores couvrir dune chappe de boys bien reilhee et enjousse pour tenir lesd. pouldres plus seichement et seurement; et, apres estre ainsi encaques, le feres mectre et serrer en lieu si propre et convenable que lesd. pouldres ne se puissent humecter et quil nen puisse venir aucune faulte ou inconvenient, et ce jusques au temps quil nous plara les envoyer querir, ou que loccasion se presentera quil sen fauldra servir. Mais surtout faictes en cela user dune si grande et extreme diligence quil ne se puisse perdre une seule heure de temps et que lesd. six milliers de pouldres puissent estre prestes et encaquees, comme dict est, dedans le dernier jour de fevrier prochain venant, qui est temps suffizant et raisonnable pour vous pour en preparer une bien plus grande quantite, faisant n^{re} compte que vous nares faict ceste faulte de ne vous tenir tousjours fornys de lad. quantite de huict milliers de salpestre, suivant v^{re} d. cottization et noz lectres patentes a vous adressees a ceste fin en ladicte annee mil v^c quarante sept, et que, quant ores vous vous series tant oblies jusques icy de navoir faict ceste provision desd. salpestres, vous mettres neantmoins telle peine et debvoir a lexecution de n^{re} d. vouloir en compensent et restaurent v^{re} faulte de diligence et bonne volente, que nous esperons que vous nuseres en cela daucune longue remonstrance, excuses ou dissimulations qui puissent aucunement retarder ou empescher lentier effect et acomplissement de n^{re} d. vouloir, comme aussi nous ne voulons ne entendons que vous le faictes, sur peine destre taxez de desobeissance et mauvaise volente. Si davanture vous trouvies meilheur et plus aise pour vous de faire venir et amener a voz despens, aussi pour ceste fois seulement, ausd. munitions et hastelliers ou se font et composent nosd. pouldres a canon, qui sont establis a Paris, Tours, Troyes, Lyon, Marseilhe et Aussonne, ou en lune dicelles, selon v^{re} commodite, toute la quantite desd. salpestres a quoy vous aves este cottisez en lad. annee m. v^c quarante sept, pour vous relever des frais de lad. composition, ou pour navoir gens et utencilles propres a ce mestier, et rendre lesd. salpestres entierement en lune de nosd. munitions dedans troys moys pour le plus tard, nous nous y accorderons et condescenderons tres voluntiers, remectant cela desapresent a ce que vous en adviserez pour v^{re} d. commodite. Mais, affin de vous oster les principalles causes et occasions de longueur ou excuses que vous pouriez fonder sur les frais quil vous conviendra faire tant pour lachapt et recouvrement des matieres neccessaires pour la composition desd. pouldres, si vous les faictes faire, que pour la peine des pouldriers et aultres ouvriers qui y seront employes, et mesmement pour les mortiers, pillons, cacques, vaisseaulx et aultres utensilles que y sont neccessaires, ou bien pour lachapt desd. salpestres seulement et pour les voictures diceulx en lune de nosd. munitions, nous voulons et entendons que, en ensuivant le contenu en nosd. lectres de lad. annee m. v^c quarante sept, en tant que touche le recouvrement desd. salpestres et ouvriers neccessaires pour iceulx, et suivant la forme et teneur de ces presentes, que pour ce nous avons signees de n^{re} main, vous puissiez prendre et vous aider, tant pour le recouvrement et achapt desd. matieres, vaisseaulx et utansilles, que pour lesd. pouldriers, salpestriers et aultres frais quelzconques quil conviendra faire pour lesd. six milliers de pouldre, voire et fust il besoing de les achapter entierement de ceste heure, pour nen avoir par vous faict aucune provision, de tous et chascuns les deniers communs soient patrimoniaulx ou doctroiz dont joist a present n^{re}d. ville de Limoges, ou de telle somme ou sommes a quoy pouront monter et revenir tous et chascuns lesd. achaptz et frais neccessaires pour lesd. six milliers de pouldres ou pour lesd. voictures et achaptz desd. salpestres, lesquelz nous voulons estre preferez et prealablement paiez que toutes aultres despences que pouroient avoir este assignees sur lesd. deniers communs pour quelconque cause ou occasion que ce soit ; et le recepveur desd. deniers conmuns de n^{re} ville de Limoges, qui en fera les paiemens, en estre tenu quicte et descharge partout ou il appartiendra, en rapportant par luy, avecques cesd. presentes ou vidimus dicelles faict soubz seel roial, les ordonnances que vous luy aurez faict expedier pour cest effect. Et, pource quil pouroit estre que n^{re}d. ville de Limoges ne joyroit a present daucuns deniers communs ne patrimoniaulx, ne doctroy, et que a ceste occasion vous pouriez faire difficulte ou trouveriez quasi impossible de pouvoir satisfaire a n^{re}d. vouloir, ou bien pouriez penser que cela vous seroit suffizente excuse envers nous, si vous ny aviez satisfaict dedans ledit temps cy dessus declaire, et aussi que sur ce fundement vous pourriez avoir lieu de passer et consonmer quelque temps pour nous en venir faire remonstrance et parce moyen delayer et tenir en longueur lexecution de n^{re}d. vouloir, Nous, pour a ce pourveoir et ne vous laisser aucune cause ou occasion dexcuse si elle ne procede plus dingratitude que de bon fundement, vous mandons, commandons et tresexpressement enjoignons que, en deffault desditz deniers communs, ou, au cas que les frais du recouvrement et composition dud. nombre de pouldre ne puissent estre entierement portez et prins sur iceulx, si aucuns vous en avez, vous en ce cas mettes et imposez sur vous mesmes et sur ung chascun de vous habitans de n^{re}d. ville, particulierement et respectivement le fort portant le foible sans aucuns en excepter, soit par teste ou par maison, ou aultrement en quelque maniere que vous adviserez pour le mieulx et pour le plus aise, jusques a telle somme ou sommes de deniers que vous verrez et trouverez estre necessaire pour le parfaict et entier paiement de tous les frais qui seront faictz et portez par vous pour lachapt, recouvrement ou facon dud. nombre desd. milliers de pouldres a canon des sortes et tiltres dessusd. et en tant que besoingt seroit. Avons permis et permectons par cesd. presentes aux douze ou dix dentre vous en labsence des aultres, ou a tel aultre nombre que vous adviserez de depputer et commectre, de proceder a la cottization et deppartement par le menu desd. sommes, que vous ferez lever pour leffect dessusd. sur chascun particulierement et pour son regard en leurs loyaultez et conscience, en contraignant et faisant contraindre au paiement desd. cottisations par le premier n^{re} huissier ou sergent sur ce par vous requis, et que a ce faire commectons, tous ceulx qui pource seront a contraindre, reaument et de faict, comme pour noz propres debtes et affaires, sans que pource il soit besoing a n^{re}d. huissier ou sergent demander aucunes lectres dassistance, *placet, visa* ne *parealis*, et ce non obstant oppositions ou appellations quelzconques, pour lesquelles nous ne voulons estre aucunement par luy differe. Et, pour leffect et entier acomplissement dece que dessus, vous avons et a n^{re}d. huissier ou sergent donne et donnons plain pouvoir, puissance et auctorite; mandons et commandons a tous quil appartiendra que a vous et luy en ce faisant il soit obey et entendu diligenment. Et, daultant que nous voulons de bonne heure avoir certaine asseurance de laide, secours et liberalite dont vous et les aultres villes de n^{re}d. roiaulme vouldrez user envers nous pour la fourniture et provision desd. pouldres que nous entendons faire lever dedans le temps dessusd. ou pour lapport et victures desd. salpestres seulement en lune de nosd. munitions, dedans lesd. troys moys, affin que nous en puissions faire estat sur lequel nosd. desseings puissent estre bien fundez et encorez mieulx executez, nous voulons aussi et vous mandons que vous bailliez ou faictes bailler a celluy qui vous presentera cesd. presentes de n^{re} part, certiffication suffizante de la presentation quil vous en aura faicte, avec responce certaine et asseuree de ce que vous aurez delibere et arreste de faire et de lattente que nous deverons avoir en v^{re}d. liberalite. Car tel est n^{re} plaisir, non obstant que lesd. deniers patrimoniaulx et aultres deniers conmuns ou revenuz annuelz de n^{re}d. ville, si aucuns y en y a, soient par noz eeditz ou ordonnances, dons et octroiz vouez, destinez et desdiez pour estre emploiez en aultres effectz que les dessusd., ausquelz editz et ordonnances et aultres quelzconques a ce contraires nous avons pour ce regard derroge et derrogeons pour ceste fois, et diceulx releve et relevons tous ceulx quil appartiendra de n^re certaine science, plaine puissance et auctorite roial par cesd. presentes. Donne a St Germain en Laye, le cinquiesme jour doctobre, lan de grace mil cinq centz cinq^te sept, et de n^re regne le unziesme. Signe : HENRY; et plus bas : Par le roy : DE LAUBESPINE; et scelles du grant seau dud. S^r a simple ceue.

—

Sensuivent les lectres missives (1).

DE PAR LE ROY.

CHERS et bien amez, vous verrez par les lectres patentes que [Même affaire.] nous vous avons faict adresser, et qui vous seront par ce porteur presentees de n^re part les causes qui nous ont meu de vous demander pour ceste fois la fourniture de pouldres ou salpestres declarez par nosd. lectres, qui sera cause que ne vous en ferons redicte, vous priant et ordonnant faire telle diligence a lexecution dicelles que nous puissions cognoistre par effect si nous sommes contrainctz et pressez avecques bonnes et justes occasions vous demander vous estre encores plus promptz et affectionnez a nous secourir au besoing et urgente neccessite de noz affaires. Et, affin que nous ayons certitude de v^re volunte et que nous puissions scavoir a qui nous nous en debvrons adresser, vous baillerez certiffication aud. porteur, signee de voz mains, de la reception de nosd., portant responce et asseurance de ce que vous aurez arreste den faire, ainsi quil est contenu en icelles. Et, a faulte de ce faire par vous incontinent apres lad. reception, nous voulons quil en puisse prendre acte pardavant le premier notaire, tabellion ou sergent quil pourra trouver sur les lieux, qui portera les noms et sur-

---

(1) La France était encore sous le coup de la bataille de Saint-Quentin, gagnée le 10 août par le duc de Savoie. Philippe II pouvait être aux portes de Paris. Dans un danger aussi pressant, Catherine de Médicis, se transportant à l'hôtel de ville en pleine assemblée du peuple, avait obtenu des bourgeois un don gratuit de 300,000 fr. La plupart des villes imitèrent cet exemple ; d'autres furent taxées et obligées de fournir un impôt en nature. Avec ces ressources Henri II acheta un grand nombre de Suisses et d'Allemands, forma de nouveaux corps de gendarmerie et d'infanterie française, et tint l'ennemi en respect. La fourniture dont il est question ici ne doit pas être confondue avec l'impôt dit « des 50 mille hommes », créé pour l'entretien des légions, et prélevé sur les villes fermées, puis sur tous les roturiers à partir de 1555.

noms de ceulx qui en auront faict reffuz. Donne a S⁺ Germain en Laye, le dixiesme jour doctobre mil cinq centz cinquante sept. Signe : HENRY ; et plus bas : DE LAUBESPINE. Et audessus lad. lectre est escript : A noz chers et bien amez les gouverneur, consulz et eschevins de n^re ville de Limoges.

Sensuit la responce.

[Même affaire.] LE NEUFIESME DE DECEMBRE mil cinq centz cinquante sept (1), a Limoges, en la maison conmune de consulat, a este present Me Francoys Marteau, clerc suivant les finances du roy n^re sire, lequel a presente a Jehan Douhet, Mathieu Benoist, Helies Rougier, Guillaume Champaignac, Jehan Romanet, Anthoyne Duboys, Joseph Martin, Pierre Mosnier, Bertrand Demons, Mathieu David, Jehan Yvernaud et Colas Guery, consulz de ladicte ville, certaines lectres patentes du roy nostre sire, dactees du cinquiesme doctobre dernier, signees : HENRY, et au dessoubz : Par le roy, DE LAUBESPINE, seellees du grant seau dudit seigneur, avec une lectre missive du dixiesme dudit moys doctobre, signee : HENRY, et plus bas : DE LAUBESPINE; lesquelles lesditz consulz ont receu, faict lire et publier en lad. maison conmune par leur scribe, notaire roial soubz signe. Et, apres avoir faict lecture, ont dit quilz sont este nouvellement et des le septiesme du present moys de decembre dernier, esleuz et eriges consulz de ladicte ville, nayans encores manye aucuns deniers conmuns, et quilz fairont appeler les manans et habitans de lad. ville, pour leur faire entendre le vouloir dudit seigneur contenu par lesdictes lectres. Et, apres en avoir comunique ensemblement, ont supplie treshumblement la majeste dudit seigneur et messieurs de son prive conseil croire que puys dix ans en ca sont survenuz plusieurs insuportables charges en ladicte ville de Limoges, mesmes une maladie de peste qui a heu cours par deux foys lespace de deux ans, en

---

(1) Deux mois s'étaient écoulés depuis l'envoi des « lettres missives » : la réponse se faisait attendre. Il est permis de croire que les consuls avaient mieux aimé décliner la responsabilité d'un refus au roi ou d'une mesure désastreuse pour leurs concitoyens, et laisser ce choix difficile à leurs successeurs, élus depuis deux jours seulement.

sorte que les habitans et manans de la ville sont este contrainctz de laisser leurs maisons, se retirer aux champs et pays loingtains, abandonnans leurs biens et donmaines, qui na este sans grans frais ausditz habitans, tant a leur particulier que en general, au moyen de la garde de la ville, gaiges et entretenemens des cirurgiens et aultres serviteurs tant des povres pestiferez que aultres povres receans pour lors en ladicte ville, et si ont paye leur part des deniers leves pour lachapt et admortissement du quart et demy du sel. PLARA aussi considerer a Sa Majeste et a mesd. seigneurs les grandz tailhes ordinaires chascun an imposees sur lesditz manans et habitans de lad. ville, que sont : lequivallent, octroy premiere, seconde, tierce, crue, la soulde de quarante mil hommes (1), ensemble les tailhes extraordinaires que sont este ci davant vingt livres pour chascun clocher, les empruntz generaulx et particuliers, mesmes deux empruntz sur les habitans de ladicte ville, montans a la sonme de unze mil escuz, cottisez par messieurs Boignon, president a Bourdeaulx, et le general Secondat, dont ilz nont este remboursés; plus aultre emprun dernierement impose sur tous les officiers justiciers, advocatz, procureurs, notaires, sergens, bourgeois, marchans et artizans dicelle ville cottizes chascun aux especes dor declaireez aux lectres dudit emprun, lesquelles ung chascun a este contrainct payer par distraction de leurs biens et emprisonnement de leurs personnes. Sont aussi charges annuellement paier les gaiges ordonnez aux juges presidiaulx de lad. ville. Plus ont paye la present annee leur part des deniers levez pour la suppression du siege des generaulx establij en la ville de Perigueux. IL SERA aussi le plaisir dudit seigneur et de mesditz seigneurs avoir en consideration la pouvrete et sterillite dud. pays, distant de loingtain des rivieres et portz maritains, nayant aucune commodite recouvrer de deniers, et sans le continuel labeur de leurs bras nauroient moyen de vivre. Oultre plus, lannee dernierement passee, ladicte ville et pays circonvoysins fut grandement oppressee dune famine et chairte de bledz et aultres vivres tellement que le pays sapouvrist, et fut cause de grand nombre de povres mandians, qui sont encores parmy la ville, de sorte que, au moyen des charges, subsides et pouvretes sus declairees, il est impossible aux habitans de lad. ville et pays de Limosin

(1) Voir la note page 147.

soustenir plus grans charges quilz ont faict et font encores pour le service et obeissence deue aud. seigneur. A quoy le supplient treshumblement y avoir esgard, et, en ce faisant, les acquicter et descharger des six milliers de pouldre a canon par luy demandes, comme leur estant impossible y pouvoir entierement satisfaire, par aultant que nont le moyen recouvrer les matieres, utensilles et ouvriers neccessaires sans grans frais, et si leur fauldra aller achapter les matieres requises pour la conservation desd. pouldres en loingtain pais, qui en sont desja advertis, et les tiendront beaucoupt plus cheres; pour raison de quoy leur est presque impossible rendre entierement execute le vouloir dudit seigneur et effectuellement obeyr au contenu desd. lectres. Toutesfois, ou il ne plaroit a Sa Majeste et de mesditz seigneurs de son conseil prive navoir esgard ausd. charges et pouvretes, plaira a Sa Majeste croire que toutes les vies, biens et choses estant en leur puissance sont siennes, lesquelz ilz exposeront tres voluntiers jusques a la mort pour son service, comme tres humbles et tres obeissans serviteurs et subjectz de Sa Majeste. Et neantmoins lasseurent quilz employeront eulx et leurs propres biens et des aultres manans et habitans de ladicte, pource quen icelle na aucuns deniers communs pour satisfaire a la partie, a faire composer et assembler en ladicte ville dans le prochain moys davril pour le plus loing, ou plutost sil leur est possible, le nombre de quatre miliers de pouldre a canon du tiltre des sienes designe par lesd. lectres, ou davantaige, jusques au nombre par ledit seigneur demandes, si cest en leur puissance, le suppliant treshumblement se contenter desd. quatre miliers, lesquelz encor ilz craignent, pour les causes que dessus, ne pouvoir entierement satisfaire. Toutesfois, pour lamas et composition diceulx, fairont telles diligences quil ne sy perdra de leur part une seule heure de temps, suivant le bon vouloir dud. seigneur, leur souverain prince, a la majeste duquel desirent perpetuellement, comme ses bons, fidelles et loyaulx serviteurs, prester service et obeissance. Dont et desquelles choses susd. a este concede acte soubz scel royal par le notaire soubz signe et scribe desd. consulz, ez presances de Mathieu Benoist, pintier, et Audoy Vironeau, espinlier, habitans de Limoges, tesmoings a ce appelles et requis. Ainsi signe : MOURET.

ET, PARCE que estoit neccessaire faire actestation et prouver par pieces et documens la valeur des deniers conmuns de la present ville, feismes faire plusieurs actestations et levames plusieurs pieces pour faire apparoir au conseil le revenu des deniers conmuns nexceder chascun an la somme de mille livres; lesquelles pieces furent envoyees en court pour avoir declaration que, veu le peu de revenu desd. deniers conmuns et fraiz neccessaires pour faire la reddition des comptes, fussent exemptez, suivant le contenu en noz privileiges, de la reddition de compte desd. deniers, ce que fut longtemps poursuivy par n^{re} delegue. Toutesfois, parce quil veid ne pouvoir recouvrer lectre surce, causant les empeschemens et contradictions daucuns, surseoaya en faire poursuicte, actendent le temps plus opportun et conmode.

[Reddition de comptes demandés aux consuls. (Suite.) V. page 132.]

TOST APRES fumes advertis que aucuns caymans (1) de la present ville journellement couppoyent et emportoient le plomb de la mazelle de la fontaine de la claustre Sainct Marcial, dont la pierre, par laptz de temps, se seroit concavee et ruynee, perdant de toutes partz leau, et rendue presque inutille au public: aussi les canalz et conduictz dicelle estoient de telle facon estoupes que a peine leau pouvoit nettement diriver. A ceste cause feimes diligence trouver mazelle comode pour conserver et remectre en bon estat une telle fontaine, decorant grandement la ville et faisant service aux habitans dicelle. Et recouvrames la mazelle qui estoit en la maladerie de la present ville, qui fut conducte et posee audit lieu de la claustre, tout ainsi quest de present. Oultre ce, feimes reparer le cloz estant autour dicelle, ensemble netteyer, vuyder et reffaire les conduictz et canaulx dicelle. Que ne fut sans grans fraiz et despences, estans bien marys que neussions la puissance et moyen faire aultres memorables reparations; mais les urgens et importans negoces qui survindrent pendent n^{re} administration ne le permirent (2).

[Réparations à la fontaine Saint-Martial.]

(1) *Caimand*, quemandeur, mendiant.
(2) L'allégresse générale excitée en France par la prise de Calais et par l'expulsion définitive des Anglais n'a pas laissé de trace dans le registre des actes consulaires.

— 152 —

[Emprunt de vingt-quatre mille écus.]

Au moys davril aprees ensuivant, messieurs Combes, premier president en la court des aides a Montferrand, et Bourg, lieutenant general en la senneschaulcee dAuvergne au siege de Rion, conmissaires deputez par le roy nostre sire sur le faict des empruntz, vindrent en la present ville pour cottiser et lever par forme demprunt sur les habitans du hault pays de Limosin la somme de vingt quatre mil escuz (1). Ausquelz presentames requeste, remonstrant les charges et calamitez supporteez par les habitans de la present ville, de la teneur que sensuit :

[Même affaire : remontrances et offres des consuls.]

A monseigneur le conmissaire,

Remonstrent les consulz de la ville de Limoges que eulx et habitans de ladicte ville sont humbles subjetz du roy, prestz demployer leurs personnes et biens pour son service, disans avoir veu la conmission quil vous a pleu monstrer pour le faict des empructz mentionnez en ladicte conmission, et ont confere ensemble, et quil seroit chose impossible imposer telz taulx, comme est contenu par ladicte commission, a cause que des habitans de lad. ville la plus part sont marchans faisans train de marchandise du bien daultruy quilz empruntent, et les aultres sont gens dartz petitz et mecaniques, qui ne vivent que au jour la journee, et les practiciens et aultres qui vacquent a lexercice de justice sont paovres a cause que le siege est petit et assiz en pays sterile; et que les habitans de ladicte ville sont este empruntez par deux fois, scavoir est : lune, monsr Briont, president en la court de parlement a Bourdeaulx, conmissaire, et laultre fois, monsr Me Pierre Secondat, general de Guyenne, jusques a la somme de dix mil tant d'escutz, de laquelle nont jamais heu rembourcement ne assignation aucune, et encores une aultre fois, monsr le general de Rion estant conmissaire, que furent taxez a grosse somme que le plus grand nombre diceulx empruncta ou feirent venditions

(1) Il s'agit ici d'une mesure financière proposée par le roi à une assemblée de notables qui fut réunie le 6 janvier 1558 au palais de justice. Le tiers-état accorda un emprunt de deux millions d'écus d'or à répartir entre les citoyens les plus aisés de chaque ville, avec intérêt au denier douze. Le clergé donna un million sans intérêts. La noblesse n'était représentée dans ces états que par quelques baillis : on ne lui demanda rien. La nouvelle de la prise de Calais parvint à l'assemblée avant la fin de ses séances. Le caractère populaire de cette victoire et la part glorieuse qu'y avait prise François de Guise expliquent l'élan de générosité du clergé et du tiers-état, ainsi que l'exemption accordée à la noblesse.

de leurs biens; et aussi ordinairement paient grandes tailles ordinaires au roy, scavoir est : octroy, equivallent, crues, souldes, et ont paye ladmortissement du greffe des insinuations, estapes et aultres subsides quil plaict au roy imposer, sans avoir aucune exemption, comme silz estoient habitans aux champs; et la ville et pays est assize en infertil et maigre pays; et encores des fruictz quilz ont nont moyen de les vendre et en faire argent, tellement que les habitans de lad. ville sont grandement apovris, et ny scaroit daisez pour estre empructez des sommes portees par v^{re} commission, ne aultres beaucoupt moindres, ayans asses affaire payer lesdictes charges et aultres subsides quasi a eulx insupportables. A quoy supplient vous, mons^r le commissaire, y avoir esgard, et vous presentent les roolles des tailles que leur aves requis. Et, ou il vous plara leur monstrer aultre commission ne contenent lesd. taulx que en la premiere, et leur declairer la somme honneste et raisonnable et a eulx portable, heu regard a leurs facultez, pour laffectionne desir quilz ont a lobeissence et service du roy, offrent lesd. consulz assembler les manans et habitans de lad. ville, et entre eulx arregarder ung nombre desd. habitans pour faire lad. somme au roy pour le prest que luy plaict requerir, en leur assignant selon le bon plaisir et volunte dud. seigneur. Et, quant est des roolles de lemprunct dernier impose par ledit seigneur general de Rion, disent quilz ne lont en leur puissance, pource que lors nestoient consulz ne scavent ou ils sont; toutesfois feront diligence de le recouvrer pour le mettre entre voz mains.

Lesquelz seigneurs commissaires, nonobstant le contenu en ladicte requeste, procedarent a la cottization dud. emprunct sur les habitans de la present ville comme sensuit : [Même affaire : rôle des cotisés.]

LA VILLE DE LIMOGES :

(Ici trente-neuf noms biffés que nous ne pouvons lire.)

Jehan Farne	xxv escus.
La vefve Jehan Ardy et ses consortz et compaignons	6 escus.
Gregoire Deschamps	6 escus.
Mathieu Johanaud	xx escus.
Jehan Penicailhe le jeune	x escus.

— 154 —

Jehan Penicailhe laisne	6 escus.
Pierre et aultre Pierre et Mathieu Cibotz, enfans de feu Cibotas	xxv escus.
Jehan Disnematin dit Le Dourat	6 escus.
Jeral La Gorce dit Peyrou	(1).
Catherine, vefve de feu Pierre Gay	x escus.
Mathieu Petiot	
Loys Benoist	
Joseph Dauvergne	
Anthoyne Dupeyrat	x escus.
Mathieu Alesme	
Le recepveur de Jullien	6 escus.
Jehan et Merigot Veyriers	6 escus.
Guilhem Champaignac	xv escus.
Helies Rogier	xv escus.
Anthoyne Duboys	xv escus.
Pierre Mosnier	xv escus.
Jehan Douhet	xv escus.
Colas Guerin	xv escus.
Mathieu Benoist	xv escus.
Jehan Romanet filz et Pierre, recepveur du tailhon	iij^c l. escus.
Pierre Boyol	v^c l. escus.
Me Leonard Barny	
Marcial Peytau de Bans	xxx escus.
Jacques et Marcial Chambinaudz	vj escus.
Jehan Meyze et ses nepveuz	xij escus.
Joseph Doyneys et son frere	iiij escus.
Marcial et Jehan Duboys ditz Marquetz	xl escus.
Jacques Benoist	xij escus.
Marcial Decordes dit Le Chaton	x escus.
Jacques Michelon	xxxv escus.
Jehan Pinot et son frere	
Mathieu Rogeyron	ij escus.
Andre Goudin et ses freres	xxx escus.
Marcial	xij escus.
Jehan Duboys, filz de feu Pierre Duboys	xx escus.
Marcial Barchelier	iiij escus.

(1) Les chiffres qui manquent dans la transcription de cette liste sont biffés ou en partie surchargés, mais de telle façon que nous ne pouvons les lire.

Guillaumot Boutin..................................	iiij escus.
Marcial Benoist, filz de feu Bertrand Benoist	xij escus.
Pierre de Sandelles................................	iiij escus.
Jehan Joussen......................................	iiij escus.
Leonard Michel et ses freres..................	xx escus.
Mᵉ Joseph Baignol.................................	xx escus.
Mᵉ Francois Roussaud...........................	xij escus.
Mᵉ Jehan Rogier...................................	xx escus.
Mᵉ Jehan Martin...................................	viij escus.
Bartholome	viij escus.
Mᵉ Pierre Leobardy...............................	xij escus.
Mᵉ Jehan Penicaud laisne......................	iiij escus.
Mᵉ Jehan Roulhac.................................	xij escus.
Mᵉ Estienne Salot..................................	viij escus.
Mᵉ Joseph Blanchard.............................	viij escus.
Mᵉ Mathieu Blanchon............................	viij escus.
Mᵉ Simon Debroa et son frere................	iiij escus.
Mᵉ Jehan Bonyn....................................	iiij escus.
Marcial Martin laisne, demeurant devant leglise Sᵗ Marcial..................................	xij escus.
Jehan Deschamps et son frere...............	x escus.
Lazare Colomb.....................................	viij escus.
Mᵉ Marcial Duboys................................	xij escus.
Pierre Sanxon......................................	viij escus.
Marcial Mouston...................................	xx escus.
Loys Rogier...	iiij escus.
Aymery Verrier....................................	xx escus.
Mathieu Marlangeon.............................	xx escus.
Anthoine Mousnier................................	xij escus.
Francois et Pierre Roulhatz....................	xij escus.
Paul Berges...	xvj escus.
La vefve de Bonyaud.............................	xij escus.
La vefve de feu Pascaud Rogier.............	xij escus.
Leonard Limosi....................................	xx escus.
Mᵉ Marcial Essenault, contrerolleur en leslection..	xij escus.
Francoys, Pierre et Marcial Dubouscheys...	xij escus.
Leonard Dubouscheys...........................	viij escus.
Jehan Delachenault dit Lou Fondaire.......	xij escus.
Simon Colombet...................................	viij escus.
Mᵉ Francoys Chambon..........................	xij escus.

Francois Duboys dit Barbe.................	xij escus.
La vefve de Darfeulhe.....	xij escus.
Mathieu Valerique......................	xij escus.
Jehan Chappelle........................	xij escus.
La vefve Aury..........................	xij escus.
Yrieys et Leonard Duboys.....	xij escus.
La vefve feu Leonard Deschamps..........	xij escus.
Pierre de May..........................	xij escus.
(1) de Beaubrueilh......................	xx escus.
Le petit Jamme Bardinet.................	viij escus.
Le prevost Bechameil...	xx escus.
Bartholome et aultre Bartholome Guibertz...	xij escus.
Albert Hardy..........................	xx escus.
Jehan Ficquet le jeune, mercier...........	xx escus.
Jean La Gorce dit Gay...................	viij escus.

[Logement de gens de guerre.

Priviléges de la ville observés par le roi de Navarre.]

Monsr Descars, lieutenent de mons^r le prince de Navarre suivant sa commission, escripvit a messieurs les officiers du roy luy marquer logis pour recepvoir cinquante lances en garnison soubz sa conduicte. Et, combien que remonstrissions les habitans de la present ville estre exemps desd. garnisons, monstrans de noz privileiges, ce nonobstant ledit seigneur Descars sefforsoit executer sa commission. Surquoy envoyames homme expres devers le roy de Navarre, nostre bon seigneur et prince, et obtimes lectres dudit seigneur, declaratives quil nentendoit aucunement nosd. privileiges estre en riens diminuez, ains entierement observez, sans que aucun de lad. compaignie logea en la present ville; moyennant lesquelles ledit seigneur Descars se'depporta faire loger en la present ville lesd. garnisons.

[Établissement d'une recette générale à Limoges.]

En ce temps messieurs maistres Joseph et Jehan de Julien pere et filz feirent establir et eriger en la present ville une generalite de finances et furent pourveuz doffice de conseillers du roy, tresoriers de France et generaulx des finances en

(1) Le prénom est en blanc dans le manuscrit.

ladicte generalite a la survivence lung de laultre. Leedit de lerection et leurs lectres de provision leuez et publieez au siege presidial publicquement au conspect de plusieurs personnes appelles les gens des troys estatz de la present ville.

Sensuit la teneur de lédit.

HENRY, PAR LA GRACE DE DIEU, ROY DE FRANCE, a tous presens et advenir, salut. Comme ci devant, afin destablir ung bon et certain ordre a la conducte et administration de noz finances, et que la grande estendue des charges et pays sur lesquelz debvoient avoir loeil et regard les antiens tresoriers de France et generaulx de noz finances napportast confusion en noz affaires, nous eussions, par edit du moys de janvier mil cinq centz cinquante ung, cree et erige en chef et tiltre doffice, formez des tresoriers de France et generaulx de noz finances et receptes generales de n^{re} royaulme, et entre aultres en noz receptes generales de Poictou et Riom pour noz pais dAngoulmois, Limosin et Auvergne, lesquelles, pour estre chargees de plusieurs pays, dioceses et receptes particulieres loingtaines desd. deux receptes generales, nont peu cidavant et ne pouroient bonnement cy apres y donner si bon ordre quil est requis, dont procede quelques fois et le plus souvent grand retardement de noz deniers et confuzion au faict de nosd. finances, a cause que lesditz tresoriers et generaulx nont et ne peulvent avoir loeil par tout pour faire et acomplir les choses requises au devoir de leurs charges, qui requiert grande diligence avec une continuelle residence et visitation sur noz officiers ordinaires demourans sur les lieux pour les admonester dy faire et diligenter ce quilz doibvent pour lexercice de leurs administrations et charges, SCAVOIR FAISONS que nous, aians mys ces choses en deliberation avec aucuns princes et seigneurs de n^{re} sang et aultres grans et notables personnages de nostre conseil prive estans pres n^{re} personne, avons, par leur advis et deliberation, pour le bien de nosd. affaires et pour les causes dessusdictes et aultres bonnes et justes considerations a ce nous mouvans, par le present edit, statut et ordonnance perpetuelz et irrevocables, faict, estably, ordonne, cree et erige, faisons, establissons, ordonnons, creons et erigeons par ces presentes ung bureau de recepte generale en nostre ville de Limoges, capitale de nostre pays de Limosin, auquel ressortiront et seront apportez les deniers de noz finances tant ordinaires que extraordinaires des pays et dioceses cy apres declairez, cest assavoir les deniers de n^{re} domayne, tailles, crues et toutes aultres impositions extraordinaires que nous pourrons mectre sur n^{re} peuple cy apres de noz pays de hault et bas Limosin qui ressortissoient a la recepte generale dudit Riom, et pareillement des pais de Xaintonge, Angoulmois, Bourganeuf et Le Blanc, qui ressortissoient a la recepte generale dud. Poictiers, et semblablement les deniers qui nous seront octroyez par les gens des clergez et dioceses estans esditz pays et de la soulde de cinquante mil hommes quant la ferons lever en iceulx. Et au ressort de laquelle generalite seront comprinses les villes ayans deniers patrimoniaulx, communs et doctroy desd. pays. Tous lesquelz pays, villes, dioceses et receptes qui cidevant souloient ressortir et estoient de nosd. receptes generales de Riom et Poictiers, nous avons chascun deulx respectivement distraictz et separez, distraions et separons par cesdictes presentes, et iceulx conjoinctz et uniz ensemblement pour doresnavant estre soubz le ressort et estendue de n^{rrd}. bureau et recepte generale establie en n^{rrd}. ville de Limoges. Au bureau de laquelle recepte, et pour lexercice dicelle, nous avons cree et erige, creons et erigeons par cesd. presentes en chef et tiltre doffices formez : (1°) ung tresorier de France et general de noz finances conjoinctement en ung seul office, sans pour quelque cause ou occasion que ce soit lon puisse separer et demembrer aucunement ledit office en deux, assavoir de general et tresorier, ainsi quavons puis naguieres faict des aultres generalites de cestuy n^{rrd}. royaulme qui sont de plus grande estendue et ressort, le tout a cause du peu de dommaine qui se pouroit attribuer a lad. charge de tresorier de France ; lequel tresorier et general aura pour son entretenement deux mil cinq centz livres de gaiges ordinaires, droictz de buche et tous aultres appartenans a lentienne et premiere creation des tresoriers de France et generaulx des finances de cestuy n^{rrd}. royaulme, selon et en ensuivant les editz par nous faictz en janvier mil cinq centz cinquante ung et septembre mil cinq centz cinquante deux ; (2°) deux receveurs generaulx qui exerceront alternativement leursd. estatz et offices ainsi que noz aultres receveurs generaulx, lesquelz auront aussi douze centz livres tournois de gaiges avec les droictz et taxations acoustumees et comme noz aultres receveurs generaulx; (3°) et ung controulleur general de nosd. finances aux gaiges de cinq centz livres tournois pour an. Lesquelz gaiges, droictz et taxations nous voulons leur estre payez et quilz les preignent et percoivent tout ainsi que les aultres tresoriers de France et generaulx de noz finances, receveurs et contreroulleurs generaulx ez aultres provinces de n^{re}d. royaulme. Desquelz quatre offices ainsi par nous presentement crees, nous voulons et entendons que ceulx qui en seront par nous cy apres pourveuz en joissent aux mesmes honeurs, auctoritez, prerogatives, franchisez, libertez et privileiges que les aultres par nous pourveuz de semblables estatz et offices que font ceulx des aultres receptes generales de n^{re}d. royaulme, selon et en ensuivant leedict du moys de janvier mil cinq centz cinquante ung, contenant le   (1) des tresoriers de France et generaulx de nosd. finances et la declaration surce faicte au moys de septembre mil cinq centz cinquante deux, et les ordonnances, declarations et reglement par nous ci devant faictz pour les aultres tresoriers de France, generaulx de nosd. finances. Voulons en oultre que ceulx qui seront par nous pourveuz desd. estatz de tresorier general, receveur et contreroulleur generaulx en ladicte generalite de Limoges ecclipsee, distraicte et separee desd. generalitez de Riom et Poictiers, comme dit est, aient et tiennent pareil renc, degre, science, preference, voyes et opinion deliberatives, auctorite, taxations et droictz que ont en cidevant ceulx desd. generalitez de Riom et Poictiers; et pareillement les aultres pourveuz de pareilz et semblables estatz de n^{re}d. royaume pour tous les endroictz ressortissans en leursd. charges, et quen ce faisant les deniers des pais, villes et dioceses dessusd. qui auroient acoustume estre portez et delivres ez mains de noz receveurs generaulx establiz ausd. Poictiers et Riom soient ci apres apportez et delivrez ausd. receveurs generaulx de lad. ville de Limoges, pour les apporter et envoyer en n^{re}d. espargne ou en faire ce qui en sera par nous commande et ordonne. SI DONNONS en mandement par ces mesmes presentes a noz amez et feaulx les gens de noz courtz de parlement de Paris, Tholose et Bourdeaulx, chambre de noz comptes, trésor a Paris, et generaulx de la justice de noz aidez audit Paris,

---

(1) Le mot manque dans le manuscrit.

Montpellier et Bourdeaulx, tresorier de n^re espargne presens et advenir, a tous noz baillifs, seneschaulx, prevostz, juges ou leurs lieutenans et aultres noz justiciers et officiers, et a chascun deulx en droict soy et si comme a luy appartiendra, que noz present eedit, statut et ordonnance, creation, distraction et separation de charges, ilz entretiennent, gardent et observent et facent garder, entretenir et observer, lire, publier et enregistrer sans aller venir directement ou indirectement au contraire, en quelque facon et maniere que ce soit. Car tel est n^re plaisir, nonobstant quelconque aultres, eeditz, statutz, ordonnances, restrinctions, mandemens, defences et lectres a ce contraires. Et pource que de cesd. presantes lon pourra avoir a faire en plusieurs et divers lieux, nous voulons que au vidimus dicelles deuement collationne foy soit adjoustee comme au present original, auquel, en tesmoing de ce, nous avons signees de n^re main, et icelles faict mectre n^re seel, sauf en aultres choses n^re droict et laultruy en toutes. Donne a Paris, au moys dapvril lan de grace mil cinq centz cinquante huict, et de n^re regne le douziesme. Ainsi signe : HENRY, et sur le reply : Par le roy estant en son conseil, BURGENSIS. Visa. Et scelle sur laz de soye verde et rouge de cire verd. Et plus bas est escript : Collation de ceste presente coppie a este faicte a loriginal dicelle par moy, notaire et secretaire du roy. Signe : BRISSET (1).

[Décès divers.] JEHAN Mouret, n^re cappitaine et garde porte, et serviteur de la present maison de consulat, alla de vie a trespas, et en son lieu fut receu Laurens Mouret, son nepveu, pour exercer lestat de serviteur, comme ledit feu Mouret faisoit.

DIEU aussi incontinent apres print a sa part lesditz Rogeyron et Martin, noz collegues, lesquelz, par sa grace, il veille recevoir en son paradis.

MAISTRE Leonard Descaulx, n^re procureur, deceda, et en son lieu fut receu Me Pierre Mouret, nostre scribe, lequel eust la charge au lieu dudit Descoulx.

[Aumônes.] Nous feimes continuer la bonne et louable coustume de faire

(1) Voir la note à la page 161.

lever les aulmosnes par les eglises pour les faire distribuer aux pouvres tant de lhospital que aultres souffrectueux et honteux.

Sur la fin de n^re administration fut baille arrest au conseilh prive sur le different du payement des deniers comprins en la cottisation de lemprunt cy dessus inseree et la recottisacion faicte par le seigneur de La Terrasse, de laquelle estoit question entre les parties. Et par icelluy arrest furent exemptes de la seconde recottisacion les laboureurs, artisans et aultres cottisez a moindre somme que de six escutz, revenant grandement a la descharge et soulaigement du conmun populaire. [Règlement de la cotisation de l'emprunt. Décharge accordée aux artisans, etc.]

Sensuit ledict arrest.

Extraict des registres du conseil prive du roy.

Entre Helies Galechier, Marcial Vertamont, Pierre Boyol, recepveurs alternatifz des tailhes du hault Limosin, Marcial de Cordes layne, Lazare Martin, Pierre et Jehan de Cordes, Jacques Vouzelle et aultres leurs consors, bourgeois et marchantz de Limoges, demandeurs en rebourcement pour raison de la surcharge sur eulx pretendue estre faicte des empruntz imposez la presente annee au hault pays de Limosin dune part, et les consulz, manantz et habitantz dud. Limoges et hault pays de Limosin, et aulcuns des officiers du siege presidial et eslection, leurs adherans obmis et augmentez par la recottisation faicte desd. emprunctz, deffendeurs, daultre. Le Conseil, parties oyes, a ordonne et ordonne que la cottisacion premiere dud. emprunt faicte par les commissaires a ce commis et depputez sera executee jusques au parfaict payement de la somme de vingt quatre mil escutz que se monte lad. cottisacion. Et, a ceste fin, les denonmez ez rolles dicelle seront contrainctz payer contant et entierement les sommes ausquelles ilz ont este imposez ez mains du recepveur general de Riom (1) a ce conmis, conme pour les pres, debtes et affaires du roy. Et, quand aux deniers de la recottisaion faicte par le seigneur de La Terrasse, maistre des requestes ordinaire de lhostel du roy, en vertu desd. lectres obtenues par lesd. demandeurs dont est question entre les parties, lesd. deniers seront, suyvant les appointementz precedens, mis et consignez par forme de depost ez mains dud. recepveur general de Rion, dedans six sepmaines par toutes prefixions et delays, et ce sur peine du double, pour, la consignation faicte et exquictei (2), estre ordonne des rambourcementz a ceulx qui se trouveront avoir este sur taxes par lad. premiere taxe, et aultrement en ordonner ainsy que de raison. Et declaire ledict Conseil que a la recottisacion dudict emprunt seront comprins tous officiers tant de la justice esleuz que aultres officiers consulz, ... et tous aultres generalement, excepte les artisans, laboureurs et aultres qui seront trouvez taxes a moindre somme que de six escutz. Et a ceste fin, et pour en fere la veriffication, seront mis les rolles tant de la premiere que seconde cottisacion desd. empruntz et aultres pieces que lesd. parties vouldront produyre par devers les seigneurs Dananson, conseiller a cedict conseilh, et de Voysin Lieu, pour, eulx oys, en estre ordonne ainsy que de raison. Et est inhibe ausd. parties respectivement faire poursuyte les ungs a lencontre des aultres pour raison desdictz empruntz, jusques a ce quilz ayent entierement paye lad. premiere taxe et consigne la derniere que se trouvera monter lad. recottisacion apres la moderation, si aulcune en est faicte. Oy le rapport desd. seigneurs Dananson et de Voysin Lieu. Faict au conseilh prive du roy, tenu a Sainct Germain en Laye, le vingt sixiesme de novembre lan mil cinq centz cinquante huict. Signe HURAULT.

Il y a ici une page en blanc dans le manuscrit.

---

(1) La création d'une généralité à Limoges avait été décrétée au mois d'avril. Cependant l'affaire pendante de l'emprunt voté au mois de janvier ressortissait encore de la généralité de Riom, puisque le Haut-Limousin était compris dans cette circonscription à l'époque où avait paru l'ordonnance royale. Remarquons, en passant, que le demi-succès obtenu par les demandes d'impôt ou d'emprunt auprès des bourgeois et des consuls de Limoges ne fut probablement pas étranger à l'établissement d'une nouvelle généralité.

(2) « *Esquittei*, quittée, cédée, rendue, acquittée. » ROQUEFORT.

Eslection de messieurs les consulz de la present ville de Limoges, faicte par les manans et habitans d'icelle, assemblez en la maniere accoustumee en la salle de consulat, apres avoir presté le serment au cas requis, en presence de monsieur le lieutenant general et plusieurs aultres officiers du roy, le vij^e jour de decembre 1558.

Du canton des Taules :

Pierre Bastide.

La Porte :

Jehan Malledent.

Maigninie :

Pierre Guibert.

Le Marche :

Jehan Duboys le jeune.

La Fourie :

Estienne Baud.

Le Clocher :

Maistre Joseph Baignol.

Boucharie :

Jehan Jay.

Lansequot :

Jehan Froument dict Maubaye.

Las Combas :

Marcial du Boucheys dict Lavault l'ayné.

Le Vieux Marche :

Marcial Cibot dict Las Vachas.

Croissances :

Jehan Alesme ;
Marcial Martin, Sr du Mont.

(Signé :) Mouret, scribe des S^{rs} consulz.

Eslection des collecteurs et conseillers de la present ville, esleuz en la maison commune de consulat, suyvant l'ancienne coustume, apres avoir faict le serment au cas requiz, les second, tiers, quart et cinquiesme de janvier mil v^c lviij (1).

Du canton des Taules :

Marcial Benoist ;
Joseph Dauvergne.

De la Porte :

Marcial de Cordes le jeune ;
Jehan Pinchault.

Maignirie :

Pierre Raymond ;
Psaulmé Gregoire.

Le Marche :

Jehan Juge, garde de la Monoye ;
Pierre de Cordes.

La Fourie :

Jacques Gregoire ;
Anthoine Peyrat.

(1) Voir au sujet de cette élection ci-après, page 167.

Le Clocher :

Helies Galechier ;
Pierre Peyroche.

Boucharie :

Guillaume Chappellas ;
Nicolas Voulreys l'ayne.

Lansequot :

Colin Noualher ;
Guillaume Le Sotier.

Las Combas :

Pierre du Monteil ;
Jehan Penicault.

Le Marché :

Pierre du Mas ;
Marcial Papaud.

(Signé :) Mouret, scribe de messrs les consulz.

BIENTOST APRES L'ESLECTION FAICTE, et le neufiesme jour de decembre mil cinq cens cinquante huict, furent envoyes en la present ville, de la part du seigneur des Cars, lieutenant de la compaignie de monsr le prince de Navarre, les seigneurs de Rochefort et de La Foulhade, pour assoyr et loger en ladicte ville en garnison la compaignie dudict seigneur et prince de Navarre. Ausquelz fust remonstre par les consulz que les habitans de ladicte ville, par previllege a eulx octroye par les roys de France, ilz estoient exemptz desd. garnisons, comme firent apparoir par leurs previlleiges confirmes par les roys de France et mesmes par le roy Henry. Et, voyant que lesdictz seigneurs de Rochefort et de La Foulhade, quelques remonstrances que ont leur sceu faire, voulloient loger ladicte compaignie dans lad. ville, nonobstant lesdictz previlleiges et lectre missive

[Logement des gens de guerre : priviléges de la ville.]

envoyee par le roy de Navarre a noz predecesseurs consulz en dacte du trentiesme jung mil vᶜ cinquante huict, signe ANTHOINE ; et plus bas : DE FONTENAY, secretaire, de laquelle la teneur sensuict cy empres, PAR ADVIS et deliberation des manans et habitans de ladicte ville, furent envoyes par devers led. Sʳ des Cars, lieutenant de lad. compagnye, deux des consulz, lesquelz lallarent trouver jusques au chasteau des Cars, auquel remonstrarent lesd. previlleges et exemption, ensemble lad. lectre missive du roy de Navarre, veu laquelle led. Sʳ des Cars aroit surcoye loger lad. compaignye en lad. ville, disant quil en advertiroit le roy et prince de Navarre. Et, suyvant le commandement dudict seigneur des Cars, lesdictz consulz aroyent envoye pardevers le roy de Navarre jusques en la ville de Bayonne, ou il estoit par lors. Et tellement fut sollicite dud. affaire que, moyennant laide et faveur dud. seigneur des Cars ; et veuz noz previlleiges, lad. compaignie fust assize en aultre lieu. Et pour faire lesd. diligences furent faictz de grandz fraiz.

[Reconnaissance desdits priviléges par le roi de Navarre.] *Sensuict la teneur de la missive du roy de Navarre envoyee aux manans et habitans de la present ville.*

A noz chers et bien aymes les consulz, manans et habitans de nʳᵉ ville de Lymoges.

LE ROY DE NAVARRE, duc de Vendonmoys, pair de France, viconte de Lymoges.

Chers et bien amez, nous avons amplement entendu les remonstrances a nous faictes de vʳᵉ part par voz depputez, presens porteurs, sur la conservation et maintenue principallement de voz previlleiges, pour ne permectre la compaignie de nʳᵉ filz (1) le prince demourer en garnison en nʳᵉ ville de Lymoges. A quoy voullant de nʳᵉ part vous gratiffier, et plus tost iceulx previlleiges par nʳᵉ moyen vous faire augmenter que permectre iceulx estre viollez ou diminuez en aucune maniere,

---

(1) Henri de Navarre, plus tard Henri IV, âgé alors de quatre ans.

pour la certitude aussi que de long temps noz predecesseurs et nous avons de v^{re} loyaulte et obeissance, nous escrivons presentement au S^r des Cars, lieutenant de la compaignie de n^{re} filz le prince, quapres la monstre dicelle, faicte les xxme de juillet prochain, il ayt a la faire loger en la cite et faulx bourgs dudict Lymoges seullement, sans en riens toucher au corps de la ville, pour la tenir guarnison, en actendant quaultrement il en soit ordonne par le roy ou nous. Dont aussy particullierement nous vous avons bien voullu advertir affin que par la vous congnoissez de combien nous desirons vous favorizer en ce que deppendra de n^{re} auctorite et pouvoir. Atant, chers et bien amez, le Createur vous ayt en sa garde. Escript a Villiers Costeretz, le xxxme jung 1558. Ainsin signe : ANTHOINE. Et plus bas est escript : DE FONTENAY.

Le troisiesme janvier aud. an fut a conmence leslection des conseilhers et collecteurs de lad. ville, suyvant la coustume entienne; leslection desquelz fut continuee par trois jours suyvant, durant lesquelz les habitans de lad. ville sassembloient chascun jour en la maison de la ville, a lheure destinee pour faire lad. eslection. Laquelle, causant les differendz questoient entre lesd. habitans, dont il nest besoing declarer ne rediger par escript, car sont assez patans a tretous, ne peust estre conclue lad. ellection jusques au quatriesme jour ensuyvant. [Différends relatifs à l'élection des conseillers répartiteurs. — Voir leur liste ci-devant, page 164.]

Et, sy ladicte eslection desd. conseillers et collecteurs fust difficille a fere, encores plus le departement et esgallement desd. tailles, lesquelles, pour lartelcation (l'altercation) questoit entre aulcuns conseilhers et particceurs esleuz pour ce faire, demeurarent cinq ou six jours faire led. departement, ce que nestoit de coustume fere. Que causa de grandz fraiz ausd. consulz.

AU MOYS de janvier empres ensuyvant, le pont Sainct Marcial, mesmes les pieces de boys servant aud. pont, questoit en ruyne et en grand dangier de tumber, en sorte quon ne pouvoyt passer ne repasser chevaulx ne charrettes du couste de [Réparations au pont Saint-Martial.]

Soulomphnat et pardela la riviere sans grand dangier, furent refaictes et mises tout a neufz.

[Réparations à la fontaine Saint-Gérald.]

Au moys de febvrier empres ensuyvant mil cinq cenz cinquante huict, la fontaine de Sainct Geraud, quavoit demeure ung an ou plus sans gecter aulcune eau, au grand interest et detriment de la ville, fust reparee; et les conduictz et douatz dicelle, despuis la source dicelle fontene jusques a la marsalle dicelle, qui estoient gastes et occuppes, furent reppares et remys en leur premier estat. En sorte que la fontaine est a present aultant abondante en eau quelle fust jamais. Et ce na este sans grandz longues de temps et grandz fraiz faictz par lesd. consulz, comme est tout notoire aux habitans de lad. ville.

[Envoi d'un mandataire à Mont-Ferrand.]

Aussy ausdictz moys de janvier et febvrier, faillust depescher solliciteur pour envoyer en la ville de Mont Ferrant pour les affaires et proces que nous y avons. Y sejourna long temps, faict de grandz fraiz et mises.

[Pavage du quartier du faubourg Manigne.]

Au moys de mars mil cinq cens cinquante huict et sur le conmencement dicelluy, parce que noz precesseurs consulz aroient estes condempnes par sentence, requerent le scindit des chanoynes et chapitre de Lymoges faire et repparer le pave des faulx bourgs de Magnenye, estant en la present jurisdiction, conmansant au russeau estant au devant la maison de Marcial Voulte dict Bignot jusques a la fontaine appellee des Vismieres (2) dung couste et daultre, et tant que dure la justice de Lymoges. Et, en executant lad. sentence, fusmes condempnes obeyr a icelle, et, ce faisant, faire led. pave, que contient deux centz dix brasses ou plus. Ce que fust par nous faict aud. moys de mars et apvril mil cinq cens cinquante neuf. Pour raison de quoy furent faictz

(1) On appelle encore les Vimières (en français *oseraie*), du latin *vimen*, osier, une prairie qui se trouve le long de la rive droite de la Vienne, entre le pont Neuf et le pont St-Martial.

de grandz fraictz, parce quil faillut faire tirer la plus grand partie de la pierre de la riviere de Vienne, et icelle faire mener jusques au lieu ou led. pave se faisoict, avec la terre forte, sans ce que ceulx qui ont les maisons, vignes et jardins devant ledict pave en ayent paye aulcune chose, combien quilz fussent et sont tenuz de ce faire.

AUQUEL MOYS de mars, suyvant la lectre missive envoyee par le roy au moys dapvril dernier passe, fust envoye commission par led. S^r, adressante a mons^r maistre Loys Benoist, premier president en la court de parlement de Bourdeaulx, et a mons^r le general de Julhien, pour proceder au departement de la somme de quarante mille livres tournois, imposee par le roy sur la generalite de Limoges. Suyvant laquelle commission led. S^r president seroit venu en la present ville, et, ayant faict le departement general, aroict, pour la part et portion de la present ville et faulx bourgs dicelle, impose sur ladicte ville la somme de cinq mil deux centz cinquante livres tournois. Laquelle somme fust particulierement departie par lesd. S^r president et general, en presence des lieutenant general, criminel, particulier, advocatz et procureur du roy et esleuz du hault pays de Lymosin, appelle les consulz de la present ville.

[Répartition de la somme de 5,250 livres tournois, portion afférente à la ville sur l'impôt de 40,000 livres.]

AU MOYS DAPVRIL mil cinq cens cinquante neuf (1), et le unziesme dicelluy, alla de vie a trespas frere Loys Bernard, hermite de Mont Jauvy, lequel fust ensepvely au grand semitiere des Arenes. Et peu de temps et le treziesme dud. moys

[Ermite de Mont-Jauvy.]

---

(1) Ces neuf dernières pièces établissent d'une manière certaine que l'année commençait alors à Pâques dans le Limousin, comme dans presque toute la France. L'origine de l'année au 1er janvier ne fut décrétée qu'en 1564.

Ainsi la réclamation adressée au roi de Navarre contre les prétentions du seigneur des Cars, le 9 décembre de la même année, est datée de 1558. Au mois de janvier suivant, l'élection annuelle des conseillers et collecteurs est encore placée en 1558, ainsi que les autres actes publiés en février et mars.

La mort de Louis Bernard, ermite de Mont-Jauvy, arrivée le 11 avril, appartient à l'année 1559. C'était en effet le mardi de Pâques. Le jour de Pâques tomba cette année-là le 9 avril. (Nombre d'or, 2 ; épacte, XI ; lettre dominicale, A.)

apres, en son lieu fust mys Francoys des Gouttes, appelle le Tullent, natif de Tulle, pour lors habitant de la present ville. Lequel, le dymanche ensuyvant, seiziesme dud. moys dapvril, empres avoir este par nous habitue des abbitz et vestemens neccessaires audict estat, fust mys en possession et mene led. jour despuys la maison commune de lad. ville par sire Estienne Baud, consult et prevost audict moys, lequel, ayant son chapperon, menoyt led. des Gouttes, hermitte, le tenant par la main droicte, jusques a lesglise parrochialle de Mont Jauvy, joignant aud. hermitage. Et estoit led. S^r prevost acompagne des aultres consulz de lad. ville, allant deux a deux, avec leurs chapperons et leurs gagiers devant eulx, lesquelz S^{rs} consulz estoient suyvis de plusieurs gens notables, hommes et femmes, de lad. ville, qui leur firent compagnie jusques aud. lieu de lesglise de Mont Jauvy. En laquelle, empres avoir faict dire et celebrer la messe haulte du sainct Esperit, a diacre et soubz diacre, fust led. des Gouttes, hermite, conduict par le prevost et accompagne comme dessus jusques au dedans lhermitage dud. Mont Jauvy, ou il fust laisse, empres luy avoir faict plusieurs remonstrances par led. prevost et consulz de sa facon et maniere de vivre. Et, ce faict, lesd. consulz sen retournarent en la maison commune de lad. ville.

[Paix de Cateau-Cambrésis. — Discussion d'étiquette entre les consuls de Limoges et les officiers du roi (2).]

SUR la fin dudict mois dapvril mil cinq cens cinquante neuf, furent envoyees lectres missives au seneschal de Lymosin ou son lieutenant, contenent la paix et union (1) traictee et faicte entre le roy Henry tres chrestien et le roy catholique, roy des Espaignes, par lesquelles mandoit et commendoit estre faictes processions et feuz de joye, et rendre graces a Dieu de lad. paix, quavoyt este tant desiree par les pouvres subjectz, causant les emprunctz, grandes tailles et subcides que durant la longueur desd. gueres avoient estes posses. Suyvant lesquelles lectres, et le samedy penultieme jour dud. mois dapvril, fust faict edict et cry public a son de trompe par la present ville, requerant le procureur du roy, par lequel estoit mandoit (mandé), et commanda

---

(1) Le traité de Cateau-Cambrésis, signé le 3 avril 1559. Le 2 avril, avait été conclue la paix avec l'Angleterre.
(2) Voir LEYMARIE, Limousin historique, T. II, page 428.

a tous les habitans assister a la procession generale que debvoyt estre faicte par messieurs de lesglize cathedralle le lendemain, questoyt le dymanche, dernier jour dud. moys, comme est de coustume fere en telz actes, affin de louer Dieu et le remercier de ce quil luy avoyt pleu nous envoyer lad. paix. Et parce que lesd. lectres nestoient dressantes a nous, ains aud. S^r lieutenant, fust advise denvoyer par devers luy quatre de lad. compaignie desd. consulz pour scavoir avec luy quel rend il entendoit et vouloit leur donner en lad. procession, offrant de leur part y fere leur debvoir en tout ce que deppendoit de leur puissance. Et, parce que lesd. lieutenant et officiers du roy ne voulurent permectre que lesd. consulz marcheroient en lad. procession en la forme et maniere que en ce mesme cas auroient faict les aultres villes, scavoir est les officiers du roy a la main droicte et lesd. consulz avec leurs chapperons a la main senestre, ayant leurs gagiers devant eulx, fust advise et conclud par lesd. consulz quilz ne assisteroient a lad. procession. Ainsi fust delibere par lesd. consulz, bourgeoys, marchans et aultres habitans de lad. ville que le jeudy empres, jour de lAssemption N^{re} S^r, quatriesme jour du moys de may aud. an mil v^c cinquante neuf, seroict faicte aultre procession, laquelle sortiroict de lesglize collegialle Sainct Marcial dud. Lymoges. Quoy voyant, ledict lieutenant aroyt faict conmandement ausdictz consulz dassister a la dessusd. procession generale, et marcher empres led. lieutenant et aultres officiers du roy. Desquelz conmendementz et aultres choses contenues par le proces surce faict lesd. consulz aroient appelle et releve leur appellation en la court de parlement de Bourdeaulx, en laquelle ilz aroient faict assigner ledict lieutenant general, criminel, particulier, conseillers, advocatz et procureurs du roy, comme prins en parties en leurs noms propres et prives, ou a present ladicte appellation est pendant et indecises. Et audict proces est n^{re} procureur maistre Aymard Moureau, procureur en icelle.

Suyvant la deliberation faicte par lesd. consulz, bourgeois, manans et habitans de fere lad. procession et feuz de joye, lesd. consulz, le mecredy tiers jour de may, vigille de lad. feste dAssomption N^{re} Seigneur, aroient faict publier lad. procession et feuz de joye pour lendemain par les carreffours de lad. ville. Auquel esdict assistoient les six gagiers de lad. ville avec leurs robbes et bastons; apres lesquelz marchoit Gabriel

[Procession et réjouissances faites séparément par les consuls à l'occasion de ladite paix.]

Raymond, officier desd. consulz, estant monte sur ung cheval, tenent en sa main lestandart ou sont les armoiries de lad. ville; pardevant lesquelz marchoient quatre tabourins de Suysse et pifres, six trompettes ou clerons et aultres aulboys, rebetz (rebecs) de lad. ville. Et par la forme susd. fust faicte lad. publication.

Et advenant le lendemain, jour de ladicte feste dAssumption N^{re} Seigneur, quatriesme jour dudict moys de may, environ lheure de sept heures de matin dudict jour, lesdictz consulz se seroient assembles en lad. maison commune, en laquelle aussy se seroit trouve mons^{gr} Me Jehan de Jullien, general et tresorier de France en la generalite establye par le roy a Lymoges, lequel, acompaigne du sire Estienne Bault, consul et prevost de ladicte ville, seroient partis de lad. maison commune, acompaignes des aultres consulz dicelle, allans deux a deux, tenens les deux coustes de rue, ayans leurs chapperons; ou aussi estoient les juge civil et prevost criminel, advocat, procureur et greffier pour le roy de Navarre, viconte de Lymoges. Et pardevant eulx marchoient les six gagiers de lad. ville, ayantz leurs robbes et bastons, ensemble led. Raymond ayant led. estendart, avec tous les dessusd. instrumens. Lesquelz consulz estoient suyvis de grand nombre de bourgeois, marchans et aultres habitans de lad. ville. Et aud. ordre allarent jusques a lesglize collegialle de Sainct Marcial, de laquelle debvoit sortir lad. procession. En laquelle esglize lesd. consulz firent celebrer en grand sollempnite la messe.

Et, la messe dicte, messieurs les chanoynes de lad. esglize, en la forme acoustumee, firent apporter la chasse du glorieux sainct Marcial, audevant laquelle marchoient tous les dessusd. instrumens sonnans melodieusement. Laquelle fut portee en procession moult devotement, avec celle de mons^r sainct Loupt et sainct Aurelien, par lad. ville de Lymoges, suyvant la coustume ancienne. A laquelle assistoient les prebstres des deux esglizes parrochiales de lad. ville, avec les quatre convens des mendiens.

En laquelle procession marchoient lesdictz S^r general, prevost de consulat et consulz, en lordre que dessus est dict; et en laquelle procession, ayant chascun deulx ung flambeau dune livre et demye cire et douze torches devant eulx, ou estoient ataches les panonceaulx et armoiries de la ville, aussi marchoient lesd. juge, prevost et officiers de lad. ville; ensemble les officiers desd. consulz, ayant chascun ung flambeau dune livre cire, ayantz les armoiries. Et empres eulx suyvoient ung grand nombre de peuple, tant advocats, bourgeoys, marchans que aultres habitans de ladicte ville.

Et pour la presdinee dudict jour, lesd. consulz firent dresser en la place publicque des Bans de ladicte ville ung arbre de la haulteur de quatre vingtz piedz ou environ, lequel fust garny de grand quantite de fagotz tout autour, avec force pouldre de canon; a la sonmite duquel y avoict troys baricques ausquelles y avoit grand quantite de tourmentine (térébenthine). Et au bas et pied dud. arbre furent mises quatre baricques dans lesquelles aussi y avoit de la tourmentine et poulde a canon, et, oultre ce, trois charrettees de gros boys et deux charrettees fagotz avec pouldre de canon et tourmentine, le tout mesle ensemble. Et, ung peu loingt dudict arbre, et a lendroict du pillory, furent dressees troys douzaines de pieces dartillerie, autourt desquelles furent dressees des barrieres pour garder que les gens ne fussent foulles ne presses.

Ledict jour, environ lheure dune heure empres midy, se trouva en la maison conmune de lad. ville ledict Sr de Jullien, general, en la compaignie duquel lesd. prevost de consulat et consulz partirent de ladicte maison conmune avec les officiers du roy de Navarre, tenant le mesme ordre quilz avoient faict le matin a lad. procession. Audevant lesquelz marchoient les six gagiers de la ville avec leurs robes de livree, ayans leurs bastons, ensemble Gabriel Raymond, officier de lad. ville, ayant lestendar ou son les armoyries de lad. ville, ayant avec eulx les tabourins de Suisse, trompettes et clerons et aultres instrumens dont dessus est faicte mention et aultres. Lequel dessusd. ordre, marchoient aussi une douzaine de jeunes enffens portant des torches ou estoient les armoyries du roy et de mons^r le dauphin avec celles de la ville. Et estoient suyvis lesd. consulz de grand nombre de bourgeois et marchans de lad. ville, lesquelz les acompaignarent jusques a lad. place publicque des Bans, en laquelle lesdictz consulz avoient faict dresser, comme dict est, troys douzaines de pieces dartillerie (1). Ou estans arrives lesd. consulz, lad. artilerie tira. Et ampres avoir entourne par trois foys tout autour dudict arbre par lesd. S^r general de Julhien et prevost de consulat, que marchoient les

(1) Pièces d'artifice.

deux premiers en rend, estant suyvis des aultres consulz de ladicte ville, que marchoient ampres eulx, comme faisoient aussi les officiers de lad. ville, les tabourins, trompettes et clerons et aultres instrumentz suivantz en grande melodye, fust donne aud. Sr general de Jullien une desd. torches en laquelle estoient les armoyries du roy, et au prevost de consulat une aultre torche ou estoient les armoyries de monsr le dauphin, et aux aultres consulz et officiers chascun une torche ou estoient les armoyries de la ville. CE FAICT, ledict Sr de Julhien, general, mist le feu, et led. prevost de consulat empres luy, et aultres consulz consecutivement, selon lordre quilz tenoient et chascun en son rend. Et en mesme instant lartillerie de lad. ville de rechef tira ; que fust chose fort triumphante. Pour veoir se triumphe estoit lad. place publicque et maison y estant remplies dung grand nombre de peuple que estoient illec assemblez (1).

[Réparations au chemin de Couzeix.] AU MOYS DE MAY mil cinq cens cinquante neuf avons faict reparer le chemyn, par dela lAurence, de Couzeys, ou apresent on peu passer et repasser aysement a pied et a cheval, a la grand conmodite des charrettes venent du pays de France et aultres. Que cousta beaucoupt.

[Envoi d'un mandataire à Mont-Ferrand.] AU MOYS DE JUNG aud. an mil vc cinquante neuf fut de rechef envoye solliciteur expres en la ville de Montferrand pour les proces et affaires (2) que nous y avions, questoient de grand consequence. Auquel voyage fust faict de grandz fraiz.

[Réparations à divers ponts-levis.] AUDICT mois de jung, le pont de Magnenye, qui estoit fort ruyne, fust repare et remys tout a neuf. Et en mesme temps et

---

(1) Si les villes se réjouissaient officiellement, la noblesse était indignée d'une paix presque honteuse. « O misérable France, s'écriait du Villars, à quelle perte et à quelle ruine t'es-tu laissé ainsi réduire, toi qui triomphois sur toutes les nations de l'Europe ! »

(2) Le procès auprès de la généralité de Riom.

moys furent les aultres trois pontz des portes de Boucharie, Montmalier et lArrenne repares, parce quilz en avoient besoingt. Que cousta beaucoupt.

AUDICT moys de jung et juillet ensuyvant, les fontaines dEygoulene, du Chevallet, la Clautre et Sainct Pierre de la present ville, que, pour la sterelite du temps et grandes chaleurs qui ont regne la present annee au present pays de Lymosin, sestoient perdues, furent contrainctz icelles fere reparer. Et oultre ce fallut reparer la plus grand partie du recloz de lentour de la fontaine dEygouleine, et pour ce faire fallut achapter des pierres de taïlhe ; en sorte que les repparations faictes la present annee ausd. fontaines coustarent grandes sommes de deniers. [Réparations à diverses fontaines.]

AU MOYS de juillet fimes recouvrir tout a neuf la tour du Diget, en laquelle fut mys ung giroyt (1), parce que on avoit decobe (2) celluy que y estoict auparavant. Ensamble fismes recouvrir tout a neuf une aultre tour estant et joignant la dessusd. tour du Diget. Et oultre ce a este recouvert tout a neuf une aultre tourt appellee de Pise Vache. Pareilhement reparee et recouverte la grand tour de la porte des Arrennes. Lesquelles reparations coustarent beaucoupt, comme est tout notoire. [Réparations à diverses tours.]

AUDICT MOYS de juillet, et le dimanche ixe (3) jour dicelluy, [Mort de Henri II.]

(1) Le mot *girouet* était masculin au xvie siècle.
(2) On trouve « *cobir*, meurtrir de coups », dans le *Glossaire* de Roquefort.
(3) Le 9 juillet 1559 est en effet un dimanche ; mais le roi Henri II n'expira que le lendemain lundi 10. Blessé par Montgommery le samedi 29 juin, dans la lice établie au bout de la rue Saint-Antoine, il fut transporté à l'hôtel des Tournelles, et y languit pendant onze jours. Il ne put être rappelé à la santé, malgré les soins de l'illustre Vesale, mandé de Bruxelles par un ordre de Philippe II. Cette date du 10 juillet est rendue certaine par le détail même des circonstances qui précédèrent la mort du roi. Les douloureuses opérations qu'il eut à subir amenèrent un violent délire ; le quatrième jour seulement il reprit ses sens. On se hâta alors de faire les préparatifs du mariage de sa sœur Marguerite avec le duc de Savoie, et le mariage fut célébré le dimanche 9 juillet dans l'église Saint-Paul. En rentrant au palais, on trouva le roi

alla de vie a trespas le feu roy Henry, nostre prince souverain, que Dieu absolve.

[Ermite de Mont-Jauvy.]

AUDICT MOYS de juillet mil cinq cens cinquante neuf alla de vie a trespas frere Loys des Gouttes, hermitte de Mont Jauvy. Par le deces duquel fust pourveu dudict office Geral Cardenault, natif et habitant de Lymoges, lequel fust habitue des habitz a luy neccessaires et mene le dymanche penultime dud. moys de juillet par feu sire Jehan Froment dit Maubaye, consul et prevost de consulat, lequel, acompaignie des aultres consulz, mena ledict Cardenault, ermite, jusques audict armitage de Mont Jauvy, et illec mys en possession. Ou furent gardees mesmes sollempnites que avoient estees observees du temps dud. feu des Gouttes.

[Suppression de l'office de surintendant des deniers.
Répartition de la contribution de 12,000 livres pour ladite suppression.]

AU MOYS doctobre mil v^c cinquante neuf, et le unziesme dud. moys, a la requeste et instance du gens des tiers et commun estat du bas pays dAuvergne, et en vertu des lectres du roy, desquelles la teneur cy ampres sensuict et est inseree, nous fusmes adjournes par devers mess^{gs} les generaulx de Mont Ferrand au vingt^{me} dudict moys doctobre, aux fins de veoir taxer et egaller sur les hault et bas Lymosin, la Marche, Conbrailhe, hault et bas pays dAuvergne et Franc Aleu, la somme de douze mil livres tournois pour la suppression de lestat et office de conseiller general, super intendent sur le faict et administration des deniers communs, dons et octroys des villes desd. pais, duquel avoyt este pourveu maistre Claude Costel, avec les fraiz pour raison de ce faictz. A laquelle assignation nous avions envoye homme expres, lequel auroit (fait) long sejour. Et, parce que aulcuns des aultres pays naroient envoye aud. Mont Ferrand au jour assigne, lad. assignation auroit este remonstre. Pour raison de quoy seroient este faictz de grandz fraiz.

mourant : l'agonie dura jusqu'au lendemain. Ces faits sont consignés dans les mémoires du maréchal de Vieilleville, témoin de la catastrophe. Il est vraisemblable que les courriers dépéchés dans les provinces au moment où il n'y avait plus d'espoir apportèrent prématurément la nouvelle de la mort du roi. Catherine de Médicis n'était-elle pas impatiente de gouverner ?

Sensuict la teneur des lectres du roy adressantes a mess^{rs} les generaulx de Montferrant, en vertu de latache desquelz les consulz de Lymoges furent assignes pardevant eulx, avec la coppie desd. lectres datache et exploictz.

HENRY, PAR LA GRACE DE DIEU, ROY DE FRANCE, a noz amez et feaulx conseillers, les gens tenans n^{re} court des aides establye a Montferrand, salut. Maistre Francoys de Font Joubert, lieutenant general a Saint Pourcain, scindic commis et delegue en ceste partie pour les gens du tiers estat du bas païs dAuvergne, a nous faict humblement exposer que, comme pour obtenir en faire poursuicte de n^{re} eedict sur la suppression par nous faict de lestat et office de n^{re} conseiller general, super intendent sur le faict et administration des deniers conmungtz, dons et octroys de noz villes en la generalite de noz finances dud. Auvergne, establi a Riom, duquel auroict este pourveu n^{re} bien ame notaire et secretaire de nous et de la maison et courronne de France, maistre Claude Castel, les gens du tiers et conmung estat du hault et bas païs dAuvergne, hault et bas Lymosin, la Marche, Combraille et Franc Alleu, doibvent et sont tenus rembourser aud. Castel la somme de douze mil livres quil nous avoit payee pour le principal de lachapt et composition dud. office, et pour ces fraiz en la poursuicte de la provision dud. office et son institution en icelluy; aussy luy payer et bailler la sonme de deux centz quarante livres t/z a luy taxee et moderee par noz lectres de lad. suppression, ensamble la sonme a laquelle monteront ses gaiges, a compter du jour des lectres de sa provision aud. office jusques au jour de son remboursement, ainsin quil est plus au long contenu es provision sur ce obtenues. Pour parvenir a leedict de laquelle suppression et aultres choses que en deppendent, ont aussi este faictz et desbourses plusieurs fraiz quil reste rembourser a ceulx qui les ont faictz et advances, ce quil ne leur seroict possible fere, sinon apres la taxation et liquidation diceulx qui en aura este par voz faicte, et quil soict faict impost et assiete sur les manans et habitans desd. pais des hault et bas Lymosin, la Marche, Combrailhe et Franc Aleu, par egalle portion, le fort portant le foible, actendu le profflct et utillite a eulx pour cest effect advenu. Mais doubte led. exposant que fassiez difficulte de ce faire sans sur ce obtenir noz lectres de provision. Pourquoy nous, ces choses considerees, voullans subvenir a noz subjectz selon lexigence des cas, vous mandons, et pource que n^{re}d. eedict de suppression et execution ensuyvie dicelle a este et est au profflct et utillite comme de tous lesd. pais, manans et habitans diceulx, conmectons par ces presentes que, apres vous estre apparu dicelluy eedict de suppression, veriffication et execution qui en est ensuivye a appeller ceulx qui pource seront a appeller, vous proceddes au faict de la liquidation desd. fraiz et aultres qui en deppendent, sur la declaration qui vous en sera baillee et presentee par ledict scindic exposant, pour apres estre faicte assiette et departement par vous de la somme a laquelle se montera lad. liquidation diceulx fraiz et ce qui en deppend, et estre lad. somme levee separement et a part par les collecteurs de noz tailles ordinaires desd. pais, a ce que les deniers qui en ystrons (1) soient mys ez mains de personnaige .... et solvable qui sera nomme et esleu par lesd. manans et habitans ou par la plus grande et seyne partye diceulx, pour estre par luy convertis et employez tant au paiement et remboursement desd. frais que de ce que en despend; pourveu toutesfois que la plus grande et seyne partie desd. habitans diceulx pais se y consentent et que noz deniers nen soient aucunement diminuez ne retardez, et que celluy ou ceulx qui seront commis a recepvoir lesd. deniers soient tenuz en rendre compte pardevant vous, appelle n^{re} procureur en n^{re}d. court et aultres quil appartiendra, en contraignant par vous ceulx desd. habitans qui seront trouvez reffuzans ou delayans de payer leurs cotisations desd. impost et assiette, par toutes voyes et manieres deues et raisonnables, et comme pour noz propres deniers et affaires, nonobstant oppositions ou appellations quelzconques, pour lesquelles et sans prejudice dicelles ne voullons par vous estre differe a lexecution de ces presentes. Lesquelles a ceste fin voullons vous estre monstrees et presentees par le premier n^{re} huissier ou sergent sur ce requiz que a ce fere conmectons. Car

---

(1) « *Istre*, sortir, s'en aller, *exire*. » Roquefort.

tel est n^re plaisir. De ce fere vous donnons pouvoir, commission et mandement special, mandons et commandons a tous noz justiciers, officiers et subjectz que a vous en ce faisant soit obey. Donne a Paris, le dernier jour de jung lan de grace mil cinq cens cinquante neuf, et de n^re regne le treziesme. Et au dessoubz est escript : Par le roy, Me Geoffroy de Hauteclere, M^e des requestes ordinaire de lhostel, present Fizes. Et scelle a simple queue a cire jaulne.

Les generaulx de la justice des aides establye a Mont- [Même affaire. ferrand, au premier des huissiers de lad. court ou sergent royal Lettres sur ce requis, salut. De la partie des gens du tiers estat du d'attache.] bas pais dAuvergne nous a este expouse que, pour mectre et imposer sur les gens du tiers estat des hault et bas Lymosin, haulte et basse Marche, hault Auvergne, Conbrailhe et Franc Aleu, et sur le bas pais dAuvergne la somme de douze mil livres t/z pour la suppression de lestat et office de general super intendant sur le faict et administration des deniers comungs, dons et octroys, ensemble les fraiz et ce que en deppend, lesd. exposant ont obtenu lectres patentes adressant a la court de sceant, pour proceder suyvant lesquelles, obtenu commission pour en icelle faire appeller lesd. gens de tiers estat des pais sus declaires. Et a ceste fin lesd. exposans auroient presente requeste a lad. court, la suppliant leur vouloir decerner lad. conmission, quelle leur ayt este octroyee (par) ces presentes, par lesquelles nous vous mandons et commectons que, a la requeste et instance desd. exposans adjournes a jour certain et compectant, dont requiz seres, en lad. court au pais, aud. Montferrand, lesd. gens du tiers estat desd. hault Auvergne, hault et bas Lymosin, haulte et basse Marche, Franc Aleu et Combrailhe et aultres quil appartiendra, pour avec eulx estre procede a lexecution et enterinement desd. lectres a ces presentes atachees, selon leur forme et teneur, et a telles requestes, demandes et conclusions que lesd. exposans vouldront sur ce prendre et eslire ; proceder en oultre comme il appartiendra par raison. Car de ce fere vous donnons pouvoir et commission par ces presentes, en certiffiant lad. court de ce que faict en auras. Mandons et conmandons aux subjectz du roy vous obeyr. Donne aud. Montferrand, soubz noz signez, le vingt sixiesme jour de septembre lan mil v^c cinquante neuf, et signe Montricier. Et scelle a cire rouge de leur armes.

[Même affaire.
Exploit.]

A la requeste et instance des gens du tiers et conmun estat du bas pais dAuvergne, je, Jehan Reynier, sergent ordinaire du roy n^{re} sire en la ville de Limoges, en vertu des lectres de conmission du roy n^{re} sire et attache de noz S^{rs} les generaulx des aydes, establys a Montferrand aud. bas Auvergne, dont la coppie sont cy dessus transcriptes, me suis transporte aux domiciles de honnorables honmes Jehan Alesme, consul et prevost du consulat de Lymoges, parlant a sa personne, auquel ainsin parlant ay adjourne les gens du tiers et conmun estat de lelection du hault Lymosin pardevant vous, mesd. S^{rs} les generaulx des aides establys a Montferrand, au vingtiesme doctobre prochain, pour venir proceder a lexecution et enterinement desd. lectres, selon leur forme et teneur, et tout ainsin quil est porte par icelles et a telles aultres requestes, demandes et conclusions que lesd. exposans verront sur ce estre affaire; et en oultre estre procede sur le contenu en icelles, comme ilz verront estre affaire par raison. Et leur ay baille coppie desd. conmission, attache et exploictz. Lequel ma faict responce quil se gardera de mesprendre, et en communiquera aux aultres S^{rs} consulz ses compaignons. Faict ez presences de Jehan Boullet et Bernard Longhaud, dudict Lymoges, le neufiesme jour doctobre mil v^c cinquante neuf. Ainsin signe : J. REYNIER.

[Réparations à divers chemins]

AUDICT MOYS doctobre avons faict fere tout a neuf le pave de Mont Jauvy, a lendroict de la Croix de Malecare, auquel on ne pouvoyt passer et repasser avec charrectes; aussi faict racoustrer ung aultre chemyn plus hault et a lendroict des terres appelees de Bregefort, qui estoient aussi fort maulvays. En sorte et facon que a present les charretiers de Paris et aultres y passent ayseement. Et aud. mois fust faict certain pave despuis la fontaine Sainct Geraud tirant vers la croix appellee Mondonnault.

Aussy avons faict reparer le chemyn tirant de Sainct Gerauld jusques aux Carmes. En sorte quil est plus commode, et les charrettes y passent plus ayseement que ne faisoient auparavant.

DAVENTAIGE, audict moys doctobre, avons faict une muraille dans le fousse et soubz le pont de la porte des Arrennes, pour garder que leaue de la fontaine ne mina la grand tour de lad. porte. Et avons faict divertir le cours de lad. eaue en aultre endroict. Laquelle reparation estoit fort utille et neccessaire, comme est tout notoire, et laquelle a beaucoupt couste. Et durant lad. annee ont este faictes plusieurs aultres reparations tant dans les fousses que ailheurs, que ne sont declairees au present livre. [Construction d'une muraille à la porte des Arènes, et réparations diverses.]

AUDICT MOYS avons obtenu lectres du roy, du grand sceau, lesquelles avons faict inthimer, et bailler assignation a messieurs les gens tenens le siege presidial pardevant mess^{rs} les generaulx a Montferrand, pour raison des gaiges quilz demandent leur estre payes par les habitans de la ville pour cause de leurs offices. [Réclamation des officiers du siége présidial. Les consuls les font assigner à Mont-Ferrand.]

SUR la fin dud. mois doctobre, une nommee (1), laquelle estoit recluse, alla de vie a trespas, par le deces de laquelle y fust mise Marie Araing. Laquelle layant habituee des abbitz a elle neccessaires, fust menee despuys la maison de consulat par sire Jehan Alesme, consul et prevost, acompaigne des aultres consulz, allans deux a deux, avec leurs chapperons, et devant eulx leurs six gagiers avec leurs bastons, estans suyvis de grand nombre dhommes et femmes de lad. ville, jusques au couvent des Carmes, ou fust dict une messe haulte du sainct Esperit. Laquelle dicte recluse fust menee en procession jusques a son reclusage. Et icelle a monstre de sa maniere et facon de vivre. Et, ce faict, lesd. consulz sen retournarent en la maison conmune de ladicte ville. [Recluse des Carmes.]

---

(1) Le nom est en blanc dans le manuscrit.

[Francs-fiefs et nouveaux acquêts.

Priviléges de la ville.]

Au moys de novembre mil v^e cinquante neuf, et sur le conmancement dicelluy, furent envoyes par le roy en la present ville deux conmissaires pour le faict des franz fiefz et nouveaulx acquestz, nommes lung Jacques Michon, conseiller du roy sur le faict de la justice au tresort a Paris, et Gabriel Trompondon, lieutenant de Bourguaneuf. Pardevant lesquelz, et en vertu de lectres datache emanees deulx, fusmes adjournes pardevant eulx. Ou estans, leur fust baille n^re dire par escript, par lequel leur estoit remonstre (que), par privillege donne par le feu roy de France, et confirme par le feu roy Henry, les habitans de la ville de Lymoges et faulx(bourgs) dicelle estoient exemptz desd. admortissemens, comme on leur fist apparoir par lesd. privilleges, desquelz leur fust bailhe coppie, laquelle led. Trompondon, ung desd. commissaires, porta veoir a la court, a mons^r le mareschal Sainct Andre, lequel, comme on disoict, avoict heu le don du roy desd. francz fiefz. Que fust la cause que nous envoyasmes hommes expres a la court pour senquerir et veoir quil pourroict faire tant pour ledict affaire que pour la confirmation de noz previlleges de ladicte ville. Au moyen de quoy, durant led. moys de novembre, jusques ad ce que nous fusmes sortis de nostre consulat, lesd. commissaires ne firent aucune poursuicte dud. affaire.

Sensuict la coppie des lectres contenant la commission des francz fiefz, donne par le feu roy Henry (1).

Henry, par la grace de Dieu, roy de France, a noz amez et feaulx M^res Jacques Michon, conseilhers en n^re chambre du tresor, et Gabriel Trompondon, lieutenant a Bourguaneuf. Comme, par noz lectres du vingt neufiesme juilhet, vingt deuxiesme aoust derniers passes, nous avons commis et depputé maistre Anthoine du Rieu, lieutenant particulier en la senes-

(1) L'enquête importante ordonnée par cette lettre a pour but de faire rentrer sous le régime commun les biens de main-morte acquis par les églises, les communautés et les hôpitaux, au moyen de donations, de legs et d'achats.

chaucee de la Haulte Marche, et Gabriel Dechalumeau pour faire appeller pardevant eulx les possesseurs et deptenteurs en main morte daulcuns fiefz, arriere fiefz et tenemens nobles par non nobles, situez et assiz en noz pais de la haulte et basse Marche, Franc Aleu et Combrailhe, hault et bas Lymosin, lesquelz nont este advertiz par noz predecesseurs ne nous despuis n^re advenement a la couronne, avec satisfaction de la finance ou indempnite quilz nous doibvent, pour iceulx possesseurs et deptenteurs contraindre a vuyder leurs mains desd. fiefz, arriere fiefs, heritaiges et biens feodeaulx que respectivement quilz tiennent, possedent et occupent, si myeulx ilz ne voulloient payer lad. finance a nous deuhe, leurs donnans pouvoir de la taxer et composer avec eulx, ainsi que portent nosd. lectres que lesd. du Rieu et Chalumeau avoient faict publier, et suyvant icelles aucuns desd. tenenciers baille par declaration les nouveaulx acquestz par eulx faictz, dont ilz confessent nous debvoir finance ; mais, affin den avoir telle composition quilz veullent, ilz se retirent pardevers les commissaires par nous ordonnez sur le faict desd. admortissementz, francz fiefz et nouveaulx acquestz en la chambre de n^re tresor, a Paris, lesquelz recepvent ce quilz leurs offrent et presentent sans ce quilz scaichent ne ayent aultre certaine cognoissance de la valeur des choses subjectes desd. droicts, en quoy nous demeuront grandement interesses, frauldez et deceuz a ceste cause; et que nous sommes aussi advertis que lesd. du Rieu et Chalumeau, commissaires par nous cy devant delleguez sur led. faict, et Gabriel de Chamborent, seigneur de Lavau, aussi par nous cy devant commis pour recepvoir les deniers qui proviendront desd. taxes, francs fiefs et nouveaulx acquestz, sont pareilhement empesches et occuppes en aultres affaires, et que pour ceste occasion ilz ne pourroient bonnement entendre ne vacquer a lexecution de noz commissions. Nous voulons, vous mandons et commectons par ces presentes que, reprins par vous nosd. premieres commissions, que aies a proceder a lexecution du contenu en icelles vigoreusement et sans depport ne acceptation de personne, selon et ainsin quil estoit ausdictz du Rieu et Challumeau, commissaires par nous cy devant commis sur led. faict, vous faictes ou faictes faire expres commandemens et deffences de par nous, a son de trompe et cry public, ainsin que vous adviserez, a toutes et chacunes leurs personnes de la qualite dessusd., que pour les compositions et payemens de nosd. droictz de finance, admortissemens, francz fiefz et nouveaulx acquestz, ilz naient a ce retirer par devers lesd. commissaires en n^{rr}d. chambre du tresor, a Paris, ne aultres que pardevant vous que nous avons pour cest effect commis et commectons par cesd. presentes, au lieu des dessusd. du Rieu et Challumeau, sur peyne de paier deux foys. A quoy vous contraindrez ceulx que vous trouveres navoir obey ausd. commandemens et deffences apres la publication qui en aura este faicte, tant par emprisonnement de leurs personnes pour le regard de ceulx qui par vous auront estez taxes ou composes finance, et comme il est acoustume faire pour noz propres deniers et affaires, comme aussi par saisie des fiefz et lieux tenuz en main morte et fiefs nobles tenuz par non nobles, de ceux qui, apres lad. signification et publication de ces presentes, seront reffuzans et delayans de bailler par declaration et satisfaire, nonobstant oppositions ou appellations quelzconques et sans prejudice dicelles, pour lesquelles ne voullons estre differe la cougnoissance, jurisdiction et decision, desquelles nous avons retenu a nous et a n^{re} prive conseilh et icelle interdicte et deffendue, interdisons et deffendons a tous noz aultres juges et courtz souveraines, mesmes ausd. conseilhers de n^{re} tresor par ces presentes, que nous voullons pour cest effect estre par le premier n^{re} huissier ou sergent signiffier, en leur faisans les inhibitions et deffences en tel cas requises et acoustumees, sans ce quil soict besoing vous en repecter aultre chose que sesd. presentes, que nous avons bien volu vous decerner pour confirmation des precedentes, et ce faire et souffrir contraignant et faisant contraindre pour leffect et execution de nosd. commissions les dessusd. du Rieu, Challumeau et Chamboren, Sr de Lavau, dexhiber, representer et mectre en voz mains les commissions par nous a eulx cydevant decernes, ensemble les proces verbaulx, declarations et taxes qui auront par eulx este faictes et signiffiees aux parties pour cest effect; lesquelles taxes vous mandons faire extraict pour le regard de celles qui auront este signiffies aux parties, et, pour elles satisfaict, adviser et vous enquerir soigneusement sy elles auront este faictes a la juste valeur desdicts fiefz et lieux dessusd., pour nous en faire v^{re} rapport, et sur icelluy ordonner ce que verrons estre affaire par raison. Et pour le regard des aultres qui auront par eulx este faictes et non signiffies par lesd. commissaires, et quelles naient este deuement et suffizamment faictes, nous voulons et vous mandons que vous ayez a les taxer de nouveau tout ainsin que eussiez faict ou peu faire avant lexpedition desd. commissions precedentes, et que sil ny avoit este procede. Lesquelles taxes ainsi faictes nous avons, de noz certaines science, plaine puissance et auctorite royal, validee et auctorizee, validons et octorizons par sesd. presentes, en faisant aussi commandement aud. de Chamborent et aultres quil appartiendra de vous bailler lestat au vray des deniers quilz auront receuz de lad. charge au lieu duquel pour recepvoir doresenavent les deniers qui proviendront desd. franz fiefz et nouveaulx acquestz, selon les taxes qui en seront par vous faictes. Nous avons commis, ordonne et deppute, commectons, ordonnons et depputons par ces presentes Nycollas du Murault, escuier, seigneur de Chargnat, pour en rendre bon compte et reliqua de ce que aura par luy este receu. Et pour ce que aulcuns desd. provinces pourroient pretendre exeption et affranchissement desd. francz fiefz soubz umbre de certains pretenduz previlleges quilz disent avoir obtenu de nos predecesseurs, et confirmes de nous, pour obtenir lesd. lieux alodiallement ou aultrement en previllege dexemption, lesquelz toutesfois nauroient estes advertiz, nous voullons et entendons quilz soient subjectz et contribuables au payement de la finance desd. francz fiefz et nouveaulx acquestz, si en leursd. previlleges il nest faict expresse mention daffranchissement, dadmortissement, et ainsi quil vous est plus aplain mande par ces presentes, par lesquelles donnons en mandement a noz amez et feaulx conseilhers, les gens de noz comptes et a tous noz aultres justiciers et officiers quil appartiendra que, pour lexecution de cesd. presentes, ilz facent, souffrent et laisse lesd. Michon et Trompondon joir, user plainement et paisiblement sans en ce leurs faire mectre, donner, ou souffrir leur estre faict, mis ou donne aucun trouble ou empeschement au contraire; lequel ce (si) faict, mis ou donne leur estoient, ilz facent tout mectre a plaine et entiere delivrance ou au premier estat et deu. Car ainsi nous plaist il estre faict, nonobstant quelzconques esdictz, ordonnances tant enciennes que modernes, faictes sur le faict; ordre et distribution de noz finances, et tous aultres edictz, restrainctions, mandemens, deffences et lectres a ce contraires; ausquelles et aulx derogatoires des derogatoires y contenue nous avons, quant ad ce et sans prejudice dicelles, deroge et derogeons de noz certaines science, plaine puissance et auctorite royal par sesd. presentes. De ce faire vous avons donne et donnons plain pouvoir, puissance, auctorite, commission et mandement special par ces presentes. DONNE a Paris, le trentiesme jour de may lan de grace mil v^c cinquante neuf, et de n^{re} regne le treziesme. Ainsin signe : Par le roy en son conseilh, DE LAUBESPINE ; et scelle sur simple queue du grand scel de cire jeaulne (1).

Aultres lectres donnees par le roy Francoys.

[Même objet.] FRANCOYS, PAR LA GRACE DE DIEU, ROY DE FRANCE, a noz amez et feaulx Mrs Jacques Michon, conseilher en la chambre de n^{re} tresor a Paris, et Gabriel Trompondon, lieutenant de Bourguaneuf en la seneschaucee de la Marche, salut. Nostre treshonnore seigneur et pere le roy dernier decede, que Dieu absolve, vous, par ces lectres patentes du xxx^e de may dernier passe, cy attachees soubz le contre scel de n^{re} chancellerie, commis et deppute au lieu de maistres Anthoine du Rieu, lieutenant particulier de Gueret en lad. seneschaucee, et Gabriel Challumeau, pour vacquer au faict de la commission des franz fiefz et nouveaulx acquestz a nous deubz et escheuz en noz pais de la haulte et basse Marche, Franc Aleu, Combraille, hault et bas Lymosin, ainsi quil est plus amplement contenu et declare par lesd. lectres. A ces causes, nous vous commandons, commectons et enjoignons par ces presentes que a lexecution dicelles lectres vous procedes de poinct en poinct selon leur forme et teneur, et tout ainsi que par icelles vous est mande, et que si elles avoient este par nous octroyees. Et de ce faire vous avons donne et donnons plain pouvoir, auctorite, commission et mandement special par cesd. presentes. Car tel est n^{re} plaisir, nonobstant quelzconques lectres a ce contraires. DONNE a Paris, le vingtdeuxiesme jour de juilhet, lan de grace mil cinq cens cinquante neuf, et de n^{re} regne le premier. Et au dessoubz est escript :

(1) Cette lettre si explicite pourrait être citée comme un modèle du style administratif au xvie siècle. Le dédale des explications y égare trop souvent l'esprit, et lui fait perdre de vue l'objet principal. C'est dans ce grimoire que les intéressés trouveront l'excuse de leur erreur, bien volontaire probablement. (Voyez la 2e lettre ci-après.)

Par le roy en son conseilh, DE LAUBESPINE; et scelle sur simple queue du grand scel en cire jeaulne.

Aultres lectres donnees par le roy Francoys.

FRANCOYS, PAR LA GRACE DE DIEU, ROY DE France, a n^re ame et feal conseilher maistre Jacques Michon, conseilher en n^re chambre du tresor, a Paris, et Gabriel Trompondon, lieutenant de Bourguaneuf, salut. Comme n^re tres honnore S^r et pere le roy dernier decede, que Dieu absolve, vous ayt, par ces lectres pattentes du xxx^e may, commis et depputte au lieu de Me Anthoine du Rieu, lieutenant particulier a Gueret en la seneschaucee de la Marche, et Gabriel Challumeau, pour vacquer au faict de la commission dez francz fiefz et nouveaulx acquestz, qui estoient advenuz et escheuz a n^red. feu seigneur et pere, pour aulcuns possesseurs detenteurs en main morte daulcuns fiefz, arrierefiefz, tenemens nobles et non nobles, situez et assiz en noz pais de la haulte et basse Marche, Franc Aleu, Combrailhe, hault et bas Lymosin; et par aultres noz lectres du xxij^e jour de juillet aussi dernier passe, vous avons mande proceder a lexecution de lad. commission esd. pais de la haulte et basse Marche, Combrailhe, Franc Aleu, hault et bas Lymosin, ainsi quil estoit mande aud. du Rieu et Challumeau, par cy devant commissaires par n^red. feu S^r et pere sur led. faict; combien que a la verite il se tienne que lad. commission desd. du Rieu et Chalumeau ne sestande sur le hault et bas Lymosin, quelque chose que en ayt este mys par inadvertation a nosd. lectres; au moyen de quoy, voyant ceste erreur ou obmission, vous aves differe estandre voz procedures ez lieux et endroictz du ressort de lad. seneschaucee du hault et bas Lymosin, si par aultres noz lectres ne vous estoit expressement mande ce faire (1). POUR CE EST il que

[Même objet.]

---

(1) Il est facile de comprendre les hésitations et les répugnances de Jacques Michon et de Gabriel Trompondon devant la mise à exécution d'une mesure si délicate, qui touchait à des intérêts si chers et toujours si opiniâtrement défendus. Avouons cependant que la raison qu'ils présentaient avait une valeur assez mince. Les mots de Haut et de Bas-Limousin ne se trouvaient

nous voulons et vous mandons par ces presentes, et sans vous arrester ne avoir esgard a la dessusd. erreur ou obmission, vous procedes diligemment, vigoureusement et sans depport ne aceptation de personne a lexecution de lad. commission a vous donnee par feu n^{re}d. S^r et pere, ensemble nosd. lectres du xxij^e de julhet, y comprenant led. hault et bas Lymosin, tout ainsi que sil avoit este expressement nomme, vous ayent quant ad ce, en tant que besoingt seroit, de nouveau commis et deppute par ces presentes. Et au surplus vous contraindres Gabriel de Chamborent, cydevant commis pour recepvoir les deniers desd. franz fiefz et nouveaulx acquestz, et aultres ces commis, de mectre ez mains de Nycollas du Murault, commis subroge en son lieu, tous et chacuns les deniers quilz auront receuz, provenans des taxez des admortissementz de la haulte et basse Marche, Franc Aleu, Combraille, comme pour noz propres deniers, deptes et affaires, et pareilhement le greffier commis par lesd. du Rieu et Challumeau de vous bailler et delivrer toutes et chacunes les declarations, tant taxes que a taxer, ensemble les proces verbaulx qui en ont par eulx este faictz et adressez, affin que plus facillement et clerement il soit par vous procede a leffect et execution dicelluy de poinct en poinct, selon leur forme et teneur. Car tel est n^{re} plaisir, nonobstant ce que dessus et quelzconques edictz et ordonnances, tant enciennes que modernes, faictes sur lordre et distribution de noz finances et de tous aultres edictz, restrintions, deffences, mendemens et lectres a ce contraires, ausquelles aux derogatoires y contenues nous avons, quant ad ce et sans prejudice, deroge et derogeons de noz certaine science, plaine puissance, pouvoir, auctorite, puissance et mandement special. DONNE a Paris, le dixneufiesme de septembre lan de grace mil v^c cinquante neuf, et de n^{re} regne le premier. Ainsin signe : Par le roy en son conseilh, DUTHIER ; et scelle sur simple queue du grand scel de cire jaulne.

---

pas dans la commission précédemment donnée à Antoine de Rieu et à Gabriel de Chalumeau ; mais ils étaient écrits en toutes lettres et par deux fois dans les missives royales du 30 mai et du 22 juillet. Il n'y avait pas à s'y tromper.

Sensuict latache desd. commissaires, en vertu de laquelle sommes estes assignez pardevant eulx.

JACQUES MICHON, conseiller du roy nre sire, sur le faict de sa justice au tresor a Paris, et Gabriel Trompondon, lieutenant a Bourguaneuf, commissaire depputé de par le roy sur le faict des francz fiefz et nouveaulx acquestz ez païs de la haulte et basse Marche, Combrailhe, Franc Aleu, hault et bas Lymosin, au premier sergent royal sur ce requis, salut. Nous, en vertu de nous (nos) lectres de commission du trentiesme may, aultres lectres du vingt deuxiesme juilhet, signe de Laubespine, et daultres du dixneufiesme septembre dernier passe, signe Duthier, vous mandons que vous ayes incontinant et sans delay a publier et proclamer a criz publicz, par ataches, et aultrement deuement, par tous les lieux et endroictz du hault pays de Lymosin, ressort d'icelluy, acoustumes a faire cricz et publications, que toutes personnes ecclesiasticques, chapitres, comunaultes, fabricqueurs, malederie, confrayrie, hospitaulx, et generallement toutes gentz de main morte, ensemble toutes personnes non nobles, ayent, dans le septiesme jour du mois de novembre prochain pour toutes prefixions et delaiz, a apporter ou envoyer par procureur suffizanment fonde de lectres de procuration en la ville de Lymoges, en la maison ou pend pour enseigne la Salemandre, par devers Me Leonard Versiere (?), nre greffier, pour ce commissaire et deppute, ou aultres ses commissaires, la declaration par le menu par eulx affermes estre veritable et entiere, cest asscavoir les gens desglize, communaultes, chappitres, fabricques, malladerie, confrayries, hospitaulx et generallement tous gens de main morte, de tous les heritaiges, rentes, possessions, soient nobles ou roturiers, ensemble tous usaiges, maretz, pastures, franchises, droictz de communaultes de villes, bourgtz et villages dud. pays et ressort du hault Lymosin par eulx possedez, tant par les laictz (legs), donnation, fondations, achaptz que aultres tiltres que se soient, ensemble les lectres damortissemens diceulx, et les noms nobles de tous fiefz, terres, possessions et heritaiges nobles quilz tiennent et possedent au dedans led. hault pays de Lymosin, [Même objet.]

ressort et siege dicelluy, avec les tiltres diceulx. Et led. temps passe, a faulte davoir fourny au contenu cydessus specifies, seront sansez lesd. heritaiges, rentes, possessions, usages, maretz, pasturez et tous aultres droictz mys en la main du roy, pour les fruictz diceulx, pendans lesd. saisies et jusques ad ce quilz auront baille par declaration, estre regis au profict du roy par les mains de Nycolas du Murault, Sr de Chargnhat, commis et depputé par led. S^r ou aultres ses commissaires et depputes. Et, pour le regard de ceulx qui nauront veritablement et entierement baille la declaration de leurs susd. revenuz, heritaiges, rentes, possessions et tous aultres droictz a eulx appartenans, estre le surplus desd. heritaiges, rentes, possessions et tous aultres droictz declaires confiscables et applicables et incorporez au donmayne du roy n^{re} sire. Et oultre faictes deffences a tous les gentz desglise, communaultes et main morte et a toutes personnes non nobles tenans fiefz que, la composition des choses susd. par eulx tenuz et possedez (1), ilz nayent a se retirer par devers aultres commissaires, soient generaulx, comme ceulx de la chambre du tresor, ou particuliers, que par devant nousdit (nosdits) Michon et Trompondon, commissaires, pour cest effect commissaires et depputez par le roy n^{re} d. sieur, et ce sur peyne destre deux foys cothises et taxez, suyvant le mandement dud. S^r. Faict soubz noz saingtz, le xvj^e octobre lan mil cinq cens cinquante neuf.

Sensuict le edict faict touchant la police de la ville, qua este publie.

De par les roy et reyne de Navvare, seigneurs viconte et vicontesse de Lymoges.

Requerantz les consulz de la ville de Lymoges et le procureur de lad. jurisdiction joinct a eulx, il est faict commandement a tous les manans et habitans de lad. ville quilz aient, dans trois jours ampres la publication et signiffication des presentes, nettoyer les rues audevant de leurs maisons, chascun en son

---

(1) Ce membre de phrase est incomplet.

endroict, a peyne de soixante solz tournois dadmende, applicables ausdictz seigneurs; et a mesme peyne, lesdictz trois jours passez, sont faictes inhibitions et deffences ausd. habitans, de quelque qualite et condition quilz soient, de ne mectre, gecter ne fere gecter par leurs serviteurs ou aultres interposees personnes desquelz seront responsables aulcun fenmier, pierres ou terre provenant de bastiment, ne aultres choses inmondes audevant de leursdictes maisons, soict de jour ou de nuict. Et, ne ilz se trouveront avoir contrevenu, sera ledict fenmier, terre ou aultres choses inmondes ostees aux despens dicelluy audevant la maison duquel seront trouvees, si myeulx il'nayme declairer celluy qui ainsin ara expose lesdictes choses, auquel cas sera creu laccusant en son serment avec ung tesmoingt, pourveu que le relevelle (sic) a justice incontinant et sans delay. Et, audict cas, ara led. revelant la tierce partie de lad. amende. Aussi est inhibe de ne laver aucunes buees ne aultres draptz immondes aux fontaines de la present ville, ne iceulx draptz mectre sur la marselle (margelle) desd. fontaines, a peyne de perdiction desdictz draptz et dadmende de vingt solz tournois contre les lavendieres, de laquelle sera baille la tierce partie aux revelantz. Et permis a tous sergens se saisir et prendre lesd. draptz quilz trouveront sur les marsalles desd. fontaines. Publie a este par les carrefours acoustumes de lad. ville de Lymoges, le dernier jour de septembre mil v^c cinquante neuf. Ainsin signe : BECHAMEIL, prevost de Lymoges ; P. DE CHARLONYA, procureur susd., et DE LAGARDE, greffier (1).

LE DERNYER jour du mois doctobre mil cinq cens cinquante neuf, alla de vie a trespas feu Jehan Froment dit Maubaye, consul la presente annee. [Mort du consul Froment.]

---

(1) Voilà un règlement bien sévère. 60 sols tournois étaient alors une somme importante ; la confiscation d'un drap pour inobservation d'un arrêté de police paraît également une peine exagérée.

[Opposition des consuls à la nomination d'un notaire.
—
Instances pour la suppression de l'office.]

PARCE que maistre Anthoine Robert, natif et habitant de la ville de Sainct Yrieys, des le septiesme de jung mil cinq cens cinquante neuf avoit este pourveu par le feu roy Henry, que Dieu absolve, de loffice de tabellion en la seneschaucee de Lymosin, lequel, en vertu desd. lectres et aux fins destre installe et mys en possession dud. office, nous auroict faict bailler assignation par devant Monsʳ maistre   (1), conseiller du roy en son grand conseil et commissaire par led. seigneur deppute a ceste partie, lequel, a ceste fin, led. Robert il auroict mene en la present ville. Par devant lequel commissaire lesdictz consulz auroient compareu et faict plusieurs remonstrances, et en fin se seroient opposez aux fins de empescher que ledict Robert ne fust installe, comme avoict faict aussi le scindict des notaires royaulx; et, parce que, nonobstant lesd. oppositions, led. Sʳ commissaire, seant induement en lauditoire de la court de la seneschaucee de Lymosin, avoyt tire oultre et installe et mys en possession led. Robert dudict office de tabellion, et faict inhibition et deffence a tous notaires et aultres de ne lempescher, lesdictz consulz auroient appelle ; a laquelle appellation le scindic des notaires auroit adhere, et laquelle appellation lesdictz consulz auroient releve au conseilh, parce que le roy sen estoyt reserve la cognoissance, ou tellement despuis a este procede que, a linstance et poursuicte desdictz consulz, lesquelz auroient envoye solliciteur expres audict conseilh pour la poursuicte de la suppression dudict office, ou tellement a este poursuivy que, par arrest dudict conseilh, parties oyes, auroyt este ledict office de tabellion supprime en payant par les manans et habitans du hault pays de Lymosin la somme de quatre mil six cens livres tournois dung couste, et soixante escuz soleil daultre, pour les fraiz dudict Robert, a laquelle ledict conseilh les aroyt taxes et moderes, combien que icelluy Robert eust faict apparoir par quictance avoir paye au roy la somme de soixante livres t/ pour la finance dudict office de tabellion, laquelle somme de quatre mille six cens livres dung couste, soixante escuz daultre, avec les fraiz pour raison de lad. suppression faictz et de ce que sen est ensuivy, lesquelz ont este taxes et cothizes sur les villes closes et plat pays du hault

(1) Le nom est en blanc dans le manuscrit.

Lymosin par monsg^r Bermondet, lieutenant general en la seneschaucee de Lymosin, commissaire en ceste partie suyvant les lectres du roy dont la teneur est cy ampres inseree.

Sensuict la coppie des lectres de l'office de tabellion, duquel Me Anthoine Robert, habitant de Sainct Yrieys, auroyt este pourveu.

HENRY, PAR LA GRACE DE DIEU, ROY DE FRANCE, A TOUS ceulx qui ces presentes lectres verront, salut. Comme le roy dernier decede, nostre treshonnore seigneur et pere, que Dieu absolve, eust, par son edict faict au moys de novembre mil v^c quarante deux, et pour certaines et bonnes causes a plain y contenues, volu et ordonne que la creation, institucion et establissement des tabellonnages de nostre royaulme, pareillement de selleurs et gardes de noz sceaulx eust lieu et fust observe, entretenu et garde en chascune des chastellenies, prevostes, vicontes, jugeries et aultres jurisdictions ordinaires de n^re royaulme et pais de n^re obeissance, et que, suyvant linstitution de noz predecesseurs, fust deslors en advant establys et institues tabellions avec selleurs et gardes de nosd. sceaulx par tout nosd. royaulme, pays et jurisdictions, esquelles ny avoyt aulcune institution, pour y estre par lesdictz tabellions exerce leurs tabellionnaiges, et soict aussi que despuis led. edict naist este encores pourveu a office de tabellion en n^re pais et seneschaucee du hault Lymosin au siege de Lymoges en tiltre doffice, ferme comme il estoit, et est requis de personnage suffizant et experimente; SCAVOIR faisons que nous, a plain confians de la personne de n^re chevalier et bien ame maistre Anthoine Robert et de ses sens, suffisance, loyaulte, predhomie, experience et bonne diligence, a icelluy, pour ses causes et aultres bonnes considerations a ce nous mouvans, avons donne et octroye, donnons et octroyons par ces presentes office de tabellions de n^rd. pais et seneschaucee dudict hault Lymosin audict siege de Lymoges, ainsi cree et erige que dict est, par led. edict de nostre feu seigneur et pere, et auquel despuis icelluy nauroict encores este pourveu en tiltre doffice ne aultrement. Lequel office, partant que besoing est ou seroit, nous y avons cree et erige, creons et erigeons par ces presentes, pour icelluy avoir, tenir et dores en avant exercer et en joir et user par led. Robert, ses commis et depputes, aux honneurs auctenticques, prerogatives, preminances, franchises, libertes, droictz, proffictz, revenuz et emolumentz aud. office appartenant, tant quil nous plaira. Ordonnons mandement au premier de noz amez et feaulx conseilhers et maistre des requestes ordinaires de nre hostel, conseilliers de nre grand conseilh et de noz courtz de parlement de Paris et Bourdeaulx, seneschal de Lymosin et vigier de Sainct Yrieys, pour le regard de sad. vigerie, ou leurs lieutenans, et a chascun deulx, si comme il appartiendra, que, prins et receu dudict Robert le serment en tel cas requis et accoustume, icelluy mectent et instituent, ou fassent mectre ou instituer de par nous en possession et saisine dud. office et dicelluy, ensemble des honneurs auctenticques, prerogatives, preminences, franchises, libertes, droictz, proffictz, revenus et emolumens dessusd., le facent, souffrent et laissent joir et user plainement et paisiblement, et a lui obeyr et entendre de tous ceulx et ainsin quil appartiendra ez choses touchantz et concernans led. office, en contraignant a ce faire et souffrir les notaires institues et a instituer audict hault pais de Lymosin et tous aultres qui pour ce fairont a contraindre par toutes voyes et manieres deues et raisonnables, nonobstant oppositions ou appellations quelzconques et sans prejudice dicelles, pour lesquelles ne voulons estre differe. Dont si aulcuns estoient, nous avons retenu a nous et a nre prive conseilh la cognoissance, linterdisantz a noz cours souveraines et aultres juges quelconques, par sesd. presentes, par lesquelles mandons a nre ame et feal conseilher le tresorier de France et general de noz finances, estably a Lymoges, que, entend que a luy est, il consente linterinement et veriffication dicelles, et face joyr led. Robert dud. office a conmencer du jour quil nous a fourny la finance de la composition dicelluy, et au recepveur ordinaire dud. Lymoges que doresnavant, a conmencer dud. jour, il nayct a sentremectre a la perception des revenuz et emolumens dud. tabellionnage, maiz en souffre et laisse led. Robert jouyr et user par la maniere que dict est. Et, par rapportant sesd. presentes ou vidimus faict soubz scel royal pour une foy ou recognoissance dicelluy Robert de la joissance sur ce suffisante seullement, nous voullons icelluy recepveur et tous aultres a qui ce pourra toucher en estre tenus quictes et descharges par noz amez feaulx les gens de noz comptes, ausquelz nous mandons ainsin faire sans difficulte. Car tel est n^re plaisir, nonobstant les reunions et revocations tant generales que particulieres par nous et nosd. predecesseurs roys faictes et que pourrons faire cy apres, menbres, pentions, droictz, revenuz de n^re donmaine, ailleur que ne voulons aucunement nuyre, prejudicier ne empescher aud. Robert leffaict, pocession et joissance en tiltre doffice dudict tabellionnage, proffictz, revenuz et emolumens dicelluy, esquelles navons entendu et nentendons icelluy tabellionnage estre aucunement comprins, ains, en tant que besoingt est ou seroit, len avons dez a present conme pour lors exempte et reserve, exeptons, reservons et exemptons de noz certaine science, plaine puissance et auctorite royal, nonobstant les ordonnances, edictz et declarations que pourroient estre faictes de naliener n^rd. donmaine, aultres edictz sur la residence de noz officiers et quelzconques ordonnances, restrinctions, mendementz ou deffences a ce contraires. A toutes lesquelles ordonnances, edictz et declarations nous y avons, sans prejudicier en aultres choses, deroge et derogeons et aux derogatoires dez derogatoires dicelles par sesd. presentes, ausquelles, en tesmoingt de ce, nous avons faict mectre n^re scel. Donne a Paris, le septiesme jour de jung led. an mil cinq cens cinquante neuf, et de n^re regne le treziesme. Ainsin signe : De par le roy, BURGENSIS.

Sensuict la coppie des lectres et arrest donne au conseilh pour raison de la supression dud. office de tabellyon.

FRANCOYS, PAR LA GRACE DE DIEU, ROY DE FRANCE, a tous presentz et advenir, salut. Scavoir faisons que, oys en n^re prive conseil maistre Albert Vincendon, procureur et scindict de la ville de Lymoges et hault pays de Lymosin, et Anthoine Robert, nagueres pourveu de loffice de tabellion en la ville de Lymoges et hault pais de Lymosin, sur la requeste a nous [Même objet.]

presentee par lesd. habitans, cy atachee soubz le contre scel de n^re chancelerie, tendant afin que, pour les causes y contenues, il nous plust supprimer ledict office de tabellion, en remboursant led. Robert de ce quil avoyt sans fraulde et desguisement paye a feu n^re tres honnore S^r et pere le roy dernier decede, et, apres que led. Robert a afferme et jure pardevant le commissaire a ce par n^red. conseilh deppute que, pour raison dud. office, il avoict desbource et fourny actuellement la somme de quatre mil six cens livres t/, et que, pour ses fraiz et loyaulx coustz, il avoit acorde avec lesd. habitans moyennant la somme de soixante escuz, nous avons ordonne et ordonnons que, en remboursant prealablement ledict Robert de lad. sonme de quatre mil six cens livres, et luy bailhant pour lesd. fraiz et loyaulx coustz lad. somme de soixante escuz, icelluy office sera supprime et estainct, et lequel nous supprimons et estaignons par ces presentes. Et, pour fournir lesd. sommes, avons permis et permectons ausd. suplians et habitans les imposer et esgaller sur eulx en la maniere acoustumee, pourveu que la plus grande et saine partie y consente et que noz deniers ne soient retardez. Si donnons en mandement par ses presentes a noz amez et feaulx les gens de n^re court de parlement de Bordeaulx, au senneschal de Lymosin ou son lieutenant, que n^re presente suppression ilz facent lire, publier et registrer, icelle gardent et observent et entretiennent, fassent garder, observer et entretenir et lesdictz suplians joir et user plainement, paisiblement et perpetuellement, en contraignant a ce faire et souffrir led. Robert et tous aultres quil appartiendra et que pour ce faire fairont a contraindre par toutes voyes et manieres deues et raisonnables, nonobstant oppositions ou appellations quelzconques et sans prejudice dicelles, pour lesquelles ne voullons estre differe, permectans ausdictz suplians imposer et cothiser sur tous et chascuns les habitans de lad. ville de Lymoges et hault pais de Lymosin lad. sonme de quatre mil six cens livres tournois, dune part, et lesdictz soixante escuz, daultre, ensemble les fraiz requis et neccessaires pour la poursuicte dudict affaire, expedition et execution de sesd. presentes et de ce que sen ensuyvra, qui seront par lesd. senneschal ou son lieutenant, appelle n^re procureur, taxes et liquides, et iceulx, lad. liquidation faicte, faire lever par telz personnages que bon leur semblera, pour les convertir au remboursement des sommes susd. et de ceulx qui ont avance ou avanceront lesd. fraiz et non ailheurs, pourveu toutesfois que la plus grande et saine partie des habitans de lad. ville de Lymoges et hault pais de Lymosin y consante, et que noz deniers ne soient aucunement retardez, en contraignant lesd. habitans payer chascun sa part et cottite desd. sommes par les voyes et contrainctes susd., nonobstant comme dessus. Car tel est n^{re} plaisir, nonobstant quelzconques edictz, ordonnances, restrainctions, mandemens, deffences et lectres ad ce contraires. Et affin que ce soyt chose ferme et stable a tousjours, nous avons faict mectre n^{re} scel a sesd. presentes, sauf en aultres choses n^{re} droict et laultruy en toutes. Donne a Bloys, au mois de novembre lan de grace mil v^c cinquante neuf, et de n^{re} regne le premier. Signe sur le reply : Par le roy en son conseilh, Bourdin. *Visa contentor :* Huraud ; et scelle en cire verte en laptz de soye. Et au dos est escript : *Registrata*.

Il y a ici une page blanche dans le manuscrit.

Eslection de messieurs les consulz de la ville de Lymoges, faicte par les manans et habitans dicelle, assembles a la maniere accoustumee en la salle du consulat et mayson commune de la dicte ville. Ampres avoir faict le serement en tel cas requis et accoustume de fere en telz actes, ont procede a ladicte election, et ont esleu ceulx qui sensuyvent, le septiesme decembre mil cinq cens cinquante neuf.

Des Taules :

Jehan Veyrier.

La Porte :

Gregoyre Deschamps.

Maigninye :

Jehan Rougeron.

Le Marche :

Marcial Vertamon.

La Fourye :

Francoys du Boys dict Barbe.

Le Clochier :

Helies Galichier.

Boucharie :

Nicolas Voulreys.

Lancequot :

Francoys de Lanneau.

Les Combes :

Pierre du Monteil dict Pasquete.

Le Vieulx Marche :

Pierre du Mas (1).

Croissances :

Pierre Boyol;
Pierre Boulhon.

(Signé :) M. DESCHAMPS, notaire royal et scribe ordinaire desd. S^{grs} consulz.

---

(1) Au-dessous de cette ligne a été ajoutée une autre ligne d'une encre postérieure, complètement raturée plus tard, et en regard de laquelle on a écrit : « Les seditieux ont menti ! »

Eslection des conseillers et partisseurs des talhes la present annee mil v^c cinquante neuf de la ville de Lymoges, faicte en la maison conmune de consulat, suivant lancienne costume, apres avoir faict le serement au cas requis, le mardy segond jour de janvier an susd. mil v cinquante neuf.

Las Taulas :

Antoine Mosnier ;
Matieu Johanaud.

La Porte :

Jehan Vidaud ;
Marcial Maledent.

Maignynie :

Joseph Rogier ;
Adrien La Fosse.

Le Marche :

Marcial Mallot ;
Simon de Vaulx.

La Fourie :

Lois Rogier ;
Marcial Romanet.

Le Clochier :

Joseph Doyneys ;
Jehan Mazeau.

Bocharie :

Pierre Romanet ;
Gabriel de La Sarre dit le Furet.

Lansecot :

Geraud Legier ;
Helies Gay dit Cossiron.

Las Combas :

Leonard Freyssinaud dit Sardine ;
Marcial de Las Escuras dit Boriaud.

Le Vieulx Marche :

Marcial Charles dit Niot ;
Pierre Chapfort dit Claveau.

(Signé :) M. Deschamps, notaire royal et scribe ordinaire desd. S^{grs} consulz.

Il y a ici une page en blanc dans le manuscrit.

[Ermite de Mont-Jauvy.]

En ladicte annee mourut et deceda feu frere (1), quant vivoit hermite de lad. ville, au lieu duquel fut elleu par lesd. consulz frere Pierre Olivier, lequel fut mys en possession dud. hermitage et du logis de Mont Jauvy que en deppend, le jour de mons^{gr} sainct Tomas, xxj^e jour de decembre mil v^c cinquante neuf. Et fut faict la predication et celebre la grand messe en tel cas acoustumee en leglise parochielle Sainct Michel des Lions dud. Limoges.

[Réparations au pont Saint-Martial.
—
Péage audit pont.]

Et parce que lesd. S^{grs} consulz furent advertis, par aucuns parsonaiges dignes de foy, que le pont Sainct Marcial de lad. ville de Limoges sen alloit tumber dans leaue si promptement ny estoit pourveu, fut led. pont Sainct Marcial tout pave a neuf entierement dun bout a laultre sans riens obmectre. Et firent lesd. consulz les fraiz raisonnables pour ce faire, daultant quilz lievent le peage sur led. pont.

(1) Le nom est en blanc dans le manuscrit. Le dernier ermite nommé (voir p. 176) était Géral Cardenault.

PAREILLEMENT, lesd. S^grs consulz, en lad. annee firent faire le pave et applaner le grand chemin de Sainct Junien, par lequel len vient des pais de Poictou, Engomois, Xainctonge et La Rochelle, depuis la maison appellee de Celier jusques a bien pres de la croix de piarre estant au devant le couvent dez Carmes. [Réparations à la route de Saint-Junien.]

DAVANTAIGE firent aussi faire le pave du chemin que len va de la porte Maignynye, a la porte Sainct Gerault, et le firent rabaisser d'un grand pied et demy ou environ, et apres paver tout a neuf, ensemble celluy depuis la porte Maignynye jusques a la porte Boucharie. [Repavages divers.]

FIRENT aussi accoustrer le grand chemin tirant a Aix pres la croix quest devant les Troys Trueilhz, lequel estoit fort incomode et difficil pour passer. [Réparations au chemin d'Aixe.]

AUSSI firent accoustrer, egaller et paver en partye le chemin quest pres leglise de La Brugiere tirant a Paris. Et aussi enlad. annee fut acoustree la muraille antiere ou fut faicte la bresche par les S^grs de La Fayete et Terride (1), les foussez nectoyes a la porte Maignynye, et plusieurs aultres reparations utiles, proficables et necessaires que, pour eviter prolixite, ont este obmises. Et ont este lesd. paves et aultres susd. reparations conduictz par Me Jehan de Charlonia, contreroleur des deniers [Réparations à la route de Paris, aux murailles, etc.]

(1) La muraille entière fut réparée, y compris la partie où avait été pratiquée une brèche en 1548; mais ce n'est ici qu'un souvenir : la brèche était bouchée depuis 1551 (Ier vol., page 448). Dès l'année 1549, Henri II avait rendu aux pays du sud-ouest et du centre leurs franchises et leurs priviléges ; il leur avait aussi accordé l'exemption du monopole et de l'achat forcé du sel, moyennant 450,000 livres une fois payées et le rétablissement de l'impôt du quart et demi. Trois ans après, cet impôt fut même racheté par ces provinces, au prix de 1,200,000 livres. Le châtiment infligé à Limoges ne paraîtra pas trop sévère si on le compare à celui dont avait été frappée la cité de Bordeaux. Cette ville, dit le texte de l'arrêt royal, reproduit par Paradin, historien de l'époque, fut « privée à perpétuité de tous priviléges, franchises, libertés, immunités, maison de ville, jurades et conseil, cloches, justice et juridiction ».

Les cloches avaient été un des signes distinctifs de la liberté communale ; le droit d'assembler les manants au son de la cloche est spécifié dans presque toutes les chartes des communes. Ordonner de mettre en bas les cloches d'une ville, comme on voit qu'il fut fait à Bordeaux et à Limoges, c'était donc punir et les manants, en leur enlevant le moyen de se concerter, et les cloches elles-mêmes, instruments de ces assemblées séditieuses, en les privant de leur poste d'honneur ; de même, sous les Mérovingiens, on prétendait châtier les saints dont l'intercession restait sans effet en descendant pour quelque temps leurs statues dans des puits ou autres lieux bas. (*Voyez* MABILLON.)

— 202 —

communs dud. Lymoges, comme leur commis et aiant charge desd. consulz.

[Réparations aux armes.] LESDICTZ CONSULZ firent veoir et visiter la chambre du tresor du consulat de lad. ville ou avoient este mys les bastons et harnois des particuliers habitans de lad. ville depuis lan mil v^c quarante huict. Lesquelz trouvarent que tous lesd. bastons, quequessoit la plus grand partie, avoient este prins et emportes, et le reste et residu que y estoit demeure estoit tout gaste et pory par roullure et pourriture. Quoy voiant lesd. consulz par trois ou quatre forbisseurs de la present ville firent forbir et racoustrer le mieulx quilz peurent tous lesd. bastons avec les acquebeuzes et harnoys de la ville, et firent mectre en lad. chambre du tresor et en la chambre appellee du conseilh des portans bastonz, et apres les firent remplir de hallebardes, picquez, javelynes et aultres a bois longz, affin quilz se contregardassent mieulx et quil fut plus aise a les rediger en nombre, les mectre par inventaire et les recouvrer quant on les voudroit recouvrer.

[Profanation de l'image de la sainte Vierge.] LE DIMANCHE quatorziesme juillet mil v^c soixante, de nuict, fut rompu, froisse et gecte par terre limage de la benoiste vierge Marie estant en la place et derrier leglise Sainct Michel (1), lequel fut remys en son lieu le lendemain apres, avec procession generale et predication faicte en lad. eglise. Et pour obvier a lentreprinse de telz sedicieux et mal facteurs que len disoit croistre davantage pour mectre toutes choses en desordre, fut par les gens du roy, les oficiers du roy, les officiers du roy de Navarre et lesd. consulz faict assamblee en la maison de la ville, avec grand quantite de peuple. Lesquelz estoient en nombre de cent ou six vingtz en armes, firent cercher les suspicionnez dud. enorme faict, lesquelz ne les peurent trouver. Et de tout fut faict proces verbal par lesd. officiers. Et, par deliberacion et

(1) Les faits racontés dans les pages suivantes témoignent de l'agitation du pays tout entier : les guerres de religion vont commencer. Les Huguenots se vengeaient des massacres d'Amboise en abattant les croix et les statues des saints.

advis desd. officiers et desd. habitans, fut envoye Marcial Deschamps, scribe ordinaire desd. S^rs consulz, en poste devers la majeste du roy de Navarre, estant lors a Nerac, comme grand gouverneur et lieutenant general du roy au pais et duche de Guienne, luy porter missives desd. oficiers du roy, des siens et desd. consulz, narratives et pour ladvertir de ce que dessus. Lesquelz les aiant receuez, renvoya les siennes ausd. oficiers et consulz, les advertissant de baller tel ordre que toutes choses fussent mennees saigement et que len se donna garde desmeute et sedition.

ET POURCE que le roy manda par ses lectres missives se donner garde et tenir loeilh sur les passans et repassans en la present ville silz estoient armes, de quelles armes, sil y avoit congregations et monopoles, et ladvertir du tout affin dy pourveoir et deliberer, fut en la present ville de Limoges faict guet ordinairement aux portes de la ville par vingt personages en chacune dicelles par chacun jour, armes et enbastonnes. Et fut contynue jusques au mois de decembre a prandre et comancer depuis led. mois de juillet. [Guet.]

AU MOIS DAOUST suyvant, parce que quelques maleureux mennarent au present pais ung homme predicant, incogneu, quilz firent prescher doctrines faulses, pernicieuses, libertines et a leur plaisir ez environs de la present ville une demy lieue (1), ou assistoit quantite de peuple, fut renforce led. guect aux portes, craignant quelque tumulte et scandale en lad. ville. Et fut de rechief envoye devers led. roy de Navarre Mr de Sainct Maurice luy porter aultres missives pour aussi ladvertir dud. affaire. Et ce pendant firent lesd. consulz advertir que le roy n^re d. sire avoit delibere et arreste denvoyer en ceste ville le S^gr de Termes avec huict ou neuf compagnies de gens dordonance pour tenir garnisons, chastier et pugnir les sedicieux, rebelles et desobeyssans aux comandemens de Dieu et de lEglise; [Prédication aux environs de Limoges. — Agitation. — Enquête.]

---

(1) C'est un prêche huguenot dont il s'agit ici. De pareilles assemblées religieuses et politiques furent tenues dans le même temps à Caen, à Dieppe, à Saint-Lô, à Valence et à Montélimart.

toutesfois que, avant lexecution de lad. conclusion, il envoyeroit en ceste ville le S^gr de Ventadour, gouverneur et seneschal de Lymosin a la survivance de mons^gr de Pontbriant, pour senquerir sur les rebellions et desobeyssances, tumultes et scandales que len avoit rapporte avoir este comises par les habitans de ceste ville, mesmes quilz avoient abatu la grand eglise Sainct Estienne, homicide le grand vicaire de levesque, faict et commis plusieurs aultres cas enormes contre l'honneur de Dieu et majeste du roy. Lequel S^gr de Ventadour, aiant lad. commission et mandement du roy, vint en ceste ville avec bonne et honneste compagnye, se logea au logis de mons^gr le general de Jullien appelle du Brueilh; et senquit et fist proces avec mess^grs le grand vicaire de levesque, les principaulx chanoines des eglises Sainct Estienne, Sainct Marcial, les officiers du roy de Navarre, les consulz et plus apparans bourgeois, marchans et habitans de lad. ville. Lequel, aiant trouve toutes choses tranquilles, et que ce que len avoit rapporte estoit faulx, en dressa son proces, lequel fut diligemment et en poste porte par le secretaire dud. S^gr de Ventadour au roy avec ses lectres missives adroissantes a Sa Majeste, a la reyne mere, monseigneur le duc de Guyse et au S^gr de Termes, luy ballant advertissement comment les habitans de ceste ville estoient ses humbles subgectz et navoient les cas et crimes cy dessus speciffies comis, ne voudroient avoir faict.

[Etats généraux d'Orléans.

Les consuls envoient une députation au roi de Navarre.]

EN LADICTE ANNEE, le roy n^re souverain S^gr, meu de bonne volente, fist crier et proclamer les estatz generaulx de la France en la ville dOrleans, le dixiesme jour de decembre prochain, pour oyr et entendre les remonstrances et doleances des trois estatz de ses roiaulme, pais et obeissance, afin dy pourveoir et deliberer apres, comme il verroit estre à faire et cognostroit le cas le meriter. Led. roy de Navarre partit de la ville de Nerac environ la fin du mois doctobre, et print chemin pour aller en lad. ville dOrleans. Et, sachant cela, furent envoyes Mr Me Marcial Essenault, advocat au siege presidial de Limoges, sire Jehan Verrier et Pierre Boullon, consulz en lad. annee, le trouver en la ville de La Rochefoucaud pres Engolesme (1), où

---

(1) Antoine de Bourbon, après avoir essayé d'éluder un ordre de François II qui lui enjoignait d'avoir à se présenter à Orléans avec Condé, son frère, avait cédé aux prières de son

estans arrives, trouvarant quil avoit desja passe. Quoy voiant, le suyvirent jusques en la ville de Chaulnay en Poictou, ou illec le saluarent, luy presentant le service desd. consulz et de lad. ville et generalement de tous les manans et habitans dicelle, le supplierent les avoir et tenir pour ses bons et loiaulx subgectz. Lequel les recust fort humainement, et leur promist leur estre aidant et secourable en tous lieux et endroictz quilz se retireront a luy.

ET POUR COMPAREOIR ausd. estatz, pour le tiers estat de hault pais de Lymosin furent commis et deputes sires Jehan Du boys, M^s de la monnoye, et Jehan Benard, conmis dicelle. Lesquelz partirent dud. Lymoges pour y aller le ve jour de decembre, avec les remonstrances et doleances dud. pais, desquelz en est demeure loriginal (1) ras led. Des Champs, scribe. [États généraux : nomination des députés du tiers-état.]

ET PARCE que aud. temps len craignoit quil se feist quelques choses nocturnes, par lespace de six sepmaines fut faict guect toutes les nuictz en lad. ville par quarante personaiges, desquelz estoit cappitaine Me Francois Colomb, M^e app^{re} dud. Limoges, pour tenir les habitans en craincte; lesquelz personaiges estoient salarises et stipendies par lesd. S^{grs} consulz pour ce faire. [Crainte de troubles. — Guet.]

ET DAVANTAIGE, pour et affin que la force et auctorite demeurast au roy, furent envoyes querir les prevost des mares- [Arrivée à Limoges des prévôts de la Marche et de Montmorillon.]

autre frère le cardinal de Bourbon, envoyé par la cour auprès du roi de Navarre pour dissiper ses justes craintes. Guise, qui voulait prévenir l'union des Châtillons, des Montmorency et des Bourbons, allait enfin pouvoir mettre la main sur Condé, déjà compromis dans la conjuration d'Amboise.

Un fait rapporté dans des mémoires de l'époque semble démenti par le récit des consuls. Sept à huit cents gentilshommes bien armés seraient venus trouver les Bourbons à leur passage à Limoges, et leur auraient offert dix mille combattants, au nom des réformés du midi, s'ils voulaient entreprendre d'enlever la personne du roi aux Lorrains; mais le roi de Navarre aurait remercié et congédié toute cette noblesse. On voit ici que le roi de Navarre passa à une assez grande distance de Limoges.

(1) Il est fâcheux que le cahier de ces remontrances et doléances ne soit pas transcrit sur les Registres consulaires.

chaulx de la Basse Marche et Montmorillon avec ses douze archiers, celluy du Hault Limosin avec vingt archers, pour faire les prinses, proces et jugemens des delinquans et desobeissans au roy si aucuns sen trouvoit. Lesquelz prevostz et leursd. archiers demeurarent en la present ville bien lespace dun mois entier, nourris, entretenus et salarises par lesd. consulz, qui furent contrainctz lad. annee supporter de grandz frais et charges consulaires.

[Bris de croix. Le Sgr de Termes vient s'établir à Saint-Junien avec dix compagnies, prêt à se rendre à Limoges.]

Et aussi furent habillees (1) certaines croix qui sont pres et ez environs de lad. ville qui avoient este rompues et mises par terre par lesd. sedicieux et rebelles. Pour pugnir et chastier lesquelz, led. Sr de Termes arriva en la ville de St Junien le vj^e de decembre aud. an mil v^e soixante, en deliberacion, comme len disoit, en ceste ville de Lymoges venir apres, acompagne de neuf ou dix compagnies de gens dordonance et douze centz honmes a pied. Et parce que les consulz nouveaux furent esleuz le vij^e de decembre, questoit lendemain, ne sen peult plus escripre.

[Réclamations du roi de Navarre pour les censives des maisons.

Envoi d'un mandataire.]

Au mois de may en lad. annee mil v^e soixante, fut envoye deux missives en ceste ville ausd. consulz par Me Pierre Belut, procureur en la court de parlement a Paris, par lesquelles leur mandoit que les roy et royne de Navarre poursuyvoyent lexecution de larrest par eulx obtenu contre certains particuliers, manans et habitans dud. Limoges pour raison des censives des maisons, et quilz y envoyassent pour solliciter, et que de sa part il navoit receu sa pension acoustumee de lad. ville pouvoit avoir cinq ans passes, laquelle monte a quatre escus chacun an. Et pour scavoir dont venoit lad. sollicitation ou si led. Belut le mandoit pour recouvrer sad. pension, fut advise denvoyer aud. Paris led. Des champs, scribe, lequel y alla et pourta aud. Belut les quatre escus de la pension de lad. annee avec les lectres missives desd. consulz. Et, comme led. Belut manda et

(1) « *Habillées*, ajustées, rassemblées ». (Roquefort.)

led. Des champs rapporta apres estre arrive, lesd. Sꝰʳˢ roy et royne de Navarre nous poursuyvoyent. Et fut delibere en aller parler aud. roy de Navarre ; mais, causans les aultres empeschemens dessusd. apres survenus, ne fut possible y baller aultre ordre.

EN LADICTE ANNEE furent ballees les robes perses (1) et rouges aux gagiers de lad. ville, qui sobligarent, par devant led. Des champs, scribe, de servir lesd. consulz et leurs successeurs aux pactes, accordz, qualites et conditions contenuez ez lectres par led. Des champs receuez. Lesquelz ont fort bien et loyaulment servy et obey tout le temps de nʳᵉ annee consulaire et faict entierement leur debvoir. Et de nʳᵉ part supplions messꝰʳˢ les consulz noz successeurs les continuer avec les gaiges et salaires que leur avons promis, car lavons faict pour et affin de les incliner a faire de bien en mieulx par ladvenir.

[Hommes à gages du consulat.]

AUSSI en lad. annee furent faictes par lesd. consulz, mesmes par quatre que navoient jamais plus este elleuz, quatre pieces dartillerie de fonte, assises sur chevalet, au lieu dun banquet que chacun deulx debvoit faire.

[Pièces d'artillerie données par les consuls (2).]

Il y a ici un blanc dans le manuscrit.

---

(1) Féminin de *pers*, bleu marin : Minerve aux yeux pers.
(2) Voir la décision prise à ce sujet. T. Iᵉʳ, p. 256.

Eslection de messgrs les consulz de la ville de Lymoges, faicte par les manans et habitans dicelle, assembles a la maniere accoustumee en la salle du consulat et maison commune de lad. ville. Ampres avoir faict le serement en tel cas requis et accoustume, a este procede a lad. eslection, et ont esleu ceulx qui sensuyvent le septiesme de decembre mil cinq cens soixante (1).

Les Taules :

Marcial Decordes.

La Porte :

Jehan Vidau layne.

Maignenye :

Pierre Raymond.

Le Marche :

Pierre Decordes.

La Fourie :

Jacques Benoist.

Le Clochier :

Jehan Dumonteil dict Pasquete.

Boucherie :

Me Marcial Duboys.

Lansequot :

Pierre Saleys.

Las Combas :

Pierre Segond dict Dasde.

(1) Le 5 décembre, le roi François II avait succombé.

Le Vieulx Marche :

Thomas Brugiere dict Durand.

Croyssances :

Marcial Maillot ;
Jacques Gregoire.

(Signé :) Deschamps, notaire royal et scribe desd. S^{rs} consulz.

Il y a ici près d'un feuillet blanc dans le manuscrit, à la suite duquel est reproduit par inadvertance la liste ci-dessus.

Eslection des asseurs et partisseurs des tailles la present annee, faicte en la salle du consulat et maison commune dicelle annee par les manans et habitans de lad. ville, assembles a la maniere accostumee. Apres serment par eulx faict, ont esleu ceulx qui sensuyvent, le vingt sept^{me} jour de janvier mil cinq cens soixante.

Las Taulas :

Jehan Varacheau dict Rolland ;
Marcial Martin.

La Porte :

Mathieu Marlangon ;
Leonard Mosnier dict Lombard.

Maignenye :

Michel Tharaud ;
Marcial Merlin.

T. II.

Le Marche :

Pierre Duboys ;
Guillaume Poileve.

La Fourie :

Pierre Verrier ;
Jehan Decordes laisne.

Le Clochier :

Psaulme de Beaubrueil dict Peret ;
Francois David dict Vergas.

Boucharie :

Jehan Lagorce dict Gay ;
Pierre Lagorce dict Thomas.

Lansequot :

Jacques Chambinaud ;
Jehan Picard, orlageur.

Las Combas :

Jouven Reynier dict Lucas ;
Jehan Dubouscheys dict Lavau.

Le Vieux Marche :

Mathieu Varacheau ;
Pierre Cybot.

(Signé :) Deschamps, notaire royal et scribe de messgrs les consulz.

Il y a ici un feuillet blanc dans le manuscrit.

Apres lelection faicte des consulz de la ville de Limoges, le septiesme jour de decembre mil vᶜ soixante, ilz sen allarent en leglise Sainct Marcial dud. Limoges randre graces a Dieu suyvant la maniere acoustumee.

Et le lendemain firent en lad. eglise chanter la grand messe, ou ilz assistarent avec leur procureur, scribe et aultres leurs officiers gagiers, comme est de costume.

[Action de grâces des consuls.]

Et ledict jour, environ midy, sassamblarent lesd. consulz en lad. maison comune pour ensemble conferer et deliberer des affaires publicqz de lad. ville et entre aultres pour pourveoir tochant la gendarmerie tant a cheval que a pied quil avoit pleu au roy nʳᵉd. sire, pour aucunes causes concernans son service, envoyer au present pais de Limosin soubz la conduicte de monseigneur le mareschal de Termes, estant lors en la ville de Sainct Junyen, distant dud. Limoges de sept lieues ou environ, acompagne de huict compagnies de gens dordonance des Sᵍʳˢ de La Vauguion, dEscars et bon nombre daultres capitaines et gentilz hommes, pour executer ce quil avoit pleu au roy luy comander.

[Démarche faite par les consuls auprès du maréchal de Termes et du roi pour ne pas recevoir à Limoges les troupes cantonnées à Saint-Junien.

Priviléges de la ville.

Mort de François II.

Envoi de députés à Paris.

Les troupes sont dirigées partie sur Brive, partie en Picardie.]

Et led. jour mesmes, par advis et deliberation desd. Sᵍʳˢ consulz et des principaulx bourgeois, manans et habitans de lad. ville, pour cest effect assambles, furent envoyes en lad. ville de Sainct Junien, par devers led. Sᵍʳ mareschal de Termes, sires Jacques Gregoire et Jehan Dumonteilh, consulz, pour luy faire la reverence, presenter le service desd. consulz, manans et habitans dud. Limoges, scavoir et entendre de luy quant, comment, en quelle sorte et equipage il avoit delibere entrer en lad. ville, et, luy entre, sil falloit fournir a lad. gendarmerie vivres, logis, utencilles ou aultres choses, affin dobeyr et satisfaire a leur possible a la volente du roy et dud. Sᵍʳ mareschal de Termes.

Et apres que les susd. eurent de luy entendu partie de sa conception, pour aultant que les bendes de gens de pied que led. Sᵍʳ envoyoit estant en nombre mil hommes, soubz la charge des capitaines Ambars, Sarlabost et Jacques Volf, ne estoient encores arrivees, le priarent ne les mectre et lopger en la ville, cite ne faulx bourgz dud. Limoges jusques que plus a plain ilz auroyent veu et entendu la volente du roy nʳᵉd. Sᵍʳ et a luy remonstre la bonne fidelite et obeissance que de tout temps et ancienete lesd. consulz, manans et habitans dud. Limoges avoyent porte au roy nred. sire et a messgrs ses officiers, pour, apres la volente dud. Sgr entendue, y estre par led. Sgr mareschal pourveu et delibere comme il en verroit estre a faire ; ce que liberalement, a la requeste desd. consulz et desd. Srs de La Vauguion et dEscars, fut accorde par led. Sgr mareschal, et ordonne que les gens de pied envoyes par led. Sgr seroient conduictz et lopges en la ville dAixe, distant dud. Lymoges de deux lieues, et que dud. Limoges, par lesd. Sgrs consulz, les vivres et munitions contenuez par ung estat quil fist, signe de sa main, leur seroyent envoyes par fourme destappes en lad. ville dAixe, jusques a ce que aultrement par la majeste dud. Sgr seroit advise et delibere. Lesquelz vivres furent fournis et delivres ausd. gens de pied envoyes en lad. ville dAixe par lesd. Sgrs consulz lespace de vingt six jours et demy sans aucune discontinuation, tenant ce pendant les gens dordonance garnison en certaines villes et parroisses circunvoisines dud. Limoges.

Et pour aller par devers la majeste du roy, fut commis monsgr de Maraval, maistre dhostel de la maison du Sgr des Cars, qui, pour remonstrer et faire entendre ce que dessus, partit et sen alla en poste. Et, actendant la venue ou nouvelles dud. Maraval, survint la mort et deces du roy Francois, segond du nom, que Dieu absolve.

Au moien de quoy fut ordonne par la reyne mere, le roy de Navarre et aultres grandz Sgrs du conseilh prive, que les compagnies de gens dordonance estans aud. pais de Limosin (se retireraient) incontinant et sans delay en leur ancienne garnison. Et de ce furent dressees et expediees lectres et commissions par monseigneur le connestable, grand gouverneur et lieutenant general pour le roy de sa gendarmerie en France.

Par lune desquelles commissions estoit mande a la compagnye de monseigneur le prince tenir leur garnison en la present ville de Limoges. Quoy voiant, le jour de Noel, en ladicte annee mil vc lx, fut advise par lesd. Sgrs consulz envoyer a la court en poste sire Jacques Gregoire, lun desd. consulz, remonstrer a nosd. Sgrs du conseilh prive les previleges cy devant et dancienete concedes ausd. manans et habitans dud. Limoges de ne recepvoir et lopger en lad. ville aucunes gens de guerre par fourme de garnison, et quil fut le bon plaisir de nosd. Sgrs du conseilh prive les conserver et maintenir en leursd. previleges et exemptions, et ordonner que lad. compagnie de monseigneur le prince tiendroit leurd. garnison en tel aultre endroict quilz verroyent le plus comode.

Lequel Gregoire partit led. jour mesmes en poste, et, apres avoir poursuyvy led. affaire, obtint lectres par lesquelles fut mande a lad. compagnie de monseigneur le prince se retirer pour tenir leur garnison en la ville de Brive au Bas Lymosin, et aux consulz, manans et habitans dud. Brive les recepvoir et lopger, leur fournir, dresser et delivrer les vivres, munitions et aultres choses necessaires, selon les edictz et ordonnances dud. S^{gr}.

Lesquelles lectres furent par led. Gregoire envoyees par ung poste expres ausd. consulz ses compaignons, et, de luy, sarresta et demeura en court, daultant quil fut adverty que les consulz, manans et habitans dud. Brive voloyent faire revocquer lesd. lectres ou en obtenir dautres prejudiciables aux susd. Et, demeurant led. Gregoire en court, il obtint autres lectres quil envoya aussi ausd. S^{grs} consulz deux jours apres par aultre poste expres, mandant aud. S^{gr} mareschal de Termes envoyer lesd. gens de pied tout incontinant pour le service dud. S^{gr} au pais de Picardie, ce que fit led. S^{gr} mareschal, et tant luy que lesd. gens de guerre a cheval et a pied sen allarent et retirarent du present pais de Lymosin ez lieux et endroictz quil avoit pleu a nosd. S^{grs} du conseilh prive luy mander par lesd. lectres sus narrees.

Que fut ung grand bien, proficit et solagement pour les habitans dud. Lymoges, lieux et pais circumvoisins. Ce que fut faict a grand diligence, et ny espargnarent lesd. consulz leurs personnes, biens et chevances.

Sensuict la teneur des lectres de monseigneur le mareschal de Termes pour faire lopger en la ville dAixe les trois compagnies de gens a pied.

PAULE, seigneur de Termes, mareschal de France, aux [Même affaire.] officiers, consulz, manans et habitans de la ville, cite et faulx bourgz de Limoges. Comme il aist pleu au roy nous envoyer en ce pais avec une force de gendarmerie et de gens a pied pour aucunes causes concernans son service, lesquelles forces nous avons departies aux lieulx quil nous a semble plus a propoz pour y tenir garnizon, et encores que n^re intention soit que tout ce quilz prandront tant en leur garnizon que alleurs soit paie et satifaict, comme nous leur avons tres expressement ordonne, neanmoingz nous craignons quilz ne paient pas si bien que le pouvre peuple ny soit interesse en quelque chose, mesmes des gens a pied qui vivent sans riens payer, occasion quilz ne sont payes de ce que le roy leur doibt; et desirant de pourveoir a ce que leur vivre ne soit en telle confuzion et prejudice dud. peuple, nous avons advise de les reduyre et faire lopger en la ville dAixe, et que de la vostre les vivres leur seront fournis. Pource est il que vous ordonnons que vous ayes chacun jour delivrer a chacun soldat ce que vous verres que leur avons assigne par lestat cy atache. Suyvant lequel vous ne fallires a faire faire lesd. fournitures et den tenir bon et loial compte, afin que, venant au payement desd. soldatz, tout ce que vous aures delivre pour leurd. vivre leur soit rabatu pour lemployer a v^re rembourcement. Faict au pont Sainct Junien, le xiiij^e jour de decembre mil v^c soixante. Signe : PAULE DE TERMES ; plus bas, DE GENSANE, et scelle.

Coppie de lestat des vivres desd. gens de pied envoyes en lad. ville dAixe.

[Même affaire.] A la compagnie du capitaine Sarlaboust, qui est de deux cens quarante acquebuziers, sera fourny par jour deux livres de pain bourgeois pour chacun soldat, poisant chacun(e) une livre seze onces, led. pain essaye et rassis, cy...... iiij^c iiij^{xx} l. pain.

Item, en vin, a raison dun pot pour chacun soldat, cy........................ ij^c xl potz vin.

Item, en chair, a raison dune livre de beuf et demy livre de mouston, pezant chacune livre seze onces, cy.. iiij^c iiij^{xx} l. chair.

Item, ez jours de poisson, au lieu de lad. chair, sera fourny une morue, une livre formage et ung quarteron dhuile dolif pour quatre soldatz (1).

Chacune livre de pain estimee a	iij d.
Le pot de vin, a raison de...................	xvj d.
La livre de beuf, a raison de................	vj d.
Livre de mouston, a raison de...............	ix d.
La morue, a raison de.......................	ij s.
Livre de formage, a raison de	xij d.
Livre dhuile (2).............................	xviij d.

Qui est pour la nourriture de chacun soldat a raison de ij s. viij d. obole pour jour de chair et ij s. x d. obole pour jour de poisson.

Aux aultres compagnies sera fourny pro rata selon le nombre pourte par le rolle du commissaire Cambis.

Pour le maistre du camp, sera faict fourniture aultant que a huict soldatz.

Pour les cappitaines en chef, aultant que a six.

Au lieutenant, aultant que a quatre.

A l'enseigne, aultant.

Aux lampessades (3) et payes royalles, aultant que a deux.

Le commissaire Cambis aura egard a la fourniture des vivres, a ce quil ne se commecte abbuz, et luy sera administre aultant que a quatre soldatz.

Faict au pont Sainct Junien, le xiiij° jour de decembre m. v° lx. Signe PAULE DE TERMES.

---

(1) Ces rations sont beaucoup plus fortes que celles accordées de nos jours.

(2) « La valeur du pain étant prise comme base d'appréciation, le pot de vin coûtait autant que cinq livres de pain, la livre de bœuf autant que deux livres de pain, la livre de mouton autant que trois livres de pain, la livre de fromage autant que quatre livres de pain, la livre d'huile autant que dix livres de pain, une morue autant que huit livres de pain. Ces rapports ont été modifiés : le vin et la morue ont baissé de près de moitié; le bœuf et l'huile, d'un tiers à peu près. Quant à la valeur relative des monnaies, elle peut être appréciée ainsi : au xvi° siècle, un hectolitre de blé s'échangeait contre 15 grammes d'argent; un siècle plus tard, contre 45, et depuis le xix° siècle, contre 90. Par conséquent la valeur de l'argent rapportée à celle du blé a baissé de 5/6, ou, ce qui revient au même, le prix de chaque chose a sextuplé. Mais en 1500 l'Europe n'avait que pour 300 millions d'or et 700 millions d'argent, et elle avait en 1800 25 fois plus, soit 9 milliards d'or et 16 milliards d'argent. Elle avait donc trois fois et demi plus d'argent pour acheter les choses dont elle avait besoin. » (*Dictionnaire des Economistes*.)

(3) « *Anspessade*: ce mot désignait un officier d'infanterie d'un rang supérieur au caporal. » (CHÉRUEL, *Dict. des Institut.*) — Le mot de notre texte ainsi orthographié serait plus conforme à l'étymologie donnée par Littré : *Ital. : Lancia spezzata* (lance brisée).

Coppie des lectres de monseigneur le connestable pour faire tenir garnizon a la compagnie de monseigneur le prince a Lymoges.

[Même affaire.] ANNE DE MONTMORANCY, pair et conestable de France, a n^{re} cher et bien ame   (1) de la compagnie de M^r le prince de Navarre, salut. Comme le roy aist advise faire retourner les compagnies de sa gendarmerie aux anciennes garnisons ou elles soloyent estre cy devant, et nous aist ordonne les y faire achemyner le plus promptement que faire se pourra, soit besoing pour la conduicte de lad. compagnie comectre et deputer personage en ce experimente et entendu, scavoir faisons que nous, a plain confians et deuement informe de voz vertu, experience, preudhomie et bonne diligence, vous avons, en vertu de n^{re} pouvoir, commis, ordonne et depputé, commectons, ordonnons et deputons par ces presentes pour conduyre lad. compagnie, qui de present est en Lymosin, a la suite de monss^{gr} le mareschal de Termes, jusques a Lymoges, son ancienne garnizon, pour le plus court et droict chemin que faire se pourra et aux plus grandes et raisonnables journees, sans sescarter, leur faisant administrer vivres quilz paieront de gre a gre suivant lordonnance. Si tiendres la main quil ne soit faict aucune exaction, pillerie, travailh ne moleste au pouvre peuple et subgectz du roy, sur peine den faire faire la justice et pugnition exemplaire. De ce faire vous avons donne et donnons, en vertu de n^{re} pouvoir, auctorite, commission et mandement special. Mandons a tous justiciers, officiers et subgectz du roy par ou vous passeres que a vous en ce faisant soit obey. Donne a Orleans, le xvj^{me} jour de decembre lan mil v^c lx. Signe dessoubz : DE MONTMORANCY; et plus bas, DAVENEL; seelles de seel et armes dud. S^{gr} connestable.

(1) Le nom est en blanc dans le manuscrit.

Coppie des lectres obtenuez par led. Gregoire pour faire aller lad. compagnie de mons^{gr} le prince tenir leur garnison en la ville de Brive.

ANTOINE, par la grace de Dieu, roy de Navarre, S^{gr} souverain de Beard, duc de Vendomois et de Beaumon, conte de Marle, dArmaignac et Perigort, viconte de Lymoges, premier pair de France, gouverneur, lieutenant general et admiral pour le roy monseigneur en ses pais et duche de Guyenne, aux maire, eschevins, consulz, jures et aultres oficiers, manans et habitans de la ville de Brive la Gallarde, salut et dilection. Comme les manans et habitans de la ville de Limoges nous ayent faict remonstrer que par commission decernee par n^{re} trescher et ame cousin M^r le duc de Montmorancy, pair et connestable de France, estoit ordonne que la compagnie de n^{re} filz le prince de Navarre, qui estoit au hault pais de Limosin, yroit en garnison en lad. ville de Limoges, et que depuis six sepmaines et plus ilz ont este foules de lad. compagnye et plusieurs aultres tant de cheval que a pied; aussi que de tout temps et ancien nete ilz sont exemptz et previlegies de garnizon, pour ces causes et aultres considerations concernans le service du roy, nous avons advise de ordonner en lad. ville de Brive la Gallarde la garnizon de la compagnie de n^{re}d. filz le prince de Navarre, soubz la charge et comandement de   (1), et pour cest effect advertir icœlle compagnye de sacheminer et y sejourner jusques que aultrement en soit ordonne. A ceste cause, nous vous mandons, commandons, et a chacun de vous endroict soy comme a luy appartiendra, recepvoir lad. compagnie, et aux hommes darmes et archiers dicelle, leurs serviteurs et chevaulx, fournir et faire administrer logis, vivres et aultres choses necessaires pour leur vivre et entretenement, en paiant par eulx selon que les ordonances dud. S^{gr} le portent et contienent; ausquelles eulx et vous obeyres pour ce regard de maniere quil nen adviegne plainte, sur peine de correction et pugnition condigne du merite. Car

[Même affaire.]

---

(1) Le nom est en blanc dans le manuscrit.

telle est lintention dud. S^{gr} et la nostre. Donne a Orleans, le xxix^e jour de decembre lan de grace mil cinq cens soixante. Ainsi signe : ANTOINE, et au dessoubz : Par le roy de Navarre, gouverneur et lieutenant general susd., LE ROYER; et scelle.

Lesquelles lectres furent ballees et delivrees a M^r de La Felhade, mareschal des logis de lad. compagnie, pour y obeyr et satifaire, qui les print et receust avec une missive dressante aux consulz de la ville de Brive la Gallarde du xxixe de decembre mil v^c lx, comme est contenue par acte en parchemin signe Bermondet et de La Porte, date du premier jour de janvier lan susd. mil v^c lx.

[Même affaire.
Les consuls sont obligés d'avancer de leurs deniers la somme de 6,100 l., pour frais de route des troupes se rendant en Picardie.]

Nonobstant que le roy n^{re} sire eust envoye commission pour faire deslopger lesd. gens de pied et se retirer au pais de Picardie, daultant que le recepveur de lextraordinaire des guerres de Poictiers navoit fondz pour paier a lad. compagnie la somme de six mil cent livres t/, comme luy estoit mande par lesd. lectres du roy, furent lesd. consulz contrainctz pour le solagement de la republicque fournir et advancer de leur propre bource lad. somme de six mil cent livres t/, soubz certaine obligation a eulx accordee par led. S^{gr} mareschal cy apres inseree. Et ung mois apres ou environ, lad. somme fournie pour le deslogement desd. gens de pied. leur fut rendue et restituee.

Coppie de lobligation accordee ausd. S^{grs} consulz par led. S^{gr} mareschal pour lad. somme.

[Même affaire.]

PAULE de Termes, mareschal de France. Ayant pleu au roy nous mander de faire separer les forces que nous avons en ce pais, assavoir la gendarmerie en son ancienne garnison et les gens de pied en Loraine, ou Sa Majeste leur a ordonne leur garnison, il auroit par mesme moien ordonne que avant le departement desd. gens de pied ilz seroyent paie pour ung mois, affin que faisant par eulx le voiage ilz neussent occasion de fouler le pouvre peuple, vivans sur luy sans riens paier; et pour cest effect, le tresorier de lespargne auroit despesche ung mandement au trezorier de lextraordinaire de la guerre pour recepvoir les deniers quil faudroit pour faire led. paiement; toutes fois voiant que lad. assignation nest poinct si prompte que, avant que la recepvoir, lesd. gens de pied eussent este contrainctz sejourner quelque temps davantage, a la foule et grand prejudice du pouvre peuple, et desirant de pourveoir a cela, et aussi au service du roy, nous avons prie et requis messgrs les consulz de la ville de Lymoges de nous prester et advancer la somme de six mil cent livres t/, que se monte le paiement de trois compagnies desd. gens de pied, en leur rabatant quelques prestz que leur furent faictz dernierement par led. tresorier de lextraordinaire; ce que lesd. consulz auroient faict, dont nous promectons leur faire faire remboursement par icelluy tresorier de lextraordinaire dans ung mois a compter du jour et date de ces presentes, ou bien les paier de noz deniers propres. Dont nous leur avons faict et faisons par la presente n^{re} propre debte; et, en tesmoing de ce, lavons signee et scellee de noz armes, a Sainct Junien, ce neufiesme janvier mil v^c soixante. Signe : PAULE DE TERMES; et scelle de ses armes. Et plus bas : Par le comandement de monseigneur le mareschal, DE GENSANE.

Les vivres fournis et delivres par estappe par lesd. S^{grs} consulz ausd. trois compagnies de gens de pied estans en lad. ville dAixe durant lesd. vingt six jours et demy, furent mis par estat, veriffies et apprecyes par mons^{gr} de Cambis, commissaire desd. compagnies, a la somme de cinq mil huict cens seze livres seze solz sept d/ obole t/.

Pour avoir remboursement de laquelle dicte somme, furent envoyes a la court sires Jacques Benoist et Pierre Segond, consulz, qui obtindrent lectres du grand sceau, par vertu desquelles lad. somme, ensemble les fraiz raisonnables, fut cotisee, cullye et levee sur les manans et habitans de la ville, faulx bourgz et cite de Limoges, sans y comprandre aucun bourg, parroisse ne vilage.

[Même affaire. — Etat des vivres fournis par les consuls aux trois compagnies établies à Aixe. Les consuls sont autorisés à répartir la somme sur la ville, les faubourgs, et la cité.]

[Même affaire.
Total des sommes avancées de leurs deniers par les consuls.]

Lesquelles sommes de v^m viij^c xvj liv. fournies pour lesd. estappes, dune part, et vj^m c liv. t/ pour le paiement desd. gens de pied, daultre, quest en tout xj^m viij^c liv., furent fournies, desbourcees et advancees de leurs propres deniers particuliers par lesd. consulz ung mois apres leur ellection, reserve de la somme de dix huict centz livres, quilz prindrent et empruntarent a interestz.

[Convocation des Etats provinciaux pour le 25 mai 1560.]

Environ le mois de mars en lad. annee mil v^c soixante, fut envoye lectres patentes de la majeste du roy au seneschal de Lymosin ou son lieutenant, par lesquelles luy fut mande dassambler les troys estatz de la seneschaucee et hault pais de Lymosin pour conferer et deliberer ensemble des moiens de luy aider pour le paiement de ses debtes et affaires et sur les ouvertures que avoyent este faictes au mois de decembre precedant au parlement des estatz dOrleans, apres deputer de chacun estat troys personages pour se rendre et trouver en la ville et cite de Bourdeaulx, capitale de Guienne, et la ensemble tous les depputes des villes et ressortz de Guienne, conclurre le moien plus expédiant et comode pour led. affaire, et len advertir dans certain temps apres.

Ledict seneschal de Lymosin, en vertu desd. lectres, fist assembler aud. Limoges lesd. trois estatz dud. hault Lymosin par eedict faict a son de trompe et cry publicq. A lad. assemblee comparurent lesd. S^{grs} consulz et une partie des scinditz des villes et paroisses de hault Limosin, lesquelz ensembleement ballarent et accordarent procuration aud. sire Jacques Gregoire, consul, pour led. affaire.

En vertu de laquelle il alla compareoir a Bourdeaulx pour lesd. consulz et scinditz du hault Limosin, et luy, estant a Bourdeaulx avec les depputes de certains pais et provinces de Guienne, entre eulx fut advise et resolu, auparavant de baller leur advis sur lesd. ouvertures et moiens, de prier et supplier la majeste dud. S^{gr} leur faire et baller responce sur les remonstrances, plaintes et doleances a luy faictes par le tiers estat de son roiaulme ausd. estatz tenuz a Orleans, et sur certains aultres articles quilz arrestarent illec et disoyent estre prealables. Et, sans baller aultre advis ne moien, se retirarent chacun desd. depputes, comme fist led. Gregoire, en leur pais et' province.

Par aultres lectres patentes du roy, fut de rechief mande aud. seneschal de Lymosin ou sond. lieutenant, assambler lesd. trois estatz, et de chacun diceulx envoyer un personage aud. Bourdeaulx, le dixiesme jun lors suivant, pour baller certain advis et resolution sur ce que dessus, sans plus sarrester et empescher esd. prealable, ne senquerir de lestat et gouvernement de ses afaires.

[Seconde convocation des Etats provinciaux pour le 10 juin 1560. — La question préalable doit être écartée; les Etats s'occuperont seulement du vote de l'impôt.]

Ledict seneschal aussi fist de rechief, en vertu desd. secondes lectres, assambler lesd. estatz. Et pour le tiers estat du hault Limosin fut deppute et envoye par lesd. S^{grs} consulz, pour compareoir led. jour dix^{me} jun aud. Bourdeaulx, Marcial Deschamps, leur scribe et greffier consulaire, avec memoires, charges et instructions pour accorder, resouldre et arrester lesd. moiens et ouvertures avec les aultres deputes des provinces de Guienne.

Estant led. Deschamps, et aiant comparu en lad. ville de Bourdeaulx par devant monseigneur de Burie, commissaire depute pour cest effect, led. S^{gr} de Burie receust lectres closes de la majeste du roy, desquelles fist faire lecture aux depputes des provinces de Guienne qui comparurent, et leur permit, comme pourtoyent lesd. lectres, se retirer chacun en son pais, et leur fist delivrer lextraict de son proces verbal, ou lesd. lectres sont inserees de mot a aultre, dont la teneur sensuict:

Extraict du proces verbal de Mr de Burie, lieutenant general et gouverneur pour le roy en son gouvernement de Guienne, en absence du roy de Navarre, faict en la reassamblee et convocation des trois estatz dud. gouvernement, assignes par devant led. S^{gr} au dixiesme du present mois.

Avons octroye acte a Me Marcial Des champs, notaire roial, de ce quil a comparu pour le tiers estat du hault pais de Lymosin par devant nous le dixiesme jour du present mois de jun a lassignation que y escheoit a la reassamblee et convocation desd. trois estatz, et parellement, le treziesme dud. mois, en leglise cathedrale de Sainct Andre, ou avons faict lire la lectre close du roy a nous ce jourdhuy envoyee, de laquelle la teneur sensuict : « Mons^{gr} de Burie, je vous escripvis de Fontainebleau que, aiant les estatz de Guienne faict leur debvoir a lassamblee derniere qui sestoit faicte, je ne voulais (sic) leur donner la peine de se reassambler, et toutesfois jay veu par v^{re} lectre du dernier du mois passe que vous les actendies au dixiesme de jun, chose que jay trouve bien estrange (1). A ceste cause, je vous prie, mons^{gr} de Burie, silz se sont reassambles, leur faire entendre le contentement et satisfaction que jay du debvoir quilz firent aux dernieres, et que a ceste occasion je ne veulx quilz se travallent plus de se reassambler, les remerciant de leur bonne volente, en laquelle vous les prieres de perseverer, et que, veu cela, ilz se retirent en leurs maisons jusques a ce quilz me viennent trouver au premier daoust, suivant la premiere convocation; et silz ne sestoient reassembles, vous ne les manderes poinct et ne leur donneres ceste peine, suivant ce que par cy devant je vous avais (sic) mande, quest tout ce que vous diray pour ceste heure, priant Dieu, Mr de Burie, vous avoir en sa saincte et digne garde. De Sainct Germain lez Paris, le vij^{me} jour de jun 1561. Signe CHARLES; plus bas, ROBERTET. Et a la subscription de lad. lectre est escript : A mons^{gr} de Burie, chevalier de n^{re} ordre, gouverneur et n^{re} lieutenant general en Guienne en absence de n^{re} oncle le roy de Navarre. Faict et delivre le present extraict et coppie de lectres a Bourdeaulx, le xiiij^{me} jun 1561. Signe : J. MALLET, greffier. »

[Les Etats provinciaux sont dissous.]

[Ostensions.] En ladicte annee, et au mois de fevrier m. v^c soixante, firent lesd. S^{grs} consulz nectoyer les estangz de lad. ville pour cause

---

(1) Les états provinciaux avaient été convoqués pour le 25 mai, puis pour le 10 juin, afin de s'occuper spécialement des secours demandés par le roi ; mais leur attitude hostile, surtout dans l'Ile-de-France, avait fait redouter une immixtion dans le gouvernement et l'administration du royaume. On eût hâte de les dissoudre, et le roi de Navarre fut gagné par la déférence que lui témoigna le duc de Guise, par le titre de lieutenant général du royaume, et aussi par les grâces de mademoiselle de Rouet, l'une des filles d'honneur qui composaient « l'escadron volant de la reine ».

de lostention du chef mons^{gr} Sainct Marcial, comme est de costume.

Et depuis le mardy de Pasques mil v^c lxj jusques au mardy de Penthecouste ensuyvant, fut faicte en leglise Sainct Marcial dud. Lymoges lostention dud. chef sainct Marcial. Et lesd. deux jours quil fut ouvert et serre, lesd. S^{grs} consulz, avec leurs chaperons, aiant chacun ung grand cierge en la main, acompagnes de leur procureur, scribe, serviteurs et gagiers, assistarent a la grand messe que fut dicte lesd. deux jours. Et chacun jour que len faisoit lad. ostention, a louverture et closture dud. chef sainct Marcial, firent lesd. consulz assister six de leurs gagiers, ayant chacun au poingt une torche ou estoyent les armes de la ville.

Au mois daoust en lad. annee 1561, estant lesd. S^{grs} consulz advertis que la royne de Navarre sen alloit en court devers le roy de Navarre, envoyarent lesd. S^{grs} consulz a Poictiers par devers elle lesd. Gregoire et Segond, qui luy firent la reverence et presentarent le service desd. consulz, manans et habitans; et furent par lad. dame bien et honestement reculis avec bon contentement, comme raportarent a leur retour. [Députation envoyée à la reine de Navarre à Poitiers.]

PARCE que, sur la fin du mois doctobre aud. an 1561, aucuns citoyens, manans et habitans dud. Limoges et lieux circumvoisins, soubz pretexte de religion, prindrent et se (1) saisirent de leglise appellee Saincte Valerie, pres et soubz leglise des Jacopins dud. Lymoges, y faisans quelques presches et assamblees, ne la voulans delaisser et sen dessaisir (2). [Prédications. Les Huguenots s'emparent de l'église Sainte-Valérie et en sont renvoyés par justice.]

Furent les consors et adherans de telle religion appelles par devant mess^{grs} les gens tenans le siege presidial par certaines bourgeoises de lad. ville, bailesses et confrairesses de la freyrie Saincte Valerie, qui requeroyent la restitution de lad. eglise. Par lesd. consors et adherans fut inciste et par eulx porte et

---

(1) Ici il y a en marge, et d'une écriture postérieure : « D'authorite privee ».
(2) Il y a ici un blanc de deux lignes dans le manuscrit.

presente ausd. presidiaulx certaine requeste tendant a ce quil leur fut permis se retirer en lad. eglise faire leurs presches et administrer les sacremens sans empeschement. Sur quoy fut ordonne que les oficiers du roy de Navarre et lesd. consulz seroient appelles pour linterestz du publicq, pour, eulx oys, estre ladessus baille tel appoinctement que de raison. Et ayant lesd. presidiaulx, officiers du roy de Navarre et consulz confere et delibere ensemble dud. affaire, par leur advis et de M^r le grand vicaire de levesque dud. Lymoges, furent envoyes a la court led. Jehan du Monteil, consul, et Me Claude (1), chancelier dud. S^{gr} evesque, aux despans desd. consulz; lesquels portarent le proces et procedure faict par devant lesd. presidiaulx pour cause de lad. eglise. Et ayant informe le roy de Navarre, grand. gouverneur et lieutenant general pour le roy en France, et noss^{grs} du conseil prive des choses advenues comme est predict, le roy de Navarre fit dresser lectres missives aux seneschal de Lymosin, presidiaulx et ausd. consulz pour faire rendre lad. eglise et en faire vuider les detenpteurs et occupateurs, comandant de faire publier leedict sur la restitution des temples et icelluy entretenir selon sa forme et teneur.

Coppie de la lectre pour leffect cy dessus, envoyee par le roy de Navarre.

Subscription dicelle :

[Même affaire.] A noz chers et bien ames le seneschal de Lymosin ou son lieutenant, les gens du siege presidial, noz officiers et consulz de n^{re} ville de Lymoges.

De par le roy de Navarre, viconte de Limoges, gouverneur et lieutenant general pour le roy, representant sa personne en tous ses roiaulme et pais.

Chers et bien ames, nous avons faict veoir en n^{re} conseilh le proces verbal que nous aves envoye pour nous informer des

---

(1) Le mot est en blanc dans le manuscrit.

choses advenuez en n^re ville de Limoges par lentreprinse de ceulx qui se dient de la religion refformee, qui se sont saisis et investis de certain temple assis aux faulx bourgz de n^red. ville de leur privee auctorite, chose que ne voulons estre tolleree ne enduree. Nous escripvons a ceulx de lad. religion incontinant vuider led. temple et au demeurant se porter et contenir selon lordonance que nous vous envoyons, laquelle vous feres observer de poinct en poinct selon sa forme et teneur, chastiant tellement les infracteurs, desobeyssans et rebelles, mesmement ceulx qui, soubz pretexte des differans et controverse des deux opinions de la religion, se voudront provocquer, exiter ou faire quelque sedition et tumulte, que les aultres y prennent exemple; et ne falles dy tenir vifvement la main; priant Dieu, chers et bien ames, quil vous aist en sa saincte et digne garde. Escript a Sainct Germain en Laye, le xe novembre 1561. Signe ANTOINE : et plus bas : BRODEAU.

Lesdictz consulz, en lad. annee, firent faire dans les fousses de lad. ville, entre les portes de Maignynye et Bocharie, ung pillier et deux coings de muralhe, le tout de piarre, pour pourter et soubstenir la chenault de bois estant aud. lieu, qui prend et vuide leaue provenant devers le puy de Vielle Monnoye; et firent apres pozer, asseoir et arrester lad. chenault dessus comme elle est de present. [Réparations diverses.]

Furent aussi nectoyes les fousses de lad. ville entre lesd. portes de Maignynye et Bocharie.

Aussi firent faire a neuf quantite de pave dans le balovard de la porte Maignynye.

En firent aussi faire a lendroict du cimitiere des Arennes tirant a la porte Montmalier, et a lendroict du bourg de Mongauvy.

Davantage firent faire lesd. consulz deux rasteaux de bois ataches de fert et de plomb aux portes de dernier Sainct Pierre et au puy de Vielle Monnoye, pour garder que les femiers et aultres inmundicites nentrent dans le portal et nempeschent le cours de leaue, avec des grisles de fert pour garder que aucun personage nentrast ou sortist de nuict ou de jour par led. lieu, comme avoyent costume.

Plus firent faire la chambrete a neuf pres de la porte Montmallier dud. Limoges, et icelle bastir et ediffier de tous poinctz, qui costa beaucopt.

Aussi firent faire lesd. consulz a neuf le pont de bois de la porte Bocharie et racoustrer tous les aultres de lad. ville.

Finablement firent acoustrer toutes les fontaines dud. Lymoges, mesmes celle de Sainct Gerauld, qui costa beaucopt, ensemble le pont Sainct Marcial.

Ellection de mess^{grs} *les consulz de la ville de Lymoges, faicte en la salle de conseilh du consulat et maison commune de la ville de Lymoges, le septiesme de decembre lan mil v*^{c} *soixante ung.*

Las Taulas :

Aymery Veyrier.

La Porte :

Marcial Decordes le jeune.

Maignynye :

Jehan Decordes le jeune.

Le Marche :

Guillem Disnematin.

La Fourie :

Jehan Decordes laisne.

Le Clochier :

Jehan Lascure.

Bocharie :

Pierre Sanxon.

Lansecot :

Jacques de Vaubrune dyct Champinaut.

Las Combas :

Jouvent Reynier.

Vieulx Marche :

Pierre Valade.

Croissanses :

Jehan Boulet;
Estienne Disnematin.

(Signé :) M. Deschamps, scribe.

Ellection des colecteurs et partisseurs des tailles de la ville de Lymoges, faicte par les manans et habitans dicelle, assambles en la sale de la maison commune, apres avoir faict le serement acoustume, le xiij⁰ jour de janvier mil v⁰ soixante ung.

Las Taulas :

Matieu Alesme;
Vincens Thourrier (?).

La Porte :

Francois Dubois;
Pierre Boutin.

Maignynie :

Jehan Dubois, maistre de la monnoye;
Jehan Bertrand dit Patisson.

Le Marche :

Jacques Raymond;
Jacques Juge.

La Fourie :

Andre Barnon ;
Joseph Tomault.

Le Clochier :

Pierre Bardonnaud ;
Leonard Peyrat dit Lauvete.

Bocharie :

Pierre de Nozerines (?) ;
Pierre Douret dit Baroudon.

Lansecot :

Marcial de La Chenaud ;
Pierre Courtete.

Las Combas :

Jehan Vigier ;
Jehan Yvernaud dit Bondet.

Le Vieulx Marche :

Marcial Tellet dit Pipeyr ;
Pierre Cibot dit Pilat.

(Signé :) M. DESCHAMPS.

[Différend relatif à la distraction du pays de Franc-Aleu pour le paiement des tailles.]

Ayans faict cellebrer et assiste au service divin accoustume en lesglise collegiale de Sainct Marcial, comme est dancienne et louable observance, pourvoyans aux affaires que nous avoyent este delaysses en charge par noz predecesseurs consulz, fusmes advertiz que monsieur le general Assolent avoyt escript lectres dressantes a messieurs les esleuz, pour, en procedant au deppartement des tailles esgallees sur le hault pays de Limosin, distraire le taux du pays de Franc Aleu, et le recharger, sur le hault pays de Lymosin. Pour a quoy obvier avons presente requeste ausdictz esleuz, narrative que de toute ancienneté ledict pays de Franc Aleu avoyt este comprins et cothise avec led. pays de Lymosin, comme apparessoit par les commissions envoyees par le roy et assiettes du deppartement desd. tailhes, et que ce seroict une grand foulle aud. pays si lad. distraction estoit faicte ; et, pour lempescher, a este forme opposition. Veue laquelle, et pour les causes pourtees par ladicte requeste, fust ordonne, oy mons`r` le procureur de lellection, que monsg`r` le general seroit adverty du contenu en la requeste, pour surce entendre son vouloir y estre procede comme de raison. Et apres le taux desd. tailles a este faict suyvant les commissions envoyees par le roy et assiettes cy devant faictes.

Despuys le scindic du pays de Franc Aleu a releve appellation et faict assigner lesd. seigneurs esleuz a Montferrand pour raison de lad. distraction, ou pend proces quest en lestat pourte par les memoires delayssez a noz successeurs.

Peu de temps apres, receusmes lectres par lesquelles estoit mande fournir a la recepte generalle de Rion la somme de sept cens cinquante livres pour raison des deniers communs de la ville ; ce que avons este contrainctz de faire, nonobstant que ayant poursuivy execution et deschargede lad. somme, laquelle le conseilh prive na vollu accorder, quelzques remonstrances quavyons sceu faire, parce que lad. somme avoyt este touchee en lestat, ainsin quil fust respondu a la requeste par nous presentee. [Paiement de la somme de 750 livres.]

Le roy, pour subvenir a ses affaires, avoyt faict impoz sur le vin, montant cinq solz pour muys, revenant a dix huict deniers pour chacune charge de vin questoit lors et seroit pourte apres dans les villes et faulx bourgs, revenant a la grand charge du peuple, tant pour raison du taux que fraictz que pour icelluy lever convenoit faire. Et, par aultant que les aultres pays circonvoisins poursuyvoient la suppression dud. impost, feismes appeller les habitans des villes de lellection pour ladviz de plus grand part ; desquelles fust resolu de envoyer a la court pour obtenir lad. suppression, et par mesme moyen pourveoir a ce que, veuez les exces qui se conmectoient tant en la present ville [Assemblée de délégués de l'élection. — Résolutions relatives à l'envoi de députés chargés de demander : 1º la suppression de l'impôt sur le vin ; 2º la résidence de la

[maréchaussée à Limoges; 3° l'érection d'un collége.]

que aux champs, le prevost des mareschaulx y feist sa residence en la present ville comme cappitalle dudict pays, aussi de parachever lentreprinse aconmanssee de faire et dresser ung colliege en la present ville. Et pource faire, furent esleuz et depputez Messieurs Petiot, juge ordinaire de la present ville, et sire Jehan Lascure, consul de la present ville, lesquelz obtindrent surce que dessus les lectres de provision cy apres insereez.

Sensuyvent la requeste et lectres de la supression du vin.

[Rachat de l'impôt sur le vin.]

Au roy, a la royne sa mere et a nosseigneurs de son prive conseil.

Les manans et habitans du hault et bas pais de Lymosin vous remonstrent que ledict pais est un pais montieux, le plus pouvre et infertil que pais de v^{re} royaulme, en la plus grand partie duquel ne croid et provient bled et vin, si ce nest que raves et chastaignes. Et y est la pouvrete si grande que de dix familles lune ne mange pain ne boid vin une fois la sepmaine. Et le peu de vin qui se cuillist aud. pais nest jamais transporte hors du lieu, et personne nen peult user que les habitans dudict pais, parce quil ny a de rivieres naviguaibles; et est si petit questant porte il se gaste du tout; oultre ce que les fraictz quil y convient faire exedant le revenu, de sorte que, sans quelque petit tafit de marchandise en nourriture de bestailh, dont toutesfoys la moictie ou plus est morte la present annee de mal contagieux, ledict pais seroit presque desert et inhabitable, pour les grandz tailhes, treucs (1), equivalans et aultres subsides quilz sont contrainctz payer chacun an, et les interestz des sommes quilz ont este cy devant a diverses fois contrainctz prester au feuz roys, mesmes quil y a plusieurs qui se sont retirez dudict pais, ne pouvans supporter lesd. charges, et sont alles demeurer ez eslections de Poictou, Perrigort, la Marche et aultres circonvoisins, esquelles les charges sont moindres.

---

(1) « *Treu*, tribut, subside, impôt. » (ROQUEFORT.)

Neaulmoingtz, les conmissaires depputez pour lexecution de ledict par vous faict sur limposition de cinq solz tournois pour chacun muy de vin, lont faict publier audict pais, et y establi officiers pour lever ledict droict. Et, combien que par les moiens susd. led. pais deust estre exempt de lad. imposition, toutesfois, considerans les grandz charges que vous aves a supporter et grandz debtes, sont comtemps faire plus grand espargne et de bouche et daultres choses, et vous secourir et ayder de la somme de cinquante mil livres t/ quilz vous offrent payer pour les six annees pourtees par led. edict, quest huict mil troys cens trente troys livres six solz huict deniers t/ pour chacun an, pour estre employees au rechapt de v^{re} donmaine, allienne aud. pais, vous suppliant treshumblement quil vous plaise lacepter et vous en contenter, leur permettant icelle somme imposer et cuillir sur eulx. Et, daultant que aud. pais na aulcuns deniers conmuns ne patrimonielx, ains seullement quelzques deniers doctroy destinez aux reparations des murailhes des villes, pontz et passaiges, vous plaise les tenir quictes pour la present annee de la contribution par vous ordonnee sur lesd. deniers, et tollir toutes saisies qui en ont este faictes, a la charge diceulx deniers employer par lesd. supplians aux euvres publicques pour lesquelles ilz sont destinez. Et ilz prieront Dieu pour v^{re} prosperite et sancte. Signe : LESTANG, delegue ; DE LAGARDE, delegue ; PETIOT, delegue ; LASCURE, delegue.

Ayant quelque esgard et consideration au contenu de la present requeste, a este accorde aux supplians quilz seront deschargez dud. subside en payant iiij^{xx} x^m livres t/ esd. six annees, quest quinze mil livres t/ par chascune dicelles. Et, quant a la cothisation des deniers conmuns, actendu quil en a este faict estat pour les affaictz mentionnez ez commissions pource decernees, est ordonne quilz y satisfairont ainsi que leur a este mande le faire pour ceste presente annee. Faict au conseilh prive du roy, tenant a Paris, le xj^e jour davril 1562 apres Pasques. Signe HURAULT.

CHARLES, par la grace de Dieu, roy de France, au seneschal de Lymosin ou son lieutenant, salut. Les manans et habitans du hault et bas pais de Lymosin nous ont faict presenter en n^{re} prive conseil la requeste cy atachee soubz le contrescel de n^{re}

chancellerie, laquelle veue et rapportee en nrtd. conseil, et ouyz en icelle les depputez dud. payz, nous les ayons receuz a sacquicter et descharger de limposition de cinq solz tournois ordonnes estre prins et levez durant six ans, prochains sur chascun muy de vin entrant ez villes et faulx bourgz de nre royaulme, en nous payant par lesdictz habitans desdictz pays de Lymosin durant lesdictz six ans, pour et au lieu dud. subcide, la somme de quatre vingtz dix mil livres tourn., quest quinze mil livre tourn. pour chacune dicelles annees, et par les quatre quartiers dicelle, la premiere commansant au premier jour de juilhet prochain, pour icelle somme employer au rachapt de nre donmaine aliene esdictz pais et subvantion de noz affaires. Et pource quil est besoing adviser le moyen qui se pourra trouver pour imposer et lever lad. somme a la moindre foulle des habitans desd. pais que fere se pourra, ce quilz ne peuvent fere sans en avoir nre permission, nous ont treshumblement suplie et requis leur pourveoir surce de noz lectres adce convenables. Nous, a ces causes, vous mandons, commectons et tresexpressement enjognons par ces presentes et a chacun de vous en droict soy si que a lun appartiendra que, ayant faict appeller et convoquer pardevant vous les gens de tous estatz esd. pais de Lymosin, et lesquelz nous voulons et ordonnons y estre convocques et assemblez a tel jour et lieux de vred. seneschaucee que verres plus conmodes, vous leur faictes entendre le contenu en ladicte requeste, et par ensemble adviser lexpediant et moyen le plus conmode et proffitable dinposer et lever ladicte somme a la moindre foulle et charge de nred. peuple que possible sera, pour, ce faict, renvoyer pardevers nous et lesd. gens de nred. conseilh vre proces verbal contenant ce que en aura este advise, et contenant avec vre advis surce et de noz aultres officiers en lad. seneschaucee, pour, le tout veu et rapporte en nred. conseil, estre par nous surce pourveu comme de raison, le tout sans retardation de lexecution de ledict surce expedie. Quant aux vins entrez ou qui entreront ez villes et faulx bourgs dudict pais des et despuis le jour de la publication et execution dicelluy, tant seullement faisant mectre et garder les deniers qui en sont provenuz ou proviendront cy apres entre les mains de conmissaires ydoynes et solvables, pour en rendre compte et en paier le relicqua selon quil en sera par vous ordonne. Car tel est nre plaisir. De ce faire vous donnons plain pouvoir, puissance, commandement expecial par ces presentes, nobstans quelzconques eedictz, ordonnances, restrinctions, mandemens, deffenses et lectres a ce contraires. Donne a Paris, le vingtiesme jour du mois dapvril lan de grace mil v^c soixante deux, et de n^{re} regne le deuxiesme. Signe : Par le roy en son conseil, HURAULT; et scelle du grand seau de n^{re}d. S^{gr} sur simple queue.

Sensuyvent les lectres de colliege.

CHARLES, PAR LA GRACE DE DIEU, ROY de France, a tous presentz et advenir, salut. Scavoir faisons que, nous inclinant a la supplication et requeste des consulz, citoyens et habitans de la ville de Lymoges, avons, par ladvis de n^{re} conseil, cree, ordonne et establly, creons, ordonnons et establissons ung colleige en ladicte ville de Lymoges, et icelluy compose dun principal et tel nombre de regens et aultres maistres neccessaires pour linstruction de la jeunesse en toutes langues, sciences et artz que lesdictz consulz et citoyens verront estre requise et neccessaire. Et pour lentretenement desdictz principal, regens et maistres, et pour la construction, edification dicelluy, leur avons permys et permectons cothiser, imposer et faire lever sur eulx telle somme de deniers quilz verront estre requise et neccessaire. Et pour lentretenement desdictz principal, regens et maistres, avons ordonne et ordonnons que les deniers, biens et revenu des confrairies de lad. ville de Lymoges et seneschaulcee de Lymosin, le service divin prealablement faict, seront prins, maniez et distribuez par celluy ou ceulx que lesd. consulz conmectront qui sera tenu en rendre compte et relicqua pardevant le seneschal dud. Lymosin ou son lieutenant, appellez ceulx quil appartiendra, permectant ausdictz exposans icelluy colleige faire bastir et edifier en tel lieu de ladicte ville quilz verront estre le plus conmode; et, ou ilz nauront lieu competant pour ce faire, achapter maisons et jardins et aultres lieulx. SI DONNONS en mandement par ces presentes au seneschal de Lymosin ou son lieutenant que n^{re} presente creation et establissement il face lyre, publier, registrer, garder, observer et entretenir selon sa forme et teneur, lesdictz consulz, citoiens et habitans joyr et user plainement et paisiblement, et a ce [Collége.]

faire, souffrir et obeyr, a leur vendre et laisser les maisons, jardins et aultres lieux requis pour la construction dud. colleige, contraigne ou face contraindre les propriétaires desdictes maisons, jardins et lieux en leur payant raisonnablement ce que lesd. maisons, jardrins et lieux seront estimes par marchans expertz et gens a ce congnoissans, et ce par toutes voyes deues et raisonnables, nonobstant oppositions ou appellations quelzconques et sans prejudice dicelles, pour lesquelles ne voulons estre differe. Car tel est n^{re} plaisir, nonobstant quelzconques edictz, ordonnances, restrinctions, mandemens, deffences et lectres a ce contraires. Et affin que ce soit chose ferme et estable a tousjours, nous avons faict mectre n^{re} scel a ces presentes, sauf en aultres choses n^{re} droict et laultruy en toutes. Donne a Fontainebleau, ou mois de mars lan de grace mil cinq cens soixante ung, et de n^{re} regne le deuxiesme. Ainsin signe sur le reply desd. lectres : Par le roy en son conseil, Delomenie, et scelle du grand scel dud. S^r, du grand seau dud. S^{gr} en laps de soye en cire vert.

—

Sensuyvent les lectres de contract pour faire responce par le prevost des mareschaulx.

[Résidence de la maréchaussée à Limoges et autres villes du Haut-Limousin]

Charles, par la grace de Dieu, roy de France, au premier n^{re} huissier ou sergent sur ce requis, salut. Les consulz, cytoiens, bourgeois, manans et habitans de la ville de Lymoges nous ont faict remonstrer que par noz edictz est enjoinct aux prevostz de noz amez et feaulx les mareschaulx de France faire residence ordinaire en la principalle ville de la province ou ilz sont ordonnez. Neulmoints le prevost ordonne en la seneschaucee de Lymosin, qui se faict et ses lieutenant, greffier et archers, paier de ses gaiges aux despens des exposans, na cydevant faict ne faict encores de present aulcune residence en lad. ville de Lymoges, nous supplians et requerans treshumblement que n^{re} bon plaisir fut pourvoir surce. Nous, par ladvis de n^{re} conseil, te mandons et commectons par ces presentes que tu faces expres conmandement de par nous sur certaines et grandes peines a nous a applicquer aud. prevost faire residence en lad. ville de Lymoges avec ses lieutenant, greffier et archiers ou partie diceulx, faisant resider son lieutenant et aultres archiers ez aultres villes de lad. seneschaucee que requis sera, ou faire faire a sond. lieutenant et quatre archiers pour le moins residence en ladicte ville de Lymoges, faisant deffence au recepveur des tailles de lad. seneschaucee ou aultre qui a acoustume payer les gaiges desd. prevostz et aultres de ne payer audict lieutenant, greffier et archers leurs gages si led. prevost, lieutenant, greffier et archers ne luy font apparoir par acte signe du seneschal de Lymosin ou son lieutenant et du greffier de lad. seneschaucee de la residence quilz auront faicte en lad. ville de Lymoges et devoir en lexercice de leursd. offices, a peine de les reppeter sur lesd. recepveurs et les payer en leur propre et prive nom. De ce faire te donnons pouvoir. Car tel est n^{re} plaisir, nonobstant quelzconques ordonnances, restrinctions, mendemens, defenses et lectres a ce contraires. Donne a Paris, le septiesme jour davril lan de grace mil cinq cens soixante deux, et de n^{re} regne le deuxiesme. Ainsin signe : Par le roy en son conseil, Delomenie; et scelle du scel dud. S^r a simple queue.

Lesdictes lectres furent leues et publiees en la court ordinaire de la seneschaucee de Lymosin, seant mons^{gr} de Mont Real, gouverneur pour le roy aud. pays, le dernier jour dapvril.

Suyvant le contenu ausdictes lectres de la suppression dempoz du vin, furent convoquez et assignez en la present ville les troys estatz du hault pays de Limosin pour deliberer et bailler leur adviz sur le recouvrement des deniers accordez au roy pour lad. suppression, afin de parvenir a lexecution desd. lectres. Lesquelz, apres avoir este appellez par plusieurs fois, la plus part fut davis que lesd. deniers fussent leves par fourme de taille sur le tiers estat dud. pays de Lymosin. Ceulx du bas pays firent aussi assembler les estatz, qui furent de semblable adviz. Et pour le rappourter a la court et avoir sur ce conmission pour cothiser de lever lad. somme, suyvant lad. deliberation, furent envoyes depputez desd. pays, lesquelz, pour les urgens affaires qui sont survenuz a cause de la religion, nont peu avoir expedition.

Quant ausd. lectres de residence dud. prevost des mareschaulx, luy furent signiffies en suyvant ce que sera porte par icelles. Il [Maréchaussée et collége.]

demeura quelque temps en la present ville. Lexecution du contenu ausd. lectres touchant le colleige fust differe et remist, attendant ung aultre temps plus tranquille et fertil que na este la presente annee a cause des gueres que sont estes ez villes et pays circonvoisins.

[Procès avec le roi de Navarre et avec le sieur Dixmier.]

A la fin du moys de mars, le roy et royne de Navarre, viconte et vicontesse de la present ville, nous firent assigner en parlement a Paris pour veoir proceder a lexecution de larrest par lesd. S^{grs} obtenu contre la ville touchant les chiefz non executez; mons^{gr} Dixmier aussi, pour respondre a la condempnation des depens, fraiz faictz touchant lexecution faicte pour le seigneur Dixmier. Et a lassignation furent envoyees les pieces a mons^{gr} Douhet, procureur en parlement a Paris.

[Censives.]

Aussi plusieurs particuliers, manans et habitans de la present ville furent assignes pour prendre et constituer aultre procureur que mons^{gr} Bellut, aux fins de proceder au proces touchant les censives que lesd. seigneurs demandent sur les maisons sizes en la present ville.

[Prédications protestantes.]

Audict moys davril, le roy dressa edict (1), que fut envoye et publie en la present ville, declaratif que ceulx qui auroient prins chemyn pour aller vers luy prester secours se retirassent en leurs maisons et laisser les villes et chasteaux dont ilz sestoient saisiz, a peine de crime cappital, et parce que autour de la present ville se ramassoient aucuns turbateurs, et par dehors et pres lad. ville se faisoient assembleez, presches et batesmes et

---

(1) Il n'est pas fait mention de l'édit du 17 janvier, enregistré sans résistance par cinq parlements, dont celui de Bordeaux : cet édit fameux autorisait les assemblées des Huguenots hors de l'enceinte des villes. Au mois d'avril, la guerre civile avait déjà commencé. Les actes qui suivent se rapportent à la défense particulière de Limoges, maintenue sous l'obéissance du roi par la conversion d'Antoine de Navarre.

aultres sacremens a la maniere de Geneve, ou assistoient grand nombre de gens dont le peuple estoit grandement esmeu et scandalise.

Aussi que en ce temps aucunes principales villes, comme Rouen, Lyon, Orleans, Bourges, Poytiers, Agen, Angoulesme, Montouband, Sainct Jehan dAngely et plusieurs aultres villes (1) furent surprinses et demures et les esglizes rompuez et viollees et les personnes esclesiastiques dechasses dicelles par aulcuns desobeissans aux edictz du roy, pour conserver la present ville en paix et transquillite et soubz lobeissance du roy, par ladviz de monsgr de Montreal, gouverneur, et aultres officiers et advocatz, bourgeois et marchantz de la present (ville) ad ce expressement esleuz et depputez, fut advise de faire guect et garde en armes tant de nuyct et jour par les habitans de la present ville, esleuz par cantonniers et dixenniers et aultres soldarz estrangiers et locataires. Et des ce temps il fut seullement ouvert une porte de lad. ville, et des led. moys dapvril jusques sur la fin de nre consullat a este faict garde de nuict et de jour par les portes et forteresses de la present ville, tout ainsin que, par ladviz et deliberation dez sus nommes, estoit presque journellement resolu, et selon que recevons advertissement de la part des villes et pays ou estoient et subcitez les troubles et emotions faictes pour cause et soubz le proteste de la religion, dont lon advoit advertissementz chacun jour par les messagiers et courriers que on envoyoict ez endroictz dou lon avoit .....

Pour faire lesdictz guet et garde de lad. ville furent distribuez plusieurs armes estans en la maison de consullat par le mandement de mond. Sgr le gouverneur.

Fut appelle le seigneur de La Chapelle avec grant nombre de soldartz, tant gentilzhommes que aultres, soubz sa charge, et apres luy les Sgrs de Molin, Paulte, Dorsene et de Leychoussier, ayans compagnies de soldardz estrangiers soubz leur charge ; aussi y heust cappitaines avec nombre de soldardz de la present

[Crainte de troubles.
—
Mesures prises pour la sûreté de la ville.]

---

(1) La fureur iconoclaste des réformés s'était exercée dans toutes ces villes d'une manière bien regrettable : à Orléans, les statues des églises furent brisées ; à Bourges, le grand portail de Saint-Étienne fut criblé d'arquebusades ; à Lyon, le chœur de Saint-Jean fut ruiné ; les basiliques de Saint-Just et de Saint-Irénée, démolies ; à Sainte-Croix d'Orléans, on brûla le cœur de François II, etc. Ce furent les premières représailles du massacre de Vassy.

(ville), lesquelz, tant de nuict que de jour, estoient a la garde de la ville pour la garder destre surprinse par les praticques et intelligences daulcuns personages qui sestoient eslevez, de façon que journellement assistoient a la porte jusques au nombre de deux cens personnages armez.

Aussi furent couvertes et reparees les tours, fortaresses et murailles de la present ville pour y resider, faire sentinelles et marcher en seurtte parmy lesd. murailles et au tour dicelles. Et par dedans la ville furent faictz fossez et pourtes apposez aux eschelles pour empescher que aultres que ceulx du corps de la garde ne heussent acces esd. lieux. Aux tours et forteresses furent portees et distribueez les pieces dartillerie de la present ville et les deux grandz pieces de campaigne, embracquees lune a la porte de la Reine et laultre a la tour de la prison neufve de la ville. Sur ces entrefaictes, par aultant que les habitans des faulxbourgz de Magnenye estoient menassez destre maltraictes par lesd. rebelles, ilz firent faire quatre portaulx et aultres fortaresses autour desd. faulx bourgs par n^re advis et permission de mons^gr le gouverneur, o (avec) la charge que nous garderions les clefz, et demolir lesd. ediffices lors quil seroit advise, comme appert par la procedure sur ce faicte dont la teneur sensuict :

« A mons^gr le gouverneur et seneschal de Lymosin.

» Supplient humblement les manans et habitans des fors bourgs de Magnenye de la ville de Lymoges, disant que de tout temps et anciennete ilz sont unys et incorpores aux charges ordinaires et extraordinaires de ladicte ville, obeissans et fidelles serviteurs du roy et consulz dicelle, et que a present certains sedicieulx conspirateurs contre la sacre mageste se sont jactes de faire amas de gens de leur faction pour venir brusler lesd. fors bourgs, cuydant par ce moyen envahir, surprendre et piller lad. ville. CE CONSIDERE, il vous plaise ordonner, pour lasseurance de lad. ville et fors bourgs, quil sera faict au bout desd. fortz bourgs des portes et portalz ez lieux ou sera advise par vous ou messieurs les consulz le plus conmodement que faire se pourra pour lasseurance et fortification de ladicte ville. » Au dessoubz a este respondu par messire Francois de Pontbriant, chevallier, seigneur de Montreal, et de Chapdeul, gouverneur et seneschal de Lymosin : « Soict monstre aux procureur du roy et consulz de la ville de Lymoges. Faict a Lymoges, le douziesme jour de jung lan mil cinq cens soixante deux. » Et led. jour a este monstre et signiffie ausdictz consulz, parlant a Pierre Sanxon, Jehan Decordes le jeune, Jehan Decordes laisne, Guillaume Disnematin, Jehan Boulet, Estienne Disnematin, qui ont faict responce que de leur part nempeschent pour le present que lesd. portes et preclostures soient faictes pour la fortification desd. faulx bourgs, actendu la neccessite que ce presente pour linjure du temps, le tout par raison et sauf de les pouvoir faire abattre par ladvenir, lad. cause cessant, et en la charge que lesd. consulz, ou celluy desdictz faulx bourgs qui par eulx sera nomme, aura la garde des clefz desd. portes soubz leur charge et auctorite tant que bon leur semblera. Signe : Pierre SANXON, consul, par commandement de mes conpaignons. Aussi a este monstre audict procureur du roy, ensemble au procureur des roy et royne de Navarre, et, eulx oyz, le dixseptiesme dudict moys, a este ordonne sur icelle conme est porte par lordonnance cy attachee. Ainsi signe : DE DOUHET.

FRANCOYS DE PONTBRIANT, chevallier, seigneur de Montreal et du Chapdeulh, conseiller et chambrelan du roy, son gouverneur et seneschal de Lymosin, scavoir faisons que, veu la requeste a nous huy soubz escript par les manans et habitans du fort bourg de Magnenye de la present ville de Lymoges, presentee aux fins pour les causes contenues en icelle, de ordonner que, pour lassurance de ladicte ville et fors bourgs, il sera faict au bout desd. fors bourgs des portes et portalz ez lieulx ou sera advise par nous ou consulz de lad. ville le plus conmodement que fere se pourra pour lasseurance et fortification de ladicte ville. Et, oyz sur icelle les procureur du roy, des roy et royne de Navarre et consulz de ladicte ville, ausquelz, par n^{re} ordonnance, ladicte requeste a este comuniquee, AVONS ordonne que les cinq portes et portalz que ont este advises seront faictz et construictz ez lieux par nous et les officiers du roy, des roy et royne de Navarre et consulz de la present ville de Lymoges, merques et determines pour lasseurance et fortification de ladicte ville et fors bourgs, a la charge de avancer par lesdictz suppliants les deniers et faire les fraiz neccessaires, sauf de par empres les faire deppartir et egaller comme les aultres fraiz, et de rembourser ceulx qui auront avance lesd. deniers; le tout par provision et o (avec) les qualites et charges portes par le dire desdictz consulz. Faict a Lymoges, le dixseptiesme jour de jung lan mil v^e soixante deux. Ainsi signe : PONTBRIANT et DE DOUHET.

VOYANT ses troubles nestre en voye de prendre fins, actendans quil pleust a Dieu nous envoyer la paix, envoyames par plusieurs foys a la court pour faire entendre au roy et au roy de Navarre (1), n^re seigneur et viconte, lestat des affaires de la ville et pays, et sur ce scavoir le vouloir de leur majestes pour a tout n^re pouvoyr le mectre a execution. Et receusmes a diverses foys plusieurs lectres desdictz sieurs declaratives de leur intencion, et mesmes unes au mois de jung, par lesquelles le roy de Navarre conmandoit continuer le debvoir ja faict pour conserver ladicte ville en paix, desquelles la teneur sensuict :

LE ROY DE NAVARRE, MARQUIS DE LYMOGES :

Chers et bien amez, par voz lectres du xe du present moys, que ce porteur nous a presentees de v^re part, nous avons entendu le bon debvoir auquel vous estes mis pour conserver n^re ville en paix et union et en lobeissance du roy mon seigneur et n^re, dont nous avons este fort satisfaict et contant, vous priant continuer en ceste bonne volente, de maniere que par cy apres il ny puisse venir desordre, et que chacun se contienne aussi doulcement et paisiblement quilz ont faict jusques a maintenant. Au surplus, il nous a semble, et lavons declare a cedit porteur, quil vous peult suffire de prendre et lever les fraiz faictz pour lentretenement de deux cens hommes de pied que vous avez levez sur n^re d. ville, seullement sans y comprendre ne rendre contribuable aultres que les habitans dicelle ; vous pouvans au surplus tenir certains que les troubles pacifiez en ce royaulme, comme nous en sommes en bon chemyn, et que nous esperons quilz le seront de brief, nous pourvoirons au delogement de la compaignye de n^re filz, de sorte que vous naurez occasion de plainte ne dentrer en oppinion que nous voullons aucunement prejudicier a voz previlleiges, mais jugeres que nous desirons

---

(1) Il n'est plus question de la reine de Navarre : Antoine venait de la renvoyer dans son duché de Vendôme, après avoir tenté en vain de la contraindre à rentrer avec lui dans l'Église catholique.

vous y entretenir et vous garder daussi bon cueur que nous prions le Createur vous tenir, chers et bien amez, en sa tressaincte grace. De Boysgensy, le xxv° jour de jung 1562. Et plus bas est signe : ANTHOINE. Et aussi plus bas est signe : MARTRET. Et au doz de lad. lectre est escript : A noz chers et bien amez les consulz de n^re ville de Lymoges.

A raison desd. emotions passoient, frequantoient plusieurs compaignies en la present ville, que foulloient le pouvre peuple, dailleurs assez afflige tant pour la suyte desd. guerres que chertes de tous vivres, mesmes du bled, parvenu a si hault pris (1) quil ny avoit moyen den faire moderation. Pour a quoy obvier, il pleust a la majeste dudict sieur nous octroyer mandement, deffendant a toutes compaignies ne loger dans la present ville sinest les personnes des cappitaines et chiefz, tant seullement comme appert par icelluy mandement et lectres quil pleust aud. sieur nous escripre, dont la teneur sensuict :

CHERS ET bons amys, Vincendon, scindict de n^re ville de Lymoges, nous a faict entendre tout au long le bon ordre que vous aves donne pour maintenir n^red. ville en lobeissance du roy monseigneur et n^re, et la conserver des oppressions et violances des rebelles et sedicieulx qui se sont aujourdhuy eslevez par toutes les villes et places de ce royaulme ; en quoy nous desirons bien fort que continuies plus que jamais pour les surprinses des villes qui se font tous les jours par lesd. rebelles, les substrayant de lobeissance et subjection de Sa Majeste ; et en ce faisant vous nous inciterez davantaige de vous supporter et favoriser en toutes les choses qui nous seront possibles, comme nous avons faict en lafranchissement et exemption de gens de guerre que nous vous envoyons. Et ou nous serons advertiz du debvoir que vous y aurez faict, vous seres asseures de n^re faveur, laquelle ne vous manquera jamais, priant Dieu, chers et bons amys, vous maintenir en sa tressaincte et digne garde. De Bloys, ce xx° jour de juillet 1562. Signe : ANTHOINE ; et plus bas : SANDRAS. Et au doz de lad. lectre est escript : A noz chers et bons amys les consulz de n^re ville de Lymoges, a Lymoges.

LE ROY DE NAVARRE, lieutenant general pour le roy, repre- [Même affaire. Exemption du logement des gens de guerre.]

(1) 2 livres 7 sous 6 deniers (18 sous en 1559). (*Pouillé du diocèse de Limoges*, par M. l'abbé TEXIER.)

sentant sa personne par tous ses royaulme et pays de son obeissance, et marquis de Lymoges, desirant, pour certaines et bonnes causes, bien et favorablement traicter les manans et habitans de lad. ville de Lymoges, et mesmement pour la grande charge quont desja lesd. habitans de la compaignie de mons^{gr} le prince de Navarre, son filz, qui y est logee, a deffendu et deffend a tous cappitaines, chefz et conducteurs de gens de guerre, tant a cheval que a pied et leurs lieutenans, passans, repassans ou sejournans en lad. ville avec leur compagnie de ne loger leursd. compaignies dans sad. ville, sinest la personne des cappitaines et chiefz tant seullement; et en ce nentendent led. S^r roy comprendre les faulx bourgs de lad. ville, esquelz pourront lesd. cappitaines, si bon leur semble, loger leursd. compaignies et partout ailleurs ez environs de lad. ville, sur peine a ceulx qui contreviendront a ces presentes destre puniz exemplairement et comme rebelles et desobeissans a Sa Majeste. En tesmoingt de quoy, led. S^r roy a signe ces presentes de sa propre main et fait contresigner par lung de ses secretaires. Au camp de Bloys, le xxe jour de juillet 1562. Signe : ANTHOINE; et plus bas : SANDRAS.

[Arrivée du comte des Cars.] AU MOYS daoust, monseigneur le conte des Cars, chevallier de lordre du roy et conseiller en son conseil prive, lieutenant general pour Sa Majeste en Guyenne, en absence du roy de Navarre, arriva en la present ville pour entendre lestat du pays, et a icelluy contenir en paix et tranquillite soubz lobeissance du roy; et apporta lectres de Sa Majeste, ensemble aultres lectres du roy de Navarre, desquelles la teneur sensuict :

DE PAR LE ROY.

[Lettre du roi.] Treschers et bien amez, nous avons entendu laffectionne devoir et demonstration dont vous avez use a contenir toutes choses de dela en n^{re} obeissance comme bons subjectz au bien de n^{re} service et repoz publicq des habitans de v^{re} ville, dont nous avons grand contantement, et desirant que vous continues a faire de bien en myeulx, car chose ne sauriez vous faire qui nous soit plus agreable, ainsi que vous dira plus avant de n^{re} part n^{re} cousin le conte des Cars, chevallier de n^{re} ordre et conseiller en nre conseilh prive, que vous croyrez sur ce comme vous feriez nous mesmes. Donne a Boys de Vincennes, le xxvme jour de juillet 1562. Signe : CHARLES; et plus bas : DE LAUBESPINE.

Messieurs les consulz, maire et habitans, jay veu par les lectres que vous mavez escriptes le bon devoir que vous avez faict pour le service du roy monseigneur a la conservation de vre ville, ce qui a este fort agreable aud. seigneur et a moy, vous priant dy avoir tel soing quil congnoisse de mieulx en myeulx la fidelite et bonne volunte que vous avez de luy faire service, et quil ayt occasion de vous traicter comme ses fidelles et loyaulx subjectz. De ma part, je masseure tant de vous que je remectray a vous dire plus amplement le contentement que jen ay lorsque mon cousin monsgr le conte Descars sera par dela, qui sera dans peu de jours. Cependant je prieray Dieu, messieurs les consulz, maire et habitans, vous tenir en sa saincte garde. Du camp de Bloys (1), ce xviije jour daougst 1562. Signe : le bien vre ANTHOINE.

[Lettre du roi de Navarre.]

VOYANT le roy aucunes villes cappitalles de son royaulme estre occuppees et saisies par aulcuns sedicieulx, pour tenir la present ville soubz son obeissance, envoya monsgr le compte de Ventadour pour estre lieutenant de Sa Majeste au hault et bas pays de Lymosin, lequel arriva en la present ville au moys daougst, en suyvant sa conmission; heust avec luy soixante argouliers (2) et accabutiers a cheval qui laccompaignoient tant en la present ville que pais et endroictz ou son dessein se dressoit. Oultre lesd. soixante dix arquabuciers, il leva cent arquebouciers a cheval, soubz la charge de monsgr de La Chappelle Fouchier, et cent arquebutiers a pied, soubz la charge du seigneur de Chasteauneuf, frere de monsgr de Plenacort; de cinquante arqubuciers a pied, soubz la charge de monsgr de La Brande, lesquelz, par le conmandement dud. seigneur de Ventadour, marchoient ez pays circonvoisins ou lon estoit adverty que la flotte desd. desobeissans surgissoit, pour garder

]Arrivée du comte de Ventadour.]

---

(1) Antoine de Navarre venait d'aider à reprendre Bourges; il se rendait devant Orléans, qu'il abandonna bientôt pour rejoindre l'armée royale au siége de Rouen.
(2) « *Argoulets*, corps de cavalerie légère au XVIe siècle. » (A. CHÉRUEL, *Dict. des Instit.*)

de saisir la ville et pays, comme avoyt este faict aux aultres villes, pays et provinces de ce royaulme, ou il y a heu grand tumulte, esmotions, batailles et deffences de grandz seigneurs, gentilz hommes et aultres.

[Les consuls refusent de livrer les clefs de la ville au comte de Ventadour.

Leur conduite est approuvée par le roi de Navarre.]

Ledict seigneur compte de Ventadour ayant faict secourt par quelque temps en la present ville, demanda que les clefz dicelle luy fussent delivrez, et, usant de conmictions envers nous a faulte de les mectre entre ses mains pour sur ce entendre le vouloir du roy et dud. roy de Navarre, envoyasmes en dilligence en court, dont avons receu aultres lectres, desquelles la teneur sensuict (1) :

LE ROY DE NAVARRE, VICONTE DE LYMOGES.

CHERS et bien amez, nous trouvons bon le reffuz que vous avez faict de mectre es mains du conte de Ventadour les clefz de n^{re} ville de Lymoges que vous nayez au preallable bien entendu le voulloir et intencion du roy monseigneur et n^{re}. Et daultant que vous avez de tout temps et anciennette acoustume davoir la garde desd. clefz et quil est bien raisonnable que vous soyez conservez en ce previlleige, je en escriptz pour cest effect aud. S^r conte de Ventadour et le prie vous entretenir et conserver en v^{re}d. ancien previllege. Je masseure quil le fera, vous advisant au reste quen tout ce qui se presentera pour la conservation des aultres privilieges de n^{re}d. ville et pour le bien de vous tous, tant en general que en particulier, je my employeray de bonne volunte, vous priant et neaulmoings enjoygnant que vous tenez soigneusement la main que aulcune emotion ne scandalle advienne en n^{re}d. ville pour le faict de la religion ne pour aultre, et de contenir le peuple en si bonne paix et tranquillite que le roy mond. seigneur et nous en ayons contantement, comme vous avez tousjours faict jusques a present. Et esperant que ny ferez faulte, nous prions le Createur, chers et bien amez, vous avoir en sa garde. Au camp de Nogent sur Ver-

---

(1) La conduite intelligente et fière des consuls inspire au roi de Navarre une lettre heureuse, la dernière qu'il adressa aux habitants de Limoges.

nisson (1), le xiiij^me jour de septembre 1562. Signe : ANTHOINE ; et plus bas : LE ROYER. Et au doz de lad. lectre est escript : A noz chers et bien amez les consulz, manans et habitans de n^re ville de Lymoges, a Lymoges.

—

DURANT presque tout led. temps, la compaignie de mons^gr le prince de Navarre demeura en garnison en la present ville, faisans sorties sur aulcuns personnages ramasses qui se jactoyent par leurs menez et inventions entrer en la present ville, sans ce toutesfois que pour ce soict este deroge aux previllieges de la ville, ains pour faire resistance aux desobeissantz de la majeste du roy et conserver la ville soubz son obeissance. [Sorties faites par la garnison.]

—

LEDICT sieur de Montreal fit sa continuelle residence en la present ville sans en partir durant lesd. troubles, faisant son debvoir a la garde dicelle, assistant journellement ausd. portes. Et feist faire convocation du ban et arrier ban du hault pays de Lymosin, lequel aussi demeura tout ung long temps en la present ville. [Convocation du ban et de l'arrière-ban.]

—

Au moys daougst receumes lectres du roy pour deppartir et lever sur les habitans de la present ville, mesmes sur les rebelles et sedicieulx, la somme de six mil livres tourn. pour partie de la somme de v^c iiij^xx xj^m viij^c (591,800) livres leves par le roy sur aucunes villes de son royaulme pour fournir a la soulde et entretenement de grand nombre de gens de guerre que led. S^r avoit leve pour reprimer les foles et oultrecuidez entreprinses diceulx que sestoient levez et saisiz des villes. Et, suyvant lesd. lectres et conmission dressantes a mons^gr le gouverneur, avons faict le departement tout ainsin que nous estoit mande. [Impôt de 6,000 livres tournois.]

—

(1) Nogent-sur-Vernisson, département du Loiret, arrondissement de Montargis. Antoine de Navarre se dirigeait sur Rouen, qui fut investi le 29 septembre.

[Ordres et contre-ordres relatifs à la conduite de deux canons de la ville à Angoulême.]

Durant ses entrefestes et au moys de septembre, le seigneur de Montpensier, pere de France, lieutenant general pour le roy en ses pays de Guyenne, Engoumoys et Poictou, manda conduyrre les deux canons et pieces de champaigne en la ville d'Angoulesme. Suyvant laquelle conmission lesd. deux pieces furent descendues desd. tours et conduictes avec certaine quantite de brulotz et pouldre a canon jusques en la ville d'Aixe, ou estant, fust contre mande de les reconduire en la present ville, que fust faict. Et, estans en ceste ville, quelque temps apres led. seigneur de Montpensier envoya aultre conmission pour renvoyer lesd. pieces. A quoy obeissantz, furent de rechef voicturees jusques a la ville de Chasluz et de la retourneez encores en la present ville par le vouloir et mandement dud. seigneur, et mises dans le pressoyr du monastere Sainct Marcial, pour avec leur harray (1) dillec plus ayseement les charger et mener la part ou il sera besoingtz.

Eslection faicte par les manans et habitans de la ville de Lymoges des consulz dicelle ville, a la maniere accoustume, le septiesme jour de decembre mil cinq cens soixante deux.

Premierement :

Les Taules :

Joseph Dauvergne.

La Porte :

Leonard Mosnier.

Maignenie :

Jehan Duboys, M^e de la monoye.

(1) « *Arroi*, train, équipage. » (Roquefort.)

Le Marche :

Jacques de La Roche.

La Fourie :

Jehan Colomb.

De Clochier :

Helies Peyrat.

Boucharie :

Jehan Lagorce.

Lansecot :

Marcial de Lachenault.

Las Combas :

Francoys du Bouscheys.

Le Vieulx Marche :

Jehan Farne.

Croissances :

Lazarre Martin ;
Francoys Martin.

(Signé :) Deschamps, notaire royal et scribe desd. consulz.

Eslection faicte des collecteurs et partisseurs des tailles la present annee, par les manans et habitans assembles a la maniere accoustumee, le dixseptiesme janvier mil cinq cens soixante deux.

Et premierement :

Las Taulas :

Pierre Bouton ;
Pierre Malledent.

La Porte :

Marcial de Beaubrueil dict Mouton ;
Francoys Vidault.

Maignenie :

Jehan Gergot, hoste de la Croix dOr ;
Guillaume Chambinaud.

Le Marche :

Bartholome Juge, de la Croix Blanche ;
Pierre Pabot.

La Fourie :

Pierre Arnault ;
Bartholome Albin.

Le Clochier :

Pierre Penicaud ;
Jehan Nyot.

Boucharie :

Jacques Gadault ;
Marcial Eschaupre dict Courtimene.

Lansecot :

Anthoine Froment ;
Jehan Colin dict Langelaud.

Las Combas :

Marcial du Bouscheys dict Lavault ;
Symon Yvernault dict Chardon.

Le Vieulx Marche :

Guillaume Marlhoudon ;
Jehan Cybot dict Bureau.

(Signé :) DESCHAMPS, scribe ordinaire de la ville et maison commune de Lymoges.

Il y a ici une page blanche dans le manuscrit (1).

BIEN TOST APRES AVOIR ESTES APPELLES A LADMINISTRATION de n^{re} consulat et sur la fin du moys de decembre, noz precesseurs consulz, advertis que, par eedict general, que le roy, pour subvenir a ses affaires, faisoit enlever et prendre les argenteries qui estoient par les esglises, obtindrent lectres patentes dud. S^r, par lesquelles estoit mande de prendre et saisir tous les joyaulx et argenteries estans ez principalles et plus riches esglises de la ville, cite et faulx bourgs de la present, et iceulx faire vendre au plus offrant et dernier encherisseur, pour largent qui en proviendroit estre converty au remboucement des deniers par lesd. consulz noz predecesseurs fournys et empruntes pour faire les fraiz faicts par eulx pour la garde de lad. ville, a cause des esmotions et troubles estans lors au present royaulme de France, meuz a raison de la nouvelle religion. Lesquelles, en date du xxiiij^e novembre m. v^c LXij, furent receues et mises en execution par Mr de Montreal, gouverneur et seneschal de Lymosin, requerent, lesd. consulz en presence de messieurs les advocatz et procureur du roy et daulcuns nos collegues a ce contrainctz et obeissantz aux commendemens a nous faictz par led. S^r gouverneur en vertu desd. lectres. En exequtant lesquelles, fut print de leglise Sainct Marcial le grand joyaulx dargent dore ou estoit leffigie dud. sainct Marcial pose sur ung piedestal enrechie de piarrerie et perles, ensemble deux efigies de prians en habitz de papes, dargent dores, estans aux deux coustes dicelluy joyaulx, ouvrage et mainfacture industrieusement de grand sumptuosite, ou estoit au pied engrave et couvert desmailh la vie Mr St Marcial (2), lequel joyaulx estoit audessus du grand autel et dans les grisles de fert qui y sont de present. Aussi fut enleve ung crucifix dargent estant au-

[Edit du roi relatif à l'enlèvement des objets précieux appartenant aux églises.

Les consuls obtiennent que la somme provenant de la vente de ceux appartenant aux églises de Limoges sera affectée au remboursement des deniers avancés par leurs prédécesseurs.]

---

(1) Plusieurs évènements importants sont passés sous silence : le 14 octobre, le roi de Navarre avait été atteint d'une arquebusade à l'épaule gauche; le 17 novembre, il expirait des suites de sa blessure, envenimée par ses imprudences : il avait voulu entrer à Rouen par la brèche, précédé de timballiers, et porté par des Suisses sur son lit de douleur. Il laissait un fils âgé de neuf ans.

(2) Voilà une perte bien regrettable. Les détails douloureux donnés sur cette pièce précieuse, montrent toute l'étendue du sacrifice.

dessus led. trellis, plus ung aultre crucifix estant audessus laultel de St Austriclinien. Aussi fut prinse la couverture de feulle dargent estant sur la chasse et tumbeau du sepulcre de lad. eglise avec dix ymages dappostres enleves en bosse en petit volume dor, dont les ungs avoient des mains et piedz dargent dore, estans dans les tabernacles de lad. chasse, garnys de beaulcoupt de piares et perles precieuzes. Et estoient lesd. joyaulx et argenteries de la valleur de dix huict mille livres t/.

[Guet.] AUSSY FUT PRINS de leglise Sainct Pierre et Sainct Michel et aultres esglises au tour de lad. ville quelques aultres joyaulx et argenteries non estant de grand valeur. Ce neaulmoings, lesd. consulz noz predeccesseurs nous laissarent, pour cause que les troubles nestoient bien paciffies, charge de entretenir cinquante hommes pour la garde tuiction de la present ville et icelle entretenir en repotz public. Lesquelz assistoient aux portes et murailles tant de jour que de nuict, estans ceulx du jour soubz la charge et conduicte de Mr Joseph Ruaud, enquesteur pour le roy en la seneschaucee de Lymosin et siege presidial de Lymoges, et y fist le debvoir dung fidelle cytoyen; et ceulx de la nuict, soubz la charge de Gabriel Raymond et Me Symon Moneyron, vigilans a leur charge. Lesquelz cappitaines et soldartz nous continuames jusques a la feste de St Jehan Baptiste, tenans seullement deux portes ouvertes, et par foys une, jusques ad ce que, a la feste de Pasques, le roy envoya leedict de la paciffication des troubles (1), que avoyent porte une grande craingte et calamite au peuple. Lequel eedict fut publie en lauditoire royal de la present ville., a lassistance des officiers du roy et aulcuns des bourgeois, manans et habitans de lad. ville, ou nous fusmes appelles et assistames. Par ladvis desquelz seigneurs officiers et citoyens fut advise aud. siege de continuer led. guet jusques a lad. feste de St Jehan Baptiste, attendu que ceulx de la nouvelle religion ne monstroient de tout estre paciffies. Toutesfoys, graces a Dieu, despuys, suyvant ledict eedict, ung chascun cest comporte avec toute paix et unium.

---

(1) La paix d'Amboise, publiée le 19 mars.

— 251 —

Aussy, parce quil avoit pleu au roy nre sire mectre et imposer sur chacune charge de vin entrant dans les villes clozes et gros bourgs dix huict deniers tournoys, pour lexeqution duquel y avoit commissaires depputes levans led. subcide, qui revenoyt a la foulle, charge et oppressions du peuple, et pouvoit causer, aultant de fraiz de lexeqution que du principal, chose prejudiciable et de mauvaise introduction a lad. ville de Lymoges, ou lon cuillyt asses de vin, pour la grand quantite des vignes qui sont au territoire de la banlieue; considerant que lesd. vignes coustoient presque le revenu de la valleur du vin qui en provient, car est de peu desfort et de valeur (1), et que, sil y avoyt encores impost, il seroit double perte, que osteroyt occasion de faire valoir lesd. vignes, par advis des principaulx bourgeois et marchans de lad. ville, pour cest effect assembles, envoyames devers le roy et nossieurs de son conseil prive monsr Me Marcial Gadault, conseiller au siege presidial, et Marcial de La Chenault, consul, nre compaignon, pour supplier le roy et nosd. Srs vouloir estaindre et admortir led. subcide, icelluy convertir a quelque aultre somme de deniers, comme sa discretion adviseroyt. Ce que nosd. depputes obtindrent; et accordarent avec led. Sr, tant pour ceulx du hault pays de Lymosin que du bas pays, moyennant la somme de quatre vingtz dix mil livres t/, payables dans six ans, scavoir est, chascun an quinze mil livres dont ceulx du hault pays en payeront de douze parties les sept, et ceulx du bas pays de Lymosin, les cinq. Laquelle commission fut executee par Mr Me Gaultier Bermondet, lieutenant general. De laquelle somme le clerge en paye le cinquiesme denier, et les villes clozes et gros bourgs, les quatre.

[Rachat de l'impôt de 5 sous par muids de vin moyennant la somme de 90,000 livres tournois, payables en six ans.]

Sensuyt la teneur desdictes lectres.

Charles, par la grace de Dieu, roy de France, a tous ceulx qui ces presentes lectres verront, salut. Des le xje jour davril dernier passe nous accordasmes aux manans et habitans de nre hault et bas pays de Lymosin, sur certaine requeste

---

(1) Ces vignes ont disparu, et l'appréciation qui est faite ici de leur produit explique le changement de culture.

quilz nous presentarent en nre conseil prive et pour les causes et considerations y contenues, quilz seroient et demeureroient quictes et descharges du subside de cinq solz t/ par muictz de vin, mesure de Paris, et aultres vaysseaulx et mesures a lequippollent, par nous ordonne estre leve durant six ans seullement par tout nre royaulme, pays, terres et seigneuries de nre obeissance, moyennant quilz nous payeroient la somme de quatre vingtz dix mil livres tournois, qui est pour chascun an desd. quinze mil livres t/. Et le xxjᵉ dud. moys mandasmes au seneschal de Lymosin ou son lieutenant faire convocquer et assembler, a telz jours, lieulx et heures quilz verront plus conmodement, les gens des troys estatz desd. pays, pour leur faire entendre le contenu en lad. requeste, et pour ensemble adviser lexpedient et moyen plus ayse et proffitable dimposer et lever lad. somme a la moindre charge et foule de nre peuple que possible seroit, pour, ce faict, renvoyer par devers nous en nre conseil prive son proces verbal contenant ce que auroit este advise et conclud, avec son advis et de noz aultres officiers en lad. seneschaucee, pour, le tout veu et rapporte en nred. conseil, estre par nous sur ce pourveu comme de raison ; ce que auroit este faict, comme appert par les pieces cy soubz le contre seel de nre chancellerie attachees. SCAVOIR FAISONS que, apres les avoir faict veoir en nred. conseil, et ouy sur ce leurs depputes, Nous, par ladvis et meure deliberation dicelluy, avons de rechief accorde et accordons ausd. manans et habitans de nred. hault et bas Lymosin quilz soyent et demeurent quictes et descharges dicelluy subcide de cinq solz t/ pour muictz de vin et aultres mesures a lequippollant, moyennant quilz nous payeront lad. somme de quatre vingtz dix mil livres dedans six ans prochains venans en suyvantz et consequtifz, a raison de quinze mil livres t/ pour chascun diceulx et par les quatre quartiers par quart et esgalle portion, le premier desd. six ans conmencant le premier jour de janvier dernier passe, dont le premier payement se fera le premier jour de juillet mil cinq cens soixante troys prochain, pour demye annee, et della en avant a continuer de quartier en quartier, et par chascun diceulx par quart esgallement, comme dit est, durant lesd. six annees et sans intervalle de temps, ASSAVOIR, led. hault pays, pour lesd. six ans, la somme de cinquante troys mil quatre cens trente sept livres dix solz, quest pour chascun diceulx huict mil neuf cens six livres cinq solz t/, et, par chascun desd.

quartiers esgallement deux mil deux cens vingt six livres unze solz troys deniers t/ ; et led. bas pays, aussi pour lesd. six ans, trente six mil cinq cens soixante deux livres dix solz t/, revenant pour chascune desd. annees a six mil quatre vingtz treize livres quinze solz t/, et par chascun quartier a quinze cens vingt troys livres huict solz neuf deniers t/, suyvant laccord surce cy devant et dez le xvij^e novembre mil cinq cens cinquante quatre faict entre les depputes dud. pays sur les differendz qui cestoyent meuz sur le partaige et division qui debvoit estre faict entre eulx des deniers que nous ou noz successeurs voudront mectre, imposer et faire lever esd. pays pour la neccessite de noz affaires, par lequel est expressement accorde par entre eulx que de vingt quatre mil livres led. hault pays en doibt porter quatorze mil deux cens cinquante livres t/, et led. bas pays neuf mil sept cens cinquante livres, et du plus plus et du moings moings a lequippollant, ainsi quil nous est appareu par lectres du susd. accord. En quoy faisant led. subcide sera et demeurera, et lavons des a present comme pour lors, pour le regard desd. pays, estainct et abolly, estaignons et abolissons, et les deniers que pour raison de ce en ont este cy devant et jusques a la publication desd. presentes prins et parceuz leur estre deduictz et precomptes sur la susd. premiere demye annee, les fraiz pour ce faictz preallablement deduictz ; dont ceulx qui pretendront y avoir interestz se pouront amyablement accorder, synon seront aud. cas de debat summairement liquides, arbitres et taxes par n^{re} trescher et amy cousin le conte de Ventadour, chevalier de n^{re} ordre et n^{re} lieutenant general aud. pays, auquel donnons pouvoir de ce faire par sesd. presentes, et de faire appeller pardevant luy pour cest effect tous ceulx quil appartiendra, sans que, apres lexpedition desd. six annees, icelluy subside se y puisse plus lever pour quelque cause ou occasion que ce soyt, DECLARANS que nous voulons, si aulcune expedition sen faisoit au contraire, quil ny soyt obey, défandans tresexpressement a noz courtz de parlemens et de noz aydes, advocatz et procureurs generaulx en icelles, ou generaulx de noz finances et juges quelzconcques, de veriffier lesd. expeditions, quelques expresses jussions et commandemens quilz en heussent et puissent avoir de nous, desrogeans a sesd. presentes, sur peyne de sen prendre a eulx en leurs propres et prives noms. Laquelle somme de quatre vingtz dix mil livres t/ avons permys et permectons par ces presentes imposer, asseoir et faire cuillir et lever sur les habitans des villes clozes, gros bourgs et bourgades des ellections desd. pays, comprins ceulx du clerge et gens deglises dicelles, avec les fraiz tant de lad. levee et cuillecte que de la poursuicte et expedition desd. presentes en execution dicelles, sellon les assiettes et deppartemens qui en seront faictz par n^{re}d. cousin le conte de Ventadour ou le seneschal desd. pays de Lymosin ou ses lieutenans ez sieges presidiaulx, ou chacun deulx, chacun en son ressort, ausquelz respectivement nous avons donne et donnons pouvoir, leur mandant et enjoignant par cesd. presentes ce faire le plus justement, esgallement et a la moindre foule desd. habitans et clerge que faire se pourra, sans en attendre de nous, par chacun an, aultre mandement que ses memes presentes, sans retardation toutesfoys de nos aultres deniers. Et au payement des cottizations qui seront pour ce faictes seront contrainctz reaulment et de faict tous ceulx qui auront este ainssi cottises et imposes par toutes voyes et manieres deues et accoustumees par noz propres deniers, nonobstant oppositions ou appellations quelzconques, pour lesquelles, et sans prejudice dicelles, ne voulons estre differe. A la charge que les deniers qui en proviendront seront mys, fournis et delivres ez mains de lung desd. depputes desd. pays, resseans et solvable, tel que par n^{re}d. cousin le conte de Ventadour, senneschault de Lymosin, ou ses lieutenans, chacun en son ressort, sera advise. Lequel sera tenu, pour ce faire, bailler caution bonne et souffisante et telle certiffiee, et apres par eulx mys par chacune desd. six annees et par chacun quartier dicelles, comme dit est esgallement, ez mains du receveur general de noz finances present ou advenir, pour les convertir au rachapt de noz domaine, aydes, gabelles, payement et acquist de noz debtes deuz aud. pays et aultres noz affaires, suyvant les estatz que par chacune desd. six annees en seront par nous expedies et envoyes aud. receveur general. Si DONNONS EN MANDEMENT a noz ames et feaulx les gens de noz courtz de parlemens, de noz aydes, generaulx de noz finances, seneschal de Lymosin ou sesd. lieutenans, chacun en son regard, et a tous noz aultres justiciers et officiers quil appartiendra, que tout le contenu en icelles ilz facent tenir, garder et observer, lire, publier et enregistrer, et dud. contenu jouyr et user plainement et paisiblement, en contraignant ou faisant contraindre tous ceulx quil appartiendra et que pour ce seront a contraindre, par toutes voyes et manieres deues et raisonnables, et comme pour noz propres deniers et affaires, ainsi que dessus est dict. Et, pource que de cesd. presentes on poura avoir affaire en plusieurs et divers lieulx, nous voulons que au vidimus dicelles, faict soubz seel royal, ou au seing de lung de noz ames et feaulx notaires et secretaires, foy soyt adjoustee comme au present original. En tesmoing de quoy, nous y avons faict mectre n^re seel. Donne a Bloys, le viij^e jour de mars lan de grace mil cinq cens soixante deux, et de n^re regne le troysiesme. Signe sur le reply desd. lectres : Par le roy en son conseil, Testin; et seellees sur double queue du grand seau dud. S^r en cire jaulne.

Davantaige, estans sur la fin du moys de janvier, lors que on pensoyt que tous bledz vinsent a bon pris, lesquelz avoyent este lannee precedante grandement chers, encherirent d'ung hault pris, et si extreme qu'on craignoit dans lad. ville une sediction populaire, parce qu'on ne pouvoyt trouver bled a vendre. Aussi les pays de Poictou, Peyrigortz, Xainctonge et Engoumoys estoient si steriles quilz nen pouvoient recouvrer, et estoit plus chers dung tiers que en lad. ville, et estoient nosd. voysins en grand sterillite. Pour a quoy remedier, et voyant le peuple ainsy criant et famelique, fismes assembler en la maison de lad. ville les principaulx bourgeois et marchans de lad. ville, ausquelz remonstrames lad. paovrete et les dangiers qui en pourroient advenir. Sur quoy fut delibere que lesd. consulz feroient une bource de la somme de dix mil livres, tant de leurs deniers propres que des deniers que beaucoupt de bourgeois et marchans de lad. ville presteroient ausd. consulz pour cest effect en leurs noms propres et prives. Et dicelle somme par chacun moys furent commis successivement pour ceste charge quatre marchans, lesquelz seroient tenuz aller au pays dAuvergne ou aultres lieulx fertilz achapter des bledz pour la provision et nouriture diceulx. Ce que fut execute a toute dilligence. Et commencerent le premier jour de febvrier, et dura jusques au dernier jour de jung, que fut cinq moys, durant lequel temps lesd. marchans firent menner desd. pays des bledz pour la nourriture des paouvres et habitans de lad. ville. Que ne fut par nous execute que a grand peyne et travailh pour amasser lesd. bledz, ou lesd. marchans et leurs depputes nespargnarent leur peyne

[Grande disette. — Mesures prises par les consuls.]

et travailh, sespousans a plusieurs dangiers pour avoir des grains. Et faisoyent lesd. marchans provision chacun moys de deux mil six cens et troys mil sextiers de bled, ce que ne pouvoit encores souffrir, daultant que lad. ville et pays circonvoisins estoyent vuydes de grains et nen pouvoyent en recouvrer que dud. pays dAuvergne.

Pour lequel distribuer, lesd. consulz heurent ung granier aux gaiges de lad. ville, douze bolengiers pour icelluy cuyre chacun jour; et icelluy portoient a ung lieu destine, ou chacune sepmaine estoient avec nous six personnes, scavoir est : deux qui estoient a la grand salle de consulat qui bailloient des brevetz pour delivrer du pain a tous ceulx quilz cognoissoient n'avoir moyen achapter bledz. Et, ayant heu chacun son brevet, sen alloient pour, sur leurd. brevet, avoir du pain pour leur provision. Et estoient en lad. maison quatre, scavoir est : deux pour poysser led. pain, et les aultres deux pour les distribuer.

Et pour nourir et allimenter le paovre peuple, les tourtes estoient delivrees pour sept solz la piece, qui est un hault pris, mais revenoient ausd. consulz neuf solz, et perdoyent sur chacune tourte deux solz, car se vendoient aux aultres villes circonvoysines de dix a douze solz; charte et encherie de graine si grande qui lors homme vivant navoit peu veoir. Aussi se vendoyt le sextier bled seigle au marche quatre livres t/, et le sextier froment cinq livres t/. Et chacun jour se distribuoit envyront neuf cens tourtes, durant lesquelz cinq moys. Ce que ne fut execute sans grand et assidu travail, que estoit expose tant pour fair venir lesd. bledz, fournir argent, donner ordre aux bolengiers, que garder le peuple, qui tumultroyt pour chacune (*sic*, cause) de lad. charte (1).

[Exemption de logement des gens de guerre.

Priviléges de la ville reconnus par Catherine de Médicis.]

Durant lequel temps si sterile, receusmes lectres de Bourdeaulx de par Mr de Monluc, lieutenant pour le roy en Guyenne, par lesquelles il nous mande recevoir en n^{re} ville, par forme de garnison, la companie du prince de Navarre, chose qui re-

(1) L'administration des consuls de 1562 est remarquable; les mesures prises alors pour remédier à la famine et à la cherté du pain ont souvent été imitées de nos jours. Le prix de 5 et de 4 livres tournois pour le sextier de froment et de seigle est réduit à 2 livres 15 sous et 2 livres dans le *Pouillé du diocèse de Limoges*.

pugnoyt entierement a noz anciens privilleges. Et aussi, attendu lad. sterillite, envoyasmes devers le roy pour avoir lectres aux fins destre conserves en nosd. privilleges et exemptions. Et furent envoyees lectres de la reyne, mere du roy, adressantes aud. Sr de Montluc, par lesquelles luy fut mande nous exempter de lad. garnison et nous maintenir en nosd. privillieges, comme ayant este trouves vrays fidelles serviteurs du roy son filz, ainsin quil appert par lesd. lectres sur ce envoyees, desquelles la teneur sensuyt :

Monsr de Monluc, ceulx de la ville de Lymoges mont faict entendre le bon debvoir quilz ont faict pendent les troubles de se maintenir et garder en lobeissance du roy mons^r mon filz, et les grandes despences qu'ilz ont supportees pour ceste occasion, avec ce qu'ilz promectent de bien garder et observer les effectz de la payx quil a pleu a Dieu nous donner, ce que les rend plus recommandables et me faict desirer les en recognoistre. Et, pource que vous aves dernierement advise destablir la garnison de la compaignie de mon filz le prince de Navarre en lad. ville, chose que lesd. habitans dicelle pretendent estre contraire a leurs previlieges anciens, qui les exemptent de toutes garnisons, en quoy je ne vouldroys quil leur fut prejudicie, a ceste cause, je vous prie, Mr de Monluc, faire mectre lad. compaignie en garnison en quelque aultre lieu et soulaiger lad. ville de Lymoges de tout ce que pourres; en quoy feres chose qui sera bien aggreable au roy mond. S^r et filz et a moy. A tant, je prie Dieu, mons^r de Montluc, vous maintenir en sa saincte garde. Escript a Orleans, le xxvij^e jour d'avril m. v^c lxiij. Ainsin signe : Catherine, et plus bas : Robertet.

Aussy le premier jour d'avril, questoit le dymanche, nous fusmes advertis du deces de la recluse, en fismes ellection d'une aultre, nommee   (1) ; laquelle fut habituee, et luy fut baille labit accustume en la chambre du conseil. [Recluse des Carmes.]

---

(1) Le nom est en blanc dans le manuscrit.

[Peste.] (1) DAVANTAIGE, ESTANS sur la fin dud. moys de jung, ayant les fruictz de la terre monstre apparence de grand fertillite, penssans estre hors de tant daffaires, survint aux faulx bourgs de Magnenye une maison pestisferee, laquelle maison avoyt este si frequentee que icelle peste pullula en la present ville, en telle sorte que en quinze jours tous les habitans de lad. ville et faulx bourgs ayans moyens pouvoir desloger furent contrainctz, pour se garentir de la contagion, vuyder icelle ville et sen absenter.

POUR A QUOY POURVOIR, a toute dilligence fut recouvert ung chirurgien, auquel furent bailles gaiges chascun moys, auquel, pour le dangier de peste ou il sexposoit et service quil entreprenoit luy fut octroye lestat de mestrize, avec pouvoir de lever bouticque de chirurgien sans estre constrainct faire aultres solempnites ny souffrir lexamen des aultres chirurgiens. Il luy fut delivre tous ferremens, medicamens et aultres otilz neccessaires a son estat, et fut loge en la tours appellee du Digiet, ou furent dressees deux chambres garnies de lictz et utencille, en lune desquelles habitoit le prebstre hayant la charge d'aministrer les S^{tz} Sacremens aux pestisferes. Et troys sepmaines apres, Dieu print a sa part lesd. prebstre et chirurgien. Et apres fut pourveu dung aultre chirurgien en mesme qualite que led. preddessesseur. Aussi furent prins et stipendies des pourteurs, vendeurs, faiseurs de fosses, gens pour porter vivres, aultres pour nectoyer, estans au nombre de vingt, tous dedies pour le service des pestisferez.

POUR LA GARDE DE LADICTE VILLE, durant lesd. dangiers de peste, fut par nous commis led. Gabriel Raymond, cappitaine, auquel les officiers du roy de Navarre et nous baillasmes toute charge et puissance de garder lad. ville en lobeissance du roy, pugnir les malfaicteurs, y user de toute justice et police. Pour la garde duquel luy fut baille trente soldardz, le tout aux despens de lad. ville, qui estoit de grandz fraiz. Aussi nourissoyent les paouvres en leurs maisons. Et fut la force de lad. maladie si grande quil mourut de cinq a six mil personnes tant

---

(1) Il était rare que l'accumulation des soldats dans les camps ne déterminât pas quelque maladie contagieuse du genre de la terrible peste dont il est ici question. On sait que Louis VIII, Louis IX et Philippe III succombèrent à une affection de cette nature. Ici ce sont encore des soldats qui, en regagnant leurs foyers après la levée du camp d'Orléans, apportent dans la ville les germes du fléau.

dans lad. ville que ez quatre faux bourgs, sans y comprendre la cite. Et cest trouve en lad. ville et faulx bourgs la quantite de mil maisons infectes et davantaige.

Aussy fut ladicte maladie si contageuse quelle pullula tout au tour de lad. ville, a quatre ou cinq lieuez, en sorte qu'on ne pouvoit avoir recours a villes, bourgs ne villages qui ne fussent la pluspart infectes de lad. maladie. Et mourut par les aultres villes, bourgs et villaiges circonvoysins grand nombre de peuple. A quoy on ne pouvoyt remedier, estans repousses des circonvoysins pour la grand rigueur que ung chacun tenoyt en son endroict pour craincte de lad. maladie. Dont le paouvre peuple fut si afflige quil nestoit memoire a homme vivant d'avoir veu un tel temps si mauvays et calamiteux, et heu cours jusques a lissue de n^{re} administration consulaire. Dieu, par sa saincte grace, a ladvenir veilhe preserver les manans et habitans de n^{re} ville !

Il y a ici deux pages blanches dans le manuscrit.

Eslection faicte des consulz de la ville de Lymoges par les manans et habitans dicelle, assambles en la place conmune appellee de Soubz les Arbres, a la maniere accoustumee, le septiesme jour de decembre mil cinq cens soixante troys.

Et premierement :

Las Taulas :

Anthoine Duboys.

La Porte :

Mathieu Benoist.

Maignenye :

Jehan Gergot, de la Croix dOr.

Le Marche :

Bartholome Juge.

La Fourie :

Pierre Verrier.

Le Clouchier :

Claude Rouard.

Boucharie :

Marcial Eschaupre dict Courtimene.

Lansecot :

Mathieu David.

Les Combes :

Symon Yvernault.

Le Vieulx Marche :

Jacques Cybot.

Croyssances :

Mᵉ Marcial de Douhet ;
Pierre Mosnier.

Ainsin a este esleu.

(Signé :) Deschamps, notaire royal et scribe de lad. ville.

Eslection faicte des collecteurs, asseeurs et partisseurs des tailles impousees la present annee en la ville de Lymoges par les manans et habitans de lad. ville, assambles en la salle de la maison commune dicelle ville, a la maniere accoustumee, ainsin et par la fourme et maniere cy apres contenue, le vingt troyziesme jour de janvier lan mil v^c soixante troys.

Et premierement :

Les Taules :

Marcial du Boys dict Monocquet ;
Bartholome Petit.

La Porte :

Jehan Mauple ;
Mathias Vallericque.

Maignenye :

Gabriel Raymont ;
Pierre Penygot.

Le Marche :

Jehan Loudeys ;
Francois Colomb.

La Fourie :

Jehan Debroa ;
Jehan de La Sarre.

Le Clochier :

Jehan Ytyer dict Parve ;
Jacques Micheau.

Boucharie :

Bertrand Demons ;
Leonard Leyraud.

Lansequot :

Pierre Boulaud ;
Guillaume Nycot.

Las Combas :

Estienne Yvernault dict La Gouteau ;
Guillaume Vigier.

Le Vieulx Marche :

Marcial Dutrueil dict de Las Escabellas ;
Marcial Cellier.

Ainsin a este faict et esleu.

(Signé :) Deschamps, notaire royal, scribe secretaire de lad. ville.

Il y a ici une page en blanc dans le manuscrit.

Memoyres de ce que fault escripre de consulat des choses qui sont passees durant n^{re} charge consulaire, conmensant le septiesme decembre mil cinq cens soixante troys et finissant le mesme jour mil cinq (cens) soixante quatre (**1**).

[Peste :
voir page 258]

Et premierement est a noter que, lannee mil cinq cens (soixante) troys, la ville fust tellement pestiferee que les habitans furent contr(ainctz) la habandonner et se retirer aux champs, ou nous avons demeure despuys le   jusques ad ce que avions este esleuz consulz le septiesme de decembre ampr(esjour)

---

(1) Cette pièce avait été reliée par mégarde au commencement du registre. Elle est en très-mauvais état et rongée en plusieurs endroits, que nous indiquons par des blancs.

acoustume de fere nouvelle eslection. Et pour le debvoyr de n^re charge (vinmes) en lad. ville, laquelle nous trouvames bien seule et inh(abitee) de beaucoup, par ce que les habitans ne cestoyent retires a cause dud. dangier. Au moyen de quoy nos predecesseurs consulz avoient donne la garde de lad. (ville) a Gabriel Raymond, cappitaine de trente quatre soldardz, lequel Raymond ilz avoient   a vingt cinq solz pour jour, et ses soldatz a quinze solz ou environ, que montoyt, comprins la nourriture des pouvres pestiferes, a la somme denvirons sept cens (livres en) tout, chose de grand charge a la ville. Ce neanmoingtz, furent continuez la (charge) dud. Raymond et de quelque nombre de soldardz jusques a la St Jehan, apres que, pour eviter plus grande infection et le dangier de retourner aux champs, fut expedient de rappeller tous les pouvres pestiferes qui estoyent aux loges   en nombre de quatre vingtz huict, et les lougames dans lesglize Ste Valerie, ou les fimes nourrir et nettoyer par ung homme et deux femmes, et les (ungz) empres les aultres consecutivement changer des abilhemens neufz, et en tel   se retiroyent si bien purges que, graces a Dieu, nen vint aulcun inconvenient despuys. Et, pour tenir ceste police, fusmes contrainct entretenir   lesd. capitaine et souldardz, ung chirurgien et ung pourteur de corps (jusques a la) St Michel ensuyvant. Et tous les corps et chassalles (1) qui mouroyent (dans) la ville, faulxbourgs et cyte nestoyent point portes dans les esglizes   , ains aux cimitieres, ou ilz estoyent vicites devant estre ensepvelis. Et (fust) asseure par led. Raymond, cappitaine, que durant six moys en lad. peste, (tant) en lad. ville que ez environs des faulx bourgs et cyte, estoyent   personnes. Et vint linconvenient de lad. peste a cause de cinq ou six mil soldardz qui passarent par ce pays, venans dOrleans, apres leedict de pacification des troubles des huguenaulx, se retirans en leur maisons. Et fust lad. peste decouverte aux faulx bourgs de Magninie. Et fust chose admirable que au retour des habitans, moyenent laide de Dieu et la bonne police, ny heust aulcune maison pestiferee en lad. ville et faulx bourgs despuys et durant n^re charge consulaire.

---

(1) *Chasselle*, diminutif de châsse, bière, etc.; par extension, sépulture de petit enfant. — Ce mot, qui ne se trouve pas dans les dictionnaires français, est encore employé dans ce sens par le clergé limousin.

[Réclamation des protestants au sujet de leur temple et de l'impôt de six mille livres.]

ET, ADVENANT le moys de feubrier ampres, arriva mons^r de Pombriant, gouverneur en ceste ville, et, estans advertis de sa venue, ceulx de la religion quon appelle pretendue reformee, luy presentarent requeste tendant a deux fins : lune quil luy pleust leur donner ung temple pour administrer les sacremens et fere aultre exercice de leur pretendue religion, lautre quilz avoyent este par luy cy devant contrainctz de payer la somme de six mil livres dung emprum que avoyt pleu au roy estre faict et leve sur les habitans de la ville, et que ilz avoyent este greves de ce que mond. S^r le gouverneur leur avoyt impose sur eulx toute lad. somme de six mil livres, ou que que soyt la plus grande partie, au moyen de quoy ilz sestoyent retires au roy et faict entendre leurs doleances, auquel Sa Majeste auroyt tant favorise que par lettres patentes, lesquelles ils luy exibarent, luy estoyt mande recothiser lad. somme sur tous les manans et habitans de la ville, et en fere rembourcer lesd. de la religion. MONS^r LE gouverneur ordonna que lad. requeste seroyt signiffie aux consulz pour y respondre a lendemain. A laquelle assignation fust respondu par les consulz : en premier lieu, que le roy avoyt pourveu quant au temple et lieu dexercisse de leur religion et que les faulx bourgs de la cite d'Uzerche avoyt este nomme par eedict du roy pour leur pretendu exercise de tout le Limousin (1); et quant a la recothisation de six mil livres, pour estre rambourcee sur tous les aultres manans et habitans de la ville, leur fust respondu par nous que, silz avoyent obtenu aulcunes lectres du roy, quilz avoyent circumvenu Sa Mageste, et que nous navions point este oys; car nous, estans oys, avions bonnes causes pour empescher lad. recothisation, et que mons^r le gouverneur ne debvoyt prandre cognoissance de ceste cause, attandu quil avoyt execute sa commission, et le roy estoyt paye dud. emprunt, et ilz debvoyent repeter led. emprunt sur le roy, que leur prometoyt ramboursement, et non contre les habitans, qui ne lavoyent point receu. Monsr le gouverneur, ayant entendu le dire des parties,

(1) Cette partie de la décision des consuls était conforme à la teneur de l'édit d'Amboise, récemment promulgué : « Le culte réformé était maintenu dans les villes où ladite religion était exercée jusqu'au 7 mars courant ; mais, dans le reste de la France, le culte ne pourrait être célébré, hors des maisons nobles, que dans les faubourgs d'une seule ville par bailliage ou sénéchaussée ».

nous renvoya au roy et à son conseil prive. Et demandarent lesd. de la religion promission de faire ung scyndicat, ce que leur fust promis par monsr le gouverneur; et le firent, et se nummarent tous par noms et surnoms au greffe du seneschal, nous requerans. Au moyen de quoy, nous fumes assignes au conseil prive du roy, a la requeste de Mre Bartholome Malerbaud, soy disant scindict de ceulx de lad. religion, par acte receu par Mre Jehan Roulhac, au vingt cinquiesme jour de juing   , aux fins susd. PAR QUOY fust Jehan Gergot, ung de nos coll(egues), ... (Le reste manque.)

DE PAR LE ROY.

TRESCHERS et bien ames, aians veu leslection par vous faicte des nouveaulx consulz pour lannee qui vient, que nous aves envoye, nous avons estime que vous aves esleu en cela les plus souffizans et cappables et les plus amateurs du repos publicq que vous aves peu eslire pour se bien dignement acquicter de telles charges. Du nombre desquelz nous avons choisi, assavoir : pour le premier canton, appelle des Taules, Jehan Malledent; pour second canton, appelle de la Porte, Jehan Mauple; pour tiers canton, appelle de Maignenie, Jehan du Pre dict Ticou; pour quatriesme canton, appelle du Marche, Loys Romanet; pour cinquiesme canton, appelle de la Fourie, Marcial Benoist; pour sixiesme canton, appelle du Clochier, Marcial Merlin; pour le septiesme canton, appelle de la Boucharie, Bertrand de Mons; pour le huictiesme canton, appelle de Lansecot, Jehan de Lachenault; pour le ix^e, des Combes, Mar^l du Boucheis laisne; pour le dixiesme canton, appelle Viel Marche, Jehan Cybot dict Vachas, et pour les consulz des croissances, Guillaume Poileve et Joseph Rougier. Lesquelz nous vous renvoyons a ce quilz soyent receuz ausd. charges en la maniere accoustumee. Car tel est n^{re} plaisir. Donne a   (1), le   (1) jour de janvier 1564. Ainsin signe : CHARLES; et plus bas : ROBERTET.

[Ingérence de la royauté dans l'organisation des municipalités.]

(1) Ces mots sont en blanc dans le manuscrit.

Le xvij° janvier lan mil cinq cens soixante quatre, loriginal de la presente lettre dessus transcripte a este exibee par les consulz de lannee passee, et dicelle a este faict lecture par le secretaire de lad. ville et maison commune dud. Lymoges, en presence de honnorables hommes sires Jehan Malladent, Jehan Mauple, Jehan du Pre dict Ticou, Loys Romanet, Marcial Benoist et Bertrand de Mons, consulz choisis par le roy n^{re} S^{r} la presente annee, comme estoit contenu par lesd. lettres dessus mencionnees, en absance des autres consulz leurs compaignons, aussi nommes esd. lectres. Suyvant la teneur desquellesd. lectres lesd. consulz anciens les ont mis en possession de lad. charge et administration consulaire, par le bail et tradition des clefz des portes de lad. ville et maison commune dud. Lymoges. Laquelle charge et administration consulaire ont promis faire et exerser. Faict en la maison commune dud. Lymoges, les jour & an susd.

(Signé :) DESCHAMPS, notaire royal et secretaire de lad. ville.

Eslection faicte par le roy des consulz de la ville de Lymoges, vingt quatre nommes par les manans & habitans de lad. ville de Lymoges, suyvant les lectres de lautre part transcriptes, pour lannee mil v° soixante quatre.

Et premierement :

Las Taulas :

Jehan Malladent.

La Porte :

Jehan Mauple.

Maignenye :

Jehan Dupre dict Ticou.

Le Marche :

Loys Romanet.

La Fourie :

Marcial Benoist.

Le Clochier :

Marcial Merlin.

Boucharie :

Bertrand Demons.

Lansecol :

Jehan de Lachenault.

Las Combas :

Marcial du Bouscheys laisne.

Le Vieulx Marche :

Jehan Cybot dict Vachas.

Croissanses :

Guillaume Poileve ;
Joseph Rougier.

Faict a Lymoges, le xvij° jour de janvier lan mil cinq cens soixante quatre.

(Signé :) Deschamps, notaire royal, secretaire de la ville de Lymoges.

Eslection faicte en la salle commune de la ville de Lymoges par les manans & habitans dicelle, illec assambles, des conseillers et colecteurs pour faire le deppartement des tailles, la presente annee, le xxij° jour de janvier lan mil v° lxiiij.

Et premierement :

Las Taulas :

Francoys Vitrac;
Leonard Crozille.

La Porte :

Pierre Laborne;
Jehan Meyze.

Maignenie :

Psaulme Gregoire;
Jehan Pinot.

Le Marche :

Pierre Benoist;
Marcial Guarach.

La Fourie :

Jehan Gergot;
Estienne Baud.

Le Clochier :

.... (1).
Pierre Doureil dict Bretaigne.

Boucharie :

Jehan Lymosin dict Guarrigou;
Leonard Goumy.

(1) Le nom inscrit a été gratté ; peut-être, comme précédemment : « Pierre Texandier ».

Lanseoot :

Colin Noailler;
Joseph des Flottes.

Las Combas :

Pierre Cepas, cordenier;
Jehan Penicaud.

Viel Marche :

Francoys Chapfor dict Claveau;
Jehan Picheguay.

(Signé :) Deschamps, secretaire de lad. ville & maison commune de Lymoges.

---

(1) Le septiesme jour du moys de decembre mil cinq cens soixante quatre, fut faict ellection en la present ville de Lymoges, en la maison commune dicelle, de vingt quatre consulz, suyvant le vouloir du roy Charles neufiesme, porté par ses lectres patentes donnees a   , le   jour de   aud. an mil cinq cens soixante quatre, signees   (2) et scellees du grand seau dud. seig^r, lesquelles noz predeccesseurs consulz avoient receues, par lesquelles leur estoit mande qu'a la prochaine ellection que se feroit des consulz de la present ville, ilz heussent a faire double nomination de consulz pour lannee advenir, questoit, au lieu de douze consulz qu'on a accoustume faire chascun an en la present ville, led. jour ilz eussent a faire ellection de vingt quatre consulz, et, icelle nomination faicte, heussent a lenvoyer par devers la majeste dud. S^r, aux fins que desd. vingt quatre fut prins et choysi douze consulz telz que Sa Majeste adviseroit. Et estoit mande par lesd. lectres ausd. consulz noz predeccesseurs que, jusques adce que le roy auroit faict la nomination et choix desd. douze consulz ordinaires, ilz

---

(1) Chronologiquement cette pièce devrait se trouver avant celle commençant par ces mots : « De par le roy..... », reproduite page 265.
(2) Toutes ces lacunes existent dans le manuscrit.

heussent a faire ladministration du faict public; ce que fut faict par lesd. consulz noz predeccessurs, suyvant le vouloir du roy.

Et le xvij^e janvier apres suyvant mil cinq cens soixante quatre, nous entrasmes consulz en la maison commune de la present ville, et fusmes confirmes consulz et mis en charge consulaire suyvant le vouloir du roy et lad. nomination par luy faicte, comme est porte par ses lectres, desquelles la teneur ensuyt :

DE PAR LE ROY.

Treschers et bien amez,.......... (*Reproduction textuelle de la pièce insérée précédemment, page 265.*)

[Bourse et tribunal de commerce.

Confirmation des priviléges.]

Certains jours apres estre entres en lad. charge consulaire, estans advertis que le roy venoit a Lion, venant de Dijon et voulant passer par la Provence et Dauphine, allant de la a Tholoze, tournant son royaulme, estant en leaige de xvii ans, et estans advertis que noz predecesseurs consulz avoient cy devant obtenu lectres du roy pour avoir et establir en ceste ville ung juge et deux consulz (1), appelles la judicature de la bource commune des marchans, ayant cognoissance des causes provenans pour le faict des marchandises entre marchans; et a cause de certaines oppositions ja faictes par le procureur de la royne de Navarre, vicontesse de la present ville, lesd. consulz n'eurent le temps mectre a execution le vouloir du roy, porte par lesd. lectres.

Et reprenans les arres (2) desd. consulz noz predeccessurs, au moys de febvrier apres suyvant mil cinq cens soixante quatre, fut par nous faict assemblee de ville en la present maison commune, et baillames entendre aux habitans de lad.

---

(1) C'était une création du chancelier L'Hospital. Dès 1561, désirant que les commerçants fussent jugés « d'après la bonne foi, non d'après la subtilité des lois et ordonnances », il avait entrepris de les soumettre à l'arbitrage de leurs pairs. Par ordonnance de novembre 1563, un tribunal de commerce avait été fondé à Paris sous le titre de juridiction consulaire. Des juges-consuls furent aussi établis à Orléans, à Troyes, à Reims, à Sens, à Beauvais, à Bourges et à Soissons. Les commerçants de Limoges furent favorables à cette innovation, comme on peut le voir ci-après.

(2) Les errements.

ville ce que dessus, aussi quil estoyt neccessaire faire confirmer les beau previleges cy devant octroyes par les roys aux habitans de la present ville, desquelz nous avons de toute anciennette joy ; lesquelz navoyent este confirmes depuys le decces du roy Henry dernier. Lesquelz habitans furent d'ung commun advis envoyer dever le roy, tant pour obtenir aultres lectres jussoires pour faire publier lesd. lectres de la bource commune des marchans, que pour faire confirmer lesd. previleges. Et furent pour ce envoyes a la court ung consulz de n^re companie et ung marchant de lad. ville, lesquelz obtindrent tant lesd. lectres de la confirmation desd. previleges que aultres lectres jussoires pour lad. judicature de la bource des marchans, par lesquelles estoit mande a la court de parlement de Bourdeaulx faire publication desd. lectres de linstallation de lad. judicature commune des marchans, sans soy arrester a lopposition ja formee par le procureur de la reyne de Navarre, et d'en certiffier le roy dans huict jours apres la presentation qui leur seroit faicte desd. lectres. Laquelle court de parlement de Bourdeaulx auroit renvoye lesd. parties jusques a la venue du roy, qui estoit pour lors a Tholoze.

Et tost apres que le roy fut arrive aud. Bourdeaulx, furent delegues et envoyes deux consulz de n^re companie pour aller devers le roy aud. Bourdeaulx, et ce tant pour faire publier en lad. court de parlement lad. confirmation desd. previleges, dautant quilz navoyent estes jamais publies en lad. court de parlement, chose qui estoit grandement neccessaire faire, que pour avoir la publication desd. lectres de la judicature desd. juge et consulz des marchans. Et a ces fins lesd. delegues consulz presentarent lesd. previleges en lad. court de parlement, ensemble lesd. lectres de judicature des marchans. Toutes lesquelles lectres desd. previleges et judicature des marchans furent publies en lad. court de parlement.

Sensuit la confirmation des previleges.

CHARLES, PAR LA GRACE DE DIEU, ROY DE FRANCE, scavoir faisons a tous presentz et advenir que, nous inclinans liberallement a la supplication et requeste des consulz, manans et habitans de la ville de Lymoges enclaves et taillables a icelle, leurs avons continue, confirme, loue, ratiffie, approuve et esmologue, continuons, confirmons, louons, ratiffions, approvons et esmologuons tous et chascun les previleges, franchises, libertes, immunites et exemptions, dont la coppie, deuement collationnee aux originaulx, est cy attachee soubz le contre seel de n^re chancellerie, a leurs predeccesseurs et a eulx octroyes, confirmes par noz predeccesseurs roys, pour diceulx previleges, franchises, libertes, immunites et exemptions, joyr et user par lesd. supplians et leurs successeurs plainement et paisiblement, tout ainsin que leurs predeccesseurs et eulx en ont cy devant deuement et justement joy et use, joyssent et usent encores de present. Si DONNONS en mandement par ses presentes a noz ames et feaulx les gens de n^re court de parlement de Bourdeaulx et de noz comptes a Paris, et de noz aydes a Mont Ferrant, seneschal de Lymosin ou son lieutenant, et a tous aultres justiciers et officiers quil appartiendra, que de noz present continuation, confirmation, ratiffication, approbation et esmologation, ensemble desd. previleges, franchises, libertes, immunites et exemption ilz fassent, souffrent et laissent lesd. supplians et leurs successeurs joyr et user plainement et paysiblement, sans leurs faire, mectre ou donner, ne souffrir estre faict, mis ou donne aulcun trouble ne empeschement au contraire, ains, si aulcun leur avoit este ou estoyt faict, mis ou donne, lauste et mectent incontinant et sans delay au premier estat et deu. Car tel est n^re plaisir, nonobstant quelzconques ordonnances, restrinctions, mandemens, deffences et lectres ad ce contraires. Et, affin que ce soyt chose ferme et stable a tousjours, nous avons faict mectre n^re seel a cesd. presentes. Donne a Tholoze, au moys de mars lan de grace mil cinq cens soixante cinq, et de n^re regne le cinquiesme. Signe : DUMESNIL, contrerolleur; et sur le reply, signe : Par le roy en son conseil : DELOMENIE; et seellees du grand seau dud. S^r en cire vert de latz de soye rouge et var.

— 273 —

Sensuit la coppie de la quictance de la finance *payee au roy pour la confirmation desd. previleges.*

Jay receu des consulz, manans et habitans de la ville de Lymoges et enclaves, tallables a icelle, la somme de deux cens douze livres dix solz t/, pour la confirmation des previleges, franchises, eizantions, libertes, prerogatives, preheminances et aultres droictz, a eulx cy devant donnes par les feuz roys. Faict a Tholoze, le xiij° jour de mars lan mil cinq cens soixante cinq. Signe : L. Chauseyr et Cyrac, greffiers. Et plus bas est escript : Collationne a loriginal par moy, contrerolleur des confirmations ; signe : Dumesnil.

—

Sensuit la requeste presentee en la court de parlement pour la publication des previleges.

A nos S^{rs} de parlement,

Supplient humblement les consulz de la ville de Lymoges, comme ilz ayent obtenu du roy la confirmation de leurs previlieges, par laquelle confirmation est mande a la court les faire joyr du contenu en iceulx, il vous plaise de voz graces interiner lad. confirmation selon sa forme et teneur. Et ferez bien. Et plus bas est escripte lordonnance de lad. court comme sensuyt : « Ostendatur procuratori generali regis. Actum Burdegale, in parlamento, xvj^a aprilis m° v° sexagesimo quarto, ante Pasqua (1). » Laquelle requeste fut après communiquee au gens du roy, comme appert par lexploict de luissier, escript au dotz de lad. requeste, les jour et an escriptz au blanc. Le contenu en

---

(1) L'édit de Rossillon-sur-Rhône, publié au mois de juillet 1564, venait de fixer le commencement de l'année au 1er janvier. La lettre royale *transcrite* plus loin portera la date du 3 mars 1565. Cependant ici le 16 avril et ci-après le 17 avril de la même année sont encore attribués à 1564; mais le rédacteur de l'acte a soin d'ajouter : « avant Pâques ». Tout en conservant l'ancienne manière de compter, il explique sa concordance avec la nouvelle.

icelle a este signiffie a Mʳ le procureur general du roy, qui a faict la responce escripte de laultre part par moy. Signe : Malavergne. Et au pied de lad. requeste est escripte la response a requisitoire de Mʳˢ les gens du roy, comme ensuyt : « N'empeschons que les supplians ne joyssent de leurs previleges, ainsin quilz ont accoustume cy devant, fort & excepte de la donnation de la ville, chasteau & jurisdiction de Lymoges, que estoit domanial & inalienable. Signe : Delahe.

[Tribunal de commerce.]

S'ensuit les lectres *jussoyres du roy a la court de parlement de Bourdeaulx, pour publier en icelle les lectres patentes portant establissement de lerection & judicature des juge & consulz des marchans de la present ville.*

Charles, par la grace de Dieu, roy de France, a noz amez et feaulx les gens de nʳᵉ court de parlement de Bourdeaulx, salut et dilection. Nous avons faict veoir en nʳᵉ prive conseil larrest par vous donne sur la verifficaction de noz lectres patentes contenant erection dune bource, juge & consulz en la ville de Lymoges, cy par extraict actache soubz le contreseel de nʳᵉ chancellerie, et bien et meurement entendu le contenu en icelluy, et linterest que nʳᵉ treschere et tresamee tante la royne de Navarre, vicontesse de Lymoges, pretend en cest affaire ; et vous avons declaire & declairons que nous avons entendu et entendons que nosd. lectres sortent leur plain & entier effect ; et vous mandons et tresexpressement enjoignons par ses presentes que vous les faictes lire, publier et enregistrer, garder, observer et entretenir de poinct en poinct, selon leur forme et teneur, sans vous arrester a quelzques oppositions que les officiers de nʳᵉd. tante la reyne de Navarre et aultres pouroient faire ; et nous advertisses de lad. publication dans huict jours apres la presentation que vous sera faicte de cesd. presentes. Car tel est nʳᵉ plaisir, nonobstant quelzconcques ordonnances, restrinctions, mandemens, deffences et lectres a ce contraires. Donne a Tholoze, le iijᵉ jour de mars lan de grace mil cinq cens soixante cinq, et de n^re regne le cinquiesme. Et plus bas : Signe, par le roy en son conseil : DELAUBESPINE. Et seellees du grand seau dud. S^r a simple queue.

SENSUIT LARREST DE LA PUBLICATION DESDICTES LECTRES, FAICTE EN LA COURT DE PARLEMENT A BOURDEAULX.

Extraict des registres de parlement.

Apres lecture faicte de certaines lectres patentes en forme deedict, obtenues par les marchans, manans et habitans de la ville de Lymoges, par lesquelles et pour les causes y contenues, le roy a erige une bource, juge & consulz en lad. ville de Lymoges, en pareille et semblable jurisdiction que celle qui a este erigee en la ville de Paris par eedict faict a Paris au moys de novembre mil cinq cens soixante troys, comme plus emplement est contenu par lesd. lectres patentes donnees a Rossilhon, au moys de juillet mil cinq cens soixante quatre, ensemble lecture faicte daultres lectres patentes de declaration dicelluy seigneur, par lesquelles il veult et declare les cite & faulx bourgs dud. Lymoges comprins ausd. lectres patentes deedict derection de lad. bource, comme aussi plus amplement est contenu par lesd. lectres de declaration donnees a Avignon, le xe jour doctobre aud. an mil cinq cens soixante quatre, et que lanseigne pour lesd. marchans, manans et habitans dud. Lymoges, a requis lesd. lectres patentes deedict & declaration respectivement estre publiees et enregistrees, et, ce faict, sur icelles mis : « Lecta, publicata et registrata », Laferiere, pour le procureur general du roy, a dit que quant leedict de lherection de la bource, juge & consulz en ceste ville fut publie, led. procureur general requict quelques modifications ou advertissemens estre renvoyes par devers le roy; parquoy a requis pareilhes modiffications ou advertissemens estre envoyes par devers led. seigneur pour le regard desd. lectres deedict et declaration maintenant levees. LA COURT a ordonne et ordonne que, sur le replic desd. lectres patentes d'edict, &, en consequence, sur lesd. lectres patentes de declaration, sera mis :

« Lecta, publicata & registrata, audito et consentiente procuratore generali regis ». Faict a Bourdeaulx, en parlement, le xvij° jour de avril mil cinq cens soixante quatre, avant Pasques. Signe : DE PONTAC. Suyvant laquelle ordonnance de lad. court a este insere sur le reply desd. par le greffier de lad. court de parlement : « Lecta publicata & registrata, audito et consentiente procuratore generali regis. Burdegale, in parlamento, decima septima aprilis m° quingentesimo sexagesimo quarto, ante Pascha. » — Signe, sur led. reply : DE PONTAC.

Apres lad. publication desd. lectres de lad. judicature des juge & consulz des marchans, faicte en lad. court de parlement de Bourdeaulx, laquelle court auroit par plusieursfoys differe icellesd. lectres publier, et apres icellesd. lectres publiees & par nous receues, furent par nous presentees a mons^r le lieutenant general de ceste ville, pour icelles mectre a execution, ce que fut par led. S^r lieutenant faict, comme appert par le proces verbal qui cy ampres ensuyt :

GAULTIER BERMONDET, conseilher du roy n^{re} sire, lieutenant general en la seneschaucee de Lymosin au siege presidial a Lymoges, salut. Scavoir faisons que ce jourdhuy soubz escript, en n^{re} logis, se sont compareuz sires Marcial Benoist, Jehan Malledent, Loys Romanet, Jehan de La Chenault, consulz de la present ville de Lymoges la present annee, tant pour eulx que pour les aultres consulz dicelle ville lad. annee, lesquelz nous ont dict & remonstre quil avoit pleu a la majeste du roy n^{re} sire establir & ordonner en la present ville ung juge & deux consulz, pour juger & cognoistre de tous proces & differens entre les marchans, pour faict de marchandise, ainsin que plus a plain est contenu par les lectres patentes sur ce octroyees, suyvant lesquelles les manans & habitans de lad. ville assembles, comme il estoit requis, avoyent faict ellection & nomination desd. juge & consulz des personnes de Marcial Vertamon, Jehan Lascure & Jehan Colomb, bourgeois & marchans de lad. ville; et que le serment que lesd. juge & consulz sont tenuz faire & prester, nous estions commis & depputes par led. seig^r pour le prendre & recevoir, ainsin quilz ont faict appareoir par aultres patentes, illec a nous exhibees et presentees, en date du xxiiij^e octobre, lan de grace m. v^c Lxiiij, signees : Par le roy en son conseil, DELOMENIE, & seellees du grand seel dud. S^r, requerent, suyvant icelles, nous vouloir transporter a la maison commune de lad. ville pour prendre & recepvoir le serment. desd. juge & consulz, & les contraindre au faict & exercice de lad. jurisdiction en cas de reffuz, jouxte la teneur et rigueur desd. lectres n^{re} commission contenent. Lesquelles lettres veues et leues par nous, avons ordonne que, le lendemain, heure d'une heure apres midy, nous transporterions en la maison commune, a laquelle heure assignons lesd. juge et consulz et tous aultres quil appartiendra a se y trouver pour faire et prester par lesd. juge et consulz le serment requis, et aultrement estre procede contre les reffusans suyvant lesd. lectres, comme il appartiendra par raison. Faict le xx^e jour de may m. v^c soixante cinq. ET, ADVENANT le lendemain xxj^e jour desd. moys & an, en n^{re} logis et maison, heure d'une heure apres mydy, se sont compareuz comme dessus lesd. consulz, lesquelz nous ont dict suyvant lappoinctement dhier avoir fait assembler en la maison commune lesd. consulz avec les marchans, manans et habitans de lad. ville qui ont faict nomination & ellection desd. juge et consulz, requerent nous transporter en icelle maison commune pour proceder aux fins susd. & execution desd. lectres patentes contenant n^{re} commission; ce que leur avons accorde. Et, de faict, nous sousme delloges de n^{re}d. maison et transportes en lad. maison commune, ou estans, requerens lesd. consulz par le greffier soubz signe, avons faict appeller lesd. Vertamon, Lascure et Colomb, juge & consulz elleuz par les manans & habitans de lad. ville, pour se faire commis & depputes illec presentz. Lesquelz Lascure et Colomb ont compareu en leurs personnes, et, pour led. Vertamon, Me Jehan Martin, son procureur, lequel a dit avoir charge de compareoir pour luy, a remonstrer que led. Vertamon (2) estoit mal dispose de sa personne & ne pouvoit venir en lad. maison commune; disant davantaige que led. Vertamon ne pouvoit et debvoit accepter lad. charge & commission de judicature desd. marchans, parce que led. Vertamon estoit maladif, vieulx et caducque, de leaige de soixante dix ans, lequel, au moyen de la caducite de sa personne, avoit

---

(1) Il est très-curieux de lire les détails relatifs à ce citoyen récalcitrant. Voyez principalement l'estimation approximative faite de son âge, du nombre de ses enfants et de l'intensité de ses maux par les témoins appelés devant les consuls.

perdu grand partie de sa veue et ne voyoit comme gnyeres (1); aussi estoit il charge de dixsept enfans ou filles quil avoit a nourrir sur ses bras. Pour raison desquelles choses estoit & debvoit estre excuse de prendre lad. charge, joinct mesmes que par le droict il en estoit exempt. Lesd. consulz ont dict & respondu que led. Martin ne faisoit a recevoir a desduire les choses susd. pour led. Vertamon, requerent estre ordonne que led. Vertamon aye compareoir presentement en lad. maison commune, par devant nous, a peine de cinq cens livres, au roy n^{re} sire applicquer. Nous avons ordonne que led. Vertamon comparestra presentement par devant nous a peyne de cinq cens livres t/, au roy n^{re} sire applicquer, pour estre oy par sa bouche sur le reffuz deduict et allegue par led. Martin, pour, ce faict, estre ordonne comme il appartiendra; et luy sera signiffie par le greffier. Lequel, bien tost apres, nous a rapporte avoir este au domicille dud. Vertamon, et signiffie le susd. appoinctement parlant a luy, et led. Vertamon luy avoir dict quil estoit indispose de sa personne et ne pouroit venir en lad. maison commune. Et ayant entendu (attendu) par lespace de quelque temps led. Vertamon aud. lieu et maison commune, requerans lesd. consulz, voyant quil ne tenoit compte compareoir, nous avons ordonne que iteratif commandement sera faict aud. Vertamon venir compareoir en sa personne par devant nous en lad. maison commune, incontinant apres la signiffication du present appoinctement; aultrement, a faulte de ce faire, avons des a present declare la peine de cinq cens livres estre contre luy encorue, applicable au roy n^{re} sire, et ordonne que executoire seroit decernee contre luy. Et sera le present appoinctement signiffie aud. Vertamon par led. greffier, lequel semblablement nous auroit rapporte avoir signiffie led. appoinctement au domicille dud. Vertamon, parlant a luy, qui a faict semblable responce que dessus, et apres a dit quil sefforceroyt de venir. Et, tout incontinant apres lad. signification, seroit compareu en personne led. Vertamon, auquel nous avons demande parquoy il ne vouloit compareoir pardevant nous et aussi prendre et accepter la charge de judicature des causes des marchans pour le faict de marchandise ordonnee par le roy en la present ville, avec deux

---

(1) *Gnyeres*: celui qui ne peut voir qu'en guignant, c'est-à-dire en fermant les yeux à moitié. — On ne trouve pas *gnyeres* dans Roquefort, mais on trouve le verbe *gnier* avec ce sens.

consulz, pour (par) ses lettres patentes, en suyvant la nomination qui en avoit este faicte par lesd. manans & habitans. Lequel a dit et respondu quil fusse venu des le commencement, et que ce que lempeschoit ung mal quil a en une de ses jambes, et pour satisfaire n^re appoinctement y estoit venu avec grand peyne & doleur, et davantaige, ce que consernoit led. estat & charge de judicature suyvant leslection quen avoit este faicte de sa personne, il ne pouvoit et debvoit prendre et accepter lad. charge, parce quil estoit maladif et septuagenaire, et, quau moyen de son eaige il avoit la plus grand partie de sa veue perdu tellement quil ne voyoit que bien peu et ne voyoit lire, escripre ne signer; daultre part, estoit charge de dixsept enfans ou filles, quil avoyt a nourir, a gouverner, que sont excuses legitimes pour lexempter de telle charge & d'une plus grande, suyvant la disposition du droict; desquelles charges offre faire appareoir presentement par tesmoingtz, si besoing est. Nous AVONS ordonne que led. Vertamon veriffieroit ce que dessus par tesmoingtz presentement, pour, ce faict, estre ordonne ce quil appartiendra. Suyvant laquelle n^re ordonnance, led. Vertamon produict a tesmoingtz sires Jacques Gregoire, Michel Taraud, Jehan Duboys, m^r de la monnoye, Francoys Duboys dit Barbe, Jacques Raymond & Leonard Mosnier, bourgeois et marchans de lad. ville, lesquelz, moyennant serment par eulx et chacun deulx faict, ont dict et deppose lung apres laultre, interroges sur ce dessus, scavoir est : ledict Gregoire, que ledict Vertamon a mal en une jambe, que luy procede de quelque defluction dumeur, tellement quil a demeure entre les mains des medecins & chirurgiens quelque temps; aussi quil est charge de beaulcoup denffens, tant des siens que de Jehan Vertamon son filz, en nombre, comme luy semble, plus de quinze ; et, quant a leage, ne scauroit depposer, bien a dict que led. Vertamon est vieulx homme, caducq, comme appert a linspection de sa personne. Led. Tharaud a dict que led. Vertamon est maladif et que luy & led. Vertamon son(t) frere(s) de mere, et, de sa part, il est de leage de soixante ans, et que led. Vertamon est plus vieulx de plus de dix ans ; aussi est charge de seize ou dixsept enffens tant de luy que dud. Jehan Vertamon son filz. Lesd. Du Bois, Raymond & Mosnier ont dict que led. Verthamon a este malade ses jours passes, et quant a luy est antian et caducque, comme peult appareoir a sa personne; aussi quil est charge de seize ou xvij anffens tant des siens que dud. Jehan Vertamon, sond.

filz. Ce faict, avons interpelle lesd. consulz nous declairer silz avoyent aultres deffences et moyens a deduire pour empescher que led. Verthamon ne soyt exempte de lad. charge & commission. Lesquelz ont faict responce que non, & sen remectoient a nous pour en ordonner comme verrions estre affaire. Sur quoy nous, veue lattestation faicte par led. Vertamon et depposition desd. tesmoingtz, avons declaire led. Verthamon exempt & descharge de prendre la charge dud. office et estat de judicature des marchans, & que en son lieu lesd. Jehan Lascure, premier consul, demeurera juge; Jehan Colomb, premier consul. Et, au surplus, ordonne & enjoinct aux manans & habitans de lad. ville illec presens nommer & eslire presentement homme ydoyne & cappable, tel que bon leur semblera, pour estre segond consul, pour, ce faict, recevoir desd. juge & consulz ensemblement les erment requis ainsi quil est contenu par lesd. lectres patentes n^{re}d. commission contenant. Apres la prononciation de laquelle n^{re}d. susd. ordonnance, lesd. Lascure & Coulomb ont dict quilz avoient aussi des excuses & moyens pour empescher quilz ne fussent juge & consul, lesquelles estoient pertinantes, recevables & notoires, requerant delay de troys heures pour les bailler par escript, & icelles veriffier. Lesd. consulz ont dict & respondu ad ce que dessus allegue et dict par lesd. Lascure & Coulomb quilz ne font a recevoir a deduire aulcunes excuses, parce quilz ne sont de la qualite dud. Vertamon, et que, si excuses avoient lieu, leedict du roy demeureroit inexecute, et chascun en allegueroit en droict soy, estant elleu, requerent commandement leur estre faict, a peyne de cinq cens livres, prendre et exerser lesd. charges, et faire le serment requis. Nous avons ordonne et ordonnons, attendu que lesd. Lascure & Colomb ne disent choses vallables pour estre exemptes desd. estatz & charges a eulx commises, quilz demeureront ausd. estatz & charges durant le temps specifiie par leedict du roy, et icelluy feront & exerceront a peyne de cinq cens livres, suyvant la teneur dud. eedict; et, au surplus, quil sera procede a lellection & nomination du segond consul comme cy dessus a este ordonne. Lesd. Lascure & Colomb ont appelle de n^{re} appoinctement, et, ce faict, a este par lesd. manans & habitans procede a lellection de second consul, & apres rapporte par lesd. consulz Jacques Gregoyre, bourgeois & marchans de lad. ville, avoir este elleu par le plus grand nombre des voix & oppinions des marchans, manans & habitans de lad. ville illec pour ce faire assembles, nous requerans prendre & recevoir desd. juge & consulz led. serment requis, sur quoy avons faict commandement de par led. seigneur, en vertu du pouvoir a nous donne par lesd. lectres, ausd. Lascure, juge, Colomb & Gregoyre, consulz, lever la main. Lesquelz Lascure & Colomb ont dict quilz ne sont tenuz ce faire, et que leurs excuses doibvent estre receues, disans quilz sont appellans et appellent. Dabundant leur avons faict iteratif commandement, a peyne de cinq cens livres au roy n^{re} sire aplicquer contre ung chascun deulx, lever la main & faire le serment requis, leur faisant commendement, a peyne de prison, dobeyr. Et pour eviter les peynes & prison ont tous troys, juge & consulz, leve la main & promis et jure sur leur conscience de bien & fidellement tenir et exerser lesd. estat & charges durant le temps porte & contenu par les eedictz & ordonnances dud. seigneur sur ce faictes, & suyvant icelles en tout & par tout procurer le prolfict dud. seigneur & eviter son dommaige. Et desquelles choses susd. avons concede acte, requerens lesd. consulz, pour leur servir en temps & lieu comme de rayson. Faict pardevant nous, lieutenant & commissaire susd., les jours, moys & an que dessus. Signes : G. BERMONDET, LASCURE, J. COLOMB, JACQUES GREGOYRE.

---

(1) ET DAULTANT que ceulx de la nouvelle religion pretendue reformee estoient appelans en la court de parlement de Bourdeaulx, parce que par les consulz noz predeccesseurs aud. jour dellection ils navoient este mis en la visee consulaire, daultant quilz avoient plusieurs proces contre la maison commune et consulz de la present ville, tant au conseil prive du roy, court de parlement de Bourdeaulx, que en la chambre des comptes a Paris, par ce moyen furent tires de la visee consulaire ; dont ilz [Protestation des huguenots contre l'élection des consuls.

Appel au parlement de Bordeaux.

Le roi retient la connaissance de l'affaire.]

(1) Le parti huguenot comptait, on le voit, des membres actifs à Limoges : il prétendait déjà aux avantages qui lui furent plus tard concédés par les édits de Bergerac et de Nantes. N'ayant pu obtenir d'être représenté sur la liste des vingt-quatre noms proposés au choix du roi, il veut invalider l'élection, comme faite en dehors des règles ordinaires, et s'appuyer sur l'autorité du parlement pour restreindre celle du roi. C'était très-habile, car le parlement de Bordeaux pouvait être entraîné, par son désir de défendre les libertés provinciales, à défendre en même temps la liberté religieuse confondue avec les premières dans l'appel des réformés. Les consuls, au contraire, pour conserver l'intégrité catholique de leur corps, sont obligés d'accepter l'ingérence du roi et de la faire confirmer par la lettre qui suit.

releverent appel en lad. court de parlement a Bourdeaulx, &
firent assigner en lad. court de parlement tant lesd. consulz. noz
predeccesseurs que nous. Parquoy avons sur ce obtenu lectres
patentes du roy portant interdiction a lad. court de parlement
cognoistre dud. affaire, dont le roy retenoit la cognoissance a
luy & et a son conseil prive. Lesquelles lectres furent envoyees
presenter en lad. court de parlement aud. Bourdeaulx, desquelles
la teneur ensuyt :

Charles, par la grace de Dieu roy de France, au premier n^{re} huissier ou sergent sur ce requis, salut. Les consulz,
manans & habitans de Lymoges nous ont faict dire & remonstrer
que le vij^e decembre dernier, jour ordonne a faire ellection des
consulz de lad. ville, les habitans dicelle appeles & assembles
en grand nombre au son de la cloche, ainsin quil est accoustume faire, procedans a lad. ellection, au lieu de douze personnes
en ont elleu vingt quatre, ainsin que nous avons ordonne, et
nous ont envoye lad. ellection ; laquelle veue, avons diceulx
prins & choysy le nombre de douze pour estre consulz ceste
annee, et mande aux antians consulz & habitans de lad. ville
les recevoir aud. estat & faire jouyr en la maniere accoustumee ;
dont non contans aulcuns de la pretendue religion reformee,
pour vexer lesd. supplians, contre et au prejudice de n^{re} vouloir
& intencion, ont appelle de lad. ellection, &, encores que nous
ayons retenu a nous la cognoissance de telles appellations, au
lieu de relever leur appel devant nous, lon(t) relleve en n^{re} court
de parlement a Bourdeaulx ; dont lesd. supplians sont et peuvent
de plus en plus estre vexes & molestes pour nous avoir obey & satisffaict a n^{re} vouloir & intencion ; a quoy ayant esgard, nous ont
treshumblement requis & supplie leur vouloir pourveoir. Nous,
a ces causes, apres que par les pieces cy attachees nous est appareu de ce que dessus, avons, par ladvis de n^{re} conseil, ordonne
que, pendent led. appel & jusques ad ce que dicelluy soyt par
nous & n^{re}d. conseil discute, lesd. nouvel consulz, ainsin que dit
est par nous choysis dud. nombre de vingt quatre, elleuz par
lesd. habitans, demeureront & exerceront led. estat sans que,
soubz couleur dud. appel, ilz y puissent estre aulcunement
empesches, faisant deffences ausd. de la religion & a tous
aultres de les y empescher directement ou indirectement. Si te
mandons leurs signiffier n^{re} presente ordonnance & a tous aultres
quil appartiendra, & par mesmes moyens les anticipper a certains jour a n^{re}d. conseil, pour veoir discuter dud. appel relleve

en n**rr**d. parlement de Bourdeaulx. A laquelle nous avons faict
& faisons deffences den prendre aulcune court, jurisdiction ne
cognoissance, et ausd. de la religion y en faire aulcune poursuicte
ni ailheurs que en n**re** conseil, ou nous avons retenu & retenons
la cognoissance ; et de tout ce que faict auras sur ce nous en
certiffier en n**rd**. conseil par les exploix. Car tel est n**re** plaisir.
De ce faire te donnons plain pouvoir, puissance, auctorite, commission & mandement special, sans pour ce demander aulcunes
lectres de placet, visa, ne pareatis. Donne a Tholoze, le
xxij**e** jour de febvrier lan de grace mil v**c** soixante cinq, & de
n**re** regne le cinquiesme. Signe : Par le roy en son conseil, LE
ROY ; & seellees du grand seel dud. S**r**, a simple queue en cire
jaulne.

Et parce que quelzques ungs estrangiers reffusoyent payer [Refus
limposition des marchandises & vivres et iceulx regretoient, les de paiement
empeschant entrer dans la present ville, avons obtenu lectres de des octrois.]
contraincte contre lesd. reffusans, desquelles la teneur ensuyt :

CHARLES, PAR LA GRACE DE DIEU ROY DE FRANCE, au se- [Lettres
nechal de Lymosin ou son lieutenant, salut. Les consulz, de contrainte
manans & habitans de la ville de Lymoges nous ont faict re- à ce sujet.]
monstrer que, combien que par les previleges a eulx & a leurs
predeccesseurs octroyes & confirmes par noz predeccesseurs roys
& nous, soyt pourte que tous vins, bledz et aultres choses qui
sont neccessaires pour la nourriture & entretenement des habitans de lad. ville & ballieue dicelle seront achaptées, vandues
& debitees dans la present ville seullement, & non ailheurs en
lad. banclieue, et que les exposans pouront prendre sur lesd.
choses ainsin achaptees, vendues & debitees certaines sommes
de deniers, pour les employer aux repparations, fortiffications
& emparement de lad. ville & fontaines dicelle, ensemble des
chemyns & pons circonvoysins, et que adce moyen ceulx qui
habitent dans lad. banclieue deussent aller achapter & vendre
led. vin, bled & aultres choses dans lad. ville & payer lesd.
droictz et debvoirs, toutesfoys, puys quelzques temps en ca,
aulcuns des habitans de lad. banclieue, pour frustrer les exposans desd. droictz, vons ordinairement au devant des vins,

bledz & aultres choses qu'on porte vendre en lad. ville de Lymoges, et iceulx achaptent & apres les vendent a qui bon leur semble, sans aulcunement payer lesd. droictz, contre la forme desd. previlieges. A quoy lesd. opposans nous ont treshumblement faict supplier & requerir, attendu que, si led. droict nest paye, ilz nauront moyen de faire lesd. repparations, daultant quilz nont que bien peu de deniers communs & patrimoniaulx, vouloir surce pourvoir. Nous, par ladvis de n^{re} conseil, vous mandons, commectons & enjoignons par ses presentes que, sil vous appert sunmairement, & sans aulcune forme ne figure de proces, que, par les previleges octroyes & confirmes par noz predeccesseurs roys & nous aux predeccesseurs des exposans & a eulx, soyt porte que tous les vins, bledz & aultres choses qui sont neccessaires pour la nourriture & entretenement des habitans de lad. ville de Lymoges & baillieue dicelle, soient venduz dans lad. ville de Lymoges & non ailheurs dans icelle banlieue, & que par iceulx previlleges soyt permis aux expousans prendre lesd. droictz sur ledict vin, bled et aultres choses qui se vendront en icelle, pour les employer ausd. reparations & des aultres choses dessusd. ou de tant que souffire doibve. En ce cas, faisant joyr lesd. exposans desd. previlleges, faictes deffences a tous les habitans de lad. ville de Lymoges et a tous aultres quil appartiendra ne plus doresenevant aller au devant desd. vins, bledz & aultres choses quon porte vendre en lad. ville de Lymoges, ne icelles achapter, vendre & debiter, synon dans lad. ville de Lymoges; leur faisant commandement payer les droictz & debvoirs portes par lesd. previleges, le tout a peyne de perdiction des choses ainsin par eulx achaptees & vendues & damende arbitraire. Et ad ce faire, souffrir & obeyr, contraignes ou faictes contraindre les susd. & tous aultres quil appartiendra par toutes voyes & maniere deues & raisonnables, nonobstant oppositions ou appellations quelzconques & sans prejudice dicelles, pour lesquelles ne voulons estre differe. Car tel est n^{re} plaisir, nonobstant quelzconcques ordonnances restrinctions, mandement, deffences et lectres a ce contraires. Donne a Tholoze, le premier jour de mars lan de grace mil cinq cens soixante cinq, & de n^{re} regne le cinquiesme. Par le roy en son conseil, signe : Delomenie.

Et, par deliberation faicte par lesd. habitans, avons obtenu lectres du roy pour faire cent preudhommes pour conseiller les consulz aux affaires publicques de lad. ville, desquelles la teneur ensuyt : [Création de cent prud'hommes.]

CHARLES, PAR LA GRACE DE DIEU ROY DE FRANCE, au senechal de Lymosin ou son lieutenant, salut. Nous, ayant pour aggreable le renvoy a vous cy devant faict des requestes et articles presentes a feu n^re trescher S^r et frere le roy Francoys, le xxiiij^e jour daoust m. v^c LX, par les consulz de la ville de Lymoges, cy attaches soubz n^re contre seel, vous mandons et commectons, et tresexpressement enjoignons par ces presentes que, appelles et oys noz advocat et procureur, ensemble les principaulx habitans de lad. ville de Lymoges, vous ayes a donner et renvoyer par devers nous et les gens de n^re conseil prive v^re advis et celluy de nosd. officiers sur lad. requeste et articles, ainsin quil vous est mande par la commission de renvoy de n^re d. S^r et frere hussiers faict et peu faire sil vous leussent presentee dedans temps deu et elle estoyt esmanee de nous depuys n^re advenement a la couronne, et ce nonobstant la surrannation de lad. commission que ne voulons ausd. consulz nuyre ny prejudicier en aulcune maniere; et dont en tent que besoing est ou seroit nous les avons releves et dispences, relevons et dispenssons de grace special par cesd. presentes. Car tel est n^re plaisir. De ce faire vous donnons plain pouvoir, puissance, auctorite, commission et mandement special, mandons et commandons a tous noz justiciers, officiers et subjectz a vous ce faisant obeyr. Donne a Tholoze le vj^e jour de mars lan de grace m. v^c soixante cinq, et de n^re regne le cinquiesme. Signe : Par le roy en son conseil : LE ROY, et seellees du grand seel a simple queue en cire jaulne.

Et incontinant apres, party le roy de Bourdeaulx pour aller trouver sa sœur la reyne catholicque en la ville de Bayonne (1), [Envoi d'une députation chargée de demander au roi une modération de tailles pour Limoges.]

(1) La cour resta trois semaines à Bayonne. C'est l'époque des fameuses conférences de Catherine de Médicis avec sa fille Isabelle et avec le duc d'Albe, dépositaire de la pensée intime de son maître. Les lettres du duc d'Albe à Philippe II ne permettent pas de douter de l'insis-

ou il fit quelque sejour, et, revenant le roy dud. Bayonne et passant par le pays dEngoumoys, estant a Coignac, fismes assemblee de ville en lad. maison de consulat. Et fut par nous remonstre aux habitans dicelle quil estoyt neccessaire envoyer a la court devers le roy faire entendre a Sa Mageste lestat de lad. ville, et comme les habitans dicelle vivoyent en pays et unyon et en bonne deliberation de continuer a ladvenir, avec layde de Dieu, soubz lobeissance de Sa Mageste, a laquelle ilz presenteroient les personnes et biens et tout ce qui en deppend, pour faire a Sa Mageste treshumble et tresfidelle service, laquelle ilz suppliroient les tenir en rend de ses plus fidelles et obeissans subjectz; et, par mesme moyen, remonstrer et faire entendre a Sa Mageste les grandes charges cy devant portees par lesd. habitans tant durant le temps des troubles que par le moyen de la famine et peste dont il a pleu a Dieu nous visiter; et supplier Sa Mageste, heu esgard ad ce que dessus, affranchir lad. ville et habitans dicelle des tailles a perpetuicte, ou pour tel temps que Sa Mageste adviseroit, comme il luy a pleu faire a plusieurs aultres villes de son royaulme. Ce questant entendu par lesd. habitans, dung commun advis et consentement fut delibere et conclud y envoyer ung nombre de notables personnages de lad. ville. Et, pour ce fair(e), furent delegues troys consulz de nre companie et aultres notables de la present ville, estans au nombre de douze hommes a cheval. Lesquelz delegues furent aud. Coignac, devers le roy, qui firent arrangue a Sa Mageste la royne, mere du roy; et plusieurs princes et grandz seigneurs estoient presentz, le roy estant assis en son siege royal. Dont la teneur de lad. arrangue, requeste presentes aud. Sr et lectres sur ce par Sa Mageste expediees ausd. delegues la teneur sensuyt :

Sensuit *la arrange faicte par lesd. delegues a la mageste du roy.*

Sire, voz treshumbles et tresobeissans serviteurs et subjectz les consulz, manans et habitans de vre ville de Lymoges supplient

---

tance avec laquelle il demanda à Catherine la disgrâce de L'Hopital et le massacre des principaux huguenots. « Mieux vaut une tête de saumon que dix mille têtes de grenouilles » : ce propos fut entendu par le petit Henri de Béarn, que Catherine aimait à garder auprès d'elle.

le Createur faire longuement prosperer V^re Mageste en toute felicite et perfection. Sil eust pleu a V^re Mageste, Sire, les rendre tant heureulx que de les avoir visites, comme ilz en ont heu quelque experance, V^re Mageste heust peu cognoistre le grand ayse quilz heussent receu et lenvie quilz ont de vous faire treshumblé et agreable service. Et attendant un si grand bien, quant il plaira a Dieu et a V^re Mageste leur faire ceste grace, ilz vous supplient, Sire, treshumblement les retenir au nombre de voz plus humbles, loyaulx et fidelles subjectz, et croire quilz nont aultre plus grand desir en ce monde que despozer leurs personnes et biens, que de bonne volente ilz presentent pour le service de V^re Mageste, et pour obeyr a tout ce quil vous plaira leur commander.

Sensuit *la requeste presentee au roy par lesd. depputes, incontinant lad. arrangue finie.*

Au roy.

Combien que la ville de Lymoges soit cappitalle de tout le pays de Lymosin, si est elle assize hors toutes rivieres naviguables, foyres franches et aultres commodites requises pour lentretenement des habitans dicelle, de sorte quelle nest maintenue que par quelques marchans qui font voicturer et conduire les marchandises de fort loingtains pays par muletz et chevaulx, dont les fraiz excedent le plus souvent tout le proffict que se y peult faire, et par quelques artizans qui travaillent incessemment nuict et jour, nayant aultre moyen de vivre, pour linfertilite du pays, sans lesquelz la ville demeureroit inhabitee, comme elle commence a faire aux moyens des grandz succides et impositions qui sont leves sur icelle, lesquelz sont si grandz que, faisant si peu de proffict et les vivres si chers, ny peuvent vivre ne demeurer. Et combien aussi voz predeccesseurs ayent exempte plusieurs aultres villes circonvoysines de tailles et aultres impositions ordinaires, neaulmoins les habitans dud. Lymoges nont jamais voulu importuner voz predeccesseurs et vous pour demander aulcune exemption, ains ont tousjours porte les fraiz ordinaires et extraordinaires quil a pleu a V^{re} Mageste leur faire imposer, et se sont contrainctz jusque la quilz ont mieulx ayme vivre pauvrement et user de parcimonie grande que dimportuner voz predeccesseurs et vous des exemptions susd. Mais a present quilz ne peuvent plus du tout vivre, ayans este contrainctz fournir plusieurs sommes de deniers pour les emprunctz particuliers imposes par voz predeccesseurs, dont na este faict aulcun rembourcement, et faire infiniz fraiz depuys quatre ans pour conserver lad. ville soubz v^{re} obeissance, montans lesd. fraiz a plus de quatre vingtz mil livres, oultre ce quilz ont este persecutes de la peste durant ung an entier et contrainctz, pour le grand dangier qui estoyt en lad. ville, l'abandonner et se retirer aux champs comme ilz pouvoient, et la despendre le peu quilz avoient, pareilhement persecutes de la famine et infertillite de tous grains, vins et aultres fruictz, qui dure encores mesme la present annee, nont recully de bledz que quasy pour ressemer en la terre, et nont aulcuns fruictz, tant sans (s'en) fault quilz puissent payer les succides accoustumes que la plus grande partie sont contrainctz abbandonner lad. ville au lieu de se y habituer, et se retirer en celles qui joyssent des exemptions susd. de tailles ordinaires. Et seroit impossible ausd. supplians se nourir et entretenir en lad. ville, sil ne plaist a V^{re} Mageste user de v^{re} liberallite et clemence accoustumees. A CESTE CAUSE, et que les ezantions que voz predeccesseurs ont octroye aux aultres villes de v^{re} royaulme ont cause que grand nombre de marchans et artisans se y sont retires et les ont agrandies et boniffiees, et que lad. ville de Lymoges nen a encores heu, ains, avec esperance d'en obtenir, plusieurs s'i sont retires qui sont apresent contrains la quicter et abbandonner, LES HABITANS DE LADICTE VILLE vous supplient treshumblement quil vous plaise leur octroyer semblables privileges et exemption de tailles que voz predeccesseurs ont faict aux villes dOrleans, Bloys, Thours, Poictiers, Bourges, Peyrigueux, La Rochelle et presque toutes les autres villes de representation, ET ORDONNER la part et cottite quilz portent, qui peult de la somme de deux mil livres ou envyron estre esgallement deppartie sur tout led. pays, qui est de grande estandue et ne sen resentira de guyeres, nayans telles et semblables charges que lad. ville, qui est chargee de tous passaiges de gens de guerre, vivres destappes et aultres fraiz extraordinaires, affin que les marchans et artisans puissent continuer leur traffict et travail et accommoder tout led.

pays et circonvoysins des marchandises et aultres choses requises. Et ilz pieront Dieu pour v^{re} prosperite et sancte.

LADICTE REQUESTE presentee au roy, fut commande par Sa Mageste a monsieur de Montluc, evesque de Valence, M^e des requestes, icelle prendre pour en faire son rapport au prochain conseil prive ; ce que fut faict par led. S^r evesque de Valance. Laquelle rapportee, furent lesd. depputes appelles devant le roy, lequel, estant en son siege royal en la companie susd., presentz lesd. depputes, dit et ordonna de sa propre bouche le don gratuit baille par Sa Mageste aux habitans de ceste ville. Laquelle ordonnance fut tout incontinant escripte et mise au pied de lad. requeste ; dont la teneur ensuyt :

LE ROY, pour la fidellite et obeissance quil a trouve aux suppliants et pour leur donner occasion de continuer de mieulx en mieulx, et aussi pour donner occasion aux personnes industrieuses de se retirer en lad. ville, les a descharges et descharge de la moictie de ce quilz estoient cottises pour la taille ordinaire dans lad. ville, et veult et entendz que lad. moictie soyt esgallee sur tous le pays de Lymosin. Faict au conseil prive du roy, tenu a Coignac, le xxviij^e daoust mil cinq cens soixante cinq. Signe : DEMONLUC, evesque de Valance (1).

SENSUIT LES LECTRES *patentes de dont gratuict faict par le roy aux habitans de la present ville de Lymoges de la moitie des tailles ordinaires.*

CHARLES, PAR LA GRACE DE DIEU ROY DE FRANCE, a tous ceulx qui ces presentes lectres verrons, salut. Quant noz antiens predeccesseurs ont voulu faire construire et ediffier aulcunes villes et les rendre habitees de bons citoiens, marchans, artisans et aultres dont les villes sont peuplees, ilz ont faict publier et declairer que ceulx qui y voudroient aller bastir et resider

---

(1) Diplomate souvent employé dans les négociations de cette époque. On l'accusait de tolérance. C'est le frère du fameux Blaise de Montluc, connu par ses massacres, sa naïveté et ses mémoires.

seroient francz, quictes et exemps de toustes tailles, aydes, impositions et contributions quelzconcques quon pourroit mectre et faire lever sur noz subjectz. Et soubz ceste promesse plusieurs villes ont este bien tost et en peu de temps basties, peuplees et habitees. Le semblable fut pieca faict a ceulx qui se voudroient habituer et resider en la ville de Lymoges. Toutesfoys, pour lanciennette dicelle, qui fut du temps des Romains et depuys par les Angloys ruynee, ceulx que y demeurarent commencarent a rebastir et rediffier, de sorte quilz misrent lad. ville en asses bon estat et bien peuplee, non par le moyen des franchises et exemption dont les aultres avoient este commencees, mais par travail, labeur et industries inestimables, estant lad. ville assize en lieu ou il ny a aulcune riviere navigable ne aultres conmodites requises pour lentretenement des habitans; ains auroit este mainctenue par les industries et travaulx des marchans et artisans faisans lesd. marchans voicturer et conduire les marchandises de toutes partz et de nations estrangieres par muletz et chevaulx, dont les fraiz excedent le plus souvent le proffict que se y peult faire les artisans qui travaillent incessemment nuict et jour, de sorte que par le moyen desd. marchans et artisans non seullement lad. ville est fornie des choses neccessaires, mais tous les habitans de Lymosin et circonvoysins; et en ceste qualite se sont maintenuz. Mais le payement des tailles, subsides, impositions et aultres charges ordinaires et extraordinaires dont ilz sont si fort charges les ont renduz si paouvres que les marchans nont plus moyen continuer leur trafficq quilz avoient tousjours faict, ne les artisans continuer leur mainfacture, ne se pouvant entretenir du proffict quilz peuvent faire de leur travail et industrie, si est ce quilz ont porte ce faiz jusques a present, esperant quen redoublant la peyne quilz prennent ilz pouroient vaincre et supporter telles charges, et nauroient voulu demander a noz predeccesseurs ne a nous aulcunes exemptions, comme ont faict les principalles villes de ce royaulme, qui sont exemptes de toutes tailles et aultres subsides. Mais, voyans quavec leur perpetuel travail et parcymonye, vivant le plus extrictement quil estoit possible, ilz ne peuvent plus continuer ne supporter le faiz, ains a este une bonne partie contraincte abbandonner ceste ville aux aultres bonnes villes franches, tant marchans que artisans, et ayant este contrainctz fournir a diverses foys, puys quelque temps en ca, quatre vingtz ou cent mil livres pour conserver la ville en n^{re} obeissance et souffert la persecution de la peste et de la famine qui a este oud. pays ces dernieres annees, une bonne partie de ceulx qui estoyent demeures ont este contrainctz se retirer aux champs et y vivre de ce quilz avoient peu reserver. Et, voyant que ceste annee ilz ont recuilly si peu de bledz et aultres fruictz, que, apres quilz auront ensemence leurs terres, il ne leur en demeurera pour se nourir que deux ou troys moys pour le plus, ilz se sont retires a nous, et treshumblement supplie et requis quil nous plaise pourveoir a la conservation et manutention de lad. ville, et user envers eulx de telle liberallite que ceulx que y sont demeures ne fussent contrainctz du tout habandonner lad. ville et la delaisser deserte. Scavoir faisons que nous, deuement informez des choses susd., et de la bonne et grande fidellite et obeissance que nous avons trouve aux manans et habitans de lad. ville, et des grandz fraiz par eulz faictz pour la conservation dicelle, et leur donner occasion et moyen de continuer de mieulx en mieulx au bon et grand debvoir quilz ont cy devant et jusques a present faict et aux personnes industrieuses de se retirer en lad. ville, pour ces causes et aultres grandes considerations, et par ladvis et conseil de n{re} treshonnoree dame et mere, princes de n{re} sang et aultres grandz et notables personnaiges de n{re} conseil estans les (près de) nous, avons descharge, quicte et affranchy, deschargeons, quictons et affranchissons a perpetuite lesd. habitans de la ville de Lymoges de la moytie de ce quilz sont cottises pour les tailles ordinaires dans lad. ville, montant la somme de mil quatre vingtz sept livres quinze solz, a laquelle nous les avons abonnez et abonnons, voulons et nous plaist quen nous payant chacun an laultre moytie, montant pareille somme de mil quatre vingtz sept livres quinze solz, ilz soyent et demeurent francz, quictes et descharges du surplus, sans quilz soyent ores ne pour ladvenir surcharges ne cottises a aultre somme que desd. mil quatre vingtz sept livres quinze solz t/ chascun an, synon que noz tailles fussent augmentees, auquel cas en payeront au prorata de lad. moytie. Voulons et nous plaist que lad. somme de mil quatre vingtz sept livres quinze solz, dont nous les avons descharges, soyt esgallement cottisee et deppartie et levee sur tous les aultres habitans de tout le pays de Lymosin, considere quilz se pourvoient en lad. ville de toutes choses a eulx neccessaires, sans quilz soyent contrainctz en aller chercher aux aultres villes. Si donnons en mandement par ces presentes a noz amez et feaulx les gens de noz comptes et de noz aydes a Paris, general de noz finances, establys a Riom, esleuz par nous, ordonnes en lellection de noz aydes aud. pays de Lymosin, que noz present descharge, affranchissement et exemption ilz facent registrer en leurs registres, et du contenu en icelles lesd. manans et habitans de lad. ville de Lymoges et taillables aux tailles et leurs successeurs joyr et user plainement et paysiblement, et ausd. elleuz que par les estatz et deppartement quilz feront chascun an desd. tailles ilz emploient sur lad. ville de Lymoges lad. somme de mil quatre vingtz sept livres quinze solz seullement, a laquelle nous les avons abonnes, et le surplus, montant a pareilhe somme de mil quatre vingtz sept livres quinze solz, sur tout led. pays de Lymoges; et ad ce faire, souffrir et obeyr, contraignent ou faisent contraindre tous ceulx quil appartiendra par toutes voyes deues et raisonnables, nonobstant oppositions ou appellations quelzconques, et sans prejudice dicelles, pour lesquelles ne voulons estre differe, dont nous avons retenu et reserve, retenons et reservons a nous et en n^{re} conseil prive la cognoissance, et lavons interdicte et deffendue, interdisons et deffendons a tous juges. Car tel est n^{re} plaisir, nonobstant quelzconcques ordonnances, restrinctions, mandemens, deffences et lectres ad ce contraires. EN TESMOING de quoy nous avons signe ces presentes de n^{re} main, et a icelles faict mectre n^{re} seel. Donne a Coignac, le xxviij^e jour daoust l'an de grace mil cinq cens soixante cinq, et de n^{re} regne le cinquiesme. Signe CHARLES. Et sur le reply desd. lectres est escript : Par le roy en son conseil, DE LAUBESPINE. Et au bout du dessoubz dud. reply est escript : Accorde au conseil prive du roy, tenu a Coignac, le xxviij^e daoust mil v^c LXV. Signe : DE MONLUC, evesque de Valance.

[Passage des députés des treize cantons.] ET DURANT n^{re} d. charge consulaire, au moys de jung, passarent par ceste ville messieurs les depputes des treize cantons des lignes de Suysses allans a la court pour jurer au roy la nouvelle confederation et alliance, estans en nombre de huict a neuf vingtz chevaulx, ausquelz fismes recueil et debvoir a n^{re} puissance.

Aussi incontinant apres passarent par ceste ville monsieur le mareschal de Bordilhon et monsr de Cipierre et plusieurs seigneurs de leurs compaignie, ausquelz aussi fismes bon recueil et debvoir de nre puissance. [Passage du maréchal de Bordillon et de M. de Cipierre.]

Aussi durant nred. charge consulaire, au moys daoust, passarent par ceste ville monsieur le cardinal de Guyse; monsieur le duc de Guyse, son nepveu; madame de Guyse (1), sa mere; monsieur le duc de Nemourx, avec grand nombre de seigneurs et gentilhommes de leurs compaignies, ausquelz aussi avons faict bon recueil et tout le debvoir a nre puissance. [Passage du cardinal de Guise, du duc de Nemours, etc.]

AUSSI DURANT nred. charge consulaire passarent par ceste ville monsieur de Laubespine, evesque de la present ville de Lymoges, monsr le secretaire des conmandemens, son frere; monsieur de Morvillier, evesque dOrleans, et plusieurs aultres grandz seigneurs et gentilhommes, ausquelz nous avons faict bon recueil et tout le debvoir de nre puissance. [Passage de M. de Laubespine, etc.]

Et durant nred. charge consulaire avons faict accoustrer les pilliers du pont Sainct Marcial, qui estions ruynes, en dangier de tumber; et avons faict faire le pave tirant de la porte des faulx bourgs de Magnenye au pont St Marcial. [Réparations: pont St-Martial et faubourg Manigne.]

Aussi le chemyn tirant de della led. pont St Marcial a Solempnac; aussi le chemyn tirant des Carmes au chemyn dAixe, et au chemyn tirant de La Chappelle dAigueparse a La Graule. [Chemins.]

Et avons faict faire une vaulte cheulte (2) au pied de la grand tour de Magnenie, qui causoit ruyne aux fondemens de lad. tour. [Tour de Manigne.]

---

(1) Anne d'Este.
(2) Une voûte tombée.

[Fontaines.] Aussi, a cause que les fontaines du Chevallet et des Barres estions entierement perdues, nayans nulz courtz, avons faict faire des pilles et vaultes en plusieurs endroictz des conduictz desd. fontaines et iceulz faict nectoyer; ensemble faict nectoyer les conduictz des fontaines dAigouleine et St Pierre, et faict plusieurs aultres repparations neccessaires a la present ville.

Il y a ici environ deux pages en blanc dans le manuscrit.

Eslection faicte des consulz de la ville de Lymoges par les manans et habitans de lad. ville, le septiesme jour de decembre lan mil cinq (cens) soixante cinq.

Et premierement :

Las Taulas :

Marcial Duboys, des Taules.

La Porte :

Jehan Meyze.

Maignenie :

Jehan Rougier.

Le Marche :

Pierre Benoist.

La Fourye :

Francoys du Boys dict Barbe.

Le Clochier :

Joseph Lascure.

Boucharie :

Jehan Lymosin dict Guarigou.

Lansecot :

Pierre Bouland le jeune.

Las Combas :

Guillaume Nycot.

Le Vieulx Marche :

Pierre du Mas.

Croissances :

Jehan Romanet ;
Pierre Boulhon.

(Signé :) Deschamps, scribe.

———

Eslection faicte des collecteurs et asseurs des tailes la present annee de la ville de Lymoges lannee present mil cinq cens soixante six, esleuz et nommes par les manans et habitans de lad. ville, assembles en la salle commune de lad. ville, a la maniere accoustumee.

Et premierement :

Las Taulas :

Laurans Mouret ;
Mathieu Decordes.

La Porte :

Marcial Malledent ;
Pierre Benoist, de Crochador (1).

Magnenye :

Francois Roulhac ;
Jehan Cybot.

---

(1) Rue des fabricants de crochets ; actuellement et par corruption rue Cruche-d'or.

Le Marche :

Jacques Champaignac ;
Symon de Vaulx.

La Fourie :

Pierre Baud ;
Jehan Robert dict Boubaud.

Le Clochier :

Jehan Mazeau ;
Pierre Peyroche.

Boucharie :

Pierre Faute ;
Nycolas Voulreys.

Lansecot :

Heliot Gay dict Coussiron ;
Jacques David.

Las Combas :

Pierre du Monteil ;
Pierre de Nozerines.

Le Vieulx Marche :

Jehan Benoist ;
Jacques Tailhandier.

Faict a Lymoges, le treziesme jour de janvier lan mil cinq cens soixante six.

(Signé :) DESCHAMPS, secretaire de la ville et maison commune de Lymoges.

[Disette : mesures prises par les consuls.] APRES QUE LESDICTZ CONSULZ SUSDICTZ FURENT esleuz, eulx, voyans la grand cherte du bled qui estoit en ladicte ville de Lymoges, et que le sextier seigle se vandoit communement cinquante quatre solz, le froment troys livres dix solz, et lavoyne douze solz lesminault (1), lesdictz consulz firent (assembler) en la maison conmune les principaulx bourgeois, marchans, manans et habitans de ladicte ville; ausquelz fust remonstre et faict entendre ladicte cherte, qui alloyt tousjours en augmentant, tant pour le moyen des monopoles que se faisoient en ceste ville par les greinies au marche publicq que par les chemins, quant lon le menoit vandre en ladicte ville, par les bolengiers, mosniers et aultres faisant traficq, conmerce dudict bled, et que si promptement ny estoit pourveu, le pouvre peuple seroit en grand dangier de mourir de fain. Et, par advis et deliberation de ceulx qui assisterent a ladicte assemblee, lesd. consulz empruntarent de quelques particuliers de ladicte ville certaine grand somme de deniers, de laquelle ilz achaptarent une grande quantite de bledz, et les myrent en certains greniers, pour les distribuer illec, selon que le peuple en auroit besoing et que le temps et la necessite le requeroient. Lequel bled estoient (étant) ausdictz greniers, fut une partie distribue aux manans et habitans de ladicte ville, et laultre partie vandu et aliene apres ladicte cherte passee, le tout par le conseil et par la forme que lesdictz principaulx bourgeois, marchans et habitans advisarent. Et trouvarent expediant l'aultre partie porter audict marche publicq lors et quant il ny avoit aulcun bled ou quant il y en avoyt que les vandeurs le tenoient a tropt hault pris et ne le voloient relascher. Faisoient lesdictz consulz que ledict pris dudict bled tousjours revenoit de deux a trois solz a meilleur marche que les aultres ne le vandoient, voulans tousjours trouver moyen faire revenir ledict bled a pris raisonnable et le faire revaller (2). Et par le moyen de lachapt dudict bled, qui fut achapte au temps de ladicte cherte, et apres vandu et distribue a bon et raisonnable pris, par ce quil se diminuoit ordinairement et journellement, fut perdu de lachapt a la vante grand somme de deniers (3), comme lesd. consuls monstrarent et firent apparoir par les comptes que sur ce furent dresses, carcules et veriffies par messgrs les elleuz dudict Lymoges, presents et appelles (sic) le procureur du roy de lad. ellection, et despuis veuz par le roy et son conseil, tellement que, attendu

---

(1) Le *Pouillé du diocèse de Limoges* donne d'autres chiffres : pour le froment, 1 livre 10 sous 5 deniers; pour le seigle, 1 livre 5 sous 9 deniers le setier; pour l'orge, 5 sous 7 deniers l'éminal. C'est le prix moyen : la cherté ne dura que quelques mois.

(2) Redescendre.

(3) Le montant de cette somme était mentionné dans le manuscrit, mais le passage a été raturé peu de temps après avoir été écrit, et est devenu illisible.

lesdictz deliberations consulaires et le consentement preste par
lesdictz habitans de contribuer chacun pour leur regard a la perte
que pourroit advenir de lachapt a la vante dudict bled, et attendu que cela auroit cause ung grand bien au peuple, et que
par ce moyen on auroit rompu et empesche plusieurs monopolles
et moyens indirectz tandantz a encherir le bled, aroient este
expediees lectres patentes approbatives desdictz fraiz y attachees
soubz le contre seel et lectres patentes pour imposer, cothiser et
lever sur tous les manans et habitans de ladicte ville generallement les sommes a quoy ladicte perte montoit, pour rembourser
ceulx qui auroient faict lavance desdictz bledz et preste lesdictz
deniers, desquelles lectres sera cy apres la teneur inseree. Et
oultre, pour garder que aulcun monopolle ne se peust con-
mectre par les marchans trafiquans bled, bolengiers, mosniers ne aultres, deux desdictz sieurs consulz, durant toute
lannee de leur consulat, assistarent et furent presens au claustre
et marche publicq ou se vend ledict bled, acompaignes dung de
leurs gaigiers pour leur servir, pour tenir loeilh a ce que dessus
et se donner garde que aulcun abbuz ou malversation ne fust
conmise audict marche. Et encores tenoient lesdictz consulz
gens expres par les chemins pour se donner garde quilz ny eust
aulcuns audevant dudict bled pour lachapter, marchander ou le
faire encherir en aulcune fasson. Et par la grace et misericorde
de Dieu, et moyennent le bon ordre et reiglement que fut mis
audict bled, lad. cherte passa, et ledict bled revint a bon et raisonnable pris; et se diminua le pris dicelluy dune moytie, car
le sestier seigle, qui se vandoit au moys de decembre cinquante quatre solz le sextier, comme est predict, se bailla a
Pasques suyvant pour vingt six et vingt sept solz, dont graces
et louanges eternelles en soyent rendues a Dieu.

---

*Sensuyt la teneur desdictz lectres patentes, dont dessus
est faicte mention.*

Cette pièce n'a pas été transcrite : il y a ici une page et demie
en blanc dans le manuscrit.

Aussi estant lesdictz consulz advertis incontinant apres leurdicte ellection quil y avoyt certain proces pendant au grand conseil du roy entre M⁰ Pierre Leobardy, notaire royal et procureur au siege presidial de Limoges, demandeur et requerant linterinement de certaines lectres patentes du roy tendant a ce que certains arrestz obtenuz par les consulz dudict Lymoges en lannee mil cinq cens soixante deux en la court des generaulx des aydes a Monferant contre ledict Leobardy fussent declaires nulz et contraires a deux aultres precedentz arrestz par ledict Leobardy auparavant obtenuz contre lesdictz consulz ez cours des generaulx des aydes de Peyrigeux et dudict Mont Ferand, dune part; et lesdictz consulz dudict Lymoges, deffendeurs, daultre; et apres avoir receu par lesdictz consulz les advertissemens de leurs predeccesseurs consulz et lectres missives de M⁰ Symon Camus, leur procureur audict grand conseil, et advertis que ledict proces estoyt de grand consequance a la ville, et que si ledict Leobardy gaignoyt ledict proces, comme ordinairement il sen ja(c)toyt, reviendroit a perte et donmaige a ladicte ville, consulz, manans et habitans dicelle de quatre a cinq mille livres pour le moingtz, et que ledict proces estoyt prest a juger, instruict et les pieces inventorisees, prestes a mectre devers ung rappourteur, et que ledict Leobardy avoyt homme expres audict conseil pour soliciter le vuidaige et expediction dicelluy, lesdictz consulz, par advis et deliberation des principaulx bourgeois, manans et habitantz de ladicte ville, pour cest effect expressement convoques et assembles en ladicte maison de ville, et qui consentirent a contribuer aux fraiz neccessaires pour ce negoce, envoyarent expres M⁰ Marcial Deschamps, notaire royal et leur scripbe ordinaire, en la ville de Bourges, ou estoyt led. grand conseil, qui party dudict Lymoges le vingt deuxiesme janvier audict an mil cinq cens soixante six pour soliciter ledict proces et y faire les diligences et fournitures neccessaires, parce que ledict Deschamps avoyt conduict ledict proces et obtenu larrest duquel ledict Leobardy demandoyt la nullite, et estoyt instruict en la matiere. Et tant fust procede audict grand conseil entre ledict Leobardy et lesdictz consulz que arrest definitif sen ensuyvyt, au rapport de monsᵍʳ Damours, conseiller audict grand conseil, dont la teneur sera cy apres inseree. Et fut vuide ledict proces par deux apres disnees, qui cousterent trente huict escuz sol (soleil), et les

[Procès entre les consuls et Léobardy.]

espices dudict S^gr Damours, rappourteur, furent taxes vingt escuz sol, que sont cinquante huict escuz solz d'apres disnees et de rapport, dont led. Leobardy paya la moytie, et lesdictz consulz laultre moytie. Lequel Deschamps demeura audict. Bourges expres pour la sollicitation dudict proces depuis led. vingt deuxiesme de janvier jusques au cinquiesme jour d'apvril ensuyvant, quil fut de retour en ceste ville, porta ledict arrest avec toutes les pieces et procedures dudict proces, qui avoyt este conmance des lannee mil cinq cens cinquante deux, et tousjours dure et continue tant ez cours de lellection dudict Lymoges ez generaulx de Paris, Perigeux et Montferand, que audict grand conseil, que sont quatorze ans entiers, pendant lesquelz estoit intervenu entre ledict Leoubardy et les consulz de ladicte ville neuf sentences et dix sept arrestz. Et tant pour les salaires, vaccacions et despens dudict Deschamps que pour les fraiz et mises par luy faictz, fut despendu par lesd. consulz de ladicte annee seulement, sans comprandre ce que avoyt couste ledict proces, et que pour icelluy avoyt este fourny par leurs predeccesseurs, grandz sommes de deniers, pour lesquelles cothiser, lever et rembourser lesdictz consulz qui en avoient faict alavence, furent obtenuez lectres patantes du roy, ayant veu preelablement les comptes desdictz consulz, calcules, verifies et arrestes par Mess^grs les elleuz dudict Limoges, present et assistant le procureur du roy en ladicte ellection, pour les impugner et debatre. Desquelles lectres patentes et arrest la teneur sensuyt :

Ces pièces n'ont pas été transcrites : il y a la valeur d'une page en blanc dans le manuscrit.

Davantaige furent aussi lesdictz consulz advertis par leurs predeccesseurs, et comme il estoit tout notoire a chascun, du proces qui estoyt pendant en la court de parlement de Paris entre haulte et puissante dame la reyne de Navarre, demanderesse en execution darrestz par elle obtenus en la court de parlement contre les consulz, manans et habitans de ladicte ville, et que ledict proces estoit instament poursuyvy par ladicte dame, et que sil advenoit quelle obtint ce quelle demandoit et poursuyvoit contre les habitans de ladicte ville, seroient grandement assubjectifz, oultre la perte et donmaige que leur en reviendroict, et quil seroyt mieulx dy mectre fin par quelque bon accord, et a ceste fin supplier Sa Majeste y vouloir entendre. Et sur ce furent assembles mess^rs les lieutenantz general, criminel, conseillers presidiaulx, elleuz et principaulx bourgeois, manans et habitans dudict Limoges en ladicte maison de ville, et, ledict affaire mys en deliberation, fut conclud et resolu par toute lassemblee envoier devers ladicte dame, estant pour lors avec le roy en la ville de Moulins (1), pour supplier Sa Majeste vouloir mectre fin audict proces par quelque bon accord. Par advis de conseil, et pour faire ledict voiaige, traicter ledict accord et appoinctement, furent conmis et depputes par toute lassistance honnorable mons^gr Me Jehan Hugon, docteur ez droictz et lieutenent criminel audict siege presidial; Marcial Duboys, consul ladicte annee, et sire Jacques Gregoire, bourgeois et marchant dudict Limoges; lesquelz, ensemble Gabriel Raymond, cappitaine de lad. ville, apres ladicte deliberation et consentement general faict en la salle du consulat par les manans et habitans de ladicte ville, partirent dudict Limoges, alarent trouver ladicte dame audict Molins, et, apres luy avoir faict la reverance et presente le service du corps et communaulte de ladicte ville, parlamantarent a elle dudict accord et appoinctement par plusieurs et divers jours; et, apres plusieurs propos sur ce tenus et mys en avant dune part et daultre, elle les remyt et promist de passer et accorder tout ce que son conseil de Paris regarderoyt et adviseroyt estre raisonnable et decquite. Et sur ce, pour en comuniquer audict conseil, veoir ses pieces et leur faire responce absolue, elle les renvoya jusques a la Penthecouste ensuyvant en la ville de Paris, ou lesdictz dellegues luy promirent de se trouver pour entendre ses bons plaisir et volunte. Et apres avoir prins conge de ladicte princesse, lesdictz delegues sen allarent dudict Moulins a Paris veoir et scavoir a quoy pendoit ledict proces, et pour sercher amasser toutes les pieces edirees (2) estans en divers lieulx a Paris, neccessaires audict affaire, et icelles veoir et faire veoir au conseil, consulter et deliberer, et aussi dicelluy conmuniquer a Mgr de Roissy,

---

(1) La cour était à Moulins, où Catherine de Médicis tentait une réconciliation entre les Guise et Coligny. C'est là que fut discutée entre les chefs des parlements et publiée par L'Hôpital l'ordonnance de Moulins qui réformait les juges et la justice. Le procès dont il est ici question prouve assez combien cette réforme était nécessaire.

(2) Adirées, égarées.

Mᵉ des requestes ordinaire du roy, principal gouverneur et directeur des affaires de ladicte dame, et entendre de luy les moyens plus propres et conmodes pour parvenir audict accord. Et apres avoir retire par lesdictz dellegues ladvis, conseil et opinion de plusieurs doctes scavans et fameux advocatz dudict Paris, sen retournarent en ceste ville. Et demeurarent audict voiage deux moys ou environ. Et, apres leur retour, de rechief furent assembles lesd. lieutenant general, criminel, presidiaulx, elleuz et aultres bourgeois, manans et habitans de ladicte ville en ladicte maison conmune; en laquelle ledict Sᵍʳ Hugon rapporta le discours du voiage et delegation de luy et ses compaignons, le bon recueilh a eulx faict par ladicte dame, les propoz quelle leur avoit tenuz, la bonne volente quelle avoit de paciffier tous differens et proces pendans entre elle et les consulz de ladicte ville, et conment elle les avoit renvoyes jusques a ladicte feste de Penthecouste ensuyvant pour en faire une resolution certaine. Davantaige led. Sᵍʳ Hugon rapporta en ladicte maison de ville les proces et diferens que avoyt lad. dame contre lesdictz consulz, les pieces quilz avoient veu et trouve a Paris, ladvis et opinion desdictz advocatz de Paris, et tout ce que pouvoit aider et servir a la defence et justification des droictz des consulz, manans et habitans dudict Lymoges. Lequel rapport dudict Sᵍʳ Hugon oy et entendu par toute ladicte assemblee, et afin de ne perdre loccasion que se presentoit, tous les assistans, dune conmune voix, sans aulcun contredict, furent dadvis aller de rechief trouver audict Paris ladicte dame au jour par elle assigne pour continuer laffaire, et passer oultre, si lon pouvoyt, a accorder ledict proces. Et ledict jour, par acte consulaire, lesdictz manans et habitans, assembles en ladicte maison, baillarent consentement de paciffier et accorder tous diferans avec ladicte dame, et promirent fornir, fraier et contribuer, chascun selon son regard et qualite, a tout ce que seroyt promis, accorde et arreste avec ladicte dame et a tous les fraiz que pour ledict negoce avoient este et seroient par apres faictz et fournis. Et de ce fut receu acte publiq par Symon Deschamps, notaire royal et scribe ordinaire dudict consulat. Et pour conduire ledict affaire, tous ceulx de lassistance esleurent dung accord dix marchantz, scavoir est monsᵍʳ le receveur Boyol, sirés Marcial Verthamon, Jehan Lascure, Pierre Saleys, Francoys Martin, Jehan Coulomb, Marcial Malledent, Jacques Gregoire, Pierre Boyol, Sᵍʳ de Montcoqu, Anthoine du Peyrat, seigneur du Masjambost, lesquelz, avec lesdictz consulz, prandroyent la charge dudict neguoce. Et leur fust illec baille procuration suffizante de poursuyvre ledict appoinctement. Lesquelz depputes et consulz, pour faire ledict second voiage, nonmarent, depputarent ledict S^{gr} Hugon, led. Me Pierre Boyol, seigneur de Mazeyretas, recepveur des tailles pour le roy au hault pais de Limosin, et ledict sire Marcial Duboys, consulz, et sire Jehan Verthamon. Lesquelz conmis et depputes, advenant ledict jour de Penthecouste, fournis de procuration, memoires et pieces neccessaires, suyvant ladicte seconde deliberation consulaire, partirent dudict Limoges, et allarent trouver la majeste de ladicte dame audict Paris; auquel lieu, par ladvis du conseilh de ladicte dame et de celluy desd. consulz, le tout bien veu, consulte et delibere tant dune part que daultre, pour le bien de paix entretenir unyon et concorde, ensemble firent, passarent et contractarent laccord et appoinctement dont la teneur sensuyt :

A TOUS CEULX QUI CES PRESENTES LECTRES VERRONT, ANTHOINE Duprat, chevalier, baron de Thiern et de Thoury, seigneur de Nanthoillet et Precy et Royay, conseiller du roy n^{re} sire, gentilhomme ordinaire de sa chambre et garde de la prevoste de Paris, salut. Scavoir faisons que, pardevant Jehan Marchant et Guillaume Payen, notaires du roy n^{re} sire en son chastellet de Paris, furent prezens et en leurs personnes haulte et puissante dame Jehanne, par la grace de Dieu royne de Navarre, vicontesse de Limoges, d'une part; et Jehan Hugon, escuyer, seigneur de Farges, lieutenent criminel en la senneschaucee de Limosin, Pierre Boyol, Sr de Mazeyretas, recepveur des tailles pour le roy audict pays, sire Marcial Duboys, des Taules, consul, et sire Jehan Verthamon, bourgeois, marchant de ladicte ville, au nom et comme procureurs et ayantz charge expresse desdictz consulz et habitans, ainsy quil est appareu ausdictz notaires soubz signes par leur procuration en dacte du dixhuictiesme jour de may dernier passe, signee Mouret, qui sera inseree en la fin de ces presentes, et encores tant en leurs noms que comme eulx faisans et portans fortz esdictz consulz et habitans, par lesquelz ilz ont promis et promectent faire ratiffier et avoir pour bien et agreable le contenu en ses presentes et en fournir lectres de ratiffication vallables et autentiques a ladicte dame royne ou procureur pour elle, dedans le jour sainct Jehan Baptiste prochainement venent, daultre part. Lesquelles parties,

[Transaction entre la reine de Navarre et les consuls.]

pour pacifier et mectre fin aux differendz et proces pendans en la court de parlement entre ladicte dame royne demandant lexecution de deux arrestz, lung du septiesme jour de septembre mil cinq cens trente huict (1), et laultre du seiziesme (*sic*) (2) jour de septembre mil cinq cens quarante quatre, et lesdictz consulz, manans et habitans dudict Lymoges, ont, soubz le bon plaisir de la court et par ladvis de leur conseil, convenu et accorde les articles que ensuivent:

Premierement a este dict, convenu et accorde que par la present transaction ne sera rien innouve ne derroge respectivement ausdictz deux arrestz cy dessus mentionnes du septiesme septembre mil cinq cens trente huict et sixiesme septembre mil cinq cens quarante quatre, suyvant lesquelz arrestz lesdictz consulz et habitans obeyront a ladicte dame et a ses successeurs comme a leur dame vicontesse et justiciere dudict Lymoges, selon la subjection et obeyssance naturelle quilz luy doibvent.

Et parce que y a plusieurs poinctz et articles qui nont estes deciz et vuydes, pour lenterinnement desquelz le present accord est intervenu, a este dict que, en ce que concerne les censives que ladicte dame pretend luy appartenir a cause de ses viconte et seigneurie, daultant que le conseil desdictes parties nen a peu convenir, que ledict article demeurera indeciz, et pour ce regard sont reservez a ladicte dame ses droictz et actions, et ausdictz consulz et habitans leurs deffences.

Pareillement est demeure indeciz larticle des droictz de barreige, peage, laide, vinaige et pannage (3), requis par

---

(1) Voyez T. Ier, p. 321.

(2) Il faut lire « sixiesme ». —Voir T. Ier, p. 375 et suiv. Une note marginale du temps indique le « v{o} de septembre » comme date de l'arrêt.

(3) A Limoges, et généralement dans toutes les communes complètes, le principal élément de la recette annuelle était l'impôt indirect, connu sous le nom générique de *péage* dans le principe, et que l'autorité royale transforma plus tard en *octrois*, lorsqu'elle eut à peu près absorbé le pouvoir municipal.

Les péages se divisaient en péage proprement dit, barrage, vinage et leyde péneuse.

Le péage était un droit permanent d'entrée ou de sortie établi sur la marchandise seulement, abstraction faite du véhicule qui la transportait. Cette taxe frappait plus particulièrement les « vins, bleds et autres choses qui sont nécessaires pour la nourriture et entretenement de la ville et banlieue ».

Le barrage s'appliquait aux véhicules chargés d'objets non destinés à être vendus : aux charrettes, aux grosses bêtes, c'est-à-dire bœufs, chevaux et ânes, qui se présentaient pour passer les portes ou barrières.

Le droit de vinage consistait en un demi-setier de vin, prélevé par la ville sur chaque tonneau vendu en détail par un étranger dans l'intérieur des murs.

Enfin la rente ou leyde péneuse s'exerçait dans les foires et marchés, soit par abonnement, soit par charge, soit par bête. Du Cange, dont les définitions ne s'appliquent pas d'une maladicte dame, au respect desquelz articles, il nest en rien derroge ny prejudicie par le present accord au droict desdictz parties. Et affin davoir plus de moyen de composer desdictz differendz, ladicte dame, de son bon gre et liberallite, a octroye ausdictz manans et habitans surceance dudict proces jusques au jour sainct Jehan Baptiste prochain.

ET QUANT au pre appelle Vicontault, lesdictz consulz et habitans ninsistent et nempeschent que ladicte dame nen jouysse et dispose a sa volunte selon la grandeur et estandue quil est de present, et comme les consulz en ont joy durant le temps quilz estoient possesseurs de ladicte seigneurie. Et quant ad ce que ladicte dame disoyt avoir droict de contraindre lesdictz habitans a sa suytte en armes ez pays de Limosin et Angoulmois, et davoir four et moulins bannaulx, prendre et lever tailles sur lesdictz habitans aux quatre cas, et quilz estoient tenuz de la rediffication dung chasteau quelle pretendoyt avoir este anciennement au lieu et place de la Mothe, et requeroyt delivrance luy estre faicte des maisons et ediffices quelle disoyt estre basties et faictes audict lieu par aulcuns particuliers, aussi demandant les fruictz prins et perceuz par lesd. consulz et habitans des ville et chastel, justice et seigneur(ie) de la ville de Limoges, des le moys de jung mil cinq cens dix huit, luy estre adjuges, comme est a plain contenu audict arrest du sixiesme septembre mil cinq cens quarante quatre, ladicte dame, par ladvis du conseil, sest departie et deppart de ladicte poursuytte, et a remys et quicte ausdictz consulz et habitans, lesdictz Hugon, Boyol, Duboys et Verthamond pour eulx stipulans et acceptans, lesdictz droictz de suytte en armes, fourt et moulin bannaulx, tailles et subvention aux quatre cas, rediffication dudict chasteau, delivrance de maisons et ediffices quelle pretendoyt avoir este basties en ladicte place de la Mothe, ensemble la restitution de tous fruictz et arreyraiges, juges et ad juger, esquelz lesd. consulz et habitans pourroient estre tenuz envers ladicte dame, tant en

---

nière satisfaisante aux taxes précédentes, ne dit rien de la leyde péneuse : il rapporte seulement, en date de l'an 1184, une charte d'Aymar, vicomte de Limoges, où il est question des *leydes* et *péages* de ce seigneur; puis, au mot *hebdomada*, il explique et démontre par plusieurs citations que l'on donna quelquefois le nom de *semaine péneuse* à la semaine sainte. Comme il est dit dans un de ces textes que certaines rentes se paieront chaque année dans la semaine péneuse, on pourrait croire d'abord que la leyde ou taxe péneuse se levait spécialement à cette époque; mais une lecture plus attentive du document duquel nous extrayons nos définitions prouve qu'il n'en était pas ainsi, puisqu'il y est question d'abonnement à la semaine et à l'année. — (LEYMARIE, *Histoire du Limousin*, T. Ier, p. 210.)

general que en nom dunniversite et corps que particulierement, jusques a ce present jour, hors mis les fruictz et arreyraiges de ladicte censive, lotz, ventes et les fruictz du barrage, si aulcuns en y a et en sont deubz, au cas que ladicte dame en aist joy, et ce qui en deppend, contre qui il appartiendra.

Et moyenent ce, lesdicts Hugon, Boyol, Duboys et Verthamon, au nom que dessus, ont promis bailler et poyer à ladicte dame, presente et acceptant, la somme de dix mil livres tourn., laquelle somme de dix mil livres tourn. ilz emploieront par leurs mains au rachapt et recouvrement de la terre et seigneurie de Segur appartenant a ladicte dame et estant dedans ledict viconte de present, allienne a rachapt perpetuel ez mains de Mᵉ Jehan Le Roys, secretaire de ladicte dame, pour ladicte somme de dix mil livres tourn., et ce dedans le jour sainct Jehan Baptiste prochainement venent, pour tous termes et delays, et en reporter lectres de rachapt a ladicte dame, faict dedans ledict jour ; et sont demeurees et demeurent lesdictz parties quictes des despens juges et ad juger. Et, pour recouvrer et accorder en la court lemologation de la present transaction, ont faict et constitue, font et constituent leurs procureurs.

Et ont promis et promectent lesd. Hugon, Boyol, Duboys et Verthamon faire acomplir le present contraict par lesd. consulz, manans et habitans, dedans led. jour sainct Jehan Baptiste prochain, a peine de mil escuz en leurs propres et prives noms, ledict contraict neaulmoingtz tenent; car ainsin a este dict, convenu et accorde entre lesdictz parties, en faisant, passant et accordant sesdictz presentes, qui aultrement neussent estes faictes, passees et accordees. Lesquels presens accord, transaction, promesses et obligations susdictes lesdictz parties ont promis et jure respectivement, par les foy et serrement de leurs corps pour ce par elles respectivement mises, baillees et jurees ez mains desdictz notaires, avoir agreables, les tenir fermes et stables a tousjours, sans jamais aller, venir, faire venir ou dire contre en aulcune maniere, sur peine de rendre et payer lung a lautre tous coustz, fraiz, mises et despens, dommaiges et interetz, qui, faictz, souffertz, soubztenuz et encouruz, seraient a faulte du contenu cy dessus non faict, tenu, entretenu et accomply par la forme et maniere que dict est. Et en ce pourchassant et requerant soubz lobligation et ypothecque de tous et chascun de leurs biens meubles et inmeubles presens et ad venir quilz, chascun en droictz soy, en ont soubzmis et soubzmectent a la justice, jurisdiction et contrainte de ladicte prevoste de Paris et de toutes aultres justices, jurisdictions et contrainctes, ou sceuz et trouves seront, pour le contenu en ses presentes du tout acomplir, et renunceront, en ce faisant, expressement a toutes choses generallement quelzconques a ces lectres contraires et au droict disant « generale renunciation non valoir ». En tesmoing de ce, nous, a la relation desdictz notaires, avons faict mectre a ses presentes le seel de ladicte prevoste de Paris, qui, faictes et passees, furent multipliees le mardy trentiesme et penultime jour de juillet lan mil cinq cens soixante six.

Sensuyt la teneur de ladicte procuration.

Nous, GARDE DU SEEL AUCTENTIQUE ROYAL estably aux contraictz au baillage de Limoges pour le roy n^{re} sire, A TOUS ceulx qui ces presentes lectres verront et orront salut. Scavoir faisons que, pardevant le notaire royal soubz signe et tesmoingtz cy ampres nonmes, a Limoges, en la maison commune de consulat, ont estes presens honnorables Jehan Limosin, Jehan Rogier, Pierre Benoist, Francoys du Boys dict Barbe, Joseph Lascure, Pierre Boulaud le jeune, Guillaume Foucaud, Pierre Dumas, Jehan Romanet, Pierre Boulhon, consulz de la present ville, faisant tant pour eulx que les aultres consulz leurs collegues, sires Marcial Verthamon, Jehan Lascure, Pierre Saleys, Marcial Mailhot, Francoys Martin, Jehan Coulomb, Jacques Gregoire et Anthoine du Peyrat, bourgeois marchans de la present ville, conmis et depputes par les manans et habitans de la present ville pour avec lesdictz consulz pourvoir et mectre fin au proces que lesdictz consulz, manans et habitans de la present ville, deffendeurs, ont avec treshaulte et puissante dame la royne de Navarre, demanderesse en execution darrest, lesquelz et ung chascun deulx ont faict et constitue leurs procureurs honnorables Me Jehan Hugon, Sr de Farges et de Lagardelle, lieutenent criminel et juge magistrat pour le roy en la senneschaucee de Limosin au siege de Limoges, Pierre Boyol, Sr de Mazeyrettas, recepveur des tailles pour ledict S^r au hault pais de Limosin; sire Marcial du Boys, des Taules, consul de ladicte ville avec les sus nonmes, et Jehan Verthamon, marchans de ladicte ville, et chascun deulx, ausquelz lesd. constituans ont donne plain pouvoir et mandement de comparoir et se presenter pour eulx et en leur nom pardevant tous juges et conmissaires, et pardevant iceulx faire, demander, deffendre, contester, cautionner (?), produire tesmoingtz, tiltres, recuser juges et lieulx, ouyr sentences et dicelles appeller, si besoing est, avec puissance de substituer ung ou plusieurs procureurs, et eslire domicille specialement et par expres, pour et au nom desdictz consulz, manans et habitans de la present ville, transiger, pacifier et accorder par composition avec ladicte treshaulte et trespuissante dame la reyne de Navarre, vicontesse de ladicte ville de Limoges, de et sur led. proces par elle poursuyvy en la court de parlement a Paris, en execution darrest, par ladicte dame et ses S^{rs} predecesseurs obtenu a lencontre desd. consulz, manans et habitans de ladicte ville, et sur la poursuyte de lexecution dudict arrest et jugemens qui se sont ensuyviz, transiger et faire accord tant pour lesdictz constituans que aultres manans et habitans de lad. ville, tout ainsy que lesdictz procureurs verront estre affaire, et generallement faire, dire et procurer tout ainsy et par la forme et maniere que si lesdictz constituans y estoient en leurs personnes, promectans avoir le tout pour agreable soubz lobligation de tous et chascuns leurs biens meubles et immeubles, presens et ad venir, et serement faict aux sainctz Dieu Evangiles N^{re} Seigneur, le livre touche. Dont lesdictz constituans mont requis leur octroyer et accorder lectres et instrument de procuration, ce que leur a este concede par le notaire soubz signe, en presence de Jehan Cybot dict Las Vachas, marchant bouchier de la present ville, et de Mathieu Benoist, marchant pintier de la present ville, tesmoingtz ad ce appelles et requis, le dixhuictiesme jour de jung lan mil cinq cens soixante six. Signe en loriginal : Marcial VERTHAMON, Pierre SALEYS, Marcial MAILHOT, J. LASCURE, DUMAS, ROMANET, J. CYBOT, M. BENOIST, BOULAUD, LASCURE, Jacques GREGOIRE, Martin COULOMB, P. BENOIST, J. LYMOSIN, J. ROGIER, F. DUBOYS, FOUCAULT, consul, P. BOULHON, consul, DUPEYRAT, et MOURET, notaire royal. Et selle de cire jaulne. Signe MARCHANT et PAYEN.

Memoire (1) soit quil est icy obmiz d'inserer une declaration

---

(1) Cette pièce est d'une autre encre.

de lad. royne de Navarre portant quelle permet ausd. habitans de bastir en lad. place de la Motte et dicelle faire a leur volonte, sauf et reserve a elle le cens sur les bastimentz qui y seront construitz, comme est plus amplement porte en icelle declaration, laquelle a este emologuee avec le susd. contraict par la cour de parlement de Paris. Parquoy soit veue lad. emologation contenent lesd. contraict et declaration et enregistree en ce livre.

Ilz sont entre les mains de Sr Marcial Maillot (1). Laquelle a este rendue a mess^{grs} les consulz en lannee mile six centz six.

ET PARCE que, au moys de decembre lan mil cinq cens soixante cinq, messieurs les elleuz dudict Limoges, comme ilz ont acoustume chascun an, tindrent et firent le departement des tailles de lannee conmensant le premier jour de janvier mil cinq cens soixante six, et que par ledict de parlement ilz myrent dans lassiete desd. tailles et imposarent sur tout le pais de Limosin la somme de six cens livres, pour les gaiges de ladicte annee deubz, appartenant et que avoyt acoustume a lever chascun an sur ledict pais et ellection feu honnorable Me Gaultier Bermondet, quant vivoit lieutenent general au siege presidial de Limoges, pour raison de son estat et ofice de president audict Limoges, et que ledict Bermondet mourut au moys de janvier apres suyvant, questoyt au conmencement de ladicte annee, et navoyt exerce sondict ofice et ne receu les gaiges qui avoient estes taxes et une partie leves, fut presentee requeste par lesdictz delegues estant audict Moulins au conseil prive, sur le contenu de laquelle fut octroye lectres patantes pour lever et recepvoir de M^e Du Boys, recepveur desd. tailles, et estant ladicte annee en exercisse, ladicte somme de six cens livres, pour la mectre et emploier ez reparations des murs, fosses, fontaines, chemins et paves dudict Limoges et des environs. Et parce que tant mons^r Bermondet, lieutenent general, filz dudict feu Sr Bermondet, president susdict, son pere, (que) ledict Duboys, recepveur ne voilaient obeyr au contenu des susdictz lectres patentes, ains les debatoient de quelques defectiosites, fut envoye en court, et, le tout remonstre au conseil prive, fut decerne

[Les consuls obtiennent d'appliquer aux réparations des murailles, des rues et des chemins la somme de six cents livres, montant des appointements du président Bermondet et de l'élu Dubois, décédés.]

---

(1) Ce qui suit est encore d'une encre et d'une écriture différentes.

aultres secondes lectres patentes, de si grande jussion, par lesquelles fut mande, sur les peines y contenues, dobeyr au vouloir du roy, contenu par lesd. premieres lectres; par vertu desquelles lectres patantes, lesdictz consulz ellurent, au moys d'octobre en ladicte annee mil cinq cens soixante six, Gabriel Raymond et Pierre Chambon pour lever et recepvoir lesdictz deniers, et les emploier suyvant la volente du roy contenue par icelles. De laquelled. somme de six cens livres fut seulement receu dudict Duboys, recepveur, apres plusieurs sumations contre luy faictes et luy contrainct par vertu desd. lectres, la somme de quatre cens cinquante livres seullement, laquelled. somme a este mise par lesd. consulz en ladicte annee mil cinq cens soixante six entre les mains desd. Raymond et Chambon, pour la delivrer et mectre ez mains des consulz leurs successeurs, elleuz le septiesme decembre audict an, comme de ce appert par quictence sur ce receue par ...... (1).

Sensuyt la teneur desd. lectres obtenuez pour recouvrer lad. somme de vj^c livres t.

CHARLES, PAR LA GRACE DE DIEU ROY DE FRANCE, a n^{re} ame et feal conseiller le general de noz finances estably a Lion, salut et dilection. Les consulz, manans et habitans de la ville de Limoges nous ont, par la requeste quilz nous ont cejourdhuy presentee, faict entendre que la ville de Limoges est assise en maigre et infertil pays, ou ne croid que bien peu de bledz et vins, mesmement puis troys ou quatre ans en ca, quilz sont este contraictz en envoyer querir en pays lointaings a tresgrands fraiz, tant pour leur norriture que des pouvres du pais, qui sont en grand nombre, tellement que les supplians nont eu et nont encores le moyen de faire faire reparer (les murs) de ceste ville de Limoges, dont bonne partie tumbe en ruyne, et moings les chemins et paves, qui sont en si mauvais estat que les voytures ny peulvent passer sans grand dangier de la perte des chevaulx, nayans les supplians aulcuns deniers patrimoniaulx

(1) Le reste de la pièce est en blanc.

ne doctroy, quelque petit subcide quilz levent sur le bled et vin, quilz nont peu lever ces dernieres annees. Et daultant que les gaiges ordonnes a loffice de feu M⁰ Pierre Duboys, qui decceda au moys de juillet mil cinq cens soixante trois, ont estes leves despuis son decces jusques au dernier jour de décembre dernier, et sont ez mains du receveur de noz tailles ; aussi les gaiges de feu Mᵉ Gaultier Bermondet, en son vivant president au siege presidial de Limoges, sont departis et cothizes avec les derniers (deniers) des tailles pour estre levez ceste annee, les supplians nous ont, par leur requeste, treshumblement supplie et requis que nʳᵉ bon plaisir fust ordonner les deniers ja leves pour les gaiges dudict feu Dubois, esleu, et ceulx qui ont estes cothizes ceste annee pour les gaiges dudict Bermondet, qui ne sont encores leves, estre mis ez mains desd. consulz ou de leurs receveurs, pour estre employes aux reedifflcations des murailhes et reparations des paves et chemins. Apres que ceste requeste a este veue en nʳᵉ prive conseil, NOUS AVONS, par son advis et deliberation, ordonne et ordonnons que les deniers leves pour les gaiges dudict feu elleu Duboys despuis son decces jusques au dernier jour de decembre dernier, qui sont ou doibvent estre ez mains du recepveur des tailles de lellection de Limosin, et les deniers qui ont estes ceste annee cothizes pour le payement des gaiges dudict feu Bermondet, president, qui seront ceste presente annee leves, seront par led. recepveur mis ez mains de deux notables marchans de ladicte ville de Limoges, qui seront nonmes par ledictz consulz, pour estre employes aux reparations des paves et chemins et reediffication des murailhes de lad. ville de Limoges. Et seront lesd. deux marchans tenuz randre compte des deniers susd. pardevant le senneschal de Limosin ou son lieutenent, nʳᵉ procureur appelle, sans pour ce prandre aulcun salaire, a peine de restitution de quadruple, vous deffendent tresexpressement et a tous aultres quil appartiendra de promectre a ladvenir, apres la present annee expiree, que aulcuns deniers soient imposes ne leves pour les gaiges desdictz deffuntz president Bermondet et esleu Du Boys ny aultres officiers qui seront decedez avant le departement ordinaire de la taille, jusques ad ce que par nous aultrement en soyt ordonne, reservant a noz subjectz de ladicte ellection leur recours contre vous des deniers qui seront leves sur eulx contre les deffences susd. SI VOUS MANDONS, conmectons et enjoignons par ces presentes que, faisant les supplians jouyr de leffect et contenu dicelles, vous, par ledict recepveur des tailhes, faictes payer, bailler et delivrer et mectre les deniers susdictz ez mains desd. deulx marchans, qui seront, comme dit est, nommes par lesdictz consulz par leurs simples quictences, rapportant lesquelles au vidimus de ces presentes faict soubz le seel royal ou deuhement collationne par ung de noz ames et feaulx notaires et secretaires, nous voulons les sommes susdictz estre passees et allouees ez comptes, et rabaptues de la recepte dudict recepveur par noz ames et feaulx les gens de noz comptes a Paris et partout ailleurs ou il appartiendra, ausquelz nous mandons ainsin le faire sans difficulte. Car tel est n^{re} plaisir, nonobstant que lesd. sommes ne soient cy aultrement speciffiees ne designees, et quelzconques ordonnances, restrinctions, mandemens, deffences et lectres ad ce contraires. Donne a Moulins, le sixiesme jour de mars lan de grace mil v^c soixante six, et de n^{re} regne le vj^e. Ainsin signe : Par le roy en son conseil, BURGENSIS.

—

Sensuyt la teneur des lectres dattache.

JEHAN CHASTELLIER, chevalier, S^{gr} de Milieu, conseiller du roy et general de ses finances en la charge et generallite de Lyon. Veues par nous les lectres patentes du roy donnees a Moulins le sixiesme jour de mars an mil v^c soixante six, signees BURGENSIS, lung de ses secretaires des finances, ausquelles ces presentes sont attachees soubz n^{re} signet, par lesquelles, et pour les causes y contenues, Sa Majeste, ayant esgard a la requeste que luy a este presentee par les manans et habitans de la ville de Limoges, par laquelle luy ayant remonstre comme ilz nont eu et nont encores moyen de faire reparer les murailhes de lad. ville, dont bonne partie est ruynee, et moings les chemins et paves qui sont en si maulvais estat que les voyturiers ny peulvent passer sans grand dangier de la perte des chevaulx, nayans lesdictz habitans aulcuns deniers patrimoniaulx ne doctroy que quelque petit subcide quilz levent sur le bled et vin, quilz nont peu lever ces dernieres annees, Sa Majeste a ordonne que les deniers leves pour les gaiges de Mᵉ Pierre Duboys, en son vivant elleu en ladicte ellection, despuis son decces jusques au dernier jour de decembre dernier, qui sont ou doibvent estre ez mains du recepveur des tailles de lellection de Limosin, et les deniers qui ont este ceste annee imposes pour le payement des gaiges de feu Mᵉ Gaultier Bermondet, en son vivant president au siege presidial de Limoges, et seront ceste anne presente levez, seront par led. receveur mis ez mains de deux notables marchans de la ville de Limoges, qui seront nonmes par les consulz, pour estre employes aux reparations des paves et chemins et reediffication des murailles de ladicte ville de Limoges. Desquelz deniers lesdictz deux marchans seront tenuz randre compte devant le senneschal de Limosin ou son lieutenent, le procureur du roy appelle, sans pour ce prendre aulcun salaire, a peine de restitution du quatruple, comme plus au long est contenu esd. lectres, desquelles, en tant que a nous est, consentons lenterinement selon leur forme et teneur, et, suyvant ce que par icelles nous est mande, ordonnons par ces presentes aux recepveurs de ladicte ellection qui ont este puis le decces dudict Duboys en lexercice, et cest en la presente, de payer, bailler et delivrer et mectre ez mains desd. deux marchans, qui seront, comme dict est, nommes par lesd. consulz, les deniers susd. par leurs simples quictences, si tant est que, puis le decces dudict Duboys, lesdictz deniers soient demeurez jusques a ceste heure en leurs mains, et ne les ayant fourniz ez mains du recepveur general nagueres estably a Ryon, ou du recepveur general des restes des comptes de Paris, et que les gaiges dudict Bermondet ayent este imposes ceste annee, et les deniers revenens bons au roy de ladicte recepte de Limosin en sa recepte generale, pour ceste annee prealablement payes, et sans que pour cest effect ils soient en facon quelconque retardez. Et raportant par celluy des recepveurs qui fornira lesd. deniers les quictences desd. deux marchans sur ce suffizantes avec loriginal desd. lectres pattentes, ce a quoy se monteront lesd. deniers leur sera par nous passe et aloue en la despence de lestat que nous luy veriffierons en la fin de la presente annee, et rabaptu de sa recepte dicelluy, et par tout ailleurs ou il appartiendra. Donne a Lion, soubz noz seings, seel de noz armes, ce dixneufiesme jour du moys de may lan mil cinq cens soixante six. Ainsin signe : CHASTELLIER.

Il y a ici une page blanche dans le manuscrit.

[Foires de Saint-Loup et des Innocents.] EN LADICTE ANNEE, lesdictz seigneurs consulz voyant et considerantz que en la present ville de Limoges, cappitalle du pais de Limosin, avoyt seulement troys foires et marches publiques, dont les deux estoient de nulle ou bien petite valleur, et quil y avoit plusieurs villes en ce pays de Limosin qui avoyent beaucoupt plus de foires que en ladicte ville de Limoges, plus frequentees et mieulx marchandes, a ceste cause, lesd. consulz ayant ce que dessus faict entendre et remonstre au roy et a son conseil prive, ledict S^{gr}, des plaine puissance et autorite royale, auroyt donne et concede ausdictz consulz, manans et habitans dicelle ville de Limoges deux foires et marches publiques pour estre tenuz perpetuellement en lad. ville de Limoges chascun an, lune le jour des Innocens, vingt huictiesme decembre, et laultre le jour de sainct Loupt, vingt deuxiesme may, comme a plain est contenu par lesd. lectres sur ce expediees. Et furent publiees audict Limoges, le   (1).

Sensuyt la teneur desd. lectres.

Le reste manque. — Il y a ici un blanc de plus d'une page.

[Procès des consuls et de Douhet relatif aux impositions.] AUSSI EN LADICTE ANNEE, Me Guillaume de Douhet, habitant dudict Limoges, se disant et pretendant estre lung des cent gentilhommes ordinaires de la charde (chambre) du roy, par consequant exempt de toutes tailles, cruees, impositions et aultres subsides ordinaires et extraordinaires mis et imposes sur ladicte ville et habitant dicelle, auroyt faict convenir et aprocher en jugement pardevant M^{rs} les elleuz dudict Limoges lesd. consulz,

---

(1) La date est en blanc.

et contre eulx conclud aux fins de ladicte exemption, et quilz fussent condempnes et contrainctz a le rayer et desenroller des rolles de ladicte ville. Lesdictz consulz deffendirent aux conclusions dudict de Douhet, et dung couste et daultre lesd. parties furent appoinctees contraires. Et, apres avoir escript, veriffie et produict respectivement, et ledict proces receu en droict, parce que ledict de Douhet recusa tous les esleuz, advocatz et aultres gens de conseil dudict Limoges, excepte de M^r lesleu du Boys, ledict S^r elleu Duboys se seroit retire en la ville de Poictiers, ou, led. proces veu et rapporte, fut baille sentence par lesd. S^{rs} elleuz, par laquelle lesdictz consulz furent relaxes des fins et conclusions dudict de Douhet, et luy condempne en tous les deppens dudict proces. De laquelle sentence ledict de Douhet auroit appelle et son appel releve en la court des aides a Mont Ferand, ou lesd. consulz envoiarent Me Leonard de Ranciat pour consulter ladicte matiere et soliciter, ledict proces y estant encores pendant et indecis quant lesdictz consulz sortirent de leur annee et que leurs successeurs furent elleuz.

PARCE QUE mons^{gr} de Monluc, lieutenent general pour le roy, en labsence du roy de Navarre, au pais et duche de Guyenne, auroyt mande ausdictz consulz de se trouver quelcunt de leur compaigne en la ville de Peyrigeulx, ou il speroit de se rendre, pour eulx et toutes les aultres tiers dudict pais et duche de Guyenne pour cest effect convocquees regarder les moyens propres et convenables pour la suppression de limpostz des consignations des proces, comme grandement on(e)reux et de grande oppression alla republique, lesdictz consulz, suyvant led. mandement, auroient commis S^e Jehan Rogier, lung desd. consulz, lequel, pour et au nom de tout le tiers estant du hault pays de Limosin, ala a Perigeulx pour ladicte deliberation. Et apres, luy, estant de retour en ceste ville, rapporta verballement quil avoyt este arreste en porte une responce signee du secretaire de mons^r de Monluc,

[Impôt des consignations des procès : remontrances des trois états du gouvernement de Guyenne.]

Dont la teneur sensuyt :

LES DEPPUTES des troys du gouvernement et duche de Guyenne, assembles par devant vous, mons^r de Monluc, chevalier de lordre du roy et son lieutenant general au present gouvernement en absence de monsʳ le prince de Navarre, suyvant les lectres patentes du roy, pour adviser les moyens et expediens de labolition du nouveau succide de consignation pour labreviation des proces, apres avoir entendu la lecture de ses lectres patentes et les bonnes remonstrances quil vous a pleu faire, et avoir sur ce delibere, disent et remonstrent ledict subcide estre trespernicieulx, donmaigable et insupportable a tout son peuple, tant a cause desd. consignations que aussi a raison des concussion *judicis*, exactions et extortions qui se conmectent ordinairement par les fermiers et leurs commis sur lexecution dicelles. Et, parce que Sa Majeste a accoustume de tousjours ouyr benignement ses subjectz en leurs plainctes et doleances, et sur icelles leur rendre et faire administrer justice, supplient humblement Sa Majeste avoir memoire et souvenance des promesses qua pleu a icelle faire tant en la ville dOrleans que aultres estatz generaulx, tant par la bouche de la royne sa mere, du feu roy de Navarre, que de la sienne propre, de nous maintenir en noz previleges, franchizes et libertes, desquelles noz predeccesseurs ont de tous temps jouy, mesmes au temps du feu roy Loys douziesme; comme il plaira a Sa Majeste avoir esgard a ce que, pour satisfaire a ses debtes, lestat ecclesiastique, ensemble le tiers et commun estat, ont porte et souffertz des grandes et extremes charges et forny grosses sommes de deniers, moyenent lesquelles et celles quilz ont pareilhement baillees pour labolition du subcide du vin, Sa Majeste leur a promis, accorde et convenuz par contraictz imperiaulx auctorises par ses courtz supremes de parlement, chambre des comptes, doresnavant de ne imposer aulcuns subcides par quelque occasion que se soyt. Joinct que, par la calamite des troubles derniers, le peuple a este tellement oppresse et moleste, lesglise par pilieries et ravisement de leurs biens, la noblesse pour avoir depose leurs biens et personnes a son service, et desirent a ladvenir ou loccasion se presentera, que aussi le tiers estat, pour avoir soubztenu et soubstient encores des grandes charges, foulles et viollances, que pour la famine, peste et mortalites advenues audict pays, a raison de quoy sont les tous reduictz en sy grande pouvrete quilz ne peuvent trouver aultre moyen pour labolition dudict subcide que recourir a sa grande et naturelle bonte, le suppliant que, comme nous luy sommes treshumbles, fidelles et obeyssantz subjectz, quil plaise a Sa Majeste nous rendre et faire administrer doresnavant sa justice gratuitement, et de sa grace et begninite liberallement revoquer et aboulir lad. imposition et subcide et maintenir les gens desd. estatz en leurs previleges, franchises et libertes, et considerer les grandz services que la noblesse luy a faictz et a ses predeccesseurs a la conservation dud. pais. Et daultant que vous, mondict S^{gr}, aves cognoissance occulaire et certaine desdictz inconvenient, noises et calamites, lesdictz depputes vous supplient vouloir de v^{re}d. part le faire entendre a Sadicte Majeste et lui representer la fidellite et obeyssance quilz ont toujours randue aux feuz roys ses predeccesseurs, et rendent a present et feront a ladvenir a Sa Majeste, et prieront Dieu pour laccroissement, augmentation et conservation de sa couronne. Faict a Perigeulx, le tiers de juing mil cinq cens soixante six. Ainsin signe : de Sallaignac, pour le clerge de Bourdaleys; M. de Cardilhas, pour le clerge de Quercy; Francoys de Bellot, pour lesglise dAgeneys et Condomieys; Delauriere, pour le clerge de Perigort; Debellesta, pour Aux; Celesture de Caulet, pour Bazadoyne; Godet, pour le clerge de Limosin, vicaire general et seul deppute pour le clerge de Limosin; le prothonotaire de Bouchiat, pour le bas pais de Limosin; J. Theraud, pour levesque de   ; Deloulme, pour le clerge de   ; Sabaniere, pour levesque et clerge dAyen (1), deppute; Depuys Deval, pour le clerge de Tulle.

Pour la noblesse :

Demontheran, pour Bourdaloys; La Cappelle, pour Quercy; Sainct Genyes, pour la noblesse de Perigort; de Cournesson, pour lOuverigne (l'Auvergne); La Mothe, pour Bazadoys; Biary, pour Agenois; Le Doulhet, pour   ; Sailhan, pour le Bas-Limosin; Sailhan, pour le Hault-Limosin; Lauzan, pour Cuminge.

Pour le tiers estat :

Bordes, pour Bourdaloys; Boyssonnade, pour Agenoys; Saran, pour Condomieys; Dauxon, pour Armaignice; Daymaire, pour Quercy; de Gueurnom, pour Bazadoys; Ferraudier, pour lAuvergne; de La Treilhe, pour le Bas-Lymosin; de La Court, pour   (2); Quercy, pour Riviere Verdun; Pourtet, pour Cu-

---

(1) Plus haut : François de Bellot pour l'église d'Ageneys. L'évêque et le clergé de Sarlat ne figurent pas dans cette liste, qui paraît du reste avoir été irrégulièrement copiée.

(2) Pour tous ces noms laissés en blanc il y a quelque chose comme : « Pruge », avec une abréviation finale. C'est probablement quelque faute commise par le copiste.

minge; Rougier, pour le hault pais de Limosin. Et plus (bas) est escript : Extraict du proces verbal de mondict S^{gr} de Monluc. Signe DE ROIZY.

[Nomination des membres du tribunal consulaire.]

Le (1) jour du moys de may audict an mil cinq cens soixante six, lesdictz consulz assemblerent en ladicte ville les cinquante marchans esleuz pour faire la nomination des juge et consulz establis par le roy audict Limoges. Lesquelz consulz et marchans tous ensemble conjoinctement esleurent pour une annee entiere, conmansant audict jour, sires Jehan Maledent, pour juge; Jehan Duboys, Me de la Monnoye, et Mathieu Benoist, pour consulz. Et apres furent lesd. juge et consulz mys en possession pour lesd. consulz, en la maniere acoustumee.

[Ermite de Mont-Jovis.]

AUSSI AU MOIS dapvril audict an, lesd. consulz firent eslection de lhermite dudict Limoges, et eslirent F^{re} Marcial Gadault, jadis hoste de *la Poyre*. Apres le decces duquel Gadault, lesd. consulz, en septembre audict an, firent aultre eslection de F^{re} Gaultier Pinchaud. Et les myrent tous deux en possession lung apres laultre, tout ainsin par la forme et maniere que leurs predeccesseurs avoient acoustume faire en cas semblable.

[Nomination du capitaine des portes Montmailler et des Arènes.]

AUSSI firent lesd. consulz, en leurdicte annee, eslection du feu cappitaine des portes de Montmailler et Laregne (des Arènes), vaccant par le decces de Marcial Raymond dict Reytoilh, qui mourut paissible possesseur dicelluy. Et fut esleu Michel Raymond, fils dudict Marcial Raymond, aux charges et qualites portees et contenuez ez lectres dud. office sur ce receuez par led. Deschamps, scribe ordinaire.

---

(1) Le quantième est en blanc dans le manuscrit.

DAVANTAIGE esleurent lesdictz consulz Mathieu Guillot, gagier de lad. ville, pour lever les deniers des impositions du vin qui se vend en la present ville au bouschon, ledict ofice vaccant par le decces dudict Marcial Raymond. Aussi audict Guilhot en furent bailles lectres receues par Me Pierre Mouret, notaire royal dudict Limoges. [Nomination d'un collecteur de l'impôt du vin.]

LESDICTZ consulz se retirarent pardevers Messieurs les esleuz dudict Limoges, en ladicte annee de leur consulat, ausquelz ilz presentarent requeste et leur firent entendre les grandz affaires que ladicte dame (1) avoyt heuz et soubztenuz quatre ou cinq ans auparavant, les grandz fraiz que lesd. habitans avoient supporte tant par le moyen des troubles advenuz au present royaulme, de la peste, que la famine qui heu cours en ladicte ville de Limoges et pais denviron ; et que leur plaisir fut y avoir esgard en faisant le departement des tailhes. Laquelle veue et consideree par lesd. S^{grs} esleuz, mesmes que le contenu dicelle estoyt tout notoire, diminuarent lequivalent de lad. ville, adjouste duquel tous aultres subsides se cothizant et imposant ordinairement, de la somme de vingt six livres dix (solz) tournoys. Que fut un grand bien et solagement aux pauvres manans et habitans dud. Limoges. [Diminution d'impôts.]

AUSSY firent lesd. consulz, en ladicte annee, faire faire lé pave de la Graule (2) tout a neuf, parce que audict lieu de la Graule y avoyt le plus mauvais chemin en temps de pluye daupres de Lymoges deux lieues, et que les charrettiers venans de Paris, gens a cheval ne a pied, nen pouvoient sortir aulcunement en temps de yver, et y avoit heust beaucoupt dinconvenient. [Réparations au chemin de la Graule.]

---

(1) Cette phrase est assez obscure. Faut-il lire « ladicte ville », ou s'agit-il du procès des consuls avec la reine de Navarre?
(2) *Graulo*, corbeau, en patois limousin.

[Fontaines.] FIRENT aussi reparer et accoustrer les fontaines de lad. ville et les aultres choses que aregardarent estre plus convenable et de neccessite, au mieulx quilz peurent, ou ilz feirent de grandz fraiz et mises, que, pour cause de briefvete, ne sont y specifiees.

Il y a ici trois pages blanches dans le manuscrit.

ESLECTION *de messrs les consulz, faicte en la ville de Limoges par les manans et habitans dicelle, assambles en la salle et maison commune du consulat de lad. ville, a la maniere acoustumee, apres avoir faict le serement en tel cas requis et acoustume, le sabmedi septiesme jour de decembre lan mil v*^e *soixante six.*

Las Taulas :

Mathieu Decordes.

La Porte :

Jehan Vidaud layne.

Maignynye :

Psaulme Gregoire.

Le Marche :

Jacques Champaignac.

La Fourie :

Jacques Gregoire.

Le Clochier :

Leonard Galichier.

Boucharie :

Pierre de Nozerines.

Lansecot :

Pierre Saleys.

Las Combas :

Jehan du Monteilh.

Le Vieux Marche :

Pierre Cibot.

Croissanses :

Marcial Martin, S^{gr} de Mons ;
Marcial Mallot.

Par comandement desd. seigneurs consulz :

(Signé :) M. Deschamps, notaire roial et scribe ordinaire desd. S^{rs} consulz.

Il y a ici une page blanche dans le manuscrit.

Eslection faicte des colecteurs et partisseurs des talles, la present annee mil v^c soixante sept, de la ville de Limoges, elleuz et nonmes par les manans et habitans de lad. ville, assambles en la salle commune de consulat, a la maniere acoustumee, le dimanche neufiesme mars mil v^c soixante sept.

Las Taulas :

Marcial Martin ;
Jehan, filz a feu Pierre Dubois.

La Porte :

Jehan Mosnier dit Le Lombard ;
Jehan, filz a feu Marcial Decordes.

Maignynye :

Pierre Raymond ;
Jehan Goudin.

Le Marche :

Laurens Juge ;
Pierre Cibot dit Pilat.

La Fourye :

Pierre Arnaud ;
Colin Noaller, esmalleur (1).

Le Clochier :

Psaulme de Beaubrueilh dit Peret ;
Guillaume Le Begaud.

Boucharie :

Michel Reynier dit Galand ;
Andre Lagorce.

(1) Le mot « esmalleur » a été biffé, et l'on a ajouté à la suite « pasticier ».

Lanseoot :

Francoys de Tysseilh dit Chaffort ;
Guillaume Pomier dit Le Soulier.

Las Combas :

Yrieys Lavaud ;
Pierre Segond dit Dade.

Le Vieulx Marche :

Joseph Boutaud ;
Marcial Cibot dit Goudendaud.

(Signé :) Deschamps, scribe.

Il y a ici trois pages blanches dans le manuscrit.

Extraict *des registres de la court criminelle de la seneschaulcee de Lymosin.*

[Saisie d'arquebuses.
—
Procès à ce sujet.]

Entre le procureur du roy, demandeur et accusant, dune part,

Et Anthoyne de La Forge, marchant, habitant de la ville de St Esthiene de Furens en Forestz (1), prisonnier, detenu et accuse, daultre.

Veu le proces faict par maistre Pierre Martin, conseilher au present siege, sur la saizie et discaption des arquebouzes trouvees dans les bales dud. de La Forge, son audition............ avecque lattestation faicte de son estat et qualite, et aultres faictz extraictz dud. proces, ensemble les conclusions du pro-

---

(1) Aujourd'hui chef-lieu du département de la Loire. A cette époque, Saint-Étienne était déjà célèbre par ses manufactures d'armes et de coutellerie, dont la trempe, due à la qualité des eaux du Furens, était excellente.

cureur du roy, par advis et deliberation du conseil, ordonnons que les acquebouzes et bales de marchandise saisies sur led. de La Forge luy seront delivrees, pour estre lesd. acquebouzes vendues en la present ville a gentz cogneuz, assistant a lad. vente ung des consulz de lad. ville ou aultre par eulx deppute. Et ce pendent avons eslargy led. de La Forge par tout, en bailhant par luy caution de se representer toutesfois quil sera ordonne. Ainsi signe : G. BERMONDET ; J. HUGON ; P. MARTIN, relateur ; J. LAMY ; P. GAY ; DELOMENYE ; SUDUYRAUD ; GRAND-CHAULT ; LE MAISTRE, et VINCENDON. Et au marge est escript : « Taxe pour les escriptures, troys escutz ».

Prononce a Lymoges, au parquet et auditoyre royal de la seneschaulcee de Lymosin, par monsieur Bermondet, lieutenant general, en presence dud. de La Forge, qui la accepte en ce que faict pour luy, et en ce que faict contre luy ny a consenty, et en absence du procureur du roy, auquel sera signifie. Le dixneufiesme jour du moys de mars lan mil cinq centz soixante sept.

Et advenant le vingtiesme desd. moys et an, la present sentence a este monstree par le commis du greffier, soubz signe, a Monsr Me Pierre Ardant, procureur du roy, parlant a sa personne, qui, apres avoyr leu lad. sentence, a dict quil ny consent poinct et a proteste appeller. Et a mesme instant, par devant Monsr Martin, conseilher et rapporteur dud. proces, en presence dud. S^r procureur du roy, led. de La Forge a presente pour caution, suyvant lad. sentence, Pierre Cybot, marchant de Lymoges, demeurant ez faulx bourgz de Magnynye, lequel, faisant tant pour luy que pour Jehan et Marcial Cybotz, ses freres, sest constitue caution pour led. de La Forge, promis le representer toutesfoys et quantes quil sera requis ; et led. de La Forge a promis len garder de dommaige et se presenter toutesfoys quil en sera ordonne. Laquelle caution a este rendue. Ainsin signe : P. CYBOT, caution susd. avec sesd. freres. Collationne.

(Signé :) ALBIAC, greffier.

Il y a ici une demi-page blanche dans le manuscrit.

INCONTINENT APRES QUE LESDICTZ CONSULZ FURENT elleuz et eurent receu de leurs predecesseurs, consulz lannee derniere, les instructions et memoires consulaires, en exequtant et acomplissant lesdictes memoires, fust par lesdictz consulz nouvellement eslleuz presente requeste a Monsr le gouverneur et seneschal de Lymousin tandant aux fins que, conme par lordonnance du roy faictes a Molins au mois de febvrier mil cinq cens soixante six, article soixante douze (1), fust statue que ez villes esquelles les officiers du roy et hault seigneurs justiciers ont la police, y auroict ellection annuelle faicte par les bourgoys et habitans dicelle de deux personnages pour avoir la charge, administration et intendance du faict de ladicte police et de tout ce qui en deppand, ayant la puyssance den ordonner tout ainsy quil est pourte par ladicte ordonnence, requerans, pour le bien publicq et entretenement de lad. ordonnance, leur permectre faire assamblee des principaulx bourgoys et habitans de lad. ville pour faire ellection de deux personnages pour exercer ladicte police suyvant lad. ordonnence. LAQUELLE requeste, nonobstant les oppositions faictes et empeschemens donnes par les officiers de la reyne de Navarre en la presant ville de Lymoges, fut, a la requeste desdictz consulz, joinct a eulx les advocat et procureur du roy, interinee le septiesme jour de janvier mil cinq cens soixante sept par led. seneschal, appelle avec luy messieurs les   (2) du siege presidial. SUYVANT

Installation des juges de la police.

---

(1) « Art. LXXII. — Et quant aux villes esquelles nos officiers ou lesdits hauts justiciers ont la police, et non lesdits corps ou communautez, voulons et ordonnons que de chacun quartier ou paroisses dicelles soient esleus par les bourgeois ou citoyens y habitans un ou deux d'entre eux, qui auront la charge, administration et intendance de la police et de tout ce qui en despend, lesquels bourgeois et citoyens pourront estre esleus et prins de toutes qualitez de personnes habitans es villes sans excuses quelconques. Et auront puissance de faire ordonner et executer jusques a la valeur de soixante solz pour une fois, sans que contre leurs ordonnances et executions dicelles on se puisse pourvoir par appel. Bien seront receus doleances, et faict droict sur icelles par les juges ordinaires des lieux, en l'assemblee diceux bourgeois, laquelle se fera une fois la semaine pardevant lesdits juges, ausquels la police appartient comme dessus. En laquelle assemblee se fera rapport par tous lesdits bourgeois esleuz de ce quils auront fait ou sera besoin de faire et ordonner pour ladite police a ce quils se puissent conformer les uns aux autres et quil soit pourveu aux occurrences par la justice ordinaire, mesmement en ce qui excedera le pouvoir susdit, attribue auxdits bourgeois et citoyens, lesquels continueront ladite charge lespace dun an ou de six mois pour le moins. Et semblable sera observe aux petites villes, ou il y aura moindre nombre. En quoi nentendons prejudicier auxdits juges, quils ne puissent par concurrence ou prévention pourvoir à la police desdites villes ; entendans que lesdits bourgeois fassent le serment pardevant lesdits juges, tant de nous que desdits hauts justiciers, et que les amendes soient adjugees a nous et auxditz justiciers. »

(2) Le mot manque.

laquelle requeste et permission a eulx donnee par ledict seneschal, le landemain, huictiesme desdictz mois et an, lesdictz consulz firent assambler a cric public et son de tabourin en la grand salle et maison commune de ladicte ville, tous les manans et habitans de lad. ville, queque soict la meilheur et plus grand partie, ausquelz remonstrarent la cause de lad. assamblee. Et apres avoir faict le serement acoustume, furent par lesdictz consulz, manans et habitans elleuz et nonmes pour juges de ladicte police sires Jacques Gregoire, consul, et Pierre Benoist, bourgoys dudict Lymoges, lesquelz juges politicqz, apres avoir este elleuz, le mesme jour firent le serement de bien et loyaulment, sans support (1) ne malice exequter ladicte charge pardevant ledict S^r seneschal de Lymousin. Et le unziesme dudict mois, ainsin que lesdictz consulz, suyvant les arrestz de la court de parlement de Paris, se presentarent pardevent les officiers de la reyne de Navarre et eurent faict le serement acoustume, conme ilz presentarent, lesdictz Gregoire et Benoist, juges polictiqz, le serement pardevant lesdictz officiers, ilz furent receuz; et inhibitions faictes aux aultres consulz a ladvenir ne sentremectre aulcunement au faict et exercice de ladicte police, a peyne de cinq cens livres, et ausd. juges policticqz faict conmandement de comparoir une foys la sepmaine au parquet et auditoire desd. officiers, pour leur faire rapport de ce quilz auront faict ou seroict necessaire faire pour ladicte police, entandre les doleances des particulliers, dy pourvoir conme de raison; et que les expedictions quilz feroyent, lesdictz juges elleuz, seroient escriptes en ung registre separe par le greffier de la court ordinaire, avec aultres charges et qualites pourtees par lacte dud. jour, signe MARCIALET, greffier. Dont lesdictz consulz protestarent appeller et se pourvoir par le roy. Toute laquelle procedure ayant este remonstree à la Majeste du Roy et a Messieurs de conseil prive, et une requeste sur ce presentee par lesd. consulz requerans et supplians Sa Majeste que, actandu que de tout temps et encienete ladicte police avoit tousjours este exercee en la maison commune, en laquelle sont les poix, mesures, status et ordonnences concernans lad. police, fust son bon plaisir leur pourvoir sur ce. LAQUELLE re-

---

(1) *Support*, aide, faveur. On trouve dans le *Thrésor* de Nicot, imprimé en 1606: « *Support qu'on fait à aucun*, favor, suffragatio ».

queste rapportee, furent accordees et expediees les lectres patantes dont la teneur sensuyt :

CHARLES, PAR LA GRACE DE DIEU ROY DE FRANCE, au seneschal de Lymousin ou son lieutenent, salut. Les consulz, manans de n^{re} ville de Lymoges, nous ont faict remonstrer que, par deux arrestz de n^{re} court de parlement de Paris, donnes ez annees mil cinq cens trente huict et quarante quatre entre feu n^{re} trescher et tresame oncle le roy de Navarre, vyconte de Lymoges, et lesd. consulz de Lymoges, fut entre aultres choses dict que la justice et jurisdiction de la police de lad. ville sexerceroict conjoinctement par les officiers de n^{rr}d. oncle et par lesd. consulz enseemblement, sans que lesd. consulz eussent permission de comdampner; et despuys lesd. consulz ont tousjours appelle lesd. officiers pour proceder contre les accuses, lesquelz les ont souventesfoys delivres sans appeler iceulx consulz; et lesd. officiers et consulz se sont assambles en la maison commune de lad. ville, ou sont les aunes, mesures, poix, status et ordonnences de lad. police; en laquelle maison commune ladicte jurisdiction politicque a tousjours este exercee et non allieurs. Et le huictiesme de janvier dernier, les exposans, deuement assanbles en la salle de lad. maison commune, auroient, suyvant noz ordonnences du moys de febvrier mil cinq cens soixante six, elleu Jacques Gregoire et Pierre Benoist, bourgoys et marchans dudict Lymoges, juges de lad. police pour un an. Desquelz vous auries le mesme jour, en la presence de noz advocat et procureur, receu le serement au cas requis. Et apres que lesdictz Gregoire et Benoist se presentarent, suyvant lesd. arrestz et nosd. ordonnences, pardevant le juge et officiers de n^{re} treschere et tresamee tante la reyne de Navarre, vicontesse dud. Lymoges, pour recepvoir pareilhement deulx le serement, lesquelz lauroient receu, et neaulmoings, a la requisition du procureur de n^{rr}d. tante, inhibe ausdictz consulz exposans de eulx entremectre et inmiscuer au faict de ladicte police, a peyne de cinq cens livres, et ausdictz Gregoire et Benoist dentreprandre cognoyssance daultres choses que du simple exercice de lad. police et contre la coustume et forme antienne; faict commandement ausd. juges eulx presenter une foys chascune sepmaine pardevant iceulx officiers en leur parquet, qui est hors et loingtain de lad. maison commune, pour faire rapport de ce quilz auroient faict et seroict necessaire faire pour lad. police, et entandre les doleances du peuple, sy aulcunes en y avoict. Duquel appoinctement lesdictz consulz auroyent appelle et releve pardevant vous, ou lad. cause est a present pandante, nous suppliant et requerant, actendu que de tout temps et anciennete lad. police a tousjours, comme dict est, este exercee en lad. maison commune ou sont les poix, status et ordonnences concernant ladicte police, n^{re} bon plaisir soit leur pourvoir. POURCE EST il que Nous, par ladvis de n^{re} conseil, qui a veu lextraict du soixante douziesme article de nosd. ordonnences dudict mois de febvrier mil cinq cens soixante six, lellection desdictz Gregoire et Benoist et lacte de la reception par vous faicte de leur serement et ordonnence desdictz juge et officiers de n^{rre}d. tante cy attacheez soubz le contre scel de n^{re} chancellerie, VOUS MANDONS et enjoignons par ces presentes que, si, parties comparans pardevant vous, il vous appert des susd. arrestz et que de tout temps et entienete ladicte police ait este exercee en ladicte maison commune, et que les poix, mesures, edictz, statutz et ordonnences concernans ladicte police ayent tousjours este et soyent encores de present en ladicte maison commune, et des aultres choses dessusd., ou de tant que souffrir doive, en ce cas, faisant droict dud. appel, faictes exercer lad. police par les officiers de n^{rre}d. tante; et lesdictz Gregoire et Benoist et aultres qui seront elleuz pour juges de lad. police conjoinctement, suyvant nosd. ordonnences en ladicte maison commune de lad. ville, ainsi qu'il a este cy devant faict, sans souffrir ne permectre que lesd. Gregoire, Benoist et aultres que seront cy ampres elleuz esd. estatz de juges de lad. police soient tenus daller pardevers les officiers de n^{rre}d. tante en leurd. auditoire pour faire rapport de ce quilz aront faict et sera requis faire pour lad. police, en quelque sorte et maniere que ce soict; enjoignans ausd. officiers de n^{rre}d. tante aller en lad. maison commune et eulx assembler avec lesd. juges elleuz pour deliberer de ce qui sera besoingt et necessaire pour lad. pollice; faisant deffences a iceulx officiers de n^{rre}d. tante ne empescher lesd. consulz en lexercice de lad. pollice qui leur a este attribuee par lesd. arrestz, conme ilz ont cy devant faict jusques a lad. ellection. Et ad ce faire, souffrir et obeyr, contragnes ou faictes contraindre lesd. juge et officiers et tous aultres quil appartiendra par toutes voyes et manieres deues et raisonnables, nonobstant oppositions ou appellations quelzconques, et sans prejudice dicelles, pour lesquelles ne voulons estre differe. Car tel est n^{re} plaisir, nonobstant quelzconques ordonnences, restrinctions, mandemens, deffances, lectres a ce contraires. Donne a Paris, le premier jour de febvrier lan de grace mil cinq cens soixante sept, et de n^re regne le septiesme. Ainsin signe : Par le roy en son conseil, Delomenye ; et scelles du grand seau en cire jaulne (1).

Audict moys de janvier mil cinq cens soixante sept, le roy n^re Sire envoya lectres patantes a messieurs les conte Descars et de Lavaulguyon, chevalliers de son ordre, dont la teneur sensuyt :

Charles, par la grace de Dieu roy de France, a noz amez et feaulx les seigneurs Descars et de La Vaulguyon, chevalliers de n^re ordre, salut et dilection. Daultant que, a loccasion des assemblees quavons entandu estre faictes ou en deliberation de faire par aulcuns prinses noz voysins, nous voulons faire meunir et fortiffier noz villes et places de frontieres et nous tenir en bonne garde et deffences, estant besoingt pour y fournir et satisfaire emploier promptement une bonne et grosse sonme de deniers, laquelle ne se peult sy tost quil est requis trouver en noz finances; parquoy, pour incontinent la pouvoir fournir, avons advise avec la royne, n^re treshonnoree dame et mere, les princes de n^re sang et aultres grandz et notables personnages de n^re conseilh prive, faire requerir de par noz bons et loyaulx subjectz de nous secourir de leurs deniers par prest pour quelque briefve espace de temps jusques à la sonme

[Emprunt royal de cinq cent mille livres tournois. Limoges est taxée à la sonme de 20.000 livres, et obtient une réduction de 10,000 livres.]

---

(1) Voilà un exemple d'un de ces conflits de juridiction fréquents à cette époque, où certains pouvoirs n'étaient pas nettement déterminés. L'article 72 de l'ordonnance de Moulins, par son caractère démocratique et communal, bat en brèche les prérogatives féodales de la reine de Navarre. Mais cet empiètement de la cité sur les droits du seigneur ou du seigneur sur les privilèges de la cité n'est pas le plus grand souci des deux parties : chacun songe à préparer le triomphe de sa cause politique et religieuse ; 1567 verra la seconde guerre civile. Tous les esprits fermentent en France et sur les frontières. L'élection du pape Pie V, les rapports plus étroits de Catherine de Médicis avec Philippe II et le duc d'Albe, l'insurrection des Gueux dans les Pays-Bas, l'ambition secrète de Condé et ses visées sur le trône même, excitent les alarmes et les espérances des Huguenots. On conçoit de quelle importance il est pour eux d'être investis de la police d'une ville comme Limoges. De leur côté, les Catholiques ne veulent pas rester désarmés : ils ont obtenu la vente des arquebuses et des munitions d'Antoine de La Forge, et en ont fait leur profit ; maintenant ils réclament avec énergie l'exercice du droit, que leur a concédé le roi, de se surveiller eux-mêmes et d'écarter la juridiction d'une reine hérétique. Les intérêts du roi sont ici d'accord avec les intérêts de la commune.

de cinq cens mille livres tournois, attandant que ceulx de nosd. finences puyssent estre recouvertz, soubz condiction et promesse toutesfoys de les en faire rembourcer sur noz finences de lannee prochaine des deniers du quartier de julhet, aougst et septembre prochain, six mois apres quilz nous aront faict led. prest ; et a ceste fin leur en faire bailher telle seurete et obligation quil leur sera besoingt ; nous assurans, daultant que nous cognoyssons nosd. subjectz affectiones envers nous et quilz cognoestront la seurete de leurd. rembourcement en cest endroict, considere aussy laffaire auquel sont destines les deniers proventz dud. prest, quilz seront contans en subvenir selon leurs moyens et facultes, mesmement noz subjectz, manans et habitans de n^{re} ville et faulxbourgs de Lymoges la sonme de vingt mille livres tournois. Estant par tant besoingt, pour icelle recouvrer et sen obliger envers eulx, commectre aulcuns personnages de qualite, loyaulte, desterite et rescouce (1) requise, Nous, A CES CAUSES, a plain confians de vous et de voz sens et sufficences, vous avons, de ladvis et deliberation des gens de n^{re}d. conseil, conmys et depputes, commectons et depputons par ces presentes pour par tous moyens requerir et prier tres affectieusement de par nous tous ceulx de nosdictz subjectz, manans et habitans de n^{re}d. ville et fauxbourgs de Lymoges qui sont estimes riches et aysees, de quelque qualite ou condiction quilz soyent, de nous ayder et secourir par prest en ce besoing de leursd. moyens et facultes jusques a lad. sonme de vingt mille livres tournois, pour en estre rembources par le recepveur particullier de noz taillies dud. Lymoges, quy ara receu les deniers provenus dud. prest, et ce des plus clercs deniers de nosd. tailhes dudict quartier de julhet prochain. Et de ce vous obliges tant pour nous et en v^{re} (n^{re}) nom que aux v^{res} envers tous et chacuns lesdictz habitans, particullierement pour telle sonme que chascun deulx ara a ceste fin fornyee et prestee, ou pourra et vouldra fournir et prester ez mains de n^{re}d. recepveur particullier des tailhes dud. Lymoges. Lequel recepveur particullier, oultre vos promesses et obligations, en bailhera son recepisse et recognoyssance ausd. presteurs. Et porteront ou envoyeront incontinent lesd. deniers en la recepte generalle de noz finences establies a Bourdeaulx, ez mains du conmys en

---

(1) *Rescouce*, garantie. « Recousse, action par laquelle on rattrape, on reprend ce qui avait été enlevé. » (Trévoux.)

lad. recepte generalle, qui les pourtera ou envoyera ausitost en n^{re} espargne pour estre convertis et employes aux effectz que dessus, selon et ainsi quil sera par nous ordonne. DESQUELZ prestz feres faire bonne et fidelle registre et contrerolle; et a tous ceulx qui feront iceulx prestz vous expedieres et delivreres bons mandemens et ordonnances adressantes ausd. recepveurs particuliers des tailhes, pour des deniers premiers et plus clercz dud. quartier de julhet prochain rembourcer et payer les sonmes qui auront estes prestes par les habitans de n^{rre}d. ville et faulx bourgs de Limoges, led. temps et terme escheu, sans quil leur soict besoing avoir de nous aultre acquist ne mandement que led. vidimus de ses presentes et vosd. ordonnences qui leur seront, ainsin que dict est, expediees; retirant lesquelles par ledict recepveur leur recepisse et quictances bailhes par luy, lhors quil ara receu lesd. deniers prestes, ensemble vos obligations et promesses, si en aves faict aulcunes, lesquelles vous seront randues conme solvees et acquictees. NOUS VOULONS et ordonnons icelluy recepveur particulier estre et demeurer quicte et descharge de toutes lesd. sonmes qui luy aront estees rembourcees, conme dict est, envers led. conmys en lad. recepte generalle de Bourdeaulx, et semblablement led. conmys envers led. trezorier de n^{re} espargne, et chascun deulx respectivement en la despance de leurs comptes, par noz ames et feaulx les gens de noz comptes a Paris, ausquelz nous mandons ainsin le faire sans aulcune difficulte, en y rapportant par n^{re}d. recepveur particullier le vidimus de cesd. presentes signees de n^{re} main, vosd. ordonnences, quictances desd. prestz et certifffications valables que lesd. sonmes y contenues auroit este par luy rembources tant seullement, et par led. conmys a lad. recepte generale le vidimus de sesd. presentes, ensemble v^{re} proces verbal contenent particullierement les sonmes qui aront este prestees et les dates des ordonnences quen ares expedices, pour en estre le rembourcement faict par lesdictz recepveurs particuliers ; PROMECTANT en bonne foy et parolle de roy par cesd. presentes vous desdonmager et randre indanpne envers et contre tous de lobligation et promesse qui sera par vous faicte dud. rembourcement, soict en n^{re} nom ou au v^{re}, vous donnant par cesd. presentes plain pouvoir et auctorite de ce faire et dobliger et ypothequer audict payement et rembourcement lesdictz deniers de nosd. tailles dud. quartier, ensemble tous et chascuns noz aultres deniers, finences et biens presens et advenir jusques a la valleur et concurrance de lad. sonme de vingt mille livres, pour estre rembource dedans le temps et terme susdict, et generallement faire au surplus pour lexecution de sesd. presentes et ce qui en deppand et peult deppandre tout ce qui sera requis et necessaire, tout ainsin que faire pourions sy nous y estions en personne, et conme il est acoustume faire pour noz propres deniers et afferes. EN MANDANT a noz ames et feaulx conseilhers general de noz finances, establiy aud. Bourdeaulx, et tresorier de n^{re} espargne, Me Jehan de Bailhon, donner sur ces presentes leur attache, veriffication et consantement, le tout nonobstant les ordonnences tant antiennes que modernes faictes sur le faict, ordre et distribution de noz finences et apport dicelles en noz coffres du Louvre et bureaulx de noz receptes generales, ausquelles, et aux derrogatoires dicelles, nous avons, pour ceste foys et sans prejudicier en aultres choses, derroge et derrogeons par cesd. presentes et a quelzconques aultres ordonnances, mandemens, restrinctions, deffances, et bien au contraire. Car tel est n^{re} plaisir. DONNE a Paris, le dernier jour de decembre lan de grace mil cinq cens soixante six, et de n^{re} regne le sixiesme. Ainsin signe : CHARLES ; et plus bas : Par le conseilh, BURGENSIS.

POUR LEXEQUTION DESQUELLES lectres, ledict seigneur Descars expressement et dilligement se transporta en ceste ville de Lymoges. Et ayant remonstre le contenu desdictes lectres patantes pourtant sa conmission, et voulant proceder a lexeqution dicelles, apres les avoir communiques ausdictz S^{grs} consulz, ilz luy remonstrarent la grand pouvrete de lad. ville, manans et habitans dicelle, les grandes mises et inpenses (1) fornyes et soustenues les annees dernieres passees, tant a loccasion des guerres, famynes et pestillences que avoyent heu cours au present pays de Lymousin que pour garder et deffandre lad. ville en la subgection et obeyssance du roy ; et quil fut son bon plaisir leur bailher et accorder ung delay dung moys ou envyron pour en advertir la majeste dud. S^{gr}, luy faire lesd. remonstrances et sur ce entandre sa voulante, pour icelle accomplir et obeyr a ses conmandementz de tout leur pouvoir. Ce que fust accorde par ledict seigneur Descars. Et tout incontinent fust nonme et elleu pour aller en court faire ladicte

---

(1) *Impenses*, dépenses, frais.

remonstrance sire Psaulmet Gregoire(1), consul, avec ung gentilhonme de la maison dudict seigneur Descars ; lesquelz partirent dilligemment pour aller trouver le roy et luy remonstrer ce que dessus. Ce quilz firent a Paris, et avec layde de monseigneur de lAulbespine, evesque dudict Lymoges, eurent rebays sur ledict emprunct de la somme de dix mille livres, a la charge et qualite pourtee par la missive dudict seigneur adressante audict seigneur Descars, ou estoict contenu ledict rebays ; de laquelle missive la teneur sensuyt :

Mons' Descars, ayant entandu ce quaves escript touchant la conmission qui vous a cy devant et au seigneur de Lavaulguyon este expediee pour faire emprunct de mes subjectz riches et ayses de ma ville de Lymoges jusques a la sonme de vingt mille livres, avec condiction de rembourcement, ainsin quil est pourte et contenu par lad. commission, suyvant aussy ce que men a remonstre levesque dudict Lymoges, conseilher en mon conseil prive, jay modere lesdictz vingt mille livres a la sonme de dix mille livres, a la charge quelle sera par mesdictz subjectz, manans et habitans dudict Lymoges, fournye et payee comptant a lad. condiction de rembourcement. A quoy je vous prie de v^{re} part tenir la main, en sorte que je soye promptement secoru de lad. partie. Et nattandant que ny feres faulte, je prieray Dieu que vous aye en sa saincte et digne garde. Escripte a Paris, le seziesme febvrier mil cinq cens soixante sept. Ainsin signe : Charles ; et plus bas, Robertet.

Et, pour satisfaire au contenu de ladicte missyve du roy, fust ladicte sonme de dix mille livres incontinent et a la mellieur dilligence quil fut possible emprumptee par lesd. consulz a linterestz daulcuns particulliers, manans et habitans de lad. ville, et apres pourtee au roy par sires Jehan du Monteilh et Leonard Gallichier, consulz de lad. ville, ad ce conmys et depputes, et mise entre les mains de monseigneur de Ballon, tresorier de son espargne, trouve a Fontainebleau, par sa quictence de semblable teneur :

Jehan de Baillon, concelher du roy et tresorier de son espargne, confesse avoir receu comptant a Fontainebleau, le

---

(1) Ne pas confondre avec Jacques Grégoire, nommé officier de police, et mentionné page 326.

jourdhuy, de M⁰ Nycollas Reglet, conmys par led. seigneur a lexercice de la recepte generale des finances a Lyon, par les mains des consulz de la ville de Lymoges, la sonme de DIX MILLE livres tournois, en dix neuf cens escus solleil a cinquante deux solz piece, deux mille vingt quatre escus pistolletz a cinquante solz aussi piece, des deniers provenuz des enprunctz particulliers qui ont este faictz ceste presente annee par commission du roy en lad. ville de Lymoges; icelle sonme de dix mille livres a moy ordonnee par n^{re}d. seigneur pour convertir et employer au faict de mond. office, dont je me tiens content et en quicte led. Reiglet, conmys susd., et tous aultres; tesmoingt mon seing manuel cy mys, le quinziesme jour de mars lan mil cinq cens soixante sept. Ainsin signe : DE BAILLON; et au dos : Enregistre au registre du conseil prive du roy, suyvent lordonnence sur ce faicte par led. seigneur, par moy ad ce par luy conmys, a Fontainebleau, le quinziesme jour de mars mil cinq cens soixante sept. Signe : LE CONTE. Collationne par moy a loriginal : DELOMENYE.

LAQUELLE DICTE SONME DE DIX MILLE LIVRES TOURNOYS, comme est predict, payee et bailhee audict seigneur Bailhon, fust assignee a estre payee et randue esdictz consulz et par eulx prinse et retiree sur la recepte generale de Bourdeaulx sur les deniers du quartier de julhet, aougst et septembre apres suyvans. En vertu de laquelle assignation, lesd. consulz envoyarent lung deulx en la ville de Lyon pour avoir rembourcement ou assignation de lad. sonme de dix mille livres par le recepveur general dud. Lyon, ou est resortissant la recepte du present pays de Lymousin. Lequel feist refus de ce faire, disant que par lesd. lectres dassignation on avoict mys la recepte generale de Bourdeaulx au lieu de celle de Lyon, et quil ne feroict led. rembourcement de assignation si lerreur nestoit corigee sur les lectres, occasion de quoy ledict consul seroict retourne audict Lymoges. Et lors lesdictz consulz envoyarent expres a la court pour faire reparer et corriger led. erreur sires Jehan Vidaud et Mathieu Decordes, consulz de lad. ville, qui portarent lectres patantes adressantes au recepveur general de Lyon, par lesquelles luy fust mande quil feist rembourcement et assignation de ladicte sonme ausdictz consulz dudict Lymoges sur les deniers de sa recepte generalle dud. quartier de julhet, aougst et septembre. Lequel seigneur recepveur general, ayant veu et leu lesd. patantes, dressa et envoya sa missive le quatriesme jour de julhet mil cinq cens soixante sept, a Monsr Bouyol, recepveur des tailhes et equivallens dudict seigneur a Lymoges, estant pour lors a lexercice de son office, par laquelle luy manda quil feist led. rembourcement esdictz consulz des deniers de sa recepte dudict quartier de julhet, aougst et septembre, suyvant le mandement de mons^r Chastellier, general des finences en la charge et generallite dud. Lyon. Lesquelz consulz presentarent, le quatriesme jour daougst audict an mil cinq cens soixante sept, audict recepveur Bouyol la coppie desd. lectres patantes du roy, pourtant la conmission dud. seigneur Descars sus incerees, lad. quictance de dix mille livres signee Bailhon, lectres dassignation par eulx obtenues, avec le mandement et missive desdictz seigneur Chastellier, general, et Nolet, conmys a lexercice de la recepte generalle dudict Lyon, et le sommarent leur payer et rembourcer ladicte sonme de dix mille livres tournois, suyvant la voulonte du roy. Lequel Bouyol respondit a ladicte sommation quil estoit prest dobeyr au mandement dudict seigneur general de Lyon et a la missive dud. Nolet, conmis susd., en luy fournyssant des pieces necessaires pour faire passer lad. partie en son compte, mais quil requeroict coppie desd. lectre, rescription et pieces y attachees, pour advertir du tout ledict seigneur general et conmys, et deulx recepvoir advys certain quant led. Boyol retiendroict lesd. deniers, sans le conmandement desquelz led. Bouyol ne pouvoit paier lesdictz deniers; daultant quil luy estoit seullement mande retenir lesd. deniers sur le paiement qui escheroict en septembre prochain, et non pas de faire ledict payement, conme appert du tout par acte signe Deschamps. Veu lequel refus ou delay prins par led. Bouyol, lesd. seigneurs consulz furent contrainctz, par advis du conseil, envoyer a Lyon par devers lesd. seigneurs general des finences Leonard du Monteil, fils dudict Jehan du Monteil, consul. Lequel, estant retourne de lad. ville de Lyon en ceste ville de Lymoges, rapporta quictance dudict seigneur recepveur general, baillee en finences dud. Bouyol et contrerollee par le contrerolle general audict Lyon, de ladicte sonme de dix mille livres tournois. Laquelle randue et mise entre les mains dud. Bouyol, recepveur, il paya et remboursa lesd. consulz de lad. sonme de dix mille livres tournoys par eulx empromptee, bailhee et delivree au recepveur de lespargne, par sa quictance sus inceree et pour les causes cy dessus narrees. Et furent taxes les interestz de ladicte sonme de dix mille livres tournois, fraictz, mises et despens, fraictz frayes et desbources par lesd. consulz pour raison dudict emprunct, par mons' le seneschal de Lymousin, estant en son chasteau noble de Monreal, sur les riches et aises de lad. ville de Lymoges a la sonme de douze centz cinquante deux livres huict solz tournois, en vertu de deux paires de lectres patantes pour cest effect obtenues. Et pour faire faire lad. taxe furent conmys et depputes pour aller a Monreal devers led. seneschal sires Pierre Saleys et Psaulmet Gregoire, consulz, avec M° Marcial Deschamps, scribe consulaire, qui rapportarent la taxe et cothisation de lad. sonme, avec le proces verbal sur ce faict par ledict S^{gr} seneschal, le tout signe de sa main.

[Ordonnance concernant les merciers.]

EN LADICTE ANNEE MIL CINQ CENS SOIXANTE SEPT, lesd. seigneurs consulz obtindrent lectres patantes du roy, par lesquelles estoit mande au gouverneur et seneschal de Lymousin, ou son lieutenent, juges presidiaulx dudict Lymoges et chascun deulx premier sur ce requis, que les articles des ordonnances faictes pour le regard des marciers (merciers) de la ville de Paris, publiees et enregistrees en la court de parlement dudict lieu, ilz fissent lyre en la court de lad. seneschaulcee et icelles garder et entretenir. Desquelz articles et lectres patantes la teneur sensuyt (1) :

ET SIL SE TREUVE AULCUNS artisans ou hostelliers ayans lectres de mercerie, seront tenus, troys moys apres la signiffication a

---

(1) Quel intérêt les consuls avaient-ils à faire appliquer à Limoges les ordonnances portées à Paris au sujet des merciers? On peut vraisemblablement supposer que, en retirant aux membres de cette corporation certaines facilités d'étalage et de vente, ils désiraient prévenir les excès du luxe, dont les merciers étaient les principaux pourvoyeurs; car on trouvait chez eux une grande variété d'objets d'art ou de parure, comme écrins, escarcelles, nœuds de ruban, etc. De plus, les consuls, gardiens attentifs des intérêts du commerce local, le défendaient contre la concurrence de marchands ambulants. A cette époque où chaque corps de métier était rigoureusement circonscrit dans des bornes étroites, où les fabricants de chapeaux entamaient d'interminables procès avec les fabricants de bonnets, parce qu'il est difficile de savoir où finit le bonnet et où commence le chapeau, les merciers, en raison même de la variété de leurs articles, avaient des affaires avec tout le monde : ils empiétaient sur la spécialité des corroyeurs, des orfèvres, des passementiers, et se créaient du produit du travail des autres corporations un genre d'industrie et de commerce pour lequel chaque corps de métier eût pu revendiquer une part de gloire ou d'avantages. Aussi les ordonnances furent-elles multipliées contre ces irréguliers du négoce : en 1544 on avait aboli la charge de *Roi des merciers* ; cette suppression fut du noveau prescrite en 1581 et en 1597.

eulx faicte ou publication de ces presentes, auquel des deux ilz se vouldront tenir, asscavoir a la marchandize de mercerie ou a leur mestier ou hostellerie. Et ou ilz nauront ce faict dedans ledict temps, ilz seront prives et du tout forcloz de pouvoir user dudict estat de mercerie, sur peyne de confiscation de la marchandize qui sera trouvee en leur possession non estant dudict mestier desd. artisans, et en vingt cinq livres parisis dadmende, applicable conme dessus.

ET POUR OBVIER aux monopolles dentre les marchans sur led. faict de mercerie, il est ordonne que aulcuns marchans merciers de la ville de Paris ne aultres demeurans dans icelle ville ne pourront (faire) acte de courtier et commissionnaire, ne vandre et destribuer marchandize pour estrangiers ou aultres personnes que peur eulx et leur seul proffit, soict par societe, conmission ou aultrement, sur pareilhes peynes applicables comme dessus.

EST DEFFANDU A TOUS hostelliers de la ville et faulx bourgs de Paris, sur peyne de vingt livres parisis dadmande, applicable conme dessus, dexposer en vente, vandre et debiter aulcunes marchandizes desd. estrangiers et marchans forains, lesquelz les vendront a eulx mesmes ou les feront vandre par les cures (jures) courtiers dud. estat, aux temps et en la forme et maniere que dict est et non aultrement.

ET POUR OSTER TOUT LIEU ET moyen dexcuse ausd. hostelliers, lesd. gardes et jures seront tenus faire signiffier et bailher coppie signee par ung sergent dudict Chastellet ausdictz hostelliers des articles susd. concernans la conservation, vente et delivrance des marchandizes desdictz estrangiers et des foriens y contenues.

CES QUATRE ARTICLES ont este extraictz des articles adjoustes aux ordonnences des merciers de la ville de Paris, registres ez registres des ordonnences royaulx, registrees en la court de parlement le douziesme jour de febvrier lan mil cinq cens cinquante neuf. Avec lesquelz articles a este faicte collation de sesdictz quatre articles. Faict en parlement le vingt troysiesme jour de jung lan mil cinq cens soixante sept. Ainsi signe : BEROUYET.

CHARLES, PAR LA GRACE DE DIEU ROY DE FRANCE, au seneschal de Lymousin ou son lieutenent et gens tenens le siege presidial estably a Lymoges, salut et dilection. Nous vous mandons, commectons et enjoignons par ces presentes que les articles des ordonnences faictes pour le regard des merciers de n^re ville de Paris, publiez et enregistres en n^re court de parlement de Paris, dont lextraict est cy attache soubz le contre seel de n^re chancellerie, vous faictes lire et publier et enregistrer ez registres du greffe de v^re seneschaulcee et siege, et iceulx garder, observer et entretenir en n^re ville, cite et faulx bourgs de Lymoges, de poinct en poinct selon leur forme et teneur, sans souffrir ne permectre quil y soict contrevenu en quelque sorte et maniere que ce soict. Et affin que les droictz deubz a ladicte ville a cause des marchandizes qui entrent en icelle ne soient frustres, faictes conmandemens aux hostelliers dud. Lymoges daller dire et declarer en la maison commune de lad. ville et aux consulz dicelle la marchandize que les marchans forains meneront en leur logis pour vandre et debiter audict Lymoges, a peyne de sen prandre ausdictz hostes, et den respondre et payer lesdictz droictz en leurs propres et prives noms ; faisant en oultre expresses inhibitions et deffances de par nous aux freres desd. hostes que font et tiennent train de marchandize et sont demeurans avec lesd. hostes et en mesme logis ne plus doresnavant demeurer au logis desd. hostes ne avec eulx, ains se loger a part et ne trafficquer avec lesd. hostes par intelligence ou aultrement en quelque sorte et maniere que ce soict a peyne de confiscation de leur marchandize. Et a tout ce que dessus faire, souffrir et obeyr contraignes ou faictes contraindre tous ceulx quil appartiendra par toutes voyes et manieres deues et raisonnables, nonobstant oppositions ou appellations quelzconques et sans prejudice dicelles, pour lesquelles ne voulons estre differe. Car tel est n^re plaisir, nonobstant quelzconques ordonnences, restrinctions, mandemens, deffences et lectres a ce contraires. Donne a Paris, le vingt troysiesme jour de jung lan de grace mil cinq cens soixante sept, et de n^re regne le septiesme. Ainsin signe : Par le roy en son conseil, Delomenye, et scelle de sire jaulne.

La lecture et publication desquelles lectres patantes estans refusees en la court presidialle dudict Lymoges, lesd. Saleys et Gregoire, retournans dud. Montreal, passans par Perigeux, presenterent requeste aux grandz jours de parlement de Bourdeaulx seans aud. Perigeux par ordonnance du roy, a ce que lesdictes lectres fussent publiees et enregistrees; ce que leur fust refuze, parce que lesdictz grandz jours ne cognoissent daultre chose que de criminalite seullement. Et furent renvoyes a Bourdeaulx a la sainct Martin apres (1). Lesquelles lectres lesd. consulz ne peurent faire veriffier pour cause des troubles survenus.

PARCE QUE LES CONSULZ de lannee, quequessoict procureur pour eulz, auroyent passe et accorde avec la reyne de Navarre certain accord et appoinctement sur certains differans procedans de lexceqution de deux arrestz par elle obtenus contre les manans et habitans dudict Lymoges ez annees mil cinq cens trente huict et quarante quatre, et luy avoyent par lad. transaction, receue et passee a Paris par Mes Jehan Marchant et Guilhaume Payen, notaires royaulx, (promis payer) la somme de dix mille livres tournoys, payable a la feste de sainct Jehan Baptiste en ladicte annee mil cinq cens soixante sept; POUR avoir payement de laquelle somme, ladicte dame envoya en ceste ville de Lymoges Me Jehan Le Pelletier, seigneur de Lehon, conselher et secretaire ordinaire de Sa Majeste, avec memoires et procurations requises et necessaires. Laquelle somme de dix mille livres tournoys contenue par lad. transaction fust par lesd. consulz payee et delivree comptant audict Pelletier, par quictance signee DESCHAMPS, de laquelle la teneur sensuyt (2) : [Paiement de 10.000 livres à la reine de Navarre. — Emploi de cette somme au rachat de divers lieux du Périgord et du Limousin.]

SAICHENT TOUS PRESANS et advenir que, pardevant Marcial Deschamps, notaire royal en la seneschaulcee de Hault Lymousin, soubz signe, et en presences des tesmoings cy bas nonmes, ont estes presans et comparuz personnellement honnorables sires Pierre Saleys, prevost, Marcial Martin, seigneur du Mons, Marcial Mailhot, Jacques Champagnac, Pierre Cibot, Mathieu Decordes, Psaulmet Gregoire, Leonard Galichier et Pierre de Nozerines, consulz la presant annee de la ville de Lymoges, faisans tant pour eulx audict nom de consulz que pour leurs compagnons consulz de ladicte presant annee et aultres manans et habitans dudict Lymoges absens. Lesquelz ont paye et bailhe comptant, reaulmant et de faict, en presence des notaire et tesmoings soubz nonmes, tant en ort que bonne

---

(1) Ce qui suit, jusqu'à la fin de l'alinéa, est d'une autre encre et d'une autre main.
(2) Ces dix mille livres ne furent pas employées au rachat de Ségur, comme il est porté dans l'acte de transaction, mais bien à celui de certaines autres seigneuries tant en Périgord qu'en Limousin, antérieurement aliénées à pacte de rachat, par le roi de Navarre. (LEYMARIE, *Limous. hist.*, p 551.)

monnoye blanche, bien nombree, comptee et delivree, a noble Jehan Le Pelletier, escuyer, seigneur de Lehon et secretaire ordinaire de treshaulte et trespuyssante dame la royne de Navarre, contesse de Perigort et vicontesse dudict Lymoges, presant, prenant et recepvant au nom et conme procureur special fonde de lad. dame au cas qui soffre, conme il a faict deuhement apparoir par ses procuration et pouvoir, quil a exhibes au notaire soubz signe et dont la coppie est cy dessoubz inceree a la fin des presentes, que ledict seigneur Le Pelletier a par apres retirees par devers luy pour sen servir quant besoingt sera, la sonme de dix mille livres par lesdictz seigneurs consulz cy devant offerte auparavant le jour et feste la Nativite sainct Jehan Baptiste a mons^r Le Royer, conme appert par acte faict pardevant mons^r Petiot, juge ordinaire dudict Lymoges, suyvant et aconplissant le contenu au contraict daccord et transaction faict et receu et passe par maistres Jehan Marchant et Guilhaume Payen, notaires royaulx au Chastellet de Paris, le trentiesme et penultime jour de julhet lan mil cinq cens soixante six dernier passe, entre lad. dame royne, demanderesse en exeqution de deux arrestz de la court de parlement de Paris, et honnorables Jehan Hugon, escuyer, licencie ez droictz, lieutenent criminel et juge magistral pour le roy en la seneschaulcee et ressort du Hault Lymousin, prevot Bouyol, seigneur de Mazeyretas, recepveur des tailhes et equivallens pour led. seigneur audict pays, Marcial Duboys, pour lors consulz de lad. ville, et sire Jehan Vertamon, marchant, faisantz pour et au nom conme procureurs et ayans charge desd. consulz, manans et habitans dudict Lymoges. DE LAQUELLE dite sonme de dix mille livres tournoys deue a lad. dame pour raison du contenu en lad. transaction et dont le terme est expire des ledict jour et feste de la Nativite sainct Jehan Baptiste dernierement passee, led. Le Pelletier, audict nom, sest contante, tenu pour bien paye et entierement satisfaict, dicelle a quicte, promys acquicter et randre indampnes lesd. consulz, manans et habitans dud. Lymoges, tant envers la majeste de ladicte dame que tous aultres quelzquessoient, PROMECTANT led. seigneur Le Pelletier employer lad. sonme au rachapt et recouvrement de la terre et seigneurie de Thonnac, tenue par le seigneur de Losse, les paroesses des Barres, enclave Sainct Michel, de Forsat, de Meilhardz et de La Porcherie, que tient le seigneur de Saulvebeuf, ou aultres que ledict seigneur Le Pelletier advisera suyvant les memoires pour cest effect dressees par la majeste de lad. dame aud. seigneur son secretaire, que seront aussy aprcs incerees, nayant lad. dame voulu que lad. sonme fust employee au rachapt de Segur, suyvant la teneur de lad. transaction, conme despuys Sa Majeste a faict entandre ausdictz consulz par sa missive a eulx envoyee, datee du douziesme jour de janvier mil cinq cens soixante sept; auquel rachapt assisteront lesd. seigneurs consulz, si bon leur semble, ou celluy que par eulx sera deppute. Et sera pourte par les rachaptz quilz se font au proffit de lad. dame des deniers provenans desd. consulz, pour raison dudict contraict predacte. LEDICT seigneur Le Pelletier, audict nom, a promys et jure soubz obligation de tous ses biens et de lad. dame, faire tenir et acomplir le contenu cy dessus sans jamais venir au contraire, avec toutes renonciations, contrainctes et submissions au cas requises et neccessaires. FAICT et passe audict Lymoges ez presences de honnorables messieurs maistres Jehan Petiot, M⁶ des requestes de lad. dame, juge ordinaire dud. Lymoges, Marcial Essenault, juge ordinaire de Sollompnhac et de Chaslucet, de Jehan Cibot, lycencie ez droictz, advocat au siege presidial de Lymoges, et de Jacques Deschamps, tresorier de ladicte dame ez conte de Peyrigort et viconte de Lymoges, tesmoingtz cognus, appelles et requis, le mecredy penultime jour de julhet lan mil cinq cens soixante sept. Signe dessoubz en loriginal : Pierre SALEYS, LE PELLETIER, M. MARTIN, M. MAILHOT, J. CHANPAGNAC, P. CIBOT, M. DECORDES, P. GREGOIRE, L. GALICHIER, P. DE NOZERINES, PETIOT, present; ESSENAULT, present; CIBOT, present; DESCHAMPS, present.

Sensuit la teneur de lad. procuration.

JEHANE, PAR LA GRACE DE DIEU royne de Navarre, dame souverayne de Beard, duchesse de Vandoumois, de Beaulmont et dAlbret, contesse de Foix, de Bigore, dArmagnac et de Peyrigort, vicontesse de Lymoges, Marsan, Lursan, Guardan, Nebousan, Laultret, Villemur, Aspect, Tartas, Allas et de Marenpus, etc., a tous ceulx qui ces presentes lectres verront, salut. Scavoir faisons que nous, a plain confians de la personne de n^{re} ame et feal conseiller et secretaire ordinaire Me Jehan Le Pelletier, ensemble de ses sens, suffizance, loyaulte, predhomye, fidellite, experiance et bonne dilligence, icelluy, pour ses causes et aultres bonnes considerations a ce nous mouvans, avons faict, cree, constitue, estably et ordonne, et par ces presentes faisons, creons, constituons, establissons et ordonnons n^{re} procureur general et certain messagier special pour comparoir en n^{re} personne, represanter pardevant tous juges quil appartiendra et partout allieurs ou besoing sera, et illec faire toutes demandes, requestes et conclusions quil verra estre requis et necessaire pour le bien de n^{re} service, en noz conte de Perigort et viconte de Lymousin, plaider, opposer, contester, produyre lectres, tiltres et enseignemens, faire jurer et ouyr tesmoingtz, ouyr droict, appeller de tous tortz et griefz, les appellations rellever et a icelles renoncer, si besoingt est, et faire, dire et procurer tout ce que au faict de plaiderie est requis, et eslire domicille, ensemble de rachapter et recouvrer toutes et chascunes les baronnyes, terres, chastellenies, seigneuries, justices, greffes, fiefz, arrierefiefz, justices, cens, rentes et aultres domeynes, droictz et debvoirs que se trouveront par nous et noz predecesseurs engaigees, vandues et allienees ou qui nous pourroyent estre deubz, a quelque valleur et estimation quelles soient faictes, et dicelles engagemens, allienations, droictz et debvoirs en demander et requerir la jouyssance et pleyne possession, en ramboursant les acquereurs ou les ayans cause deulx des sonmes quilz nous en ont ou a noz predecesseurs payees, avec les loyaulx costz; ET PAR SPECIAL de prandre pour nous et recepvoir en n^{re} nom des mains de noz chers et bien ames les consulz, manans et habitans de n^{re} ville de Lymoges la sonme de dix mille livres tournoys en laquelle ilz nous sont tenuz et obliges payer au jour et feste de sainct Jehan Baptiste dernierement passee, pour les causes plus au long contenues et pourtees par la transaction que nous avons faicte avec eulx les penultime et dernier jour de julhet lan mil cinq cens soixante six dernier passe, icelle transaction faicte et passee par Jehan Marchant et Guilhaume Payen, notaires royaulx au Chastelet de Paris; et dicelle leur en bailher tel acquist et descharge quil sera besoingt et necessaire que n^{re} d. procureur verra estre affaire; et, en cas de reffux, protester a lancontre deulx de nullite de lad. transaction, ensemble de tous despens, donmages et interestz; pour icelle sonme de dix mille livres tournoys receue estre convertie et employee par ledict Le Pelletier au rechapt et recouvrement de nosd. terres et seigneuries cy devant vandues et allienees en nosd. conte et viconte, ainsin que dict est, selon et ainsin que nous les luy avons bailhees par declaration, et ce en la presence desd. consulz, si bon leur semble ; et icelles terres et seigneuries rachaptees en n^{re}d. nom bailher a tiltre dafferme au plus offrant et dernier encherisseur, les sollempnites en telles chose requises gardees et observees, et ainsin que n^{re} procureur verra estre a faire pour le myeulx et a n^{re} proffit ; auquel nous avons donne et donnons plain pouvoir et auctorite de senquerir de la fidellite et qualite des officiers des lyeulx quil rachaptera, pour apres nous en advertir, affin destre pourveu sur la destitution ou continuation diceulx, ainsin que nous verrons estre a faire par raison ; et generallement faire, dire, procurer et negocier en tout ce que dessus, ses circonstances et deppandances, tout ainsy que nous mesme ferions si presante en personne y estions, jacoit que le cas requist mandement plus special. PROMECTANT en bonne foy et parolle de royne, soubz obligation et ypotheque de tous et chascuns noz biens presans et advenir avoir et tenir pour agreable, ferme et stable a tousjours, sans jamais aller ne venir au contraire de tout ce que dessus par n^{re} procureur sera faict, gere et negocie. Et, en tesmoingt de ce, nous avons signe ces presentes de n^{re} main, et a icelles faict mectre et apposer n^{re} seel. DONNE a Pau, le sixiesme jour de julhet lan mil cinq cens soixante sept ; signe JEHANE. Et plus bas est escript : Par la royne de Navarre, contesse et vicontesse en son conseil, signe LANGLOYS. Et scelle du scel et armes de lad. dame, en cire rouge sur simple queuhe.

ESTAT ET DECLARATION des terres et seigneuries en tout droict de justice haulte, moyene et basse, alienees en noz conte de Perigort et viconte de Lymoges a pacte de rachapt que encores dure, que nous Jehane, par la grace de Dieu royne de Navarre, dame souverayne de Beart, duchesse dAlbret, contesse de Perigort, vicontesse de Lymoges, etc., voulons et ordonnons estre retirees et rechaptees par n^{re} ame et feal conselher et secretaire ordinaire Jehan Le Pelletier, des personnes cy ampres nommees et declarees conme sensuyt.

PREMIEREMENT, du seigneur de Losse, la paroesse de Thonac que lui a este cy devant vandue et allienee pour la sonme de douze centz livres a pacte de rachapt que dure encores, le contraict passe par Bonnetz, notaire de Montignac, et du puys par Grangier, qui a le contraict ez ses mains ;

Du seigneur de Saulvebeuf, la parroesse des Bars et enclave Sainct Michel, pour troys mille huict centz livres, a pacte de rachapt de dix ans, dont le contraict est esmane dud. Grangier;

La paroesse de Fursat, pour dix huict cens livres, la parroesse de Meilhardz, pour quinze cens livres; la parroesse de La Porcherie, pour deux mille livres;

Et aultres que ledict Pelletier verra et recognoistra estre a retirer et dont, pour ce faire, nous luy avons donne ample pouvoir. Faict a Pau, le sixiesme jour de juillet lan mil cinq cens soixante sept, signe Jehane, et plus bas, Langloys. Extraict des vrays originaulx, et donne pour coppie. Ainsin signe a loriginal : M. Deschamps, notaire royal.

Et daultant quil estoict pourte par ladicte quictance que lesdictz consulz assisteroyent aux rachaptz des terres et seigneuries que ledict Le Pelletier vouloit recouvrer et retirer de lad. sonme de dix mille livres tournoys aultrefois vandues et allienees par le feu roy de Navarre, furent conmis et depputes sires Jacques Champagnac et Pierre de Nozerines, consulz, pour assister avec ledict Pelletier a faire lesdictz rachaptz; qui sen allarent en sa compagnye jusques au pays de Perigort, et apres pourtarent les contraictz desdictz rachaptz, par lesquelz estoit pourte que les deniers estoient provenus desdictz consulz, a cause desd. appoinctementz. Lesquelz contraictz sont au tresor de la ville.

[Guerres de religion. — Mesures prises par les consuls.]

Au conmencement du moys doctobre, en ladicte annee mil cinq cens soixante sept, apres que lesdictz consulz furent advertis que en plussieurs et divers endroictz du royaulme ceulx de la relligion avoyent prins les armes et sestoyent saisiz de plussieurs villes, comme dOrleans, Sainct Denys en France, Estampes et plussieurs aultres, et que au pays de Gasconnye seslevoyent grand quantite de peuple et gens de guerre, et ne scavoit on la deliberation quilz avoyent prince, lesdictz consulz soubdaynement firent guect aux portes de la ville, mandarent messieurs dEscars, de La Vaulguyon, de Ponpadour et aultres gentilzhonmes du presant pays de Lymousin, qui vindrent diligemment en la presant ville, acompagnes de grand nonbre de noblesse, et y demeurarent lespace de quinze jours ou envyron. Par advis desquelz et des manans et habitans de lad. ville, fortifiarent lesd. consulz les murs, bailharent le mellieur ordre aux affaires quilz purent, pour tenir et conserver lad. ville et habitans dicelle en lobeyssance et subgection du roy. Et parce que lesdictz seigneurs des Cars, de La Vaulguyon furent mandes de la part du roy pour aller a Paris pour lui bailher secours et force, afin dobvier aux entreprinses et esmotions que le roy disoit avoir este faictes contre son auctorite et de sa couronne, lesd. seigneurs des Cars, de La Vaulguyon et aultres bailharent advis ausdictz consulz quilz debvoient avoir dans la ville quatre gentilzhonmes du presant pays, scavoir est, messieurs de lEschauzier, de Molyn Paulte, dAndelay et dAyguaparce, pour cappitaines, ayant chascun deulx cent souldardz soubz luy, qui demeurarent pour la garde et deffence de lad. ville, oultre le guect de la nuict, qui estoit compose de quatre vingtz tant dhonmes, souldardz, enffens de la ville, soubz la charge du cappitaine Reymond. Et davantage furent ordonnes pour cappitaines centeniers messieurs le recepveur Bouyol; Pierre Benoist, des Bancs; Jehan Duboys, M° de la Monnoye; Anthoene Duboys; Mathieu Benoist; maistre Jehan Martin et Estienne Bonny, pour assister de nuict et de jour aux portes de la ville et sur les muralhes dicelles, et se donner garde quelle ne fusse surprinse. Lesquelz gens de guerre de la religion ....

(N'a pas été continué : il y a ici un feuillet blanc (1).)

---

(1) On remarquera que, du mois d'octobre 1567 au commencement de l'année 1570, le manuscrit ne relate guère que les nominations des consuls et des répartiteurs. Cependant des événements importants se sont accomplis en Limousin. Pour expliquer en partie cette lacune, nous devons dire qu'il manque deux feuillets au manuscrit, ainsi qu'on peut s'en convaincre par l'inspection de la pagination primitive : du feuillet 406 on saute au feuillet 408, et du feuillet 408 au feuillet 410. Il est regrettable que ces deux feuillets aient été enlevés. Heureusement qu'il nous reste plusieurs matériaux pour combler cette lacune :

1º L'*Histoire de saint Martial*, par le P. Bonaventure de Saint-Amable, T. III;

Eslection faicte en la maison commune de consulat de la ville de Lymoges, la present annee conmansant le sepliesme jour de decembre mil cinq cens soixante sept.

Premierement :

Le canton des Taules :

Estienne Disnematin.

2° Le manuscrit in-fol. qui se trouve à la Bibliothèque communale de Limoges et qui est connu à tort (1) sous le nom de *Manuscrit de* 1638 ;
3° Le *Journal de P. de La Jarrige*, mentionné par M. Achille Leymarie (*Limousin historique*). Nous reproduisons des extraits de ces divers documents.

Extrait de l'*Histoire de saint Martial*, T. III, p. 788.

« Comme les Allemands et l'admiral muguetoient Limoges pour en faire curée, les consuls de Limoges avertirent monsieur le duc d'Anjou, chef de l'armée royale, du dessein des ennemis : il étoit lors à Saint-Pardoux prez de Razez, et d'abord il fit marcher ses troupes, et vint loger au bourg de Couzeys dit le Petit-Limoges, à une lieue de ladite ville, la veille de la Feste-Dieu 1569, où les consuls luy portèrent les clefs de la ville. Cependant la reine mère et les cardinaux de Bourbon et de Lorraine et autres seigneurs vinrent à Mommaillé, où elle fut reçue par le sieur de Masset, lieutenant du comte des Carts, et des habitans en grand honneur, les soldats étans dressez des deux côtez des rues depuis Mommaillé jusqu'au Brueil, lieu de son logement. Elle appretia le vin, et commanda que ceux qui en avoient missent des bouchons pour le vendre aux troupes de l'armée royale. Elle voulut aussi que les portes de la ville demeurassent ouvertes jour et nuit, tandis qu'elle y demeureroit. Le jour de la Feste-Dieu, Monsieur vint voir sa mère : et on fut averty que le duc allemand vouloit passer la Vienne ; c'est pourquoy on envoya des enfans perdus au gué de La Salesse, lesquels furent battus par des troupes qui avoient déjà passé la rivière un peu plus haut, par la conduite d'un paisan, que le sieur de Chargnac leur avoit baillé. L'amirail délo-

---

(1) M. Leymarie et autres auteurs désignent ce manuscrit sous le nom de *Manuscrit de 1638*, mais plusieurs faits qui y sont relatés prouvent que sa rédaction est postérieure à 1671. Ce manuscrit est actuellement en voie de publication.

La Porte :

Pierre Boutin.

Maignenie :

Pierre Raymond.

Le Marche :

Laurens Juge.

---

geant du Châluz, s'empara de la ville d'Aixe, et monsieur le duc d'Anjou, sortant du Petit-Limoges, vint camper avec l'armée royale à Isle, où ses gens de premier abord mirent le feu aux faubourgs d'Aixe. La reine mère alla visiter l'armée à Isle, puis étant revenue à Limoges, ayant veu et vénéré le précieux chef de saint Martial, apôtre, qu'on luy montra, elle se retira de Limoges avec les cardinaux susdits. On attaqua si vertement et les gens de l'amirail et le régiment de Piles et Rauraiz aux barrières, que la ville demeura aux Catholiques. Les hérétiques des troupes de l'amirail et du duc des Deux-Ponts se retirèrent du côté de Saint Junien, et Monsieur, sortant d'Isle, les poursuivit, et vint à la Rochelabeille, qui est à cinq lieues de Limoges, où il y eut une rude escarmouche, plusieurs y furent tuez, et entre les autres le sieur de Masset, lieutenant du comte d'Escars, gouverneur du Limosin, et fut inhumé dans Limoges, à Saint Pierre du Queroy, aux tombeaux de la communauté de laditte église, audevant de l'autel de N. D. la Joyeuse, et le sieur Stoffi fut fait prisonnier. Durant que Mʳ d'Anjou avoit son camp proche de Limoges, le pain de munition pour l'armée royale se cuisoit dans le refectoire de Saint-Martial, où furent faits des fours exprez. La garnison qui fut mise dans Limoges travaillant pour achever une platteforme de terre à la porte des Arenes dans le petit cymetiere, et étans obligez d'aller trouver Mʳ d'Anjou, tomberent dans les fossez quatre-vingt pas de muraille à l'endroit de la tour des Anges, et, y foussoyant pour bâtir une tour, on trouva de la massonerie et quantité de pierres taillées en quarreaux ressemblans à du plâtre avec grand nombre de petites pieces de marbre blanc, et plusieurs medailles qui, à cause de leur antiquité, avoient les lettres effacées. On trouva encore en foussoyant l'autre platteforme susdite, en la vigne de Gallichier, une effigie si bien faite qu'on eût dit qu'elle ne faisoit que de sortir des mains d'un sçavant ouvrier. »

Extrait du *Manuscrit de* 1638, p. 329 et suiv.

« COMMENT LA GUERRE CIVILE RECOMMENÇA.

» L'an 1567, la guerre civile ayant recommencé, obligea les Huguenots

La Fourie :

Pierre Baud.

Le Clochier :

Jehan Lascure.

Boucharie :

Pierre Sanxon.

à quitter l'exercice de leur religion pour prendre les armes. Fut envoyé à Limoges pour gouverner le sieur de Ventilhact, qui fit faire beaucoup de réparations pour fortifier la ville. En ce même temps, pour contrecarrer les Huguenots, les Catholiques érigèrent la feste de Sainte-Croix, qui se célèbre le 3e mai. Et le premier jour dudit mai, fête des saints Jacques et Philippe, les bailes d'icelle frérie font planter un arbre qu'on appelle Mai devant la maison du premier frère. Et fut le premier d'icelle institution sieur Mathieu Ben(o)ist ; laquelle nomination se fait depuis le jour de Notre-Dame de mars. Lequel premier frère donne à chacun des confrères une croix qu'on porte au chapeau, lesquelles [croix] n'étaient que d'étain, à présent on les donne d'argent.

» L'an 1568, le sieur de Ventilhact estant décédé, le roi envoya le comte des Cars pour gouverneur, qui envoya Masset (1) dans la ville. Et passèrent cette année dans Limoges les régiments de Montluc, qui brûlèrent les bancs charniers.

» L'an 1569, les consuls voyant les approches du duc des Deux-Ponts, qui venait joindre l'amiral pour venir attaquer Limoges, écrivirent au duc d'Anjou, qui cotoyais les ennemis, de les venir secourir ; qui, partant de Saint-Pardoux, vint loger la veille de la Fête-Dieu à Couzeilz (2), où les consuls lui portèrent les clefs.

» En ce temps même, la reine-mère vint à Limoges, où elle fut visitée par le duc d'Anjou, le jour de la Fête-Dieu ; lequel, délogeant de Couzeil, logea à Isle et fit attaquer le faubourg d'Aixe que les ennemis tenaient, et, le duc des Deux-Ponts estant mort à Nexon, emporta la ville d'Aixe. Et, durant le séjour de l'armée à Limoges, le pain de munition cuisait dans le réfectoire de Saint-Martial, où étaient dressés des fours exprès.

» Le sieur de Masset, ayant eu avis que les ennemis prenaient le chemin de La Roche-lAbeilhe, s'y transporta, où il fut tué. Et fut enseveli dans l'église de Saint-Pierre-du-Queyroiy de Limoges. Et succéda à sa place le sieur de Jurgniac.

» L'an 1570 fut fait un édit de pacification des seconds troubles, en-

---

(1) Le Sr de Masset, lieutenant du comte des Cars.
(2) Couzeix ou le Petit-Limoges, à 6 kilomètres de Limoges, sur la route de Poitiers.

Lansecot :

Nycolas Noailher.

Las Combas :

Pierre Segond.

Le Vieulx Marche :

M⁰ Joseph Ruaud, enquesteur.

---

joignant à tous de faire profession de la religion de la foi catholique romaine. »

Extrait du *Journal de P. de La Jarrige* (1).

« Estant le bruit que ledict prince de Condé faisoit courrir, de prendre son chemin vers Lymoges, venue aux oreilles du sieur d'Anjou, pour fortifier ladicte ville et s'assurer desdicts pays de Lymosin et Perigord, auroit envoyé le sieur des Cars, lieutenant pour le roy audict pays, lequel serait arrivé en la maison des Cars le pénultième de décembre 1568, et quelques jours après se seroit retiré dans ladicte ville de Lymoges pour mettre dans ycelle en garnison, certain nombre de compagnies tant à cheval qu'à pied pour la deffense de d'ycelle.

» ...... Ledict sieur des Cars qui avoit esté envoyé au pays de Lymosin, lieu de son gouvernement, pour prendre garde d'iceluy, mesme que quelques jours auparavant les sieurs de Bonneval, Linars et autres gentilshommes des quartiers dudict pays de Limosin tenant le parti dudict prince de Condé, s'étoient retirés dans leurs maisons sans savoir l'occasion qui les avoit contraints à ce faire, auroit envoyé en garnison les compagnies des sieurs de Neuville et de Massès en ladicte ville de Saint-Yrieix, distant seulement dudict lieu de Bonneval deux petites lieues; en laquelle arrivèrent le second jour de febvrier audict an (1569).

....

» Cependant ledict sieur des Carts, par le commandement dudict sieur d'Anjou, se seroit retiré audict pays de Lymosin pour pourvoir à ce que seroit besoin pour la deffense d'iceluy ; lequel, estant arrivé en sa maison des Carts, se trouva malade, comme le commun, bruit fust toutefois averti que ledict duc des Deux-Ponts s'approchoit et étoit près la ville de la Souterraine, aussi que ledict amiral avec toutes ses forces..... s'avançoit pour venir trouver le duc des Deux-Ponts près la ville de Lymoges. Sans qu'aucun s'apperçut d'un si soudain département, auroit délogé de ladicte maison avec sa femme et sa famille, et retiré en un château appelé (Crimer), lieu assez propre pour ceulx qui ne désiroient être vus au rang de gens d'honneur et de vertu.

(2) Voir *Limousin historique*, page 12 et suiv.

Croissances :

Mᵉ Jehan de Beaubrueil,
Marcial Martin.

Faict les jour et an susd.

(Signé :) DESCHAMPS, scribe.

» Avant toutefois ledict département, tout incontinent qu'il fut arrivé dans ladicte maison des Cars, parce que le seigneur de Verteillac, qui avoit le gouvernement de la ville de Lymoges, estoit mort, en son lieu auroit mis le cappitaine Massès, homme de bonne conduicte, et autant expérimenté au fait des armes qu'autre de son temps.

» Audict temps, estant le roy et la royne sa mère en la ville d'Orléans, advertis de la prise de la ville de la Charité, ladicte dame auroit pris son chemin pour venir trouver ledict sieur d'Anjou son fils, ce qu'elle auroit fait, accompagnée des cardinaux de Bourbon et de Lorraine, près Argenton, et ayant parlé avec lui se seroit retirée avec les deuxdicts cardinaux en la ville de Lymoges.

» Estant, au commencement du mois de juing suivant, ledict duc des Deux-Ponts près de la ville de La Souterraine, et lesdicts sieurs d'Anjou et d'Aumale ez lieux de Saint-Benoist-du-Sault, Saint-Gauthier et autres lieux voisins, ledict cappitaine Massès seroit sorti de la ville de Lymoges avec quelques compagnies tant de cheval que de pied, et alla en la ville de Saint-Léonard, qui est joignant la rivière de Vienne, pour empêcher le passage d'icelle audict duc des Deux-Ponts.

» Toutefois ledict cappitaine Massès, ni pareillement lesdicts sieurs d'Anjou et d'Aumale qui cotoyoient l'armée dudict duc des Deux-Ponts, ne purent tant faire que, le dix du moys de juing, ledict duc des Deux-Ponts avec son armée, ne passat la Vienne près de Saint-Priest-Taurion, laquelle ayant passé, arriva le 11 dudict moys au bourg de Nexon. Avant que le duc des Deux-Ponts arriva audict bourg de Nexon, ledict sieur amiral avoit pris le chateau des Cars; dans lequel estant, sachant que ledict duc des Deux-Ponts étoit audict bourg de Nexon, seroit allé pour le recevoir; toutefois, estant arrivé, l'auroit trouvé mort, que lui serait grandement fâcheux, mesme que la mort auroit esté plus prompte et plus soudaine qu'on ne cuidoit, car bientost après qu'il fust arrivé en la maison de maistre François Hébrard, et bu par trois fois par plein verre, un tremblement de membres l'auroit saisi, tellement que, sans le laisser, bientost après seroit décédé; son corps depuis auroit esté porté dans la ville d'Angoulesme.....

» Le mardy 14 desdicts moys et an, arriva (à Saint-Yrieix) le maréchal

Eslection des collecteurs ou partisseurs des tailles de la ville de Limoges pour lannee mil cinq cens soixante huict, faicte en la maison de consulat, le tiers jour de may mil cinq cens soixante huict.

Le canton des Taules :

Pierre Douhet ;
Audoyn Godin.

La Porte :

Francoys Pinchault ;
Bartholome Colombet.

Maignenie :

Jehan de Cordes dict le Coulhaud ;
Jehan Baillot.

---

du camp des princes (de Béarn et de Condé) pour loger ledict camp, ce qu'il fist, et séjourna en ladicte ville jusqu'au 27 desdicts moys et an.

» A l'arrivée du camp, les princes n'y estoient et n'arrivèrent que jusqu'au 18 desdicts moys an.... Et, pendant que ledict camp séjourna dans ladicte ville, les princes estrangers furent festoyés par les princes, amiral et autres grands seigneurs de leur suite, furent baillés grands dons et présents auxdicts princes estrangers, et leur fust payée une grande partie de leur solde.

» Aussi pendant ledict temps, parce que le bruit estoit que l'armée desdicts princes vouloit aller à Lymoges, mondict sieur d'Anjou en toute diligence se retira audict Lymoges et vint camper au bourg de la Roche-Labeille.

» Le samedy 25 desdicts moys et an, l'armée des princes délogea de ladicte ville en propos délibéré de bailler la bataille audict sieur d'Anjou, et, sans ce que le jour fust obscur à cause d'une pluie qui dura tout ledict jour, y eut eu bataille ; cependant on s'escarmoucha, et l'escarmouche telle que le seigneur Strozzi fust pris, et fusrent tués beaucoup de gens. Le lieu d'ycelle se nomma *Mas Goulet* près l'estang Lagorce.....

» Après le département du camp de ladicte ville, deslogea aussi le camp dudict sieur d'Ajou de la Roche-Labeille et alla près Brisves, et, adverty que l'armée de ceulx de la religion prenoient leur chemin vers Poictiers, repris son chemin par Traignac pour aller à Chatelleraud. »

Le Marche :

Jacques Raymond ;
Marcial Disnematin.

La Fourie :

Loys Rogier ;
Andre Barnon.

Le Clochier :

Pierre Bardonnaud ;
Pierre Mosnier le jeune.

Boucherie :

Leonard Lymosin dict Jay ;
Maistre Estienne Bony.

Lancecot :

Pierre Courtete ;
Jacques Chambinault.

Les Combes :

Maistre Gabriel Albiac ;
Maistre Marcial de Muret.

Le Vieulx Marche :

Maistre Marcial Guery ;
Mathieu Varacheau.

(Signé :) Nadault.

Eslection de messgrs les consulz, faicte en la maison commune du consulat de la ville de Lymoges la present annee commensant le septiesme de decembre mil cinq cens soixancte huict.

Premierement :

Le canton des Taules :

Joseph Dauvergne.

La Porte :

Francois Vidault.

Manigne :

Jehan Duboys, Me de la Monnoye.

Le Marche :

Bartholome Guibert.

La Fourie :

Jehan Colomb.

Le Clochier :

Helies Peyrat dict Lauvete (1).

Bocherie :

Jehan Lagorce.

Lancecot :

Monsr Me Bartholome de Voyon.

Las Combas :

Me Gabriel Albiat.

Le Vieulx Merche :

Jehan Farne.

(1) *Laureto*, alouette en patois limousin.

Croyssances :

Monsʳ Gadault, conseiller;
Francois Martin.

(Signé :) Nadailt, notaire royal et scribe.

Eslection des collecteurs et partisseurs des tailles de la ville de Lymoges pour lannee mil cinq cens soixancte neuf, faicte en la maison de consulat le xviij° apvril 1569.

Le canton des Taules :

Pierre Boulhon;
Pierre Maledent.

La Porte :

Francoys Duboys;
Bartholome Molnier dict Basset.

Manigne :

Leonard Mosnier;
Pierre Merlin.

Le Marche :

Pierre Pabot;
Jehan Colomb dict Penicault.

La Fourie :

Jehan Decordes laisne;
Pol Duboys.

Le Clochier :

Jehan Nyot;
Marcial de La Chanaud.

Bocharie :

Jacques Gadaud ;
Mᵉ Pierre Lachault.

Lavsecot :

Mathieu Blanchard, orfevre;
Leonard Lou Forre, tailleur.

Les Combes :

Francois Duboscheys ;
Pierre Teulier.

Le Vieux Marche :

Pierre Valade;
Jehan Cibot dict Bureau.

(Signé :) NADAULT, notaire royal, scribe.

APRES QUE lesdictz consulz de lannee 1568, finissant 1569, furent esleuz, trouvarent lad. ville chargee de cinq compaignez de gens de pied quil falloyt soldoyer par lesd. consulz, ensemble paier lestat de Monsʳ de Vertilhat, gouverneur pour commander en lad. ville en labsence de monseigneur le comte dEscars, et de douze gentilzhommes a luy ordonnes par led. sieur dEscars, oultre deux compaignes tirees du corps de lad. ville, lune pour la garde du jour et laultre pour la garde de la nuyt, quil falloit stipendier et salariser, questoyt une grande et excessive despance, montant de quinze a seize mil livres pour chascun mois, questoyt une grande et excessive despance. Au moyen de quoy firent assembler les principaulx manans et habitans de lad. ville pour deliberer les moyens de retrencher lad. despance. Et fut delibere et resolu en lad. assemblee.... (1).

---

(1) Délibération pleine de difficultés : car il n'était pas plus possible de supprimer les sept compagnies de gens de pied que de les conserver sans les payer. Le préambule du procès-verbal de l'assemblée, dressé à l'avance par le greffier, n'a pas été continué, parce que probablement aucune décision définitive ne put être prise.

(N'a pas été continué. — Il y a ici environ trois feuillets blancs.)

ESLECTION *faicte de messieurs les consulz de la ville de Lymoges pour lannee mil cinq centz soixante neuf, finissant soixante dix, par les manans et habitans de lad. ville, assembles en la maniere acoustumee par messieurs les consulz anciens, en la maison dud. consulat, ou ont assiste mess^{ors} Bermondet, president; Martin, conseilher; Ardent, procureur du roy; Mauplo, recepveur des tailhes, et Romanet, recepveur du tailhon, le septiesme de decembre lan mil cinq centz soixante neuf.*

Les Taules :

Jehan du Boys, filz de feu Pierre Duboys.

La Porte :

Mathieu Benoist.

Magneignie :

Jehan Decordes dict Le Coulhaud.

Le Marche :

Jehan Verthamon.

La Fourie :

Gregoire Bault.

Le Clochier :

Marcial de Lachenault.

Boucherie :

Maistre Aymery Guybert.

Lancecot :

Jacques David.

Las Combas :

Jehan de Jullien, seig^r du Bastiment.

Le Vieulx Marche :

Maistre Marcial Guery.

Croyssances :

Jehan Disnematin dict Le Dourat ;
Jehan Gergot, de la Croix d'Or.

(Signé :) NADAULT.

ESLECTION *de mess^{rs} les collecteurs et partisseurs des talhes pour lannee mil cinq centz soixante dix, finissant soixante unze, faicte le xxvj^e jour de julhet 1570.*

Les Taules :

Bartholome Petit, gueynier ;
Mathieu Malledent.

La Porte :

Bartholome de L'Espinasse ;
Pierre Meyze.

Magninie :

Jehan Bertrand dict Pastisson ;
Julien David.

Le Marche :

Francois Colomb, apoticaire ;
Jehan Londeis.

La Fourie :

Mᵉ Bartholome Albin, appoticaire;
Jehan Debroa, bolengier.

Le Clochier :

Jehan Ythier dict Le Parve;
Claude Rouart.

Boucherie :

Pierre Voureis;
Mᵉ Paris de Buat, medecin.

Lansecot :

Anthoine Froument dict Maubaye;
Jehan Colin dict Langelaud.

Las Combas :

Martial du Bouscheis dict Lavaud;
Mᵉ Guynot Forest.

Vieux Marche :

Marcial Dutrueilh dict Leigabelas;
Noel Benoist.

Il y a ici une page blanche dans le manuscrit.

[Mesures prises pour la garde de la ville. Envoi en cour de M. de Julien.]

TOUT INCONTINENT apres que nous fusmes esleuz consulz, feimes assembler en la maison de la ville les notables, bourgeois, manantz et habitantz de ceste ville, ou assitoit monsgʳ Bermondet, president, et aultres magistratz et officiers de cested. ville. Et la furent concludz et arrestez, entre aultres, deulx poinctz principaulx, lung concernent la garde de la ville, et laultre le soulagement dicelle et de tout le pays de Lymosin. Et quant au premier, fust advise et conclud dordonner, comme de faict on ordonna, cinquante soldatz payez et soldoyez a raison de douze livres pour mois, pour faire la garde de la nuict, et ce soubz la charge de Gabriel Raymond, cappitaine. Et, pour la garde du jour, furent continuez les huict cappitaines centeniers auparavant creez, et neantmoingtz ordonnez douze soldatz gagez pour assister le jour a la garde des portes. Laquelle garde et aultres affaires concernentz la tuition et deffense ont este conduictz tousjours soubz le commandement et protection de monss^{gr} de Jourgnac, nostre gouverneur. Et quant a laultre poinct, fust advise d'envoyer et tenir en court ung de nous assiduellement, affin d'obvier a plusieurs inconveniantz auparavant advenuz a faulte de ce faire. Ce que fust promptement execute, et envoye Me Jehan de Julhen (1).

LES FONTAINES d'Eygoulene, St Pierre du Queyroir, du Chevalet et du cloistre Bourcier furent nettoyees et reparees tout autour, et les conduictz de leaue que lon faisoit perdre en beaucoup dendroictz reparez et nettoyez. Et mesmes le fontanneau ou boutet du Chevalet, qui avoit este l'annee precedente par les soldatz et garnisons ruyne, demoli et gaste, fust rebati tout à neuf de quartiers de pierre de talhe. Et y fust mis ung beau musele (2) de laton et ung bat (bac) neuf, parce que laultre estoit du tout inutile. [Réparations aux fontaines.]

AU MOYS DE MARS furent reffaictz les pavez de la ville en plusieurs endroictz. Et fust faict le pave joignant a la plateforme de la porte des Araines, autour de laquelle estoit aultrement impossible de passer en temps pluvieux. Aussi fust faict ung pave fort necessaire a la Croix de lEycheliere. [Pavés.]

AU MESME MOYS, monsieur de Lansac, venant de Bordeaulx et sen allant en court, passa par ceste ville, ou il fust honorablement receu par nous, qui fumes audevant de luy avec plusieurs notables de la ville jusques a une demy lieue d'ycy. Et [Passage et réception de M. de Lanssac.]

---

(1) L'affaire ci-dessus est enfin réglée avec une précision et une vigueur qui sont dignes d'être remarquées.
(2) Un museau de laiton : la bouche de la fontaine.

sen allant fust de mesmes conduict jusques a l'Aurance ; dont il receust ung grand contantement, comme il monstroit par les offres quil faisoit de s'employer pour la ville en tous les endroictz quil en seroit requiz. Et pour l'accompagner luy furent bailhez vingt soldatz, qui le conduisirent a noz despans jusques a Poictiers.

[Passage et réception de M. de Losse.] DE LA A PEU DE JOURS, mons[gr] de Losse, seigneur fort honorable, notre bon et ancien amy, fort affectioné au bien de nostre republicque, estant parti dEscars, vint coucher en ceste ville, a nostre desceu, tellement quil y heust peu de solempnites a son arrivee, combien qu'on desirast luy faire apparoir la volunte des habitantz de la ville en son endroict. Pour laquelle tesmoigner, luy feismes present d'une coupe d'argent doree valant six ou sept vingtz livres, laquelle il receust avec grand contantement, offrant tout son pouvoir et moyen pour les affaires de la ville et des habitans en general et particulier.

[Passage d'un envoyé d'Espagne.] PEU DE TEMPS apres, passa par ceste ville ung seigneur hespagnol, qui portoit quelques articles de mariage en France. Auquel fust balhee escorte de vingt hacquebuziers a cheval pour le conduire jusques a Poictiers (1).

[Emprunt de 2,000 écus fait par les consuls.] OR, PARCE QUE L'ESTAT de mons[gr] le gouverneur, a raison de troys centz livres pour mois, de la soulde des soldatz ordonnez pour la garde de la ville, montoit a grandes sommes de deniers, quest huict ou neuf centz livres chascun moys, fumes contrainctz, en vertu de commission dud. S[gr] gouverneur, d'emprumpter des ayzez manantz et habitantz de la ville la somme de deux mil escutz, de laquelle fust seulement leve quatre mil livres, que furent employees la plus grand partie a ce que dessus et une partie a faire fossoyer et monter de terre, bois et gazons la bresche qu'avoit este faicte au moys de novembre precedant (2) par la cheute de quinze brasses de muralhe, tout au

(1) Il ne peut être ici question du mariage de Marguerite avec Henri de Navarre. La nationalité du seigneur ferait plutôt penser qu'il s'agit de quelque présent envoyé par Philippe II à sa belle-mère Catherine de Médicis.

(2) Le P. Bonaventure de Saint-Amable rapporte cet accident, page 789 du T. III. (Voir ci-dessus p. 345, en note.)

devant la terrasse et plateforme de St Geral. Laquelle il nous fallust mectre en defensse, attendant le temps propre et commode pour la construction et bastiment d'icelle.

ENVIRON CE TEMPS, madame de Saincte Croix, filhe de mons^{gr} de Montpancier, venant de Tholouze, passa par ceste ville, accompagnee de Mr de Sarlaboux; laquelle dame nous fumes trouver, ainsi quelle venoit dEscars, jusques a lendroict de lArbre de Boschault, en la compagnie de mess^{grs} noz gouverneur et president. Et, a son arrivee, sonna lartilherie a la porte Magninie, dung ordre qui faisoit fort bon veoir. Et pour tesmoignage de la bonne affection de la ville en son endroict, luy feismes present despicerie, avec une douzaine de flambeaux, comme lon a de coustume, qu'elle receust avec grand contantement. [Passage et réception de Mme de Ste-Croix.]

AFFIN DE BASTIR et construire la bresche, continuer le payement de lestat de M^r le gouverneur et lentretenement et soldoyement des soldatz ordonnez pour la garde de la ville, fust obtenue commission par Jehan Gergot l'ayne, nostre collegue, qui lors estoit en court (1), pour lever et recuilhir sur les manans et habitantz de la ville et fors bourgz la somme de sept mil livres t/. De laquelle somme on a poursuyvi limposition et levee sur ceulx de la religion (2), et, au pis, sur tout le pays. Ce que lon n'a peu aulcunement obtenir, ains en fust le deleguépar plusieurs foys renvoyé, et en fin debouté sans esperance d'y pourvoir aultrement. [Les consuls demandent vainement un impôt sur les huguenots.]

POUR LA CONSTRUCTION de la bresche furent appellez et assemblez en la maison commune les habitantz de la ville. Et, apres longue deliberation, fust advise que lon advanceroit la muralhe, que lon feroit plus avant dans le fosse que n'estoit [Murailles, tours.]

---

(1) Il y avait remplacé Jehan de Jullien.

(2) Renseignement précieux : les Huguenots étaient assez nombreux pour qu'on pût lever sur eux un impôt de 7,000 livres, et les Catholiques se croyaient assez forts pour essayer de faire retomber sur leurs seuls adversaires la charge de cet impôt. Il est très-naturel que « ceux de la religion » se soient refusés à contribuer de leur argent au triomphe de leurs ennemis.

l'ancienne murailhe, et que, du couste de la tour de Pissevache, on feroit une tour que batroit en flanc a lad. tour et a celle du St Esperit. Ce que fust faict et execute. Et, durant que le temps y fust propre pour la massonnerie, on y feist travalher en grande diligence et par quantite de maneuvres, tellement qu'en peu de temps la muralhe et lad. tour furent mises en defense. Et, sans lincommodite du temps, on heusse en peu de jours mis le tout a perfection (1).

[Paix de St-Germain, 8 août 1570.]

CEPENDANT DIEU par sa grace nous envoya la paix, laquelle fust conclute et arrestee au mois d'aougst, le roy estant a Sainct Germain en l'Haye ; et, par arrete de mons^{gr} le gouverneur, fust publiee au siege presidial, le   (2) du mois de septembre. DIEU nous veulhe par sa bonte longuement faire jouyr du fruict et felicite dicelle!

[Réception du gouverneur comte de Ventadour. — Question de préséance]

TOST APRES et au mois d'octobre fumes advertiz que messyre Gilbert de Levi, comte de Ventadour, gouverneur et seneschal de Lymosin, qui de long temps auparavant avoit obtenu sa provision et icelle faicte publier au siege de ceste ville, venoit en ceste ville pour y faire son entree, et desja estoit vers Esmoustiers. Parquoy furent depputez pour aller pardevers luy et entendre son vouloir syres Jehan Gergot l'ayne et Martial Delachenault, consulz. Et sestant led. S^{gr} comte achemine en la ville de St Leonard, aulcuns de mess^{grs} les officiers dud. siege presidial le furent trouver pour luy demander rang a son entree, disantz que les consulz debvoyent marcher devant et lesd. officiers apres jougnantz a la personne dud. S^{gr} comte. Noz deleguez ad ce appellez debatirent au contraire que les consulz debvoyent, lung ampres laultre marcher d'ung couste et lesd. officiers de laultre, veu que cestoit le corps de la ville qui faisoit entrer et recepvoit led. S^{gr} gouverneur, et non ung seul

---

(1) Rien des exploits de Tavanne, du meurtre de Condé, des batailles de Jarnac, de La Roche-l'Abeille et de Montcontour, du siége de Saint-Jean-d'Angély, de la contenance héroïque de Jeanne d'Albret. Les consuls vivaient bien isolés derrière leurs murailles, ou bien ils redoutaient une parole inutile et inconsidérée.

(2) Le quantième est en blanc dans le manuscrit.

et particulier estat (1). Sur quoy fust par led. sieur declaire et ordonne que les consulz marcheroyent dung couste et les officiers de laultre, toutesfoys en mesme et pareilh degre. Or, estantz advertiz que led. S^{gr} comte, nostre gouverneur, estoit parti de lad. ville Sainct Leonard, s'acheminant vers ceste ville, feismes mectre en armes bonne partie de linfanterie, et en tel ordre quil sera dict cy apres. Et, ce faict, marchames vers luy, montez sur chevaulx couvertz de housses noires, accompagnez de plusieurs notables bourgeois, marchantz et aultres habitantz de la ville, audevant desquelz marchoit Gabriel Raymond, cappitaine de la ville, suyvi de quatre vingtz ou cent soldatz de nostre garde ordinaire, lesquelz estoyent mervelheusement bien en couche; et les faisoit fort bon veoir.

Estans arrivez a lendroict d'une terre quest pardela la Croix Sainct Leonard, ung peu pardeca la chappelle appellee *La Bonne Donne*, rancontrames nostred. S^{gr} gouverneur, acompaigne et suyvi d'ung grand nombre de seigneurs et gentilzhomes, auquel led. capitaine avec sa compagnie se presenta, tant que Me Aymery Guybert, advocat au siege presidial, nostre collegue et prevost, demeura a faire la harengue et luy presenter le service de la ville. Laquelle parfaicte, et entendu le bon vouloir de nostred. S^{gr} gouverneur, led. cappitaine sestant retire a quartier, reprismes chemin, marchantz vers la ville en cest ordre, jusques ad ce que fumes arrivez a lendroict du Sablard, ou estant, led. S^{gr} gouverneur descouvrit linfanterie campee dans une terre, en nombre de sept ou huict centz homes les mieulx armez et en couche que gens qu'on ait encores veu, le moindre ayant le morrion grave, et presque tous harquebouziers. L'arrieregarde estoit de quinze ou seze rangz de picquiers, gens de belle talhe et stature, armez et couvertz de toutes pieces. Des lors que led. S^{gr} comte saprocha d'eulx, fust sallue par lesd. compagnies dune mervelheuse escoulpeterie, tellement que toutes lesd. compagnies estoyent couvertes de fumee. A quoy led. S^{gr} print ung singulier plaisir, et commanda que lesd. compagnies marchassent, comme de faict on les feist marcher en fort bon ordre. Et premierement se presenta Me Michel Verthamon, recepveur pour le roy en leslection de Lymosin, colonnel esleu de lad. infanterie par nous et aultres habitantz de la ville, vestu de

---

(1) Raisonnement très-juste. Il faut se rappeler, pour bien comprendre cette question de préséance, que dans les processions et dans les entrées solennelles la place de chaque personnage est d'autant plus reculée que son titre est plus considérable.

veloux noir couvert de passement d'or, estant suyvi daultres cappitaines centeniers, ascavoir de Jehan Guybert, Pierre Vouzelle, Francois Roulhac, Martial Merlin, Pierre Cepas et Jehan dict Gay Lagorce, aussi vestuz de veloux, taffetas et aultres accoustrementz riches et somptueux. Led. Verthomon feist entendre aud. S^gr la bonne volunte de tous les habitantz de la ville a son service, et, ayant faict sa harengue, remonta a cheval, conduisant toutes lesd. compagnies, lesquelles passarent audevant nostredict S^gr gouverneur. Et, combien quil y heust plus de huict centz homes, toutesfois ny avoit que quatre ensegnes portees par Audoy Duboys, Rolland Verthamon, Claude Rouart et   (1).

Les compagnies passees, ainsin que lon commancoit a s'acheminer, se presentarent Mr Me Gaultier Bermondet, auparavant president et lieutenant general au siege, et a present maistre des requestes, et mons^gr Me Joseph Lamy, lieutenant particulier aud. siege, lesquelz feirent leur harangue lung ampres laultre, et, ce faict, prindrent leurs rangs aux deulx coustez dud. S^gr gouverneur, a quoy nous opposames, et fust remonstre que pour le moingtz on debvoit ceder ung couste a nostredict prevost, comme representant le corps de la ville. Et, apres longue dispute et altercation, led. S^gr gouverneur ordonna que led. S^gr Bermondet luy feroit compagnie, et que mons^gr nostre prevost marcheroit devant luy avec led. lieutenant particulier. Et en tel ordre on marcha jusques au logis dud. S^gr gouverneur.

Comme ledict sieur gouverneur fust dans les forsbourgs de Magninie, prez de la porte, led. Raymond, cappitaine, le feist de rechef saluer par ses soldatz dune escoulpeterie bien ordonnee; et, daultre couste, l'artilherie estant a lad. porte commança a sonner, faisant un bruyt de tonnerre mervelheux, tellement que lon ne pouvoit entendre aultre chose.

A lendroict du clochier de Sainct Martial, se presentarent messieurs les chanoines de lad. esglise, en procession, que receurent led. S^gr gouverneur, et, l'ayantz conduict jusques au grand hostel, illec observees les cœrimonies et solempnites acoustumees, feirent ostention du chef de mons^gr sainct Martial, nostre patron. Et d'illec nostredict S^gr gouverneur s'en alla descendre en la maison du Brueilh, ou son logis estoit prepare. Audevant duquel, et par toute la place Sainct Michel, estoyent

(1) Le nom est en blanc dans le manuscrit.

lesdictes compagnies, campees tellement que lon ne voyoit que harquebouzes et morrions, qui faisoit bon veoir.

Le lendemain, fumes luy faire la reverence, acompagnez de plusieurs bourgeois et aultres habitantz de la ville, et luy fismes present, comme lon a de coustume, de troys douzaines de cierges, dung bassin d'argent dore, six coupes, ung vas ou esguiere et deulx salieres, le tout dargent doré ; montant lad. argenterie six ou sept centz livres t/. Lequel presant led. S^{gr} receut dune fort bonne volunte, et offrit employer ses moyens et faveurs pour le soulagement et utilite de nostre republicque et de tout le pays, d'aussi bon vouloir qu'on le scauroit demender. Et despuys la monstre par effect.

Ledict S^r comte de Ventadour estant parti de ceste ville pour sen aller faire ses entrees au bas pays de Lymosin, fumes advertiz que mons^{gr} le marquis de Villars, lieutenent general pour le roy ez pays et duche de Guyenne, s'acheminoit vers ceste ville ; mais on ne scavoit certainement sil yroit a Bordeaulx premier que venir en ceste ville. Parquoy, sur ces entrefaictes, fumes certainement advertiz quil estoit a Bellac, et par ce soubdainement led. Me Aymery Guybert et Jacques David, ad ce depputez, sen allarent pardevers luy, et le trouvarent a la Maison Rouge, et, ayantz entendu son vouloir, retournarent le seoir mesmes.

[Passage et réception du marquis de Villars.]

Le lendemain on donna ordre a son entree, pour laquelle on nheust le moyen d'executer ce que lon desiroit bien, tant pour l'arrivee inopinee dud. S^{gr} que pour lincommodite du temps, lequel estoit pluvieux, comme il fust encores long temps apres, aultant que lon ait encores veu. Neantmoingtz on feist mectre en armes toute la susd. infanterie de la ville, soubz les mesmes colonnel et cappitaines centeniers quil a este dict cy dessus. Et fust donne ordre aulx aultres choses necessaires a lad. entree et reception au moingtz mal quil fust possible.

Estans advertiz que led. S^{gr} marquis estoit desja parti de la Maison Rouge, partismes de la maison commune de consulat montez sur chevaulx couvertz de housses de drapt noir, accompaignez dung grand nombre de notables habitantz de la ville, audevant desquelz marchoit la garde ordinaire et soldoyee de la ville, questoyent quatre vingtz ou cent homes braves armes et en couche au possible, estantz lesd. soldatz conduictz par led. cappitaine Raymond.

AYANT MARCHE jusques a une terre ung peu pardela la Croix de Bregefort, rancontrames led. S^{gr} marquis, auquel led. cappitaine Raymond feist la reverence. Et apres se presenta Me Aymery Guybert, cy dessus mentione, lequel, ayant mis pied a terre, luy feist une harangue que fust paisiblement entendue par led. S^{gr} marquis, lequel s'offrit destre protecteur et defenseur de nostre ville, des habitans dicelle en general et particulier et de tout le pays de Lymosin.

CE FAICT, ON REPRINT le chemin vers la ville. Et estantz aupres d'icelle, led. Me Michel Verthamon, recepveur et colonnel, presenta aud. S^{gr} le service de tous les habitantz de la ville et le sien en particulier ; et, entendue la responce dud. S^{gr}, se retira vers ses troupes. Et lors se presenta Me Josse Godet, vicaire general de monseigneur de Lymoges, lequel, accompaigne des officiers dud. S^{gr} evesque, feist sa harengue a mond. S^{gr} marquis. Et, ce faict, on arriva dans les fors bourgz de Montmalher, ou toutes les compagnies dinfanterie estoyent campees, daultant qu'elles n'heussent peu passer oultre sans desordre et confusion, pour lincommodite des chemins. A lentree du forsbourg se trouvarent les sept cappitaines centeniers suz nommez, honorablement vestuz et acoustrez, avec leurs sergentz et officiers, qui feirent la reverence aud. S^{gr} marquis et le feirent saluer d'une infinite d'harquebuzades ; et d'aultre couste on faisoit sonner lartilherie de la porte Montmalher, qui faisoit ung mervelheux bruyt et tonnerre, car on nentendoit riens que coups dharquebuzades, pieces a croc, faulconneaulx et aultres pieces de qualibre. Et en ceste rejouissance fust conduict led. S^{gr} marquis en la sudicte maison du Brueilh, ou son logis estoit prepare.

[Objet de la mission du marquis de Villars : pacification ; inspection des finances.]

LEDICT Sr MARQUIS estoit expressement venu en ceste ville pour faire jurer et entretenir la paix, et a ces fins entendre et recepvoir les oppressions et plainctes du peuple, rechercher et veoir les culhetes (1) des deniers ordinaires et extraordinaires, muletz, chevaulx, armes, bledz, farines, vivres, munitions de guerre et aultres choses imposees et levees sur le peuple ez annees mil cinq centz lxvij, lxviij, lxix et septante que les

---

(1) Les *cueillettes*, les perceptions des deniers.

troubles avoyent dure. Et a ces fins estoit accompagne de Mr de Montdoucet, conselher au grand conseilh, et de Mr Tambonneau, Me des comptes, commissaires ad ce depputez par le roy. Leurs charges et commissions leues et publiees au siege presidial, seant led. Sgr de Montdoucet, le   (1) de decembre, et les affiches mises ez lieux acoustumez, et envoyez ez villes et parroisses de ceste seneschaulcee, aulx fins que chascun fust certiffie et adverti de venir faire ses plainctes et doleances et de porter les estatz desd. culhetes et liefves (2), chascun en son endroit respectivement.

Il y a ici une page et demie en blanc dans le manuscrit.

Eslection des consulz faicte par les habitans de la ville de Limoges, assemblez en la maison commune de consulat, pour l'annee mil cinq cens soixante dix, finissant lxxj, faicte le vij^e de decembre an susd. lxx.

Les Taules :

Anthoine Duboys.

La Porte :

Jehan Mauple.

Maigninie :

Francoys Roulhat.

Le Marche :

Pierre Vouzelle.

La Fourie :

Jehan de Cordes l'ayne.

---

(1) Le quantième est en blanc dans le manuscrit.
(2) *Liefves*, levées.

Le Clocher :

Claude Rouard.

Boucharie :

M⁰ Paris de Buat.

Lansequot :

Jehan de Lachenault.

Las Combas :

Marcial du Boucheys.

Le Vieulx Marche :

Helies Farne.

Croyssances :

M⁰ Francoys Bechameil, advocat ;
M⁰ Loys Roumanet, greffier criminel.

<small>Lannce des bruictz.</small> *Eslection faicte par les habitans de la ville de Limoges des officiers collecteurs pour lannee mil cinq centz soixante dix, finissant soixante unze, suyvant les lectres pactentes du roy, donnees a Fontenebleau, le vingt sixiesme julhet lan de grace mil cinq centz septente ung* (1), *faict le tiers de septembre, en la maison commune de consulat, mil cinq centz soixante unze.*

Officiers :

Joseph Lamy, lieutenent particulier ;
Jehan Vincendon, conseilher au siege presidial ;
Jehan Biays ;
Pierre Douhet, esleuz au hault pais de Limosin.

(1) Ces lettres-patentes ne sont pas transcrites au *Registre consulaire*, mais elles se trouvent dans le *Manuscrit* dit *de* 1638, page 332. Nous

Les Taules :

Pierre Guibert ;
Pierre Bouthon.

---

croyons devoir les reproduire ici. Ainsi se trouve expliquée en partie la mission du marquis de Villars.

« Icelle année il y eut à Limoges de nouvelles impositions, et, la cotisation étant mal faite, les habitants furent au conseil, tant pour les tailles qu'autres impositions, et fut dit ce qui s'ensuit :

» CHARLES, par la grâce de Dieu roi de France, au sénéchal de Limousin ou son lieutenant et élus de nos aides et tailles du Haut Limousin, et chacun d'eux premier sur ce requis, salut. Nous, ayant entendu en notre privé conseil les remontrances à nous faites par les consuls et aucuns habitants de la ville de Limoges sur le département qui a été fait de la somme de neuf mille livres par nous ordonnée être levée cette année sur ladite ville et fauxbourgs pour la subvention générale, et après avoir ouï en notre conseil l'un desdits consuls et le député des susdits habitants sur lesdites remontrances, avons connu le différend qui a été mu entre eux procéder de ce que les tailles et équivalent n'ont été ci-devant également cotisés selon les biens, facultés et industrie d'un chacun. Pour à quoi obvier à l'avenir et ôter le susdit différend et tous autres qui se pourroient mouvoir entre iceux habitants à cause desdites cotisations, et en ce soulager nos pauvres sujets, et faire également départir nos deniers, vous mandons et ordonnons par ces présentes que vous enjoignez de par nous auxdits consuls qu'ils aient dans quinzaine à faire procéder à l'élection de deux collecteurs des tailles de ladite ville de chacun canton, qui seront élus par les habitants dudit canton séparément, et pour cette année seulement, encore que lesdits collecteurs l'aient été depuis cinq années en ça. Et étant iceux collecteurs tous ensemble nommeront deux officiers dudit siége présidial et deux desdits élus. Et sur un rôle qui sera pour cet effet dressé, où sera seulement écrit le nom de tous les habitants de la présente ville, le fort portant le faible, le plus justement et également que faire se pourra, selon la faculté de leur bien et industrie, chacun desquels consuls, collecteurs, officiers et élus écrira ou fera écrire en un petit billet les taux qu'il sera d'avis que chacun desdits habitants doit porter. Et étant tous lesdits billets écrits sur les taux de chacun habitant, ils seront mis ensemble et après lus l'un après l'autre par l'un des consuls ou autre de la compagnie qui sera élu par les susdits. Et suivant le plus grand nombre des billets semblables ou des autres approchants diceux, la cotisation des tailles et équivalent de ladite ville sera arrêtée sur chacun desdits habitants. Et lorsqu'il sera question de bailler lesdits billets sur le taux de chacun desdits consuls, collecteurs, officiers et élus, il sera tenu de s'absenter de la compagnie, afin qu'aucun abus n'en advienne. Laquelle cotisation sera ainsi continuée à l'avenir de dix en dix ans. Et, ce fait, nous enjoignons auxdits

La Porte :

Jehan Vidaud ;
Pierre Meyze.

---

consuls que, lorsqu'ils procèderont au département des autres subsides qui seront par après imposés sur ladite ville, ils suivent les taux desdites tailles et équivalent qui sera fait en la forme susdite, même celui dudit équivalent, excepté des emprunts qui seront mis sur ladite ville, auquel cas ils suivront la forme qui sera par nous ou par nos commissaires prescrite. Et, étant faite la susd. cotisation desdites tailles et équivalent comme dessus, vous faites cotiser et départir de rechef la susdite somme de neuf mille livres. Départie, lesd. consuls bailleront les rôles signés de vous, sénéchal, ou votre lieutenant ou élus et desdits consuls à ceux qui auront fait la première levée de la susdite somme de neuf mille livres, lesquels seront tenus de rembourser ceux qui auront trop payé du premier taux, et recevoir la surtaux de ceux qui seront taxés à plus grande somme qu'ils n'ont été par le premier taux. Et, ayant iceux consuls délivré le premier rôle aux susdits, ils demeureront déchargés de faire ladite levée et remboursement. Voulant être procédé à tout ce que dessus après l'exécution de nos lettres-patentes du 20e du présent mois, portant contrainte de lever ladite somme de neuf mille livres que voulons que, tous affaires postposées, être exécutés selon leur forme et teneur et avant ces présentes. Et à ce faire souffrir contraignez ou faites contraindre tous ceux qu'il apartiendra par toutes voies et manières dues et raisonnables, nonobstant oppositions ou appellations quelconques faites ou à faire, relevées ou à relever, et sans préjudice d'icelles, pour lesquelles ne voulons être différé. Car tel est notre plaisir, nonobstant aussi tous autres édits, ordonnances, statuts, coutumes, défenses, lettres impétrées et autres choses faisant au contraire. Donné à Fontainebleau, le 26e jour de juillet l'an de grâce 1571, et de notre règne le 11e. Signé : Par le roi en son conseil ; POTTIER ; et scellé du grand sceau en cire jaune. »

Il faut encore ici combler une lacune des *Registres*. Voici d'abord ce que relate le *Manuscrit de* 1638, fo 331 :

« Icelle année mil cinq cent septante un, furent érigés à Limoges six juges de police, ayant droit sur les grains, boulangers et autres choses dépendantes de police, lesquels sont nommés tous les ans des consuls qui élisent deux de justice, deux consuls et deux bourgeois. »

Prenons maintenant le recueil factice de pièces diverses connu sous le nom de *Premier Registre consulaire*. Ce recueil sans ordre et sans suite, et qui pour cette raison n'a pu être compris dans la présente publication des *Registres consulaires*, contient, fo 133 ro, au milieu d'un acte en langue romane concernant les ordonnances de Limoges, la mention suivante, contemporaine de l'évènement qu'elle rapporte :

Maigninie :

Jehan de Jayac ;
Pierre de Gerveys.

« Memoyre soyct que le sabmedy, jour et feste de mons^r sainct Marcial, dernier jour du moys de jung mil cinq cens soixante unze, environ leure de troys et quatre heures anpres mydy, tunba la tenpeste et fouldre sur le clochier de leglîse cathedrale de la ville et cyte de Limoges, appellee Sainct Esthiene, a la sonmite de laigulhe dudict clochier, laquelle egulhe estoict couverte de plonb de la longueur de deulx picques. Laquelle tenpeste et feu se mist a ladicte sonmite du clochier, et continua si vivement, sans y pouveoir donner aulcung ordre, en descendant au bas dudict clochier, que dans cinq heures apres le feu heu brusle toute leigulhe ensenble toute la bardeyche et aultres boys questoient dans ledict clochier, et les cloches, en nonbre de onze, toutes fondues, exepte les deulx grandes, lesquelles tunbarent au bas du clochier a demy fondues et en pieces, aussy les barres de fert questoient dans le clochier, de la groysseur du bras de lhome, se bruslarent et fondyrent dans le feu, et lhorroloque et mouvement dud. horroloque tout brusle. »

Copions enfin, au manuscrit in-4º (1) de Pierre Mesnager, intitulé *Histoire de la vie de monsieur saint Martial*, p. 211 et suiv., la relation étendue de l'accident ci-dessus répété dans le *Premier Registre consulaire*. L'orthographe du copiste est tellement fantaisiste qu'il est indispensable de traduire :

« Nota que le jour de la grand saint Martial, le dernier jour du mois de juin 1571, et environ l'heure de vêpres, il fit un éclair de tonnerre qui passa sur la ville de Limoges, venant du côté de la porte Montmailler (N.-O.) de ladite ville, et vint tomber sur le clocher de la grande église cathédrale de Saint-Etienne de la cité de Limoges, par la sommité et pomme où était la croix et girouette étant sur l'aiguillon couvert de plomb, sans que bien peu de gens s'en donnassent garde, tellement que l'éclair, du coup qu'il donna contre ladite pomme étant de bois et couverte de plomb, le feu s'y mit et entra dans le clocher par là, que tellement que bien peu de temps après, ledit feu s'étant pris au bois de l'aiguillon étant sous le plomb de la couverture d'icelui, commençant a sortir un peu par le dehors, ce que plusieurs gens voyant (eurent) les frayeurs. Et petit a petit commença ledit feu à augmenter et brûler le bois, tellement que le plomb de la couverture d'icelui se mit à fondre et tomber tant par dedans le clocher que par le dehors. Et tomba incontinent par terre la pomme d'icelui avec la croix de fer étant fort grosse et grande. Et le monde se riait en pensant que le feu ne pénétrât guère au bas dans ledit clocher, attendu qu'il était fort haut dicelui ; mais mes-

---

(1) Ce manuscrit s'arrête à l'année 1676.

Le Marche :

Marcial Mailhot ;
Pierre Pabot.

La Fourie :

Anthoine Dupeyrat ;
Bartholome Albin.

Le Clochier :

Marcial Merlyn ;
Jacques Michel.

Boucherie :

M⁰ Estiene Bony ;
Bertrand Demons

---

sieurs les chanoines firent monter plusieurs maîtres charpentiers de la present ville pour y donner secours, ce qu'ils ne purent faire, causant le plomb de ladite sommité qui se fondait et tombait incessamment tant par le dedans que par le dehors dudit clocher, qui endommagea grandement le charpentier. Et tellement pénétra le feu malin que, outre son naturel, descendit peu à peu depuis le haut dudit clocher jusques aux pieds d'icelui, en frayeur que, en moins d'une heure et demie, la bardèche et bois du clocher fut toute en flamme de feu si ardent que, environ l'heure de sept heures du soir, le feu était dans le clocher depuis le pied jusques aux sommités d'icelui, en si grande ardeur et frayeur que toute personne qui le voyait ainsi était épouvantée. Et, en voyant le feu si épouvantable brûlant ladite bardèche et bois et sortant de tous côtés dudit clocher, que lesdits pauvres qui y étaient pensèrent être tous perdus et brûlés à cause de la grande flamme qui sortait du clocher. Et s'épendant sur l'heure même sur les maisons prochaines, sans le secours qui fut mis, les plus près des maisons se fussent brûlées. Et enfin le feu s'enflamma (tellement) que toutes les cloches qui étaient le plus près se fondirent dans le clocher, et les autres tombèrent aux pieds d'icelui et se brisèrent, chose bien épouvantable à voir, tellement que enfin il ne demeura aucune chose dans ledit clocher, et demeura tout vide, sans aucun bois ne chose qui se puisse réserver. Et disait que ce n'était pas présage de bon signe au pays. Et atteint le feu jusqu'à l'heure de minuit. Je prie Dieu qu'il nous garde de telle infortune, et croyant toutefois que c'étaient nos péchés qui étaient cause de telle infortune, Dieu et la sacrée et bienheureuse Vierge Mère de Dieu nous donne sa sainte bénédiction ! Amen. »
(Signé :) P. MESNAGIER.

Lansequot :

Joseph des Flottes (1) ;
Helies Gay.

Combes :

M⁵ Gabriel Albiac ;
Pierre Teulier.

Le Vieulx Marche :

Mathieu Bardinet ;
Noel Benoist.

(Signé :) FOREST, scribe.

Eslection des consulz faicte par les habitans de la ville de Limoges, assembles en la maison commune de consulat, pour lannee mil cinq centz soixante unze, le sepliesme jour du moys de decembre lan mil cinq centz soixante unze [pour 1571-1572].

Marcial Benoist,	les Taules ;
Leonard Mousnier,	la Porte ;
Leonard Limosin,	Magnine ;
Jehan Loudeys,	le Marche ;
Bartholome Albin,	la Fourie ;
Marcial Merly,	le Clochier ;
Bertrand Demons ;	Boucherie ;
Guilhaume de Julhen,	Lansequot ;
Pierre Teulier,	las Combas ;
Pierre Dumas,	le Vieulx Marche ;
M⁵ Jehan Penicaud, advocat,	} Croissances.
Marcial Duboys dict Mourique,	

(Signé :) G. FOREST, notaire royal et scribe desd. consulz.

---

(1) Il y avait primitivement « Joseph de Fayolles ».

Eslection faicte par les manans et habitans de la ville de Limoges des collecteurs pour lannee mil cinq centz soixante douze, finissant soixante treze, faicte le neufiesme septembre mil cinq centz soixante douze.

Les Taules :

Francoys Bastide;
Psaulmet Faulte.

La Porte :

Estiene Pinchaud;
Jehan Bouthaud.

Maignenye :

Pierre Benoist;
Marcial Boulhon.

Le Marche :

Guilhaume Foucaud;
Blaise Dumas.

La Fourie :

M⁰ Jehan Noailher;
Francois Faulte.

Le Clochier :

Johachin Blanchon;
Jehan Mazeau.

Boucharie :

Leonard Leyraud;
Leonard Goumy.

Lansequot :

Francois Vesciere;
M⁰ Joseph Blanchard.

Las Combas :

M⁰ Guilhaume Nantiac;
Jehan Dubouscheys.

Le Vieux Marche :

Gabriel Raymond ;
Francois Chaffort.

(Signé :) Forest, scribe.

Par le sonmaire recueil des choses advenues ez annees precedantes, escript et delaisse a nous et a noz successeurs par Messieurs les consulz qui ont heu la charge et maniement de la chose publique depuis lan soixante, la posterite recognoistra les premiers actes de lhystoire tragique de France et lamantables frayeurs qui souvent ont espouvante la ville de Limoges. Par le succes de la present annee mil cinq cens soixante douze on recognoistra lacte dernier et la fin de la tragedie autant hœraiques et sanglantz quilz estoient inopines et incogneuz mesmes a ceulx qui avoient lesprit et le jugement plus œgu, subtil et prœvoient.

Le discours de ce *qui est advenu lan du consulat mil cinq cens soixante douze.*

La venue de Mons^{gr} de Montpancier et Madame de Ste Croix, sa fille, en labbeye de la Reigle.

Chap. I.

[Réception du duc de Montpensier et de madame de Sainte-Croix, sa fille.]

Apres que les consulz, le jour de leur election, septiesme decembre mil cinq cens soixante douze, heurent preste le serement convenable a leur charge, dans la maison conmune de consulat, ilz receurent advertissement que Monsr le duc de Montpencier, prince du sang et pair de France (1), conduysoit Madame de Saincte Croix de Poictiers, sa fille, laquelle peu auparavant avoit este pourveue de labbeye de la Reigle, en la cyte de Limoges, et le lendemain y debvoit arriver pour en prendre possession. Les consulz, recognoissans la grandeur dudict S^r et la faveur quil avoit porte aux habitans, les troubles passes, apres avoir plus certainement entendu son arrivee, ledict jour

(1) De la famille du roi de Navarre.

second de leur consulat, sur les trois heures apres mydy, acompaignes de plusieurs notables cytoiens, allarent audevant le recepvoir pres Montjauvy, ou ayant mis pied a terre, ilz lui presentarent le treshumble service des habitans, naturellement affectionnes a la prosperite et grandeur des princes du sang et singulierement dudict S^r, pour se recentir de layde et faveur quil luy avoit pleu leur departir au temps de leur adversite ez troubles passes. Le semblable fust offert a Madame la duchesse, son espousse, soeur de Monsr de Guyse, qui lors lacompaignoit dans son coche. Lesquelz ensemble remerciarent les habitans, avec assurance de la bonne affection et volunte quilz portoient, laquelle ilz fairoient paroistre aux occasions qui se presenteroient pour le bien et prosperite de la ville. De ce lieu led. S^{gr} sortit et fut conduict a la porte Montmailler, ou lartillierie le salua, et apres, traversant la ville, sortit par la porte Magninie. Et, sur le bout des faulx bourgs dicelle, comme ledict S^{gr} descendoit vers Sainct Estienne, les consulz aperceurent le train de Madame de Ste Croix, qui venoit du coste St Gerald. Soudain lartillierie de ladicte porte Magninie la salua au rencontre, et les consulz savancerent vers elle, et, aproches de son coche, luy firent entendre les jouyssances et consolation qu'un chascun recepvoit de sa venue et demeure au monastere de la Reigle, tant pour le bon exemple dune singuliere chastete remerquee en ladicte dame, admirable sur toutes aultres, que pour lespoir qu'ilz avoient de veoir ladicte abbeye remise aux premieres reigles de son ancienne devotion et sainctete. Ladicte dame receu humainement les consulz, les assurant de sainct vouloir au service de Dieu et de son Eglise, et, pour laffection quelle recognoissoit aux habitans, prieroit Monsr son pere les avoir en reconmandations ou il auroit besoing de son ayde et faveur. Ainsi furent conduictz lesd. S^r et dame a leur logis pres ladicte abbaye de la Reigle.

Le jour suyvant, les consulz de rechef retournarent a son logis pour recepvoir son conmandement et semployer a luy faire service; et despuis continuarent se présenter et lhonnorer de dons et presentz propres a son sejour, affin de mieulx acquerir et retenir son amytie.

Le dixseptiesme dudict moys de decembre il departit, et fust convoye par les consulz une lieue et plus, ou ilz prindrent leur conge, et sexcusarent de ce quilz ne lavoient receu et honnore conme sa grandeur le meritoit, le prians ne mesurer leur debvoir a sa grandeur mais a leur petit pouvoir, moyens et bonne volunte.

LE VOYAGE VERS LA ROYNE *de Navarre, departie de Bearn pour aller en court traicter le mariaige de Monsr le prince son filz et Madame Marg^{te} de France.*   CHAP. II.

[Passage à Limoges de la reine de Navarre.]

AU MOYS DE JUING suyvant, les nouvelles vindrent que la royne de Navarre estoit departie de Bearn, et sachaminoit en cour pour traicter le mariaige de Monsr le prince son filz et Madame Marguerite, soeur du roi. De longtemps auparavant ce bruict avoit couru fort incertain, et, affin den scavoir la verite, les consulz expedierent honme expres en deligence, pour sen enquerir au vray du tout. Lequel peu de jour apres raporta certainement que ladicte dame aprochoit de Perigueux, mais quil estoit incertain quel chemin elle tiendroit, par Poictiers ou par Limoges : le coste de Poictiers estoit plus conmode pour la grand suytte des coches, chariotz et aultres attirail ; Lymoges estoit propre plus que tout aultre pour fournir et acconmoder la suytte et le train de toutes choses neccessaires a leur voyage, et pour ce la pluz part tenoit quelle viendroit audict Limoges, et quil nestoit requis aller loing audevant, mais seullement bien preparer les vivres et aultres choses neccessaires a sa venue. Depuis, ayans entendu plus certainement que lincomodite du pais et des chemyns lavertissoit de passer par Limoges, Me Jehan Penicaud et Marcial Dubois (1) des Taules, consulz, et deux bourgeois furent esleuz en la deliberation des afferes conmunes pour aller trouver ladicte dame la part ou elle seroit, luy presenter le service et lobeyssance que le subject doibt a son seigneur. Incontinant les depputes savencerent hastivement pour trouver la royne auparavant quelle heust oultrepasse le chemin de Limoges. Et, de faict, le vingt sixiesme janvier, second jour apres leur departement, la saluarent a Mareuyl pres Perigueulx (2)

---

(1) Il y a peut-être une erreur de nom : les Taules avaient pour consul Marcial Benoist.

(2) Jeanne d'Albret s'était enfin décidée, sur les instances de Coligny, à aller à la cour négocier le mariage de son fils avec Marguerite de France. Quelques-unes des dates indiquées ici paraissent hasardées. Il est certain que la reine de Navarre arriva à Blois le 4 mars 1572, que le traité de mariage fut signé le 11 avril, et que Jeanne mourut à Paris le 9 juin. Comment la reine de Navarre, partie du Béarn depuis le mois de juin, ne serait-elle arrivée à Mareuyl que le

a son lever, et, luy ayant faict entendre leur charge, la supplierent croire que linjure des troubles et du temps navoient en rien diminue la naturelle et antienne affection que ses subjectz de la ville de Lymoges avoient tous jours porte a la prosperite de sa personne, grandeur et conservation de sa maison, ce que par experiance elle cognoistroit sil luy plaisoit veoir et passer pa[r] sa ville de Limoges, et employer ses subjectz en tout ce quilz pourroient servir a la conmodite de son voyaige, et en tout autre endroict luy obeyr et recepvoir son conmandement. Monsr de Biron, qui lors la conduisoit, les presenta a lad. heure quil vit la plus opportune. Par la responce de ladicte dame, bien quelle receust humainement a la coustume des princes et grandz seigneurs, les depputes descouvrirent quelque mescontentement, pource que lad. dame declaira sestre tous jours employee comme feroit a ladvenir pour tous ceulx qui luy avoient este bons et loyaulx subjectz en ladicte ville et ailleurs, faisant taisiblement entendre quelle ne reputoit indifferenment pour telz tous les habitans de ladicte ville. Telle différence, selon le jugement de ceulx qui scavent raporter lintention des honmes a lhimeur et passion qui les conduit, dependoit de la diversite des religions et du mainement de la vile au temps des guerres passees, auquel Limoges ne recogneu aultre que le roy, et quelques practiques et conspirations quon heust dresse pour le ruyner et livrer en proye, voire que, selon lapparance exterieure, elle heust souvent este proche de sa desolation, toutesfoys ne peult estre divertie de lobeyssance de son souverain ne tant soit peu favoriser les ennemis de Sa Majeste. Telle intention fust aussi peu apres mieulx esclarcie par ung secretaire destat de ladicte dame, lequel, parlant aux depputes a part dans la salle ou elle estoit, sur louverture quilz avoient faict du different de la cyte, reprocha arroganment et rudement que les cytoiens de Limoges estoient les plus malings et desobeyssantz subjectz de ladicte dame ; que toute leur vie ilz avoient plaide contre elle, et reffuse luy obeyr en tous ses conmandementz, mesmes ses derniers jours quelle avoit voulu establir audict Limoges lexercice de sa religion ou elle avoit eleu son domicille (1). Les depputes plus modestement

26 janvier ? On peut cependant s'expliquer qu'elle ait mis un grand mois à se rendre de Périgueux à Blois, car elle ne voyageait qu'avec une extrême défiance.

(1) La reine de Navarre, femme remarquable par son mâle courage, la pureté de ses mœurs et sa vigoureuse intelligence, se montrait en effet fort intolérante : elle avait interdit d'une manière absolue le culte catholique en Béarn et expulsé tous les ecclésiastiques.

remonstrerent le dangier et donmaige qui suivoy lintention de lad. nouvelle religion au milieu dung peuple catholique et singulierement zele a sa religion ; et a toutes menasses et propos insolentz opposarent pour solution lintention et volunte du roy declairee par ses eedictz, a laquelle ilz se vouloient conformer en tout et partout. Et ayantz ung peu rapaise la collere dudict secretaire, parlarent encores par son moyen a la royne apres son disner pour le different de la cyte, sur lequel elle les remit en court ou elle leur conmanda se trouver avec assurance de leur y assister. Les depputes avoient ainsin expedie leur charge, et restoit demander conge et departir dud. Maroeuye (1); mais, pour mieulx contenter par obeyssance et service ladicte dame, ilz demeurarent a sa suytte tout le jour jusques au chasteau de Marthon a la couchee, ou le conge leur fust baille a heure bien tarde, tellement quilz furent contrainctz, pour trouver logis et retraicte, cheminer une grande partie de la nuict.

Le voyage en cour *pour le different de la cyte et aultres affaires de la ville.*

Chap. III.

[Députation des consuls pour traiter différentes affaires intéressant la ville.]

En ce mesme moys de janvier, peu auparavant le voyage vers la royne de Navarre, ceulx qui se disoient consulz de la cyte (2) firent publier pardevant le juge du pariaige, clandestinement et au desceu des habitans de la ville, quelques provisions pour y establir deux foyres lan et ung marche a certain jour de la sempmaine. Requerans les consulz de la ville pour linterest et prejudice du publicq et messieurs les officiers de la royne de Navarre, soubsdain, par ordonnance de Monsr le gouverneur ou son lieutenent, fust inhibe a toutes personnes vandre ne achapter bledz, grains ou aultres vivres en aultre lieu quau marche publicq de la ville, a paine de cinq cens livres et du fouet. Le jour que ceulx de la cyte voulurent ouvrir leur marche, ayans aposte quelques leurs mestaiers et boulengiers de ladicte cyte pour y presenter en vente des bledz, requerans lesd.

---

(1) Plus haut « Mareuyl ».

(2) *Ceux qui se disoient consuls de la cité.* Ce sont leurs adversaires qui parlent. Ils dénient à leurs collègues, partisans de la reine de Navarre, la qualité de représentants de la cité. Comme on le voit par ce curieux passage, les divisions religieuses et politiques qui déchiraient la cité s'étaient introduites dans le corps consulaire.

consulz et officiers de la royne de Navarre, Monsʳ le lieutenant sy transporta, et dans lauditoire et parquet de ladicte cyte, lieu prepare pour ledict marche, fist inhibition et deffence aux habitans de ladicte cyte et tous aultres y vandre ne achapter, aux paines que dessus, conmandent a tous ceulx qui avoient des grains et danrees pour vendre les apporter au marche public de ladicte ville, pour les debiter a ceulx qui en auroient besoing, et ce aux mesmes paines contre ceulx qui contreviendroient.

CE DIFFERENT SURVENU a lapetit de quelques particulieres maisons de ladicte cyte qui pratiquoient, sous le preteste de liberte, de pouvoir en chemin achapter et revendre les bledz et danrees que les voicturiers et circonvoisins apportent et ne peuvent vandre aultre part quau marche publicq de la ville, la deliberation et entreprise de ceulx qui tachoient establir ung presche et exercice de la nouvelle religion, par la faveur de la royne de Navarre, la diminution du subside vulgairement appele *la donne*, et aultres affaires requeroient un voyaige en cour. Pour lequel Mᵉ Jehan Penicaud (1), consul, et sire Jehan Dubois, maistre de la monnoie, furent esleuz des consulz et des habitans, au conmancement du moys de mars suyvant, et, le cinquiesme dudict moys, departirent pour trouver la cour a Bloys, ayant accepte la charge avec un grand regret, non pour le soing de leurs affaires particulieres, mais pour la difficulte de lexecution quilz y prevoioyent. Car, dune part, touchant le presche, ilz avoient la royne de Navarre ez partie, qui lors sembloit avoir plus de credit et auctorite que jamaiz; quant a la cyte, Monsᵍʳ de Limoges, conseiller au prive conseil, avoit expouse la cause comme sienne et a son prouffict. Toutesfois les depputes estoient contrainctz de les employer tous deux pour leffect de leur conmission, la royne de Navarre, contre la faveur et credict dudict Sʳ de Limoges; led. Sʳ de Limoges, pour sopposer et moyenner, selon le dheu de sa charge, que la royne de Navarre nestablit en la ville cappitalle de son evesche lexercice de ladicte religion pretendue (2). En telle perplexite desprit, ilz arriverent a Blois le dixiesme de mars, ou ilz conmancarent praticquer les moyens de parler a la royne mere [et à] Monsʳ, frere du roy, par

---

(1) Il ne figure pas dans la liste des consuls; peut-être remplaçait-il un des consuls huguenots, que leurs collègues ne voulaient pas reconnaître.

(2) Très-délicate mission exposée avec une grande lucidité. Tout ce compte-rendu, justement intitulé « Discours », est remarquablement écrit.

ladviz dudict S^{gr} de Limoges, qui avoit descouvert linstance que la royne de Navarre faisoit pour establir audict Limoges sadicte religion. Lacces fust fascheux et tardif, pource que les depputes vouloient trouver la conmodite de faire bien entendre audict S^{gr} et dame lextreme peril et la ruyne qu'on preparoit pour ladicte ville, sil plaisoit au roy la priver du beneffice de ses eedictz et franchise dudict exercice, qui par iceulx lui estoit acquise. En fin le tout vint a bon port, car ilz heurent assurance par la responce de la royne mere quil nen y auroit et quil nen falloit avoir craincte. Monsr conmanda quon luy en fist memoire par escript. Lequel fust baille et delaisse par les depputes a Monsr Pinel, son secretaire destat, qui leur avoit baille entree et moyen de parler audict S^{gr} un jour a son lever. Quant aux provisions quilz poursuyvoient contre ceulx de la cyte, ilz prindrent leur adresse vers la royne de Navarre, de tant que ses droictz y estoient interesses, comme ceulx des habitans. Je ne scay si la grandeur des affaires que la royne de Navarre mainoit lors loccupoit tellement quelle nheust le loisir dentendre les depputes, ou si ses officiers, sectateurs de la nouvelle oppinion, len detournoi(en)t, mais tant y a quilz demeurarent quinze jours ou plus, poursuivantz ordinairement des le matin jusques au seoir le temps et lheure de pouvoir luy declairer leur charge et conmission, a cause que ses officiers ores lexcusoi(en)t de maladie, ores de la venue des reystres (1) qui demandoi(en)t argent, ores du traicte et articles de mariage (2); et neaulmoins retenoi(en)t les depputes par une experance de les faire ouyr et expedier dheure a aultre (3). En fin la trop longue attente causa ung desespoir de layde et du secours de lad. dame en cest endroict. Recourans ailleurs, comme ilz avoient resolu presenter et poursuivre la requeste en leurs noms, sans y mesler la royne de Navarre, ung des habitans de la cyte vint en cour pour cest effect, qui ouvrit ung traicte daccor, Monsr de Limoges entendu lung en presence de laultre, et trouva loffre faicte par les depputes de la ville raisonnable : scavoir une exemption accordee aux habitans de la cyte des tribus et droictz de la ville, pareille et esgalle aux aultres habitans dicelle, moyenent

---

(1) « *Reitre*, mot allemand qui signifie *cavalier*, et qui désigne les troupes mercenaires employées en France par les protestants et les catholiques au xvie siècle. » (CHÉRUEL.)

(2) Le mariage d'Henry de Bourbon et de Marguerite de France.

(3) C'était tout simplement une petite rancune féminine, quoique royale. La protestante se vengeait de la froideur des catholiques limousins.

ce quilz ny auroit aultres foyres ne marches que celles de la ville qui seroient egallement libres a ceulx de la ville et de ladicte cyte. Il conmanda aux depputes luy en faire ung project, et le fist signer au consul de la ville, luy baillant parolle et assurance de le faire suyvre et accorder a ceulx de ladicte cyte. De la diminution de la donne il nen falloit parler, car lestat en estoit faict. Le roy estoit presse par les reystres ausquelz les deniers estoient destines. Encores adjousta ledict Sr de Limoges que la ville estoit cottizée a cinquante mil livres, et par son moyen rabays avoit este faict des vingtz, et si a present on vouloit practiquer aultres diminutions, seroit rafrechir la plaie et faire augmenter le taulx de sept ou huict mil francz. La responce dudict S^r et de Monsr de Morvilliers sur lexpediction des lectres du college merite quon la taise pour la sinistre oppinion que le lecteur en pourra concepvoir (1).

Chap. IV.
[Cherté du blé.

Mesures prises par les consuls.]

LA CHARTE DES BLEDZ, *les aumosnes publiques et l'ordre garde au tout.*

LA(N) MIL CINQ CENS SOIXANTE UNZE, precedent n^{re} consulat, Dieu, pour lamandement de noz faultes, comme il fault croyre, avoit tellement retire sa benediction des fruictz de la terre quen la recolte diceulx, en la plus part du pays, il nen y heust asses pour rendre et remectre la semence ; daultre part linjure et le degast des guerres dernieres avoient este si grand quil restoit bien peu de grains vieulx pour subvenir au deffault et sterilite de la presente annee, et encores ce peu qui restoit estoit entre les mains des plus grandz seigneurs et plus riches marchans et fermiers du pays, dou il estoit mal ayse le tirer a pris et gain raisonnable. Une aultre inconmodite agravoit ce mal, que le marchant, lartezant et aultres gens, de quelque estat quilz fussent, demeuroient oysifs la plus part du temps, non par deffault de bon vouloir et desir de travailler, mais a cause que le conmerce navoit son cours accoustume, et que la pouvrete universelle en tout pays contraignoit ung chascun faire, comme

(1) L'auteur de ce rapport, distingué par la netteté des idées et la fermeté de la forme, cherchait à ménager aux yeux de la postérité certains noms illustres ; mais la postérité curieuse voudrait bien connaitre la réponse ainsi passée sous silence.

lon dit, de neccessite vertu. Toutes ses choses consideres, avec le grand nombre des pouvres quon voioit par la ville et le jour et la nuict, bailloient ung argument certain dune famine, autant extreme cherte de vivres, quenfin il sen pourroit ensuivre ung desordre et sinistre changement de lestat de la ville, sil ny estoit pourveu asses a temps. Pour cest effect, les consulz, au moys de janvier, convocarent souvent en la maison conmune de consulat les plus aparens de la ville, de leglise, de la justice et des bourgeois et marchans; et en telles assemblees, apres avoir narre et faict entendre la disposition du temps et des personnes telle que dessus, proposarent deux expediens pour le bien et conservation de la ville : lun, quil estoit neccessaire quun chascun de ceulx qui avoient les moyens et facultes contribua, selon son pouvoir, a une aulmosne publique qui se distribuoit a tous les neccessiteulx de la ville et des faulx bourgs par administrateurs quon esliroit des plus idoynes et propres a ceste charge; l'aultre, quil falloit faire ung departement sur ung nombre desd. habitans qui auroient le moyen dachapter cent ou cinquante sestiers de bled pour les garder en leurs greniers jusque a ce que la neccessite en requeroit la vente. Et a ces fins les consulz offrirent faire toutes les diligences et achaptz desdictz bledz, iceulx faire conduire en la maison dung chascun, a raison de soixante solz le sestier pour le plus, et ne les en desaisir quilz ne fussent au prealable rembources et payes des deniers quilz avoient employes a lachapt et qui proviendroient de ladicte vente.

LE premier fust liberalement dung comun vouloir approuve, suyvy et charitablement execute, car, des le quinziesme dudict moys de janvier jusques aux fruictz nouveaulx, fut reculy de la contribution voluntere des habitans et distribue un chascun moys aux pouvres quatorze cens livres et plus.

LORDRE garde en ladicte aulmosne et distribution fust que les consulz et administrateurs esleuz firent premierement publier une aulmosne generale dans le preau Sainct Marcial, a son de cloche et de tabourin. Les ayans amasses a lyssue, [on] bailloit a ung chacun un liard, et par mesme moyen descouvrit le nombre et la qualite. On recogneust parmi les necessiteulx ung nombre exessif de personnes qui avoient la force et lindustrie de gaigner en tout ou en partie. Pour ce, ilz esleurent apres deux dung chascun canton de la ville pour veoir et raporter au vray le nombre des pouvres et souffreteulx qui seront en leurs detroictz. Lequel estant depuis raporte, pour icelluy mieulx et plus certainement veriffier, lesdictz consulz et administrateurs allarent particulierement recognoistre partout la qualite des indigens, et apres, selon la neccessite, maladie, nombre denffens et famille, industrie et moyen de gaigner, firent delivrer, ung jour pour toute la sempmaine en ung chascun canton, par mareau (1), aux ungs du pain vulgairement appelle *tourtes*, aux aultres de largent, a aulcuns du pain et de largent, ainsin quil jugeoit necessaire pour leur vie et en tant que les vivres et la contribution se pouvoit estandre. Sy la necessite estoit grande au milieu de nous, plus espouvantable encores estoit au plat pays, car tous vivres commancarent leur deffaillir : lavoyne, le mil, se convertisoit en pain, et, iceulx deffailhans, restoient les herbes et racines de la terre, ausquelles plusieurs recouroient pour sauver leur vie de la fain. En fin furent contrainctz abandonner leurs maisons, recourir aux villes et lieulx ou ilz esperoi(en)t quelque nourriture par aulmosne et charite. Le nombre de ceulx qui aborderent en ceste ville estoit si grand quon fut contrainctz leur reffuser lentree, car aultrement ilz en heussent pris a discretion, quoy quil en peult advenir. Toutesfois, pour noblier la charite deue par le chrestien a son prochain, Dieu excita le cœur des habitans et singulierement de quelques notables bourgeoises qui firent une cueillete de deniers par la ville, et dicelle dressarent une aulmosne publicque, qui se distribuoit a tous les forains deux foys le jour. Le nombre des pouvres estoit fort grand, le temps bien long, tellement qua peine on y pouvoit subvenir. Et y heust plusieurs femmes dhonneurs et destat qui vandirent leur bagues et joyaulx pour ayder a laulmosne et la faire continuer jusques aux fruictz nouveaulx que les pouvres auroient moyen de ce pourvoir.

LAULTRE expediant sus propose ne peult jamaiz sortir son effect ne prandre bonne fin et resolution, bien que les consulz, en plusieurs assemblees communes, a diverses fois lheussent tante et poursuyvy par toutes remonstrances et raisons quilz pouvoient proposer. La deffiance de la perte en estoit la seulle

---

(1) Méreau, jeton, monnaie de convention, à la présentation de laquelle le pain et l'argent étaient délivrés.

occasion (1), car aulcuns, craignans que sur lariere saison et pres des moyssons le pris du ble revala de beaucoup, ne se vouloient submectre au dangier de la perte, ne recepvoir les consulz pour caultioner, encores quilz sen voulussent obliger, mais en leurs noms propres et prives. Telle partialite et trop grand soin dung bien particulier mist la ville en dangier dung sac et peril de sa perpetuelle ruyne, car, dung coste, en divers moys de liver, la rigueur des froidures, des grandes et longues neges, des pluyes qui suyvirent, empescha les voicturiers daller ne venir au marche et en la ville y porter grains ne aulcuns vivres. Sur le conmancement du prins temps les bledz conmancerent desfalir par le pais, de sorte que le marche bien souvent demeuroit vuyde et desnue de tous vivres et grains. Le conmun populaire seslevoit et conmencoit crier a la fain, et y en heust qui coururent les nuictz pour surprandre quezlques riches maisons. Les consulz, reduictz a telle extremite pour navoir este assistes, ainsin que le bien publiq le requeroit, firent recercher par tous les greniers de la ville, et, y ayans trouve si peu de blez quilz ne pouroient suffire quinze jours, apres les avoir faictz distribuer selon la neccessite, les ungs departirent pour aller au chasteau de Lavauguyon, les autres a Maignac pres Le Dourat, les aultres au chasteau du Fraixe et aultres lieux et maisons ou ilz scavoient y avoir amas de grains, et de divers costes emploiarent vingt cinq ou vingt six mile livres en achapt de bledz, quilz firent apres conduire en la present ville le plus hastivement quilz peurent. Daultre part aussi pratiquarent quelzques marchans de Chasteleraud, qui firent descendre grand quantite de grains en la plus dure saison, sans laide dequelz estoient a craindre, quelque provision et bon mesnaigement quil y heust heu, veoir la famine crier au pain.

LORDRE garde en la distribution et vante desd. bledz estoit que, des le moys de mars jusques au moys de juillet, tous les boulengiers de la ville qui cuyssent le gros pain se fournirent des grains de la ville a raison de quatre livres quatre solz le seztier, et a mesme raison vandoient du pain au conmun et aux pouvres, quelquefoys indifferenment, aultrefois, lors que la cherte estoit plus grande, par mareaulx (2) delivres en chacun

---

(1) Il y avait peut-être bien une autre raison, la crainte du pillage ; mais il eût été impolitique de le dire.
(2) Méreaux.

canton par l'ung des habitans nomme et commis a ceste charge. Tout aultre bled qui estoit porte par les voicturiers et forains au marche de la ville estoit librement vandu et delivre a tous ceulx qui en avoi(en)t besoing pour leur provision de la ville ou dailleurs. La differance du pris estoit grande, car le moindre pris du bled publiquement vandu aud. marche estoit de quatre livres dix solz le sestiers, et dung degre a aultre monta en fin jusques a cent quinze solz (1), car nestoit loisible statuer pris aux vandeurs, pour ne les divertir apres et augmenter la neccessite. Le pris des bledz acheptes par les consulz demeura tousjours en mesme estat, encores que, des le moys de   jusques a   (2), il en fust delivre ung chascun jour six ou sept vingtz sestiers pour le moins.

Aussi le peuple fust conduict aux fruictz nouveaulx, et par la misericorde de Dieu delivre de lintollerable rigueur de la faim. Auquel gloire, louange et action de graces soient randues par nous et n{re} prosperite [postérité] œternellement au siecle des siecles!

Lelection des juges de police.

Chap. V.
[Élection des juges de police.]

Au moys de   (3), le roy, par eedict general, ordonna quen toutes villes cappitales dung chascun bailliage et seneschaucee le peuple esliroit six juges de police, scavoir deux magistratz et quatre bourgeois, lesquelz statueroient pris certain a toutes danrees, pourverroient a la conmodite des choses neccessaires a l'usaige de la vie, et en general, durant six moys, bailleroient ordre et reiglement a tous affaires politiques des villes et du pais, avec auctorite et puissance de pugnir les delinquantz, selon lexigence du cas et des contraventions, et jusques a la somme de soixante solz, sans appel. En lassemblee

---

(1) Le setier valait à Limoges 5 décalitres 1 litre 2 décilitres, et dans la *cité*, 5 decalitres 4 litres 4 décilitres. (*Tarif des notaires*, par N. Dupuytrem. — *Limoges*, Chapoulaud frères, 1846, in-8°.) La livre du temps de Charles IX équivalait à 4 fr. 50 cent. de notre monnaie. (Chéruel, *Dictionnaire des institutions de la France*, mot monnaie.) Il s'ensuit que, à l'époque dont il est ici question, 51 litres 2 décilitres de blé se payaient la valeur de 25 fr. 87 cent. et demi de notre monnaie, ce qui est énorme.

(2) Le nom des mois est en blanc.

(3) Janvier 1572. (Fontanon, T. I, p. 721.)

comune, faicte en la maison de consulat, le   jour du moys de   (1), Messieurs le president et lieutenent particulier, Marcial Benoist et Marcial Duboys, consulz, Anthoine Duboys et Francoys Vidaud, bourgeois, furent esleuz. Lesquelz firent plusieurs ordonnances et jugemens, mesmes dun revendeur de bledz qui les arroit sur le chemin des voicturiers acheptes, et len encherissoit au marche de la ville. Lequel, attainct et convaincu, fust pillorize (2), mittre (3), et expelle de la ville par lexecuteur de la haulte justice, par condempnation desd. juges de police; d'ou il se porta pour appellant, et, par arrest des Grandz jours lors sceans a Perigueux, le jugement fust confirme, qui auroit auparavant este reallement execute.

Les nouvelles de la mort de ladmiral et aultres S^{gr̄s} de party; lordre et deligence a la garde de la ville.

CHAP. VI.
[Les consuls apprennent le massacre de la St-Barthélemy.
—
Mesures prises pour le maintien de la tranquillité.]

La moysson avoit este asses fertile au pais de Limosin en ceste annee mil v^c soixante douze, heu egard aux precedantes et grand sterilite des pays circonvoysins. Le peuple vivoit en paix, et conmencoit ung peu respirer et reprandre son halaine; ung chascun esperoit passer le reste de lannee, et ja les consulz se proposoit ung repoz et delivrance daffaires, mesmes quon assuroit la paix mieulx establie par le mariage du roy de Navarre et de madame Marguerite, solempnise a Paris au conmancement du moys daoust (4) apres la mort de la royne de Navarre, decedee a Paris au moys de jung precedent.

Le penultime jour dudict moys daoust, le maistre dhostel du seigneur Decosse, amy favorable de la ville, passant par ceste ville en deligence, sadressa a ung consul en particulier et secret, luy descouvrit que le vandredi ving deuxiesme jour dud. moys daoust, ladmiral avoit este blesse dung coup darquebousade par ung soldat qui luy estoit au guet (5). Le boulet luy avoit

---

(1) Le quantième et le mois sont en blanc.
(2) Le pilori était place des Bancs.
(3) La mitre de papier était un signe d'infamie infligé à quelques condamnés. La cause de la condamnation était écrite sur cette mitre.
(4) Le 18 août.
(5) C'est Catherine de Médicis qui avait préparé cet assassinat, confié à Maurevert. La reine avait pensé que la colère des calvinistes se porterait contre les Guise; que le roi pourrait alors intervenir, et rétablir son autorité en l'imposant aux deux partis.

perce le bras et emporte ung doibt de la main. Ceulx de sa faction tout ce jour et le lendemain avoient instanment presse le roy en faire raison, usans de grandes menasses et propoz de vindicte. Et sur ce on avoit descouvert lentreprise et detestable conspiration contre Sa Majeste, son sang et tous les grandz seigneurs de sa cour faict par ledict admiral (1) et ses adherans, quauroit este loccasion que, le dimenche, sur une heure apres minuict, on avoit conmance un grand et sanglant massacre, auquel ledict admiral avoit este thue dans son logis, gette par la fenestre de sa chambre au milieu de la rue, ou son corps estoit delaisse ensevely dans la boue, en opprobre et vitupere de tout le peuple de Paris. Le compte de La Roche Foulcaud, les Pardillians, le cappitaine Pilles et ung fort grand nombre de seigneurs et gentilhommes de merque suivant se party avoient este mis au cousteau en mesme instant. Le consul, ayant entendu ce discours en particulier, pour l'importance de laffaire, le priat venir en la maison du consulat, ou, en presence de la pluspart desd. consulz et aulcuns des principaulx de la ville, assembles a mesme heure, il discourut de rechef tout au long la verite de la tragedie, et lassuroit pour lavoir veu et y avoir este. Les premieres et plus questranges nouvelles dung si soubdain et inopine changement estoient tant esloignies de la pensee et jugement des hommes quelles resembloit plus tost la memoire dung songe que a ung vray recit et histoire de verite. Toutes fois la grandeur de laffaire, le peril qui sen pourroit ensuyvre et le desir que les consulz et tous les bons cytoiens avoient de conserver lestat de la ville en repoz et surete, les esveilla de leur songe et someil, et facilement leur persuada que tout ce discours estoit veritable, et dautant plus quun chascun en son cœur le souhetoit (2) pour se veoir delivre entierement des anciennes miseres, injures et tormens des troubles passes. Il fust dont en premier lieu mis en deliberation de pourvoir a la seurete de la ville pour empescher toute surprinse par les ennemis exterieurs et interieurs, si aucuns y en avoit. Pour cest effect, huict centeniers furent esleuz pour prandre les armes et renger tout le reste des habitans par huict cantons soubs leur conducte et gouvernement. Fust aussi resolu de stipandier trente soldatz qui suivoient Gabriel Raymond, cappitaine de la ville, pour

---

(1) Calomnie répandue pour justifier la Saint-Barthélemy.
(2) Parole fâcheuse.

attendre la nuict aux lieulx les plus dangereux des murs dicelle. Lordre, lexecution, le commandement du tout estoit reserve aux consulz, pour employer les centeniers et leurs gens a la garde des portes et des murailles, ainsi quil verroit estre expedient pour la tuition et deffence de la ville. Ainsi on conmanca des ce jour velier et faire garde le jour et la nuict. Troys jours apres, le pacquet du roy fust apporte, par lequel les susd. nouvelles furent certainement confirmees avec conmandement de mainctenir toutes choses seurete et bon estat (1). Peu de jours apres on entendit que le corps de ladmiral avoit este trayne par la ville de Paris, et apres pendu par les piedz et sans teste a Montfaulcon; que tous ceulx de la nouvelle religion dOrleans avoient este massacres en nombre de douze cens et plus, quainsi apres en estoit advenu a tous ceulx de Lyon et de plusieurs aultres villes du royaulme. Dung jour a laultre, durant ung mois, on nentendoit daultres nouvelles; meismes enfin le bruict vint que ceulx de ladicte religion de Bourdeaulx avoit receu pareil traictement que les aultres. Tous ces exemples servoient dargument au peuple de ceste ville pour en faire le semblable a lendroict de quelques habitans qui faisoient profession de ladicte religion, estant en fort petit nombre.

Les consulz, craignans un desordre, firent plusieurs convocations des plus notables habitans de tous œstatz et qualites. Ou il fust resolu dung conmun advis que ung magistrat et ung consul, assistes de deux centeniers et de leur troupe, fairoient la ronde a divers corps de garde, la nuict, chascun en son reng, affin dempescher toute invasion et voye de faict. La raison estoit fondee en deux principalles considerations : lune que les officiers du roy et les consulz navoient receu aulcun conmandement d'ainsi proceder comme les aultres villes esquelles les gouverneurs avoient execute telles charges; laultre que, si le peuple conmancoit librement prendre les armes, il estoit a craindre quil les emploieroit indiscretement a son apetit, non seullement contre ceulx de la religion, mais contre les principaulx habitans qui avoient bruict davoir leurs maisons et boutiques bien garnies. Cependent fust arreste envoyer lectres au roy pour scavoir son intention, affin que Sa Majeste cogneu que les habitans estoient en bonne deliberation a suivre entierement sa

---

(1) La première lettre de Charles IX aux gouverneurs de province annonçait qu'une sédition causée par les Guise avait éclaté, mais qu'elle avait été apaisée, et l'ordre rétabli.

volunte exterieure et interieure (1). Ces deliberations furent diligenment et par bon ordre executees, et, pour en brief scavoir la resolution du tout, envoyarent homme expres en cour. Par ces moyens on retarda lexecution du massacre quaucuns avoient prepare et entrepris et presque conmence en ladicte ville. Et, comme ung chascun travailloit ainsi a la conservation de la ville, monsieur le baron de Cozan, lieutenent de mons^r le conte de Vantadour, gouverneur de Limosin, et mons^r le baron de Maignac, en vertu dune commission de mons^r de Montpezat, se presentarent pour gouverner et conmander a Limoges et y mectre garnissons pour le service du roy et seurete de la ville.

Sur laltercation qui estoit entre ses [ces] seigneurs, les consulz, par ladvis des habitans, leur firent responce quilz en advertiroient led. S^r conte et Monsr de Montpezat, et cependent quilz se chargeoient de bien et fidellement garder la ville au roy, comme ilz avoient faict jusques a ce jour, les remerciant toutesfoys de leurs bonnes voluntes et compaignies quilz leur vouloient bailler. Ainsi la ville fust soulaigee et le peuple retenu en transquelite jusques a ce que le roy escripvit aux consulz sa volunte, et peu apres la declaira plus ouvertement par eedictz publies en ce siege le   (2).

Chap. VII. Monsr le marquis de Vilars, lieutenent pour le roy en la duche de Guyenne en labsence du roy de Navarre, fut envoye a Montauban et les pays circonvoisins pour les remectre soubz lobeyssance du roy. Pour ce fere, il fist lever des compaignies, et, pour les souldoyer, envoya conmission au seneschal de Limosin ou son lieutenent departir et lever sur le pays de Limosin trente sept mil cinq cens quelques livres. La playe estoit grande. Linjure du temps et povrete du pais consideree, soubdain les consulz envoyarent Leonard Mousnier, consul, a Agen, ou ledict sieur estoit, et Leonard Limosin, aussi consul, pour empescher leffect de ladicte conmission, a tout le moins pratiquer ung rabays et moderation. Ledict Mousnier revint sans avoir rien peu obtenir avec lectres fort rigoureuses dudict S^r

---

(1) Ces sentiments d'une obéissance trop passive sont heureusement compensés par la résistance du comte de Tende en Provence, de Gordes dans le Dauphiné, de Chabot-Charny en Bourgogne, de Bouillé en Bretagne, du vicomte d'Orthez à Bayonne, de La Guiche à Mâcon, de Saint-Hérem en Auvergne, etc. Les consuls de Limoges étaient mieux inspirés quand ils s'opposaient aux massacres « presque commencés en ladite ville ».

(2) Ces édits étaient peu précis et d'une exécution difficile. Le roi commandait d'arrêter les protestants, de les cerner, de les tenir en lieu sûr, et d'exiger d'eux une abjuration.

aux consulz et Monsr le lieutenent general au siege de Limoges.

> Hæc J. PENICAUDUS, collegarum mandato, memoriæ posteris tradidit.

Il y a ici une page blanche dans le manuscrit.

ESLECTION DES CONSULZ *faicte par les habitans de la ville de Limoges, assembles en la maison commune du consulat, pour lannee mil cinq centz soixante douze, finissant soixante treze, faicte le vij^e decembre* **1572**.

Les Taules :
Mathieu Maledent.

La Porte :
Jehan Vidaud layne.

Magninye :
Roland Verthamon.

Le Marche :
Marcial Decordes.

La Fourie :
Joseph Duboys.

Le Clochier :
Leonard Galichier.

Boucherie :
Me Estiene Bonyn.

Lansecot :
Pierre Saleys.

Les Combes :
Me Guilhaume Nantiac.

Le Vieux Marche :
Francois Chaffort.

Croissances :
Marcial Mailhot,
et Jacques Gregoire.

Eslection des collecteurs faicte par les manans et habitans de la ville de Limoges, pour lannee mil v^c soixante douze, finissant soixante treze, faicte le xe febvrier mil v^c soixante treze (1).

Les Taules :

Laurens Mouret ;
Hieroisme Faulte.

La Porte :

Jehan Decordes dict le Chaton ;
Jacques Aubusson.

Magninie :

Psaumet Gregoire ;
Marcial Dubour.

Le Marche :

Mathieu Gadaud ;
Simon Devaulx.

La Fourie :

Jehan Robert dict Babaud ;
Pierre Veyrier.

Le Clochier :

Pierre Merlin ;
Jehan Lascure.

Boucherie :

Me Jehan Cibot, advocat ;
Michel Reynier dict Galan.

(1) Depuis 1563 (édit de Roussillon), l'année commençait au 1er janvier.

Lansecot :

Leonard Delauze laisne ;
Guilhaume Pommier dict Soutier.

Les Combes :

Jehan Descoutures ;
Jehan Dumonteil dict Pasquete.

Le Marche :

Jehan Cibot dict Las Vachas ;
Jacques Tailhandier.

Il y a ici un blanc d'une demi-page et un feuillet (1).

---

(1) Rien pour l'année 1573. Le Limousin fut relativement peu troublé pendant cette période. La résistance des Huguenots fut concentrée à La Rochelle et à Sancerre. Le duc d'Anjou, entraînant à sa suite toute la noblesse de cour, excepté Montmorency, vint mettre le siége devant La Rochelle, défendue par La Noue, et perdit près de 40,000 hommes par le feu de l'ennemi et par le choléra. Puis, pressé d'aller prendre possession du trône de Pologne, que lui avaient préparé les intrigues de sa mère et les démarches de l'évêque Montluc, il proposa aux Rochellois une convention de paix qui fut acceptée par eux le 25 juin 1573. Le plein exercice du culte réformé était accordé aux villes de La Rochelle, de Nîmes et de Montauban et la liberté de conscience à tous les Huguenots. Sancerre se racheta du pillage pour 40,000 livres. Cette quatrième guerre de religion était apaisée lorsque les ambassadeurs polonais arrivèrent à Paris, où ils excitèrent une vive curiosité. Henri d'Anjou quitta la France le 27 septembre.
Cependant les Huguenots du Midi n'avaient pas accepté les conditions de la paix de La Rochelle. Dans une grande assemblée tenue le 24 août 1573, ils avaient formé une vaste fédération, qui embrassait le Languedoc et la Haute-Guienne. L'insurrection était plus vivace que jamais : elle pouvait disposer immédiatement d'un corps de 20,000 hommes. D'un autre côté, le duc d'Alençon, troisième frère du roi, avait commencé à grouper autour de lui les nouveaux convertis, les politiques, les mécontents.
Les consuls de 1573 songèrent à ne pas rester sans défense au milieu des troubles que chacun pouvait prévoir pour un avenir prochain, et nous voyons dans le compte-rendu de la gestion de leurs successeurs qu'ils levèrent une somme de 700 livres pour la réparation des murailles.

ESLECTION *des consulz faicte par les habitans de la ville de Lymoges, assembles en la maison commune de consulat, en lannée mil cinq cens septante troys, finissant mil v^c septante quatre.*

Les Taules :	Mathieu Decordes ;
La Porte :	Pierre Boutin ;
Magninye :	Melchior de Lavaud ;
Le Marche :	Marcial Duboys ;
La Fourye :	Loys Rougier, garde de la Monnaie ;
Le Clouchier :	Jehan Lascure laisne ;
Boucherie :	Monsr Me Jehan Cibot, advoucat ;
Lanscequot :	Helie Gay ;
Las Combas :	Pierre Segond ;
Le Vieulx Marche :	Noel Benoist ;

Croissances :

Estiene Disnematin ;
Francoys Bastier.

———

Il y a ici une page blanche dans le manuscrit.

———

Eslection *faicte des collecteurs par les manans et habitans de la ville de Lymoges, pour lannee mil v⁰ soixante quatorze*, finissant soixante quinze au mois d'apvril (1).

Les Taules :

Marcial Martin ;
Glaude Blanchon.

La Porte :

Jehan Malledent, gendre de Francoys Martin ;
Francoys Charthaignat.

Magninye :

Jehan Cibot ;
Jehan Pinot.

Le Marche :

Laurent Juge ;
Jehan Michel.

La Fourye :

Mᵉ Francoys Albin ;
Pierre de Razez.

Le canthon du Clochier :

Jehan Verger ;
Pierre Bardonnault.

Boucherie :

Mᵉ Francoys Duteilh ;
Pierre Sanxon.

Lanssecot :

Nicollas Noalhier ;
Francoys Delaneu.

---

(1) Les mots en caractère romain ont été barrés avec la même encre.

Les Conbes :

Jouvent Reynier ;
Guilhaume Vigier.

Le Vieulx Marche :

Jehan Celier ;
Marcial Piro.

Il y a ici une page blanche dans le manuscrit.

Sensuyt ung sommaire recueilh des principaulx affaires consulaires du present consulat, commanceant le septiesme de decembre mil v^c soixante treize, finissant mesme jour mil v^c soixante quatorze.

[Cherté du vin et du sel.] Comme en lannee precedante le bled fust a pris excessif de sept a huict livres le sepstier du seigle, fromment a neuf a dix livres le plus hault ; aussy, la present annee, la charte du vin et du sel fust telle et a si hault pris que, de la memoire des hommes vivantz, il n'a este veu le pris pareilh et semblable, car la pincte du vin exquis vendu au bouschon et en detail se seroict communement vendue de six a sept solz, le vin commung de trois a quatre solz la pincte, le mynot (1) du sel de neuf a dix livres. Pour cause de laquelle charte du vin, les vignerons et aultres de basse condiction, voire plusieurs des habitantz de la present ville, artizans et aultres de mediocre estat, furent contrainctz soy delaisser de l'usaige dud. vin.

[Mort de Charles IX. Henri III. Craintes de troubles.] Les occurrances de lad. annee sont este admirables, mesmes pour loccasion de la longue malladie et indisposition du roy Charles, decede le jour de Penthecouste. Auquel temps le roy de Poulougne, son frere et legitime successeur en la couronne de

---

(1) D'après du Cange (*supplément*), le minot était la moitié d'une mine ; la mine était la moitié d'un setier.

— 397 —

France, estoict absent dud. royaulme, resident en sond. royaulme de Poulougne. Pour l'absence duquel, tous les bons subjectz de Sa Mageste, mesmes les villes de ce royaulme qui tousjours sont este bien affectionnees envers leur roy naturel, furent en grand doubte de quelques remuementz, troubles et factions. A quoy, par la bonne pourvoyance de Madame la royne, mere du roy, declairee regente en France, et de Messieurs les princes, assistes de leur conseil et de la ville de Paris, furent bailles promptement bons et expediantz remedes en attendant la venue dud. Sieur, lequel arriva de Lyon au moys de septembre aud. an mil cinq centz soixante quatorze.

[Mesures prises.]

LES DANGIERS imminantz sur ce royaulme tenoyent les administrateurs des villes capitalles et principales en continuelle sollicitude, et lesquelz se communicquoyent par lectres les advertissementz necessaires a la conservation d'icelles villes. Car mesmes, lors du deces dud. sieur, promptement fust mande ladvertissement a la ville d'Orleans par les prevost et eschevins de Paris et des moyens qu'il falloict ensuyvre de main en main. D'Orleans pareilz advertissementz furent donnes a la ville de Poictiers, a nous et aulx aultres villes de la Guyenne, affin de se garder des surprinses des rebelles. Il est a presumer que le semblable fust faict par les aultres provinces de ce royaulme.

[La généralité établie de nouveau à Limoges.

Réparations aux murailles.]

SUR LE COMMANCEMENT de ce consulat, la generallite fust derechef establie a Limoges. Et a linstallation des officiers fust par nous assiste avec noz chaperons consulaires, en laudictoire royal. La bresche des murailles fust aussy a n^{re} dilligence et poursuicte reparee; a laquelle reparation fust employé la somme de sept centz livres destinée a cest effect, qui estoict entre les mains des consuls de lannee mil v^c soixante douze. De laquelle somme les massons furent paies par les mains de Pierre Benoist, marchant de la presant ville, auquel fust delivree la somme. et icelle baillee en deppost par ordonnance de Monsieur le lieutenant general. Ayant rendu ladicte bresche hors descallade, nous feusmes d'aultant descharges de y tenir continuellement destipendies la nuit, ce que nous estions contrainctz faire pour nostre seurte, tant pource que ladicte bresche estoict de facil acces et aysee a monter, que aussy pource que les fousses estoient de toucres partz accessibles et de facille descente. Les murailles desquelz fousses et contrescarpes ont este pareillement despuis repares, et les bresches remyses en leur entier, le temps venu plus commode.

[Le Limousin prépare un cahier de doléances.] LES ADVERTISSEMENTZ a nous donnes tant de la part de Monseigneur le comte de Ventadour, n^re gouverneur, que de Monseigneur le comte dEscars et aultres bien affectionnes au pais, joinct certaine commission du Roy envoyee pour c'est effect, executee par Monsieur le lieutenant general, nous incitarent a faire et dresser les remonstrances de noz plainctes et souffrances de tout le pays. Et furent par nous mandes les scindictz et consulz des villes, paroisses et plat pays pour en conferer avec nous. Sur quoy, apres plusieurs deliberations, et que de la pluspart de tout ce hault pais de Limosin nous furent apportees leurs plainctes, la charge d'icelles cappituler et rediger en cayer en fust commise a Maistre Jehan Cibot, lung des consulz, lequel, par ladviz de troys de Messieurs de la justice, trois des bourgeois et marchantz a ce esleuz, ensemble des aultres consulz, feist et recuillist des plainctes de tout le pays les remonstrances plus necessaires au bien publicq et au sollaigement du peuple.

[Réception du comte de Ventadour.] ENVYRON caresme prennant, nous feusmes advertiz que led. sieur comte de Ventadour estoict party de Paris ayant commandement de s'achemyner en son gouvernement. Et, comme il fust arrivé a demy journee pres de la presant ville, nous, accompaignes de bon nombre des bourgeois et principaulx habitantz, avec Messieurs les lieutenantz du roy en lad. senneschaulcee, feusmes trouver led. Sieur gouverneur envyron une lieue de lad. ville. Et, apres avoir salue ledict Sieur et congratule a sa bien venue, led. Sieur nous feist demonstration d'avoir grand contentement de n^re bon recueilh et offres a luy presenter de n^re part. Apres, led. Sieur fust par nous conduyt en ladicte ville fort honnorablement accompaigne, et, a lentree de la porte de Montmailler, fust salue de lartillerie de lad. ville et d'une scopeterie de deux ou trois centz harquebouziers qui estoient en garde a la porte d'icelle.

[Revue générale de la milice bourgeoise passée par le gouverneur,] APRES avoir traite de plusieurs affaires concernantz le service du roy avecques led. Sieur, et qu'il heust mys en termes de prendre quelques forces et stipendier quelques soldatz ou gentilz hommes estrangiers pour la seurte des habitantz, ayant receu de plusieurs endroictz advertissementz que aulcungs rebelles aud. païs, leurs prochains voysins, faisoyent amas darmes et de cazacques pour envahir lad. ville et icelle surprendre de nuict ou de jour, et que de la part desd. consulz luy fust a diverses fois remonstre quilz estoient suffizantz, estantz assistes de son bon conseilh et conduicte, pour garder ladicte ville, quilz ne se pourroient commectre sans dangier a la garde des gens incogneuz et estrangiers, veu que plusieurs catholicques pesle mesle avecques ceulx qui se pretendent estre de la religion estoient du party des sedictieulx et rebelles ; pour recognoistre si les habitantz estoient suffizans pour la deffence de lad. ville, et pour icelle maincternir soubz l'obeissance de la mageste du Roy, comme luy estoict remonstre par lesd. consulz, led. Sieur commanda estre faict monstre et reveue generalle de touctes personnes capables a pourter armes. Ce que fust faict, et y fust recogneu le nombre de douze a quinze centz soldatz en bon equipaige. Led. Sieur gouverneur fust encores par nous adverty que plusieurs des habitantz des plus apparentz ne s'estoient trouves en lad. revue et monstre, les aulcungs pour cause de leur vieulx eaige, les aultres pour quelques aultres empeschementz, lesquelz neangtmoins, en cas de necessite, se trouveroyent et presenteroient contre un ennemy. Ce nonobstant, led. Sieur comte percista que, luy estant dans lad. ville et aud. pays, son honneur seroict engaige s'il advenoict que lad. ville fust surprinse ; que, a tout le moings, il y convenoict stipendier le nombre de cinquante ou aultre bon nombre de gentilzhommes, ausquelz il commanda fournir de logis et de la soulde que seroict par luy taxee et arrestee par leur entretenement. De la part desd. consulz fust remonstre que les habitantz estoient reduictz en telle extremite et poauvrete qu'ilz ne pourroient satisfaire a lentretenement desd. gentilhommes ne aultres garnisons ; que lesd. consulz et le reste des habitantz s'estoient deliberes d'ensuyvre ses commandementz et luy obeyr aultant que leurs moyens se pourroient estendre ; fust par nous instamment prie et requis avoir esgard a la chairte du temps, a lesterillite des annees passees et laquelle continuoit encores, a la grand diminution du commerce et trafficq des marchantz et artizantz ; que, par les previleges et exemptions accordees par les roys de France aux habitantz de lad. ville, ilz ne pouvoyent estre contrainctz prendre garnisons, et qu'ilz en debvoient estre

[qui veut absolument qu'on fassevenir des soldats étrangers. — Refus des consuls et débat à ce sujet ; outrage fait aux consuls, qui, forts de leurs priviléges, obtiennent que la ville ne recevra pas de garnison.]

tenuz pour descharges. Pendant laltercation de ce faict, plusieurs gentilzhommes furent mandes par led. Sieur, lesquelz arrives en ceste ville, pour faulte de leur bailler logis et de satisfaire aux commandementz faictz ausd. consulz par led. Sieur gouverneur, ilz furent envoyes loger avec leurs chevaulx et serviteurs ez maisons desd. consulz, qu'ilz furent contrainctz tenir fermees quelque temps, esperant de les accommoder ez hopstelleries pour ung jour ou deux, jusques ad ce qu'il y fust aultrement pourveu, et ce pour evicter, usant de facillite, que les habitantz fussent foulles et charges de lad. garnison. Toutesfois, craignant scandalle pour la roupture des portes de leurs maisons quilz voulloyent forcer, lesd. consulz les feirent ouvrir. L'ung desd. gentilz hommes fust lors si audacieulx ou temeraire que d'aller en la maison de la ville, en laquelle il trouva le nombre de quatre a cinq consulz seullement sans armes et soldatz pour leur deffence, les aultres consulz estantz lors occupes en aultres affaires publicques. S'adressant ausd. consulz, leur donna plusieurs mennasses de les offencer, et, de faict, se voullut actacquer a lung deulx, tenant contenance de luy voulloir donner de sa dague, ce qu'il heust execute, comme il monstroict par effect, sans lassistance de ses collegues qui le retindrent et divertirent. L'ayant faict retirer et vuyder avec sa honte hors dud. consulat, les habitantz furent assembles pour deliberer tant sur linjure faicte a la ville en la personne desd. consulz et en lad. maison, lieu sacre et inviolable, que sur ce dont ilz estoient poursuiviz instamment par ledict Sieur gouverneur de recepvoir une garnison a eulx insupportable. La conclusion fust prier led. Sieur gouverneur se contenter de dix a douze gentilhommes ou aultre nombre moingdre pour luy faire compaignie et assister, et luy demander raison et justice de lexces faict aulx consulz. Ce que fust apres execute tellement que, apres plusieurs poursuictes et instances faictes aud. Sieur comte contre led. gentilhomme, il leur accorda quil le feroict vuyder, comme il feit envyron deux jours apres, sans quil s'appareust cependant en publicq, cognoissant sa faulte. Aussy led. Sieur comte, apres plusieurs remonstrances a luy reiterees de la foulle et mescontentement du peuple, congedia partie desd. gentilz hommes jusques au nombre de douze, que furent par luy retenuz. Pour la soulde desquelz il luy fust baille la somme de neuf centz livres, receue par   (1).

(1) Le nom est en blanc.

Pour parvenir ad ce que les habitantz fussent descharges de lad. garnison desd. douze gentilhommes et de la soulde des compaignies de gens a pied que led. Sieur comte voulloict lever et dont il s'atendoict luy estre envoye la commission de la court, pour obtenir declaration du roy de ce que concernoict la garde des clefz de la ville que led. sieur comte voulloict tenir en sa puyssance contre les previleges des habitantz de lad. ville, pour presenter les remonstrances du pays a la Mageste du roy et pour pourvoir a plusieurs aultres affaires publiques, fuct conclud et arreste, par deliberation consulaire denvoyer en court. La charge [fut] commise a M⁰ Jehan Cibot et a Noel Benoist, consulz, quand aux affaires concernantz lad. ville particulierement; et quand aux remonstrances du pais, led. Cibot fuct, quand a ce, deppucte seul. Ledict Sieur gouverneur, adverty de ce, confera derechef avecques lesd. consulz de leurs differentz, leur accorda verballement, estant dans la chambre du conseilh dud. consulat, que, le moys passe, il tiendroict pour exemptz lesd. consulz et habitantz de lentretenement et soulde desd. douze gentilhommes et aultres garnisons dans ladicte ville; que, luy aiant delivre les clefz pour les tenir soubz sa garde, le landemain il les remectroict en la puissance des consulz, comme Monsieur le comte dEscars en cas pareilh avoict faict auparavant; que les compaignies qui seroient par luy levees ou quil entendoict lever ne logeroient aulcunement aud. hault pais de Limosin et ne y pourroient fourraiger ne faire aulcune oppression aux habitantz des villes et plat pais. Dont on ne voullust presser led. Sieur en faire bailler et expedier acte ausd. consulz, pource quil les asseura de sa promesse.

[Les consuls prennent la résolution d'envoyer une députation auprès du roi. Le gouverneur promet verbalement de donner entière satisfaction à la ville.]

Arrives en court, les consulz depputes aud. voiaige trouverent que le roy et son conseilh estoient occupes, delaisses tous aultres affaires, a voulloir par quelques traictes de paix faire depposer les armes aulx rebelles qui s'estoient empares de plusieurs villes et chasteaulx, tant au pais de Xainctonge que de Normandie, du Languedoc et de la Gascongne (1). De toutes parts

[Les consuls envoyés à Paris obtiennent justice sur différents points de leurs réclamations et doléances.]

---

(1) Les politiques, sontenus par l'appui du duc d'Alençon et du roi de Navarre, avaient essayé de surprendre la cour. Leur complot fut déjoué le 23 février. Alençon et Navarre furent retenus par la reine-mère dans une sorte de captivité. Mais le complot éclata sous une autre forme dans les provinces vers les premiers jours d'avril: Montgoméry, débarqué d'Angleterre,

Sa Mageste envoya embassades ou depputes, mais cela fust en vain a cause desd. empeschementz et occupations; et, pour mectre sus armee pour resister aux effortz des sedictieulx esd. pays, lassemblee des trois estatz qu'on speroict pour pourvoir aux plainctes et doleances de toutes les provinces du royaulme fut suspendue, tellement que aulx depputes desdictes provinces, pretendantz estre ouys et entenduz au conseilh prive dud. Sieur, il leur estoict faict responce les affaires de la guerre ne pouvoir permectre d'y pourvoir, et, recepvant leurs plainctes, les depputtes estoient congedies et remys jusques a ce que Sa Mageste, au plustot qu'elle auroict paciffié son royaulme, y pourroict ordonner les provisions necessaires. Monsieur de lAubespine, evesque de Lymoges, prenant la cause en main dud. pais, receust les remonstrances concernantz les oppressions et souffrances dicelluy. Et, comme les affaires estoient mal disposes pour obtenir les provisions necessaires, icelles feist joingdre avecques les remonstrances des aultres provinces pour sur le tout, en temps plus opportun, entendre le bon plaisir du roy. Cependant, pour ce qu'en lestat envoyé par le general de Rion aux elleuz de la present ville estoict mande de deppartir le subcide du vin comme ez annees precedantes il avoict este depparty et leve, nonobstant que le pais heust composé pour raison dud. subcide et paié, a lexecution duquel deppartement lesd. consulz s'estoient opposes et faict certaines remonstrances ausd. elleuz, lesquelz ordonnarent que lon se pourverroict par le roy dans le mois, pendant lequel lestat dud. subcide surcerroict, des plainctes dud. pais presentees a la Mageste du Roy fust distraict et eclipsé larticle dudict subcide, et, pour en estre declares exemptz, presente requeste a la Mageste dud. Sieur, fondee tant sur le paiement de la somme a laquelle le pais avoict compose avec sad. Mageste que au nombre excessif des aultres subcides imposes sur led. pais et sur lexemption dud. subcide, duquel le pais de Perigort, lAuvergne et plusieurs aultres pais estoient descharges en vertu de pareille composition, et que les habitantz dud. pais de Lymosin ne vouldroyent aulcunement ceder en toutes choses que concernent loffice et debvoir de bons et fidelles subjectz envers leur roy a leurs voysins et aultres

---

occupa quelques petites places dans la Basse-Normandie; La Noue prit les armes à La Rochelle ; les Huguenots se levèrent dans le Dauphiné, la Provence et le Languedoc, particulièrement à Nîmes et à Montauban.

habitantz de ce royaulme. Ladicte requeste estoict aulcunement rabrouhee de Messrs les superintendantz des finances, ausquelz appartenoict d'en faire le rapport au conseil et bailler leur adviz, pour la consequence de plusieurs aultres pais ou led. subcide estoict leve, mesmes en la pluspart de la Gascougne, au pais de Xainctonge et Poictou. Neangtmoings, recognoissant que nre requeste estoict juste et fondee en bonne raison, elle fuct respondue que le roy voulloict et entendoict que les suppliantz joyssent de mesme exemption que ses aultres bons subjectz. Ayantz aussy receu advertissement a la suytte de lad. court que la taxe faicte sur les habitantz de la presant ville et cite pour lentretenement des quatre compaignies ordonnees a Monsieur le comte montoient a la somme de deux mille cinq centz livres pour troys moys, fust presente requeste pour estre exemptes de lad. contribution, fondee sur les grandz deniers leves, par les troubles passes, pour mainctenir ladicte ville soubz lobeissance du roy, pour lentretenement des compaignies quilz avoyent garde long temps pour asseurer daultant plus lad. ville et habitantz dud. pais soubz lobeissance de Sa Mageste, et sur la necessite et pauvrete de ses habitantz. Laquelle exemption leur fust accordee et expediees lectres a ces fins. Pareillement fust presentee aultre requeste pour obtenir ung quartier des tailles de tout le pais pour estre employe a la reediffication des tours et forteresses demollies pour loccasion des guerres civiles passees, et pour obvier a la ruyne dont lesd. murailles en aulcungs endroictz monstrent apparence, et affin de mectre lad. ville en asseurance; considere mesmes que d'icelle deppendoict la garde de tout le reste dud. pais; que les rebelles auroyent souvent projecte de s'en saisir, mesmes despuis le commancement de la present annee, affin de sen prevalloir pour tenir en subjection la Guyenne; que de pouvoir satisfaire aux fraiz et fournir les deniers necessaires esd. reparations il estoict impossible aulx habitantz, ausquelz ne restoict que une bonne volonte d'emploier leurs personnes et moiens pour le service du roy, dont ilz avoyent rendu toujours bon tesmoignaige par leurs actions et desiroient continuer en mesme volonte jusques aux derniers souspirs de leurs vies. Apres plusieurs remises de Messieurs du conseilh, lesquelz, s'estimantz importunes a la poursuitte de ladicte requeste et aultres, dirent ausd. consulz poursuyvantz que aud. conseilh prive avoict este faict estat par le roy de la somme de trente mil livres tournois demprunct impose sur lad.

ville, duquel emprunct la commission estoict desja expediee ; que, pour les urgens affaires dud. Sieur, estoyent leves sur plusieurs aultres villes fameuses et capitales aultres emprunctz, comme sur la ville de Paris la somme de six vingtz mille livres, que fust lors promptement levee sur les habitantz de lad. ville, environ Pasques flories, par ainsy, qu'on se debvoict desister de requerir diminution des tailles et subcides dud. pais pour lindisposition du temps. Toutesfois, apres en avoir faict tres humble remonstrance a la Mageste de la reyne mere, le roy, lors detenu de maladie, les requestes des suppliantz furent mises entre les mains du Seigneur de Laussac pour les pourter sur le champt au conseilh qui estoict assemble, ce que fut faict. Toutesfois lad. requeste ne succeda selon n^{re} desir au soullaigement des habitantz de la presant ville, et le fruict que lon en a peu tirer, c'est que, pour limportunite des remonstrances faictes par icelle et aultres requestes, on auroict detourne led. emprunct, duquel le roy et son conseilh avoict faict estat auparavant et dicelluy lever presente la charge a Monsieur le general de Juilhen lors estant en court.

[Mort du roi; service funèbre. Conflit de préséance entre les officiers de justice et les consuls: accord à ce sujet.]

INCONTINANT apres Pasques, furent constitues prisonniers ou retenuz plusieurs grandz seigneurs, entre aultres Messieurs les mareschaulx de Montmorancy et de Cosce, dans la Bastille, et, le roy estant grievement mallade, lors fust prins et menne en lad. ville de Paris le Comte de Mongommery, lequel et certains aultres seigneurs furent exemplairement pugnis en ladicte ville (1). De la malladie du roy couroict divers bruictz (2), jusques ad ce que Dieu le retira de ce monde. Nous, advertiz par Monsieur de Limoges de la mort dudit sieur, et que le chapitre de l'esglize cathedralle se deliberoyent pour le salut de son ame faire un service solempne en lad. esglize, apres en avoir communicque a Messieurs les lieutenantz et aultres officiers de la justice pour

(1) Il y avait dans tous ces complots l'œuvre des partis et de folles tentatives de la jeunesse de cour. Des princes très-jeunes se jetaient à l'étourdi dans toutes les extravagances, depuis les guet-apens et les duels jusqu'aux aventures politiques.

(2) La mort de Charles IX, arrivée le 30 mai 1574, avait été hâtée par les excès de ses exercices corporels. La main de Catherine y est probablement étrangère, malgré les bruits qui avaient couru jusqu'à Limoges. Le seul fait qu'on puisse produire à la charge de la reine-mère est la parole qu'elle adressa à son fils chéri, le duc d'Anjou, quand il alla prendre possession de son trône de Pologne : « Partez donc, mais vous ne demeurerez guère ». Quant aux derniers moments de Charles IX, les récits que nous en ont laissé d'Aubigné et L'Estoile paraissent empreints d'une certaine exagération.

ensemble assister aud. service affin de rendre le debvoir a la sepulture de leur roy, comme ilz avoient faict a Sa Mageste, luy vivant, fuct conclud de s'y trouver, et, sur le differant, qui a longuement continue, des honneurs et precedances, fust entre lesd. Sieurs officiers et consulz arreste et accorde que lesd. officiers seroient assiz en college du couste dextre du cueur et lesd. consulz viz a viz, du couste senextre, et qu'ilz yroient a mesme renc et ordre ausd. honneurs funebres. Lequel ordre fust tenu et garde; et, pour obvier a contention sur loffrande, Messieurs dud. chapitre se depportarent d'en faire.

Dans peu de jours apres, Monsieur n^{re} gouverneur partit du bas pais de Lymosin pour sacheminer et rendre en ceste ville, accompagne de vingt ou trente gentilhommes ou serviteurs et officiers de sa maison, ensemble d'envyron trente arquebouziers a cheval. De quoy nous feusmes advertiz, et nous fust donne ladvertissement quil menoict plus grand nombre d'harquebouziers. Parquoy, aussy tost que nous fusmes certains qu'il s'approchoict, et que certain personnaige, soy disant fourier de lad. compaignie, heust demande ausd. consulz des logis pour lesd. arquebouziers que led. Sieur menoict a sa suicte, envyron une heure apres mydy, tous les habitantz furent appelles au son du tabourin pour deliberer si on leur debvoict permectre loger et entrer dans ladicte ville. Et ayant sur ce delibere pour la consequence qu'apportoit de recepvoir dans ladicte ville des soldatz estrangiers, tant pour la circonstance du temps que aussy pour l'importance de leurs previleges, fust arresté que lesd. consulz previendroient et iroient promptement luy remonstrer que leurs previleges seroient interesses sil les mectoit en ceste necessite de recepvoir les argoullectz (1) de sa suicte, et, daultant que les soldatz volontiers se licencient sur leurs hopstes, il en pourroict advenir plusieurs scandalles et inconveniantz, pour ausquelz obvier, les consulz, officiers, bourgeois et aultres habitantz de lad. ville le supplioyent tres humblement faire deffence a sesd. argoullectz entrer prendre logis dans ladicte ville, et que, actendant sa venue, on renfforceroict les gardes tenant la seulle porte de lArenne, ou il debvoict entrer, ouverte. La charge de faire ladicte remonstrance avecques toucte instance fust executee par led. consulz, lesquel, sans

[Le gouverneur, revenant du Bas-Limousin, veut entrer dans la ville avec une garnison. Les consuls s'y opposent. Le gouverneur se résout à faire loger ses argoulets dans la Cité et les faubourgs de la ville.]

(1) « *Argoulets*, corps de cavalerie légère au xvie siècle. » (CHÉRUEL.)

estre assistes daulcungs bourgeois ou officiers, pour le debvoir de leur estat, furent en dilligence trouver led. sieur, qui fust par eulx rencontre envyron une lieue loing de lad. ville, sur le grand chemin dEygaulx. M⁶ Jehan Cibot, prevost et consul, commis de ses collegues a luy porter la parolle, apres avoir tous lesd. consulz tres humblement salue led. sieur et presante leur service tant en general qu'en particulier, luy commancea a discourir que les habitantz avoient trouve estrange que certain personnaige, soy disant fourrier de ses argoullectz, par son commandement avoict demande des logis en lad. ville, et, combien que led. sieur comte peust cognoistre par les depportementz desd. habitantz que tousjours ilz avoient desiré acquiescer et satisfaire a ses commandementz et lesdictz consulz luy obeir tant pour la naturelle affection qu'ilz ont tousjours heu a sa maison que pour le respect de sa grandeur, luy representant la personne du roy aud. pais, ilz ne pençoyent luy avoir donne occasion de les voulloir molester par garnisons et enffraingdre leurs exemptions et previleges ; neangtmoingtz ilz le supplioyent tres affectueusement croire que leur bonne affection n'estoit en riens diminuee pour avoir este delibere et conclud d'une commune voix et en publicque assemblee faicte en lad. maison commune de la ville qu'il luy convenoict faire tres humble remonstrance que le temps estoict mal propice et convenable pour prendre des soldatz estrangiers et iceulx loger par fourrier dans lad. ville; que cela redondoict a fort maulvaize consequence a leurs previleges et exemptions de tenir garnison ; que le dangier estoict fort evident de quelque tumulte et sedicition. A quoy il fut prie instamment de voulloir obvier, et pour cest effaict commander a ses soldatz loger ez faulx bourgs de la Ville et Cite, ou lesd. consulz se faisoient fortz de les accommoder pour quelque temps, en vivant et soy comportant suyvant les ordonnances du roy. Led. sieur comte fust fort esmeu des remonstrances a luy faictes concernant ce faict, alecgant que, comme gouverneur, s'estoict a luy a commander et a nous de luy obeir; que les harquebouziers de sa suycte estoient pour la garde de sa personne, qui estoient en peu de nombre et luy estoient nessessaires. Luy fust derechef remonstre que nous laurions tousjours trouve favorable et bien affectionne au bien et repoz publicq des habitantz de lad. ville, ausquelz, selon que les affaires publicques se trouvoyent disposes, ilz auroient accorde suyvant plusieurs choses, selon le desir et prieres desd. habitantz; que, si jamaiz il avoict use de ceste humanite et faveur, veu le temps qui estoict expose a troubles, factions et partialites (1), pour le bien de lad. ville, il estoict requis, voyre necessaire, leur accorder ce dont ilz luy faisoient tres humble et instante requeste; qu'il estoict difficil de maginer [d'imaginer] tout ung peuple, conduict de diversses humeurs, avec contentement mesmes, car par les troubles passes, desquelz la memoire en estoict fresche, ilz se rescentoient de plusieurs injures et oppressions a eulx faictes par des compaignies de soldatz introduictes dans lad. ville, et sestoient plusieurs resoluz de mainctenir et garder leurs previleges a quelque peril que ce fut de leurs vies et biens, jusques ad ce que par le roy il y fust aultrement pourveu; et, quand a ce que led. sieur comte disoict avoir prins lesd. arquebouziers pour la garde de sa personne, luy estant dans lad. ville pourroict commander a tous les habitantz luy servir de nuict et de jour pour cest effect, desquelz il seroict obey daussi bonne et meilleure volonte que de tous aultres soldatz, daultant mesmes que tous desiroient se continuer soubz son obeissance et s'entretenir en sa bonne grace. Lesd. consulz ne peurent obtenir aulcune chose sur ce faict jusques ad ce qu'estans pres la Cite et a la veue de lad. ville, ilz requirent ledict sieur, pour leur descharge, leur declairer son intention, affin d'en advertir les habitantz, et que, ou ses argoullectz se presenteroient a la porte, il sen pourroict ensuyvir du scandalle a leur grand regret. Led. sieur lors commanda au sieur de Lanthonnye estant a sa suicte advertir lesd. argoullectz loger ez faulx bourgs et Cite ez lieulx qui leur seroient assignes pour leur logis. Ce que fust faict, et fust conduict led. sieur gouverneur par lesd. consulz, gentilzhommes et aultres de sa maison dans la ville jusques a son logis. A la porte de lad. ville, les soldatz, qui estoient en nombre de deux centz ou plus en bon equipaige d'armes, ne feirent aulcung semblant ou contenance de descharger leurs harquebouzes, combien qu'ilz fussent en renc et disposes a faire exploict de guerre. Au boult de la rue de lad. porte de lArenne, led. sieur trouva bon nombre daultres soldatz conduictz par le sire Marcial Decordes laisne, leur cappitaine, qui se desmarcha devant sa compaignie pour luy faire la reverence, et presenter son service et de sad. compaignie. Led. sieur ne feist pas long

(1) Les factions.

sejour a ce voyaige en lad. ville, se voyant importune de plusieurs plainctes des soldatz de sa compaignie qui fourraigeoyent les villaiges plus prochains de lad. ville, a quoy les consulz luy faisoient grand instance d'y pourvoir pour le soullaigement du pais. Pendant son segeour et demeure que led. sieur feist en lad. ville, le sieur de Lanthonnye, lequel par son ordonnance avoict commande sur le faict des armes et garde de lad. ville en labsence de mond. sieur le gouverneur envyron deux mois, et jusques ad ce quil fust par certains advertissementz bailles par les consulz de Cahors et d'ailheurs rendu suspect en lexecution de sa charge, apres avoir purge le soupçon et veriffie les advertissementz contre luy bailles n'estre veritables, print actestation desd. consulz qu'il avoict fidellement versse en sad. charge, sans avoir trouve en luy faulte. Ce faict, apres avoir receu de nous la soulde a luy taxee, se retira de ladicte ville.

[Réception de M. de Monluc et de M. de Ponts.] SURVINDRENT, apres la deppartie dud. sieur gouverneur, Monsieur de Monluc et Monsieur de Pontz, acompaignes de quatre vingtz chevaulx ou envyron, lesquelz furent receuz honnorablement et en telle reverance que leur grandeur merictoit par lesd. consulz et aulcungs desd. habitantz. Lesd. consulz furent audevant desd. sieurs, qu'ilz trouverent pres le Molin Blanc, sur le chemin dAixe, et, ayantz salue led. sieur de Monluc premier, s'adresserent audict sieur de Pontz et a Madame sa femme, qui laccompaignoict, et au sieur (1), filz dud. sieur de Monluc, ausquelz, lung apres laultre, ilz feirent la reverance. Et a tous M⁰ Jehan Cibot, lung desd. consulz, commis a ce par ses collegues, offrit leur service, tant pour le corps de la ville en general que particulierement pour eulx, recognoissant mesmes que desd. sieurs ilz avoient receu plusieurs faveurs et promptz secours, singulierement dud. sieur de Monluc, en la necessite urgente, lorsque la ville fust sommee par les rebelles en lannee mil v⁰ soixante sept, dont ilz se rescentoyent obliges a leur faire perpetuel service. Lesd. sieurs furent fort contens du bon et honnorable recueilh desd. consulz, et en recompence leur promirent estre amys et favorables en tous affaires concernantz la ville envers le roy et ailleurs ou ilz seroyent requis et emploies. Led. sieur de Monluc, a son deppartement, fust conduict par une partie desd. consulz sur le

---

(1) Le nom est en blanc.

chemin de Paris, et retint pour luy faire [e]scorte hors la senneschaulcee ung nombre darquebouziers stipendies desd. consulz.

Le (1) jour du moys de septembre aud. an, les consulz receurent certains advertissementz de la cour de la venue du roy de Poulougne, arrive a Lyon le (2) jour dud. moys. Led. jour, pour rendre graces a Dieu de ces joyeuses nouvelles, ilz feirent sollempnellement chanter en lesglize collegialle de Sainct Marcial *Te Deum laudamus*. Auquel service assistarent lesd. consulz avec leurs chaperons consulaires, assiz aux haultes chaires d'ung couste du cueur de lad. esglize, et Messieurs les officiers de laultre couste. Le feu de joye et ce qui en deppendoict fuct remys au (3) ensuyvant. Advenant lequel jour, ayant cependant convenu et accorde avec Messieurs lesd. officiers de lordre quil convenoict tenir aulx honneurs du service quil restoict a faire en lesglize cathedralle, lesd. consulz et officiers se transportarent en lad. esglize, et assiz, les officiers du couste droict dud. cueur, les consulz au couste sennextre, fut dicte la messe, eulx y assistans avec grand ceremonie et appareil en demonstration de la grand joye conceue par tous les bons subjectz du roy de sa venue en bonne sancte et prosperite. A la fin de la messe, la procession se partist de lad. esglize, a laquelle lesd. consulz et officiers assistarent. Et, daultant quil convenoict sortir par ung guischet ou ne pouvoict passer plus que d'une personne, aulcungs desd. officiers se voullurent ingerer de preceder toutz lesdictz consulz, et se suyvre lung laultre. Toutesfois sire Noel Benoist, prevost, tant de son propre mouvement que aussy incite de garder son renc a la conservation de lhonneur et aucthorite des consulz et maison publicque de la ville, sortit le premier apres les lieutenantz avec M⁰ Jehan Cibot, qui accompaignioit led. prevost; successivement deux des officiers apres deux consulz; et, estantz hors lesglize, led. prevost et aultres consulz, du couste senextre de la rue publicque, se meirent en renc viz a viz de Messieurs les lieutenantz et aultres officiers, et suyvirent ladicte procession,

[Réjouissances pour l'arrivée en France d'Henri III.]

(1) Le quantième est en blanc.
(2) Le 6 septembre 1574, Catherine et Henri firent ensemble leur entrée à Lyon. Le nouveau roi y reçut une ambassade des princes protestants d'Allemagne, qui intercédaient pour leurs coréligionnaires de France.
(3) Le quantième est en blanc.

tenantz lesd. consulz ung flambeau chascun avec les armoiries de la ville en main. La procession suyvit jusques en lesglize Sainct Marcial, ou la predication fust faicte en la place de Soubz les Arbres, mesme renc garde. Apres lesd. sieurs officiers se deppartirent, et par lesd. consulz la procession fuct reconduicte de lad. esglize de Sainct Marcial en lesglize cathedralle, estantz lesd. consulz tousjours accompaignes a la suicte de lad. procession du nombre de quarante a cinquante arquebouziers, la plus part mourions en teste, et du cappitaine de lad. ville, arme et monte sur son cheval, et certain nombre de ses soldatz stipendies ordinairement de ladicte ville. Ledict jour, faisant ladicte procession, les habitantz de la Cite voullurent anticiper a faire le feu de joye, ce qu'ilz furent empesches faire ; et en cela les consulz furent assistes de lauctorite du magistrat. Sur les deux heures dud. jour, le feu de joye feust dresse et erige en la place publicque des Bancz, ou furent assembles la plus part des habitantz de lad. Ville et Cite, en si grand nombre que avec difficulte la place et maisons situees aud. lieu les pouvoict comprendre. Toucte lartillerie fuct bracquee au bout de lad. rue, du couste du pillory. Les consulz, assistes dung grand nombre d'arquebouziers qui marchoient tant au devant que sur le dernier, leur cappitaine avec plusieurs tabourins et fiffres, sortirent dud. consulat. Monsieur le lieutenant general fut le premier en renc avec le prevost desdictz consulz; Monsieur le lieutenant criminel, au second renc avec lung desd. consulz; les aultres suyvirent entre eulx mesme renc et ordre, deux a deux, sans aultres officiers. Lesquelz prindrent la volte (1) par la rue de Crochedoz (2) pour se rendre en ladicte place des Bancz; ou estantz arrives, les tabourins et fiffres faisantz grand bruict, lartillerie feist tellement son debvoir quil n'est possible devantaige (3). Les arquebouziers feirent aussy de leur part une fort longue scoppeterie, les ungs contre les aultres. Furent aussy jectees plusieurs fuzees en l'air, le tout donnant grand rejouyssance au peuple. Apres, lesdictz officiers et consulz ensemble, ayantz chascun une torche ardente a la main, mirent en mesme instant, sans user de preferance, le feu au monceau de boys

---

(1) Tournèrent, idiotisme espagnol.
(2) Des fabricants de crochets, aujourd'hui rue Cruchedor.
(3) Expression d'un patriotisme local très-significatif. A quoi bon renoncer aux antiques priviléges et admettre des argoulets étrangers quand on possède une artillerie *qui fait tellement son devoir qu'il n'est possible davantage* ?

erigé pour ledict feu de joye, lequel ilz veirent consommer envyron demy cart d'heure. Ce faict, se mirent de retour en ladicte maison de la ville par laultre couste de la rue des Bancz, plus prochain dudict consulat.

PENDANT LABSENCE du roy, apres le deces du roy Charles dernier decede, sur quelques advertissementz donnes par Monsieur le gouverneur a Madame la Regente, pretendant avoir este interesse par lesd. consulz et habitantz en ce que concernoit laucthorité de son estat, nous receusmes lectres de la Mageste de sad. dame que led. sieur comte nous feist tenir. Apres la venue du roy dudict pais de Poullougne, nous receusmes aultres lectres de Sa Mageste pour mesme occasion, desquelles la teneur sensuyt : [Lettres de la régente et du roi envoyées aux consuls.]

DE PAR LA ROYNE, MERE DU ROY, REGENTE.

Chers et bien ames, nous sommes demeures esbayz lors que nous avons sceu le reffuz que vous aves faict de mectre les clefz de v^{re} ville entre les mains du sieur comte de Ventadour, chevaillier de lordre du Roy, n^{re} trescher sieur et filz, v^{re} gouverneur. Et cognoissant de longue main la grande fidellite et affectionnee devotion et volonte que led. sieur comte porte de toult temps au service du roy, n^{re}d. sieur et filz, et bien de cet estat et couronne, n'avons peu pencer dou pouvoict proceder ceste difficulte, synon que vous feussies entres en quelque doubte de luy, a cause de ce que sest passe a lendroict de ses beaulx freres, et de ce que son nepveu le vicomte de Turenne sest despuis peu retire du couste de dela, chose qui nous a mheu a vous escripre aussytost la presente pour vous dire et asseurer que le roy, n^{re}d. sieur et filz, et nous avons toucte fiance de luy et grand contentement de son debvoir et de ses actions, et mesmement de ce qu'il a faict pardela pour son service en la conservation du pais. Et, pource qu'il fault que vous leves toult doubte et la deffiance en laquelle vous pourres estre de luy, auquel, comme a votre gouverneur et seigneur qui est aymé et estimé de son roy et M^e, nous voullons et entendons que vous portes toult honneur, respect et reverence, comme nous vous en pryons. Et, en ensuyvant n^{re} pouvoir, mandons tres expressement et de luy obeyr en ce qu'il vous commandera et ordonnera pour le service du roy, n^rd. sieur et filz, et le bien de v^red. ville et du pais, comme a luy mesmes et a nous, luy mectant et portant les clefz de lad. ville toutesfois et quantes quil sera dans icelle, ainsy quil est de coustume de faire en ce royaulme, asseurez qu'en ce faisant vous suyvres lintention du roy n^red. sieur et filz et la n^re, et partant vous ny faires aulcune faulte. Donne a Paris, le xvij^e jour de juillet mil v^e soixante quatorze. Ainsy signe : CATHERINE, et plus bas : DENEUFVILLE. Et au dessus de lad. lectre est escript : A noz chers et bien ames les consulz, manantz et habitantz de la ville de Limoges.

DE PAR LE ROY.

Chers et bien amez, nous avons entendu per la reyne, n^re tres honnoree dame et mere, a n^re advenement en ce royaulme, lobeissance que vous luy aves rendue apres la mort du feu roy n^re frere, et la fidellite que vous nous avez demonstree, dont nous avons bien voullu vous tesmoigner le contentement que nous en avions receu, qui est certainement tel que vous le pouves desirer, vous priant de perceverer, voyre faire tousjours de bien en mieulx, et vous asseurer que recepvres a jamaiz de nous tout favorable traictement, ne plus ne moings que bons et loyaulx subgectz le doibvent sperer dung bon roy et prince tel que nous vous serons a jamaiz, vous admonestant de vivre tous ensemble en unyon et concorde, et chasser de vous touctes occasions qui pourroient engendrer le contraire, obeissant aulx commandementz qui vous seront faictz de n^re part par n^re tres cher et ame cousin le comte de Ventadour, v^re gouverneur, en la fidellite et prudence duquel nous avons tant de confiance que nous reposons entierement sur luy de v^re conservation, pour laquelle vous executeres tousjours ce quil vous ordonnera, et observeres nos eedictz et ordonnances, comme vous estes tenuz de faire, et que tel est n^re plaisir. Donne a Lyon, le xvij^e jour de septembre 1574. Signe : HENRY, et plus bas : DE NEUFVILLE. Et a la suscription est escript : A noz chers et bien ames les maire (1) et consulz, manantz et habitantz de n^re ville de Lymoges.

---

(1) Il n'est pas sans importance de donner ici une explication qui, nous devons l'avouer, eût été mieux à sa place au commencement de la présente publication. Voici ce que nous lisons dans l'*Histoire du Limousin* d'Achille Leymarie, T. II, p. 405 :

« En 1470, Louis XI changea le mode d'élection des consuls, qui durent être élus par 100 no-

— 443 —

Sur la fin de N^re consulat, par ladvis et deliberation des plus notables et apparentz officiers, bourgeois, marchantz et aultres habitantz de lad. ville, furent par nous envoyes Monsieur le lieutenant general et le consul second devers le roy pour luy faire entendre la bonne affection des habitantz envers sad. Mageste; le fidel service quilz ont tousjours faict a la coronne de France, pour laquelle mainctenir et pour la conservation d'icelle ville soubz son obeissance ilz n'avoyent jamaiz mancque ne espargne leurs personnes et biens; qu'ilz desiroient continuer en mesme volonte, ayantz conceu joye indicible de son advenement et retour en prosperite, et, par mesme moyen, supplier Sa Mageste les descharger de la subvention de la donne, a laquelle ilz ne pourroient satisfaire pour les infinies charges et subcides quilz ont supporte par cydevant, et pour les considerations quilz scauroient trop mieulx remonstrer estans en court. Led. sieur lieutenant et consul furent humainement receuz et oys en leur arangue par la Mageste; touctesfois ne peurent obtenir lexemption de ladicte subvention ne diminution ou rebays d'icelle (1). Seullement il leur fust pourveu une surceance jusques au dernier jour de decembre, et la requeste presentee aux fins de lad. exemption respondue que les affaires du roy ne permectoyent l'accorder.

[Les consuls envoient à Paris pour demander décharge de l'impôt de la *donne*.

Leur demande est rejetée.]

Pour abreger le presant discours, ont este obmys plusieurs advertissementz a nous donnes de plusieurs entreprinses des

[Les consuls renforcent la garde de la ville et refusent de recevoir une garnison étrangère.

Mention d'un cahier de doléances.]

---

tables bourgeois choisis par le peuple. C'était, comme on le voit, une élection à deux degrés. — En 1476, François de Pontbriant obtint, à l'aide de la protection du chevalier Doriole, la création en sa faveur de l'office de maire, qui n'avait jamais existé à Limoges, et se fit investir de la juridiction civile et criminelle. Le nombre des magistrats populaires fut diminué en même temps, et le mode d'élection changé encore une fois : au lieu de 12 consuls, il y eut 7 échevins choisis par le maire et le sous-maire entre douze candidats que 75 conseillers, chefs de famille, avaient élus. En sorte qu'il fut facile au sieur de Pontbriant de concentrer toute l'autorité dans ses mains; ce qui sembla d'autant plus dangereux aux bourgeois que les offices de maire et de sous-maire étaient à vie.

» ... En 1484, Charles VIII destitua Pontbriant et ses adhérents, rétablit les consuls, et confirma les priviléges octroyés par son aïeul. Les bourgeois furent si heureux qu'ils ne voulurent pas attendre au 22 *février* pour élire leurs magistrats : le jour même où ils avaient reçu les lettres-patentes du roi, c'est-à-dire le 7 *décembre*, ils organisèrent leur corps de ville, et depuis l'élection des consuls eut lieu chaque année à la même époque. »

Jusqu'à ce jour nous ne voyons le titre de maire figurer nulle part dans nos annales. Il est à croire que le roi de Pologne ignorait quelle était l'organisation municipale de la ville de Limoges.

(1) Henri III leva trois millions sous forme d'emprunt sur les bonnes villes. Le clergé prêta un million.

rebelles estrangiers, conjurations et intelligences daulcungs concitoyens noz domesticques. La verite desquelz advertissementz n'ayantz peu descouvrir par preuve suffizante, nous aurions souvant change le reiglement de nᵣᵉ garde, au lieu de huict cappitaines generaulx, mys quatre seullement, la garde renforcee. On auroict tenu la main qu'elle auroict este faicte plus exactement et continuée selon que les dangiers le requerroient; prins des coadjucteurs et depputes pour le conseilh des affaires publicques, jusques ad ce que nous estions assistes de la presence de Monsieur le gouverneur ou que le temps estoict devenu plus calme. Ce temps pendant, nous aurions este la pluspart de lannee sollicitez instamment, pour plus grande seurete de la ville et habitantz d'icelle, de prendre des forces destrangiers. Monsieur le comte d'Escars, pour le service du roy et pour l'importance de lad. ville, s'est souvant a nous offert pour nous assister de sa personne, forces et moyens. Il nous auroict aussy presente Monsieur de Beaufort, son filz ayne, bien accompaigne d'ung bon nombre de gentilhommes, bons serviteurs du roy, desquelz il respondroict. De ce faire nous estoict donne advis par plusieurs grandz seigneurs aiantz commandement en aultres provinces a nous voysines. Pour resouldre sur ce faict, apres en avoir communicque avecques les habitantz, plusieurs messaigiers estoient expedies et envoyes tant du couste de La Rochelle et Xainctonge que de Perigort et au bas pais, pour recognoistre s'il se dressoict campt par les sieurs de La Nouhe (1) ou Langoyrand, et quelz estoient leurs desceins. Comme nous estions renduz certains que il ny avoict poinct de campt, et que les rebelles n'avoient pas les moiens pour icelluy dresser, et entreprendre a nous forcer et assieger, estimantz que pour evicter des surprinses le soldat estrangier ne pourroict estre si fidelle et asseuré gardien que nous mesmes de nʳᵉ ville, de noz personnes, de noz famillies et biens, et que pour cest effect de prendre garnisons se seroict une merque de cueur lasche et puzillanime, joinct que le peuple ne pourroict supporter les fraiz et loppression, nous aurions tousjours contredict recepvoir garnisons, remerciantz led. sieur comte dEscars de sa bonne volonte et offres, que en la necessite nous aurions recours a Monsieur nʳᵉ gouverneur, a luy et a tous

---

(1) La Noue était tenu en respect par le duc de Montpensier, qui s'empara de Fontenay et de Lusignan.

aultres noz bons seigneurs voisins et amys, pour le bien du service du roy (1). — Aussy les coppies de noz provisions et des remonstrances des plainctes de toult le pais pouvoient icy estre transcriptes, ce que n'a este faict pour cause de leur longueur et prolixite desd. remonstrances, par lesquelles sont remarquees les parties et qualites requises aux ecclesiasticques, aux nobles, a Messieurs de la justice, au soldat et gens d'ordonnance et aux aultres estatz; que tous ont degenere, le tiers estat estre infiniement charge de subcides, travaille par les nobles, afflige par les compaignies de la guerre, en somme qu'il est reduyt en extreme pauvrete par les maulvaizes praticques et inventions des sangsues de ce royaulme. Pour lequel remectre en sa premiere splendeur sont subgeres quelques moiens affin de y estre par la Mageste du roy en temps et lieu pourveu.

CONCLUSION. Dieu, qui est le vray rampart des villes et pais, nous ha aultant ou plus favorablement traictes et conserves que ville de la Guyenne. A luy donc tout lhonneur et la gloire de nre bien et conservation! Amen.

Il y a ici une page blanche dans le manuscrit.

Eslection des consulz faicte en lannee mil v^e soixante quatorze, finissant soixante quinze, le septiesme jour du moys de decembre aud. an mil v^e soixante quatorze, suyvant la coustume (2).

Les Taules :

Audoy Duboys.

---

(1) Le danger pourtant était proche : le jeune vicomte de Turenne, chef des confédérés de la Guyenne, s'emparait de plusieurs villes du Périgord et du Limousin.

(2) On lit à la suite et en marge de la liste des consuls : « L'annee que Monsr de Vantadour vingt loger en la Cite, en la maison de Me Jacques Bouyol, doyen de Sainct-Estienne ».

La Porte :

Francoys Vidaud (1).

Maignenye :

Psame Gregoire.

Le Marche :

Jacques Champaniat.

La Fourie :

M⁰ Leonard Barny, advocat.

Le Clochier :

M⁰ Jehan Char....ᵃᵗ [Chartaignac ?]

Boucherie :

Pierre Sansay.

Lansequot :

M⁰ Albert Montondon.

Les Combes :

Jehan Duboscheys.

Le Vieulx Marche :

Mar^{al} Dutrueil.

Croyssances :

Jehan Colomb ;
Mar^{al} Martin, seigneur de Mons.

(Signé :) FOREST, scribe.

(1. En marge : « Obiit ; requiescat in pace. »

Eslection faicte des collecteurs pour lannée mil v^c soixante quatorze, finissant m. v^c lxxv, suyvant la coustume ancienne, par les manans et habitans de la presant ville, faicte le second de mars mil v^c lxxv.

Les Taules :

Leonard Bouton ;
Guillaume Petit.

La Porte :

Bartholome Molinier dict Basset ;
Marcial Maledent le jeune.

Maigninie :

Adrien Lafosse ;
Jehan Du Boys, Me de la Monoye.

Le Marche :

Mathieu Blanchard ;
Pierre Disnematin.

La Fourie :

Me Pierre Mouret ;
Leonard Duboys.

Le Clocher :

Jehan Charle dict Nyot ;
Jacques Felines.

Boucharie :

Francoys Dagia (?) dict Tati ;
Jehan La Gorce dict Gay.

Lansequot :

Guillaume Chambinaud ;
Leonard Le Forre.

Las Combas :

Estienne Yvernaud dict La Gouteau ;
Jacques Verinaud dict Boudet.

Le Vieux Marche :

Jehan de Plenas Meigoux [Plainemaison] ;
Leonard Coulin.

Il y a ici une page blanche dans le manuscrit.

Sensuyt *linventaire, faict le xvj^e jour de decembre mil cinq centz septante cinq, des pouldres a canon et artilherie que noz predecesseurs nous ont laisse.*

Premierement :

Chez Monsieur le recepveur Verthamon, de Consoulat : ung baril pouldre a canon raffinee, pezant, avec le baril, cent quatre vingtz quinze livres ; tare le baril, reste net : ..... (*).

Ches le sire Estienne Disnematin : ung baril pouldre raffinee, poisant net cent quarante une livre troys quartes ; pouldre neufve par ci : ..... (*).

Ches Monsieur le recepveur Malledant : ung baril pouldre raffinee, poisant, avec le baril, cent cinquante une livre ; tare le baril quinze livres et ung quart, reste net : 135 livres.

Ches le sire Leonard Gallichier : ung baril pouldre raffinee, poisant, avec le baril, deux centz livres. Nota quil a este mis aud. baril quinze livres pouldre neufve ; tare le baril, reste net : ..... (*).

Ches le sire Mar^{al} Malledant laisne : ung baril pouldre, questoict ches dame Mag^{ne} Duboys, poisant, avec le baril, cent

(*) En blanc dans le manuscrit.

quatre vingtz six livres. Nota que la pouldre nest pas raffinee ; tare le baril, reste net : ..... (*).

Ches Monsieur le consul Verthamon : ung baril pouldre raffinee, poisant : ..... (1).

PLUS AVONS TROUVE le susd. jour dans la chambre du trezor ce que sensuict :

Ung baril pouldre a canon, que nest pas raffinee, poisant, avec le baril, cent vingt une livre ; tare le baril, reste net : ..... (*).

Ung aultre baril pouldre non raffinee, poisant, avec le baril, deux centz vingtz livres ; tare le baril, reste net : ..... (*).

Ung aultre fondz de baril, poisant, avec le baril, quatre vingtz dix livres ; tare le baril, reste net : ..... (*).

Une balle salpestre. Avec le baril et embalage, reste net : ..... (*).

PLUS

Ung baril soulphre, poisant, avec le baril, soixante treze livres ; tare le baril, reste net : ..... (*).

Ung pannier plombs, poisant cent cinquante cinq livres ; tare le panier, reste net : ..... (*).

Ung baril plombs, poisant cent quatre vingtz livres ; tare le baril, reste net : ..... (*).

Une aulne a mesurer le cuivre.

Metal 160 l.; tare le panier, net : ..... (*).
Metal 163 l.; tare le panier, net : ..... (*).
Metal 140 l.; tare le panier, net : ..... (*).
Metal 175 l.; tare le panier, net : ..... (*).
Metal 240 l.; tare le panier, net : ..... (*).
Une cloche metal, poisant : ..... (*).
Deux timons balances grandz.
Une molle (2) de cuivre a faire plombs pour la grand piece de fonte.

(*) En blanc dans le manuscrit.

(1) A la suite et en marge est écrit : « Lad. pouldre a este retiree et mise dans le thresort par les consulz de lannee 1585. Et en ont baillhe breveclz aulx sus nommes.

(2) Un moule.

SENSUICT LARTILHERIE *que nous ont laisse noz susd.*
predecesseurs (1).

Premierement :

DANS LA TOUR DE BOUCHERIE :

Sept pieces a croc de fert, dont il y en a une que nest pas montee, et une piece quest du sire Mathieu Benoist.
Huict pieces de fonte. Je dis huict pieces.
Dix chevalletz.
Troys douzaines bouletz grand et petiz.

DANS LA TOUR DE MAGNYNIE :

Une grand piece de fonte avec ses roues.
Dix pieces de fonte.
Ung fauconneau de fert.
Sept pieces a croc.
Une verge de fert.
Sept chevalletz.
Quatre livres pouldre.
Deux douzaines bouletz.

DANS LA TOUR DE MONTMAILHER :

Six pieces de fonte. Je dis six pieces.
Six pieces a croc. Je dis six pieces.
Cinq chevalletz, v.
Une verge de fert.
Quatre livres pouldre.
Deux douzaines bouletz.

DANS LA TOUR DE LA REYNE (2) :

Huict pieces a croc. Je dis huict pieces.

---

(1) Cette partie de l'inventaire a été reproduite dans le *Limousin historique*, p. 66.
(2) Des Arènes.

Sept pieces de fonte. Je dis sept pieces.
Cinq chevalletz.
Plus quil y a dans la chambre de consulat :
Une piece de fonte.
Une piece de fonte, petite.
Deux pieces de fonte, petites, quil nous ont dict avoir este emprumptees de quelqun de la ville.
Quatre arquebuzes a croc de fert.
Une arquebuze a croc de fert.
Cloches metal que sont ez tours des portes de la ville.
Plus nous ont baille nosd. predecesseurs, le xxiiij^e decembre 1576 :
Seize livres pouldre a canon.
Plus nous ont baille nosd. predecesseurs, le xxiiij^e novembre 1576 :
Quatre ceaulx dargent.
Deux ceaulx de cuivre.

Il y a ici trois pages blanches dans le manuscrit.

Eslection des consulz faicte en lannne mil v^c soixante quinze, finissant lxxvj.

Les Taules :

Jehan Dubois, garde de la Monnoye (1).

La Porte :

Syre Mathieu Benoist.

Magninie :

Jehan Dubois, M^e de La Monnoye.

---

(1) En marge : « Obiit; requiescit in pace ».

Le Marche :

Jehan Verthamon.

La Fourie :

Mᵉ Pierre Bergier, advocat.

Le Clochier :

Jehan Malledent.

Boucherie :

Jehan dict Gay Lagorce.

Lansequot :

Guilhaume dict Guilhaumot Chambinaud.

Les Combes :

Mᵉ Jehan de Julien, recepveur du donmaine.

Le Vieux Marche :

Martial Guery, procureur.

Croissances :

François Dubois ;
Joseph d'Auvergne.

(Signé :) FOREST, scribe.

Eslection faicte des collecteurs pour *lannee mil v°
soixante quinze, finissant mil v° soixante seze,
suyvant la coustume ancienne, par les manans et
habitans de la presant ville, faicte le dixhuictiesme
de decembre mil v° soixante quinze.*

Les Taules :

Audoy Maledent ;
M° Guilhaume Disnematin, juge du pariage.

La Porte :

Francoys Pinchaud ;
Marcial Maledent.

Magnenyc :

M° Jehan de Jayac ;
Jehan Disnematin dict Le Dourat.

Le Marche :

Guilhaume Poylevé ;
Bartholome Juge.

La Fourye :

Gregoyre Baud ;
Jehan Debroa.

Le Clochier :

Jehan Eytier dict Le Parve ;
Pierre Mosnier laisne.

Boucherie :

M° Jehan Lavandier ;
Jacques Gadault.

Lansequot :

Guilhaume David,
M° Loys Bolesteys.

Les Combes :

Mᵉ Jehan Martin ;
Mᵉ Jehan Baignol.

Le Vieulx Marche :

Jacques David ;
Jamme Bardinet.

(Signé :) Forest, scribe.

Il y a ici trois feuillets blancs dans le manuscrit.

Eslection faicte des consulz pour lannee mil vᶜ *soixante seze, finissant mil vᶜ soixante dix sept, suyvant la coustume ancienne, par les manans et habitans de la presant ville, faicte le septiesme decembre aud. an mil vᶜ soixante seze.*

Les Taules :

Audoy Maledent.

La Porte :

Mᵉ Michel Verthamon, recepveur particulier.

Magninye :

Mᵉ Guilhaume Verthamon, recepveur general.

Le Marche :

Pierre de La Roche dict Vouzelle.

La Fourie :

Gregoyre Baud.

Le Clochier :

M⁰ Jehan de La Pine, conseiller.

Boucherie :

M⁰ Jehan Lavandier.

Lansequot :

M⁰ Joseph Blanchard.

Les Combes :

M⁰ Gabriel Albiac.

Le Vieulx Marche :

Jacques David.

Croissances :

M⁰ Aymeric Guybert, advocat pour le roy en la seneschaulcee de Lymosin ;
Jehan Disnematin dict Le Dourat.

(Signé :) FOREST, scribe (1).

---

(1) En marge de cette liste, d'une écriture postérieure : « Memoire que les consuls de la presante annee ont cothise et leve largent de Chalucet. *Requiescant in pace.* » — Voici à ce sujet ce qu'on lit dans le P. BONAVENTURE DE ST-AMABLE, à l'année 1577 (T. III, p. 795) :
« La paix n'ayant pas été de longue durée, on revint à jouer des couteaux. Les Huguenots pillèrent le pays tellement qu'on n'osoit sortir des villes. Ceux de Saint-Léonard étoient toujours aux prises contre ceux de Chaslucet, se tuoient comme des bêtes. Ils craignoient quelque surprise de la part de ceux qui n'avoient ni foi ni loi. Les habitants de Limoges, pour réprimer les attaques des voleurs de Chaslucet, remirent en charge le capitaine Vouzelle, afin de résister à Saint-Vic, chef de ces pillards. Et comme les consuls furent avertis que les Huguenots faisoient des assemblées et monopoles, et que leur rendez-vous étoit à Chaslucet, on commanda à Vouzelle d'aller en ces quartiers, ce qu'il fit. Étant à Boessel (*Boisseuil*), il rencontra le sieur de Beaupré, qui alloit au lieu susdit, lequel, pour se défendre, se serra dans l'église. Vouzelle ayant envoyé chercher du secours à Limoges pour le forcer dans sa retraite, dès qu'à la pointe du jour Beaupré vit de la voûte de l'église que ces subsidiaires s'approchoient, par un trait de courage ou de désespoir, sortit de furie, l'épée à la main, et se fit faire place, en tua quelques-uns et prit prisonnier le capitaine Gallichier, qu'il mena à Chaslucet. Le sieur de Saint-Vic ayant été pris au dépourvu par le vicomte de Pompadour, qui le retint

ELECTION FAICTE DES COLLECTEURS POUR *lannce mil v*^{c} *soixante seze, finissant mil v*^{c} *soixante dix sept, suyvant la coustume ancienne, par les manans et habitans de la presant ville, faicte le treziesme jour dapvril mil v*^{c} *soixante dix sept.*

Les Taules :

Pierre Cybot ;
Anthoyne Tilhier dict Larnaude.

La Porte :

Pierre Meyze ;
Jacques Lagorsse.

Magninye :

Francoys Boulhat ;
Juilhien David.

Le Marche :

Pierre Pabot ;
Mar^{al} Benoist dict Beyneython.

prisonnier à Pompadour, les habitants de Limoges, prenant l'occasion au poil, résolurent d'attaquer cette tanière de brigands, et de la détruire selon la permission qu'ils en auroient du roi. Les consuls mandèrent aux habitants de Solignac de saisir promptemant les allées et venues dudit fort, et ceux de Saint-Léonard s'armèrent contre leurs propres ennemis, et y acquirent beaucoup de gloire. Le 14 avril 1577, les troupes de Limoges, tant à pied qu'à cheval, partirent enseignes déployées, et d'abord gagnèrent les maisons voisines dudit fort, et se mirent en état de planter le siége, quoique ceux du château fissent grand feu et jetassent de grosses pierres sur les assiégeants. Emoustiers contribua des soldats pour cette expédition, et le sieur de Fraisseix y vint avec une campagnie de gens de pied et des communes du pays, qui environnèrent le château de tout côté. Le capitaine Vouzelle battoit l'estrade avec 200 chevaux, visitant souvent le corps-de-garde, où quelques-uns du parti contraire les venoient reconnaître, mais ne les osoient attaquer. On les somma de rendre la place, ce qu'ils refusèrent, espérant d'être secourus ; néanmoins, se voyant pressés et sans espérance de secours, ils sortirent pour parlementer et capituler, baillant ôtages de côté et d'autre, et promirent de rendre le château s'ils ne recevoient en deux jours des forces pour se défendre. Personne ne paraissant pour leur parti, le samedi 19 avril de cette même année 1577, il sortit du château de Chaslucet 60 soldats et plus, ayant pour chef le capitaine Plaix et Latour, son sergent, lesquels furent conduits, selon la capitulation, par les enfants de Limoges, deux grandes lieues. La place étant ainsi rendue, elle fut démolie et rendue inhabitable. »

Voir aussi : *Château de Chalusset : Description et documents historiques, suivis de quelques Notes sur l'église de Solignac.* Par M. l'abbé ARBELLOT. — Limoges, *Ardillier fils*, 1851, br. in-8°.

La Fourie :

Mᵉ Jehan Papetaud, advocat;
Anthoyne du Peyrat, Sʳ du Masjambost.

Le Clochier :

Marcial Vouzelle;
Claude Rouard.

Boucherie :

Mᵉ Paris Debuat, doctʳ en medecine;
Pierre Faulte dict Jehanne.

Lansequot :

Joseph Desflottes;
Jehan Delachenaud.

Les Combes :

Mᵉ Marᵃˡ Gadault;
Pierre Sepas.

Le Vieulx Marché :

Jehan Dumas dict Balot;
Mathieu Bardinet.

(Signé :) FOREST, scribe.

Il y a ici quatre feuillets blancs dans le manuscrit.

Ellection faicte des consulz pour lannee mil vᶜ soixante dix sept, finissant mil vᶜ soixante dix huict, suyvant la coustume entienne, par les manans et habitans de la presant ville, faict le septᵉ decembre aud. an mil vᶜ soixante dix sept.

Les Taules :

Pierre Douhet, esleu.

La Porte :

Leonard Mousnier.

Maiginie :

Jehan Goudin layne.

Le Marche :

Guilhaume Foucaud dict Nicot.

La Fourie :

M⁰ Jehan Papetaud, advocat.

Le Clochier :

Claude Rouard.

Boucherie :

Jacques Gadaud.

Lansequot :

Joseph Desflottes.

Las Combas :

M⁰ Simon Duboys, lieutenant general.

Le Vieu Marche :

Mathieu Bardinet.

Creysensas :

M⁰ Jehan Martin, procureur au siege presidial de Lymoges; Marcial Malledent le jeune.

(Signé :) FOREST, scribe.

Ellection faicte des collecteurs pour lannee mil vᶜ soixante dix sept, finissant soixante dix huict, suyvant la coustume antienne, par les manans et habitans de la presant ville; faict le dernier jour de jung mil vᶜ soixante dix huict.

Las Taulas :

Anthoyne Duboys;
Pierre Mazautin.

La Porte :

Estienne Pinchaud;
Marcial Favelon.

Maigninie :

Jehan de Jayat;
Pierre Benoist.

Le Marche :

Blaise du Mas;
Jehan Loudeys.

La Fourie :

Francoys Faulte;
Jacques Papetaud.

Le Clochier :

Marcial Merlin;
Jacques Michel.

Boucherie :

Bertrand de Mons;
Helies Farne.

Lansequot :

Mᵉ Jehan Petiot;
Jacques Martin dict Bisouard.

Las Combas :

Pierre Teulier ;
Pierre de Nozerines.

Le Vieulx Marche :

Gabriel Raymond dict Reytoil ;
Jehan Las Vachas.

(Signé :) Forest, scribe.

Il y a ici deux feuillets blancs dans le manuscrit.

Eslection faicte dez consulz pour lannee mil cinq cens soixante dix huict, finissant mil v^c soixante dix neuf, suyvant la coustume ancienne, par les manans et habitans dicelle, le septiesme jour de decembre lan mil cinq cens soixante dix huict, en la grand sale de la maison commune.

Le canton des Taules :

Anthoine Duboys.

La Porte :

Jehan Vidaud laisne.

Maignenie :

Jehan de Jayac.

Le Marche :

Blaise Dumas.

La Fourie :

Joseph Duboys.

Le Clochier :

Jehan Verger.

Boucherie :

M⁵ Paris de Buat, docteur (1).

Lansequot :

Pierre Saleys.

Las Combas :

Mᵉ Jehan de Beaubrueil, advocat.

Le Vieulx Marche :

Thomas Brugiere dict Durand.

Croissances :

Mᵉ Jehan Penicaud, advocat;
Marᵃˡ Mailhot.

(Signé :) FOREST, scribe.

Le dimenche quinziesme de mars, lan mil v^c soixante dix neuf, les habitans de Limoges, faulx bourg Pont-Sainc-Martial et autres, assembles en la grand sale de la maison commune, ont este esluz les collecteurs et partisseurs dez tailhes pour lannee mil cinq [cent] soixante dix huict (2).

Les Taules :

Psaume Faute;
Jehan Colin.

---

(1) On lit en marge : « Ses armories sont en Consullat ».

(2) On est surpris de l'irrégularité de l'époque de ces élections : pour l'année 1575-1576, elles ont lieu le 18 décembre 1575, puis le 13 avril, le 30 juin et le 15 mars pour les années suivantes. La cinquième guerre de religion, la formation de la Ligue, les États de Blois et la

La Porte :

Rollan Vertamon ;
Jehan Boutaud.

Maignenie :

Jehan Penigot ;
Mar^{al} Duboys.

Le Marche :

Me Loys Romanet ;
Me Leonard Benoist, eslu.

La Fourie :

Helies Essenaud ;
Bartholome Albin.

Le Clochier :

Jehan Lascure le jeune ;
Jehan des Flottes.

Boucherie :

Me Jacques Salot ;
Jehan Chambinaud.

Lansequot :

Leonard de Lauze ;
Guilhaume Pomier dict Le Soutier.

Las Combas :

Me Pierre de Beaubrueil ;
Me Claude Gandy.

sixième guerre, remplissent cette période. Un signe visible du trouble de ces temps est la négligence apportée par les consuls de 1575, 1576, 1577 et 1578 à lever toutes les taxes dont la population avait été frappée. De là un procès entre eux et leurs successeurs. Si pendant trois années il n'y a aucune trace de l'administration des consuls, c'est que peut-être les comptes de leur gestion étaient difficiles à établir. Les habitants de la ville se plaignirent que, en 1577 particulièrement, de grandes sommes de deniers eussent été levées sur eux sans que l'emploi en eût été justifié.

Le Vieulx Marche :

Jamme Tailhandier ;
Francoys Clement dict Pichicay.

(Signé :) Forest, scribe.

ET TOUT INCONTINENT apres avoir este esleuz, fusmes advertiz par des seigneurs de ce pays quil [y] avoit une entreprinse sur ceste ville et aultres du pays. Pour empescher lexecution desquelles, fust par nous envoye lectres dadvertissement par toutes les villes circonvoysines. [Craintes d'entreprises sur Limoges et autres villes du Limousin.]

Au moys de febvrier, les heritiers de feu Me Guillaume Berthon, abbe de Solompnhac, nous firent signiffier ung arrest baille en la chambre des aydes a Paris, le unziesme juillet mil cinq cens septante huict et auparavant n^{re} consulat. [Réclamation des héritiers de Berthon, abbé de Solignac, de la somme de onze cents écus 54 sous 10 deniers, pour fourniture de blés à la ville.]

Par lequel est dict que, a la diligence desd. consulz de lan mil v^c soixante huict soixante neuf, les consulz qui estoient ou seroient en charge feroi[en]t cothizer, lever et paier sur les habitans de ceste ville ausdictz heritiers dud. feu Berthon les sommes a quoy pourroit monter la quantite [de] dix neuf cens vingt neuf sestiers seigle et de quatre cens dix neuf sestiers de froment, ensemble la somme deux cens nonante quatre escus dix neuf solz dix deniers, pour les despens, que montent en tout, suivant lappreciation faicte par Messrs les esleuz de cette ville, a la somme de mil cent unze escuz cinquante quatre solz dix deniers, laquelle il estoit mande imposer et lever sur les habitans de la ville, combien que lesd. bledz eussent este prins par les consulz desd. annees soixante huict et soixante neuf pour la nourriture de larmee du roy, estant en ce pays, lequel sen estoit resenty. A ceste cause, et pour bailler ordre audict affaire, fust par nous delibere quil falloit envoyer a Paris pour consulter comme lon y debvoit proceder ; ce que par nous fust faict et envoye audict Paris, ou fust trouve, par ladvis de troys des plus fameux advocatz, quil failloit presenter requeste a La Majeste, et par icelle luy remonstrer que, de tant que lesd.

bledz avoient este prins pour la nourriture de son armee estant en Limosin esd. annees mil vᵉ soixante huict et mil vᶜ lxix, quil luy pleust les paier ou permectre que lad. somme fust cottizee sur les habitans de lellection, daultant quilz sen estoient ressentys. Ce que fust ordonne par Sa Majeste, et manda aux tresoriers et generaulx de France establis en ceste ville de faire commandement aux esleuz de lad. ville de lesgaller sur lez habitans de lad. ellection, payable en quatre quartiers conmancans le premier jour de janvier mil cinq cens hoctante, entre les mains du recepveur qui seroit en charge, pour lez deniers estant receuz estre employes au payement desd. bledz ausd. heritiers dud. Berthon. Ce que fust faict par lesd. seigneurs tresoriers generaulx et apres par nous presente ausd. esleuz, comme de ce appert par la provision du Roy et attache desd. seigneurs generaulx et actes de presentation ausd. esleuz.

[Réparations aux murs de la ville.

Les consuls des années 1576-1578 sont condamnés à achever la levée des tailles de leurs années.]

INCONTINENT apres, voyant la ville ouverte par une bresche qui est entre la tour de la Renne et Montmailler, ou il a une tourt conmencee par noz predeccesseurs consulz, fust par nous advise quil failloit faire clorre lad. bresche et faire tirer de la pierre de Sᵗ-Martin et icelle conduire dans la fosse pres lad. bresche, ce qui fust faict. Toutesfoys ne scaichant aulcuns moyens pour avoir deniers pour faire travailler a la reparation de lad. bresche, synon cothizer ung nouveau subcide sur les habitans, ce que ne fust par nous trouve raisonnable, de tant que lez consulz des annees mil cinq cens septante cinq, septante six, septante sept, septante huict avoient des restes de deniers a lever, montans a la somme de deux mil escuz destinez a la reparation desd. murailles, laquelle somme estoit deuhe par partie des habitans qui navoyt paye leur cothite comme les aultres, pour parachever laquelle fusmes contrainctz faire assigner les consulz desd. annees septante six et septante huict pardavant lez esleuz, ou, par sentence, ilz furent condempnes a parachever la lieve des tailles de leurs annees et icelle mectre entre noz mains pour estre employee a la closture de lad. bresche, suivant le don que Sa Majeste en avoit faict ausd. habitans. Dont ilz furent appellantz a Monferran, ou, par arrest, fust dict bien juge par lesd. esleuz et ordonne que leur sentence sortiroit son plain et entier effect. La teneur duquel arrest sensuyt :

Extraict de la court des Aydes a Montferrand.

ENTRE Mathieu Benoist, Jehan Duboys, Jehan Verthamont, Mᵉ Pierre Bergier, Jehan Malledent, Jehan Gay dict Lagorce, Guillaume Chambinaud, Mᵉ Jehan de Jullien, Mᵉ Marcial Guery, Francoys Duboys, Joseph Dauvergne, consulz en lannee mil vᶜ soixante seize de la ville de Lymoges, appellantz de certaines sentences et ordonnances contre eulx donnees par les esleuz dud. Limoges le xxvijᵉ octobre 1578 et vingtcinquiesme may mil vᶜ soixante dix neuf, et anticipes, dune part; et les consulz la present annee de lad. ville de Lymoges, anticippans daultre. VEU par la court le procez par escript, conclud et receu pour juger si bien ou mal a este appelle le douziesme jour de juillet dernier passe pour le regard de la sentence dud. vingtcinquiesme may dernier, sentence dont a este appelle, griefz et responses des parties, production nouvelle faicte par lesd. anticipans, contredictz et salvations a icelle requeste presentee par lesd. appellans, sur laquelle ilz auroient este receuz appellans de ladicte sentence ou ordonnance dud. vingt septiesme octobre mil vᶜ soixante dix huict, mise au sac du procez, et tout considere, LA COURT a mis et mect les appellations et ce dont a este appelle au neant, sans amande, en ce que concerne lad. sentence dud. vingt septiesme octobre, et le premier chef de laultre sentence dud. vingt cinquiesme may dernier; et, en amandant le jugement, ordonne que lesd. appellans rendront compte de ce quilz ont receu ou deu recepvoir des deniers dont est question donnez et remys par le roy par ses lectres pattantes du vjᵉ (1) soixante dix huict, sauf a eulx demployer aud. compte en chappitre de despence ce quilz ont forny pour lez reparations du mur de lad. ville dans quinzaine apres la signiffication du present arrest. Et, en tant que touche la levee des deniers restans de lad. annee mil vᶜ soixante seize, ordonne que lad. sentence sortira son plain et entier effect, et compense lez despens entre lesd. parties, et pour cause. Prononce a Montferrant aux procureurs des parties, le vingt deuxiesme jour daoust lan mil cinq cens soixante dix neuf. Signe MONTORCIER.

---

(1) Le nom du mois ne se trouve pas dans le manuscrit.

[Même affaire.] ET, POUR LE REGARD des consulz de lan mil v⁰ septante sept qui nous avoient faict envoyer une conmission pour cottizer sur les habitans la somme de mil trente cinq escuz, ce qui fust par nous reffuze faire; et sur ce, suivant ladvis des habitans, fust par nous forme une opposition, attendu quilz navoient rendu compte de plusieurs et grandz sommes de deniers par eulx levees durant leur annee tant sur les habitans de lad. ville que ellection, combien que de ce faire ilz fussent condempnes par arrest baille par Messrs des aydes a Monferrant, dont la teneur sensuyt :

Extraict des registres de la Cour des Aydes a Monferrant.

ENTRE les consulz de la ville de Limoges en lannee mil cinq cens soixante dix sept et Simon Ladrapt joinct, appellantz de certaine sentence et ordonnance donnee par le senneschal du hault Limosin aud. Limoges, d'une part; et les consulz lannee presente de lad. ville, inthimez, daultre part. VEU par la court les ordonnance et sentence du vingt sixiesme mars et second avril mil cinq cens soixante dix neuf, desquelles est appelle par lesd. appellantz, relief obtenu par led. Ladrap et exploictz dexecution dicelluy, requeste presentée par lesd. appellantz le cinquiesme du present moys daoust, responce desd. inthimes faicte a la signiffication de lad. requeste, et ordonnance interinee sur icelle, lectres dassiette obtenues pour imposer sur les habitans de lad. ville et ellection la somme de neuf mil deux cens quatre vingtz treze livres dix solz et cent livres pour lobtention desd. lectres, ladicte somme reduicte suivant ledict a troys mil cent trente ung escu dix solz, et deppartement faict par les elleuz dud. Limoges a qui ladresse desd. lectres estoit faict, griefz desd. appellans, responce a iceulx desd. inthimes, productions desd. parties, conclusions du procureur general du Roy, tout veu et considere; ladicte court dict que mal nullement et incompetamment a este ordonne et sentencie par led. senneschal, bien appelle par lesd. appellantz, et, en amandant lesd. jugementz, a ordonne et ordonne que lesd. appellantz randront compte des deniers imposes en vertu desd. lectres dassiette a ceste fin par eulx obtenues sur les manans et habitans et ellection dud. Limoges pardevant les gens tenans la chambre des comptes a Paris dans deux moys du jour de la signiffication que leur en sera faicte a personne ou domicille; et ce pendant exhiberont estat au vray des deniers par eulx receuz et frayes, dans quinzaine, pardevant lez depputez qui a ce faire seront nommes par les habitans de lad. ville deuement assembles. Et, en tant que touche les meubles prins par execution, comme des biens dud. Ladrapt, pour le payement de lamande de dix escuz adjugee ausd. inthimez, ladicte court a descharge led. Ladrap de lad. amande, et ordonne que lesd. meubles luy seront randuz par le gardien diceulx, silz sont en nature, sinon la juste valeur et estimation diceulx a laquelle a condempne lesd. inthimez, et aux despens tant de la cause principalle que presente cause dappel, donmaiges et interestz envers lesd. appellantz, la taxe et liquidation a elle reservee. Prononce a Monferrant aux procureurs des parties, le vingt deuxiesme jour daoust mil cinq cens soixante dix neuf. Signe MONTORCIER.

SUYVENT lequel arrest du treziesme septembre mil cinq cens soixante dix neuf, et apres icelluy avoir faict signiffier ausd. consulz, fismes assembler les habitans pour nonmer des auditeurs de comptes. Lesquelz estans assembles en ceste maison conmune, feirent eslection de sires Mathieu Decordes et Anthoine du Peyrat, Sr du Masjambost en la compaigne de nous consulz, laquelle nomination nous leur feismes signiffier et bailler coppie de lacte consulaire sur ce faict par Me Guynot Forest n^{re} scribe. A quoy ilz nont voulu obeyr ne exhiber led. compte et despens. Par arrest bailles au conseil prive du vingt quatriesme octobre mil v^c soixante dix neuf, fust dict quilz rendroient compte a la chambre des comptes a Paris dans troys moys prochains, auparavant laquelle ilz exhiberont lestat au vray de recepte et despens par eulx faicte durant leur annee par devant M^{rs} les tresoriers generaulx de France establys en ceste ville, pardevant lesquelz nous et tous aultres qui y auront interestz les pourront impugner, et pendant led. temps, la lieve de trente cinq escuz surcize.

Au moys de mars en lad. annee, estans advertis que Monsr le duc de Montpensier, acompaigne de Madame la duchesse, sa femme, et Monsr le prince dauphin, son filz, venoient du couste dAgen, passant par ceste ville, loger en la Cyte, feismes as- [Réception du duc et de la duchesse de Montpensier.]

sembler partie des principaulx habitans pour deliberer de les recepvoir, aller audevant et leur faire lhonneur tel quil appartient a ung prince si debonnaire, ensemble luy faire ung present. Ce que fust par eulx resolu et arreste. Et suivant icelle deliberation, le jour quil arriva en ceste ville, fusmes audevant jusques pardela Fontjoudran avec les robes, chapperons et housses de drapt noir, ou se trouvarent Mes^{rs} de la justice et plusieurs notables bourgeois et marchans de ceste ville en nombre de cent chevaux. Ou estans arrives, ayant mis pied a terre, luy fust faict par tous la reverance et presente le service de la ville par monsieur Me Paris de Buat, docteur en medecine et consul. De la fust conduict en ladicte Cyte a son logis, n^{re} prevost et led. de Buat tenant la main gauche, Monsr le lieutenent general la droicte. Ou estant arrivez, nous fusmes de rechef luy faire la reverance et presenter le service de la ville. Comme aussi en continuant le lendemain, acompaignes de plusieurs bourgeois et marchans de la present ville, fusmes luy faire la reverance et lui presenter le service de lad. ville, ou fust faict aud. seigneur duc par led. de Buat une harangue. Et incontinant apres, il luy fust par nous envoye ung present despiceries, dragees, confitures et flambeaux, montans a la somme de quarante escuz.

[Maladie et séjour à Limoges du duc de Montpensier.]

Et, parce que led. S^r duc fust fort mallade, sejourna despuys le moys de mars jusques au moys de may, durant lequel sejour, de deux en deux jours, luy allions faire la reverance, prandre ses commandementz et scavoir de luy, ensemble de mons^r le prince dauphin, son filz, comme nous debvions gouverner a la garde de la ville et pourvoir aux affaires qui se presentoient, parce quen ce temps la ville dUserche avoit este surprinse. Lequel, combien quil fust fort mallade, nous prestoit fort familierement loreille, et sur toutes les occurrances nous bailhoit conseil et advertissement de tout ce qui se passoit, nous admonestant tousjours de pourveoir a la garde de la ville, et assurant que, ou il auroit moyen faire plaisir a tous les habitans dicelle en general et en particulier, il employeroit tous ses moyens, commandant audict S^r prince dauphin, son filz, faire le semblable.

[Décharge et modération de taxes.]

Peu de temps apres et a la fin du moys de may, messieurs les tresoriers et generaulx de France nous advertirent quilz avoient receu quatre commissions pour cothizer grandz sommes de deniers sur lad. generalite, lune de 55 mil escuz, pour les munitions que avoient fourny certains marchans de Poitou devant La Rochelle, en lan mil cinq cens septante troys, laultre, pour lez garnisons dAngoumoys et Taillebourg et pour la chambre tripartie dAgent. Et, detant que nous nestions tenus et ne debvions estre comprins ausd. taxes, parce que sommes du ressort de Poictou, et que, lorsquil falloit assieger des villes du Limosin ou paier des garnisons des forteresses desd. pais, les habitans desd. pais de Poictou et Engoumoys ne contribuoyent aulcunement, ce que fust par nous remonstre ausd. seigneurs generaulx. Lesquelz, apres avoir oy noz remonstranses, supercedarent lad. taxe pour ung temps, pendant lequel ilz nous renvoyarent au roy. Suivant laquelle ordonnance et par advis des habitans, envoyames ung de nous vers La Mageste pour luy faire entendre noz remonstrances et le supplier y pourveoir. Laquelle, apres avoir veu et faict voir icelles a son conseil prive, auroit ordonne que le pais de Limosin ne seroit comprins a la taxe des garnisons dEngoumoys et Taillebourg, aussi que led. pais de Limosin seroit mis a un taulx plus moindre quil nestoit pour la chambre tripartie dAgen, et quil seroit cottize sur les taillables au taillon, et partant, ceste ville exempte dicelle; et, pour le regard des munitions et vivres du siege de La Rochelle, la taxe et cottization diceulx surcerroit jusques ad ce que la Mageste en auroit aultrement ordonne. Pour lesquelles expeditions ung de nous demeura deux moys et demy en court.

EN septembre aud. an mil cinq cens septante neuf receusmes conmission du roy par Monsr le lieutenent general pour cottizer sur les habitans de la present ville, sans excepter personne diceulx que lez secretaires de France et ceulx qui servent assiduellement, par quartier, la somme de 3,000 escuz sur ceste ville, et 333 escus $\frac{1}{3}$ sur la Cyte pour la subvention. Questoit ung subcide fort grand et mal aise a lever sur les habitans, attendu la paouvrete du peuple et aultres charges et tailles cottizees sur les habitans dicelle, ensemble la gellee questoit advenue en ce pais. Neaulmoins, pour monstrer que nous estions obeyssantz a la volonte du roy, fust cottizee, et envoye des sergens pour lever lad. somme, ce que ne fust possible faire. Toutesfoys feirent leur procez verbaulx, lesquelz pour nre descharge presentarent a Messrs les generaulx qui nous renvoyarent au roy.

[Modération de 1,333 écus 1/3 sur la somme de 3,333 écus 1/3 imposés sur la Ville et la Cité.]

Et tout incontinant apres feismes assembler les habitans et leur feismes entendre le contenu en ladicte conmission, la taxe et diligences par nous faictes sur la lieve desd. deniers, ensemble les remonstrances faictes a Messrs les generaulx. Lesquelz habitans furent dadvis denvoyer vers la Majeste, de luy faire entendre noz doleances et remonstrer la paouvrete des habitans, infortune de la gellee advenue au pays, le supplier nous remectre et quicter ladicte somme de 3,000 escuz. Ce que ayant resolu, envoyames incontinant homme expres vers Sad. Majeste pour luy faire entendre ce que dessus. Sur lesquelles remonstrances, et icelles veues en son conseil prive, nous descharga et feist rabbays sur lad. somme de 3333 escuz $\frac{1}{3}$ imposee sur la Ville et Cyte, de la somme de 1333 escuz $\frac{1}{3}$; quest pour la ville 1200 escuz et pour la Cyte 133 escuz $\frac{1}{3}$, comme de ce appert par les lectres de provision (1).

Henry, par la grace de Dieu roy de France et de Pologne, a noz amez et feaulx conseillers les tresoriers generaulx de France en n^{re} bureau estably a Lymoges et a tous noz aultres justiciers et officiers et chacun deulx comme il appartiendra, salut et dillection. Veu en n^{re} conseil la requeste cy attachee soubz n^{re} contrescel a nous presentee par noz chers et bien amez les consulz de n^{re} Ville et Cyte de Lymoges, affin que, en consideration des grandes ruynes quilz ont souffertes a cause des troubles et de la sterilite advenue en la present annee en tout le pays de Limosin par la gelee qui a gaste tous les bledz, vins, chastaignes et aultres fruictz servantz a la nourriture des habitans dicelluy pays, il nous pleut les descharger du payement de la somme de troys mil troys cens trente troys escuz ung tiers, a quoy lad. Ville et Cyte ont este imposez pour la subvention generalle, attendu quil est imposible aux habitans de la pouvoir paier et ausd. consulz de la pouvoir lever; Nous, ayant esgard a lad. requeste, avons ordonne et ordon-

---

(1) Henri III était obligé de céder un peu à l'opposition presque générale des contribuables. « Les nobles et le peuple de Bretagne, Normandie, Bourgogne et Auvergne, dit *l'Estoile*, se liguent et se resolvent a ne plus payer d'impots, subsides, emprunts, decimes, tailles, crues et charges autres que celles qui etaient du temps du roi Louis XII et de la reine Anne de Bretagne, son epouse; criant tous contre le roi les surchargeant journellement de nouveaux subsides et nouveaux offices, et n'acquittant aucune de ses dettes des grands deniers qui en proviennent, ains en faisant des prodigues somptuosites et des dons immenses a sept ou huit mignons frises qui l'environnent et possedent ».

nons que, en payant par lesd. habitans dicelle Ville et Cyte de Limoges dans ung moys prochainement venant la somme de deux mil [escuz], ilz seront deschargez, et lesquelz nous deschargeons du surplus de lad. subvention. Si voulons et a chacun de vous mandons et enjoignons que de la presente descharge et contenu cy dessus vous faictes, souffres et laissez joyr et user lesd. habitans et consulz dicelle Ville et Cyte de Limoges, sans quilz soient contrainctz au paiement de lad. somme de troys mil troys cens trente troys escuz ung tiers par noz recepveurs ne aultres, lesquelz aussy en demeurent deschargez en leurs comptes. Car tel est n^{re} plaisir, nonobstant quelzconques eedictz, ordonnances, restrinctions, mandementz, deffenses et lectres a ce contraires. DONNE a Paris, le xxiiij^e jour doctobre lan de grace mil cinq cens soixante dix neuf, et de n^{re} regne le sixiesme. Signe : Par le roy en son conseil, DOLU, et scelle du grand scel sur simple queuhe en cire jaulne.

En ce mesme temps (1) fusmes advertis quil sadressoit une surprinse sur ceste ville, qui estoit conduicte par certains gentilzhommes qui estoient du pays de Poictou. Pour executer laquelle ilz sadressarent a ung des habitans de ceste ville, lequel, apres nous avoir adverty de ce quilz avoient entreprins, leur promist bailler lez moyens pour la surprandre. Et, pour ce faire, furent en ceste ville quatre gentilzhommes qui vindrent loger, particulierement ung deulx, en chacun des quatre faulxbourgs de ceste ville pour remerquer les conmodites et moyens pour executer leurdict entreprinse. Estant tousjours acompaignes dicelluy, feirent plusieurs allees et venues par plusieurs chasteaux pres de ceste ville, mesmes au chasteau dez Lezes. Toutesfoys enfin les principaulx entrepreneurs dicelle entreprinse, qui estoient les seigneurs de Princay et du Bouschet, pour mieulx se assurer de lexecution de leur entreprinse, vouloient

[Tentative de coup de main sur Limoges: la conspiration est découverte. — Supplice des principaux conjurés.]

(1) Le roi de Navarre ne pouvait entrer en possession effective de son gouvernement de Guyenne, ni se faire recevoir dans les villes du Quercy et de l'Agenais. Malgré la proclamation de la paix de Bergerac et l'immobilité de Henri de Navarre au milieu de sa cour de Nérac, ce n'étaient partout qu'embûches et surprises de forteresses et de villes, tentées par des particuliers sans autorisation des chefs. C'est dans le même temps (29 novembre 1579) que Condé trouva moyen de faire pénétrer des hommes déguisés dans la place de La Fère, et de s'en emparer sans effusion de sang.

ung de nous qui fust de leur party. Quoy voyant, apres avoir communique dud. affaire, fusmes dadvis que ung de nous debvoit aller parler a eulx pour mieulx descouvrir leur entreprinse. Ce que fust faict le dixiesme octobre aud. an mil v^c soixante dix neuf. Lesd. de Princay et Dubouschet estans loges au Lyon dOr, ung (1) de nous fut parler a eulx, et, apres que lesd. de Princay et Dubouschet heurent discouru loccasion pour laquelle ilz estoient venuz en ceste ville, et que par ledict consul leur fust par plusieurs foys remonstre lez difficultes de lexecution de leur entreprinse, respondirent quil estoit bien aise de lexecuter et que pour ce faire ilz avoient nombre grand de gentilzhommes et arquebouziers tous prestz et qui ne feroient faulte de se y trouver, et quil falloit surprandre lad. ville par la porte Boucherie, apres louverture dicelle, laquelle il estoit neccessaire faire ouvrir devant le jour, et quil estoit besoing que le consul qui seroit en garde congediast ceulx qui estoient en garde, pour apres se saisir dicelle affin davoir moyen de faire entrer ceulx qui se debvoient trouver au jour assigne, auquel ceulx qui avoient promis ne feroient faulte se y trouver, disant ledict Dubouschet que, estans entres dans lad. ville, il ensanglanteroit ses bras dans le sang de ceulx qui vouldroient empescher lexecution de leur entreprinse; au surplus que, estans les maistres dans lad. ville, il estoit neccessaire faire de leglise St Michel, la maison du Brueilh et aultres maisons circonvoysines une citadelle pour conmander a toute la ville.

PENDANT que tous ses discours se faisoient en presence de lung de nous et de deulx des habitans de ceste ville, Monsieur de La Roche, le vice seneschal de cestedicte ville, acompaigne de son greffier et archiers, estoit au dernier [derrière] de la porte de la chambre ou ilz estoient, qui faisoit escripre tout ce que se disoit par lesd. Deprincay et Dubouschet. Et, apres que le tout fust discouru et le signal et mot du guet baille par led. consul, led. vice seneschal entra dans lad. chambre avec ses archiers, ou estant, il print prisonniers lesd. Deprincay et Dubouschet, qui furent gardes jusques au lendemain dimanche matin, quilz furent conduicts par led. vice seneschal avecq ses archiers, entrans par la porte Maignenie, dans ceste maison de ville, ou estans, furent separes lung de laultre. Et tout incontinant fust par Messrs le lieutenant criminel, viceseneschal et gens du roy

---

(1) On évite de le nommer.

procede a la faction de leur proces, lesquelz pour parfere ledict procez demeurarent seans despuis lad. heure jusques au seoir a minuict sans en sortir.

Et, le lendemain lundy matin, furent lesd. Deprincay et Du Bouschet conduictz de ceste maison jusques au parquet et audictoire royal de la present ville, pour illec estre oys et interroges; ce que fust faict, et, leur procez veu par nosd. seigneurs lieutenent criminel, vice seneschal et conseillers du siege presidial, furent condemnes avoir la teste tranchee et au prealable estre mis a la question et torture pour scavoir les noms de leurs complises; ce qui fust faict, et ayant tire ledict Princay, confessa tout; et, quant audict Dubouschet, ne voulut endurer la question, ains librement confessa, comme il appert par le procez. Et nonmarent leurs [complices], que sont : les sieurs des Lezes, de Buxerolles, de Ladange, le Sr de Resos et Morict pres St Sornyn, le Sr de Fretet et de Valon pres ......, les nepveuz dud. Sr Valon, que sont les Srs de Puyrobins, de Masgoudard, le Sr de Constanceries, le Sr de Baigne, demeurant pres St Germain de Confolant, le Sr du Bouschet et sa trouppe, les soldatz de Mr de Malescot, que sont a Belarbre, les soldatz du Blanc, de Chevigne et de St Sournyn, le Sr Ducluzeau et de Laigebernard, le S^r de La Voste et ses deux beaufreres nommes lung Chanterye et laultre Les Champ, demeurant pres La Voulte, le S^r de La Roudrie pres de Lussat et les guidons de Montmorilhon, le Sr de Rocheffort le jeune pres Le Blanc, le Sr de Dournay pres dud. Blanc, Lapagerye, le Chillon, les Deux, les Graves et le Boys, qui est avecques le S^r de ......, habitans pres dud. Blanc, le Sr de Vivans, de mesme quartier, le Petit, La Mothe, demeurant avec le S^r de La Roche-Volusson, les soldatz dAngle et Baudoyn, son voysin, le Sr de Barlottiere pres du bourg de Rochambaud, le Sr du Mas pres Chavigny, le Sr Ducluzeau et son cadet, le S^r de La Mothe de Montru pres dud. St Sornyn et son filz, Beyssat, nepveu et voysin de La Voste de Mezieres, les deux cadetz de Lavault pres Saint Savyn, le Sr de Laboulay, le S^r des Landes et le S^r de La Valliere.

Sensuyt la teneur de la sentence de condempnation de mort desd. Princay et Dubouschet.

Veu le procez criminel faict a la requeste du procureur du roy a lencontre de Inocent de Princay, S^r dud. lieu en Berry, et Regne Bigot Sr Dubouschet en Poictou, prisonniers detenuz, mesmes le jugement presidial donne sur la retantion de la cause avec les informations et confession dud. Princay, lectres missives, memoires et chiffres et tablettes trouvees ausd. accuses, recollementz et confrontementz de tesmoingtz, et oys lesd. prisonniers en la chambre, joinct les conclusions du procureur du roy; PAR ADVIS DE LA COURT PRESIDIALLE, AVONS declaire et declairons iceulx Princay et Bigot avoir encouru crime de leze-majeste et deuhement attainctz et convaincuz davoir conspire pour surprandre la present ville de Limoges et la tirer hors la puissance de la Majeste; et, pour reparation dud. crime, les avons condempnes et condempnons a estre menez et conduictz par lexecuteur de la haulte justice en la place publique des Bancz de lad. ville, et avoir illec les testes tranchees, et apres leurs corps mis a quatre quartiers qui seront portes au[x] quatre advenues de la present ville, attaches a quatre poutances, qui pour cest effect y seront dressees, et leursd. testes mises au bout de deux lances sur les poteaux de Boucherie et Montmailler, apres avoir este au prealable mis en question et torture pour scavoir par leur[s] bouches la verite des noms de leurs complices. Et au surplus avons confisque et confisquons tous les biens desd. condempnes au roy, quelque part quilz soient siz et scitues, sur lesquelz sera prinse la somme de six mil escuz soleil, desquelz seront employes deux mil escuz pour remectre lez ruynes du palays et maison du roy de la present ville, aultres deux mil escuz pour pareillement reparer et remectre les bresches des mureilles de lad. ville, et aultres deux mil escuz pour fonder ung college en icelle, lez fraiz de justice prealablement prins. Ainsy signe MARTIN, DE LA ROCHE, LAMY, DELOMENIE, GADAULT, MARTIN, DELAPINE, DE JOYET, DUPONT et DENYCARD.

Prononcee a este la present sentence ausd. Princay et Du Bouschet, au parquet et audictoire royal dud. Limoges, par Messrs de La Roche, vice seneschal de Limosin, et Martin, lieutenant criminel, le lundi douziesme jour du moys doctobre mil cinq cens soixante dix neuf. (Signé:) DESFLOTTES, greffier en la viceseneschausee.

SUIVANT laquelle sentence lesd. de Princay [et Dubouschet], led. jour douziesme octobre 1579, furent par lexecuteur de la haulte justice menes a la place conmune des Bancz, ou ilz heurent les testes trenchees et leurs corps mis en quatre quartiers; les testes desquelz furent misses, scavoir: celle dud. Princay, a la porte de La Reyne, et celle [de] Dubouschet, a la porte Boucherie, et leurs quatre quartiers aux quatre advenues de ceste ville. Signe DESFLOTTES, greffier (1).

APRES lad. execution, fust par lesd. officiers de la justice et nous aregarde quil failloit du tout advertir La Mageste, joinct quilz avoient confesse avoir entreprins contre icelle. Ce que ayant este resolu, pour faire lad. legation furent depputes Mess^{res} Me Michel Martin, conseiller aud. siege, et Pierre de La Roche, vice seneschal, lesquelz partirent de ceste ville le quinziesme dud. moys doctobre pour aller a Paris, prenant leur chemyn par lAuvergne affin de obvier aux inconvenientz, pour aller vers La Majeste luy faire entendre ce qui sestoit passe, et apporter le sonmaire dud. procez, ensemble noz lectres. Laquelle Mageste, apres avoir veu nosd. lectres et sonmaire dud. procez, fust fort contente de la diligence que avoient faict Messrs de la justice et nous, promectant nous estre bon roy et gratiffier en tout ce quil seroit possible, nous admonestant continuer en n^{re} vigilance a la garde de la ville, comme de ce appert par ses lectres, dont la teneur sensuyt.

DE PAR LE ROY.

Chers et bien amez, vous avez en toute occasion rendu tel tesmoignaige de v^{re} fidellite et devotion en tout ce que sest presente pour n^{re} service, comme bons et loyaulx subjectz, que nous en demeure ung tres grand contentement, comme freschement du debvoir et bonne diligence dont vous avez use a descouvrir et remedier a la conspiration et entreprise qui avoit este brassee sur v^{re} ville, de laquelle je loue Dieu que les autheurs ayent par ce receu le chastiement de leur infidellite et demerite. Et sonmes fort contentz du debvoir que en ont faict noz officiers, ainsi que nous avons veu par le sonmaire du procez, que nous a este presente avec v^{re} lectre du xiiij^e de ce moys, vous priant et admonestant continuer a prandre garde aussi soigneusement que vous avez accoustumez a la conservation a faire de v^{re}d. ville, jusques a ce que Dieu nous aye faict la grace de faire entierement executer et mieulx observer n^{re} edict de pacification, a quoy nous travaillons incessamment de tout n^{re} pouvoir, pour lesperance que nous avons de vous deslivrer par ce des oppressions, peines et aguetz (1) qui vous

---

(1) « *Aguets*, ambusches, ambuscades. » (MONET.)

affligent. Et encores que nous voyons nre bonne et saincte intention traverssee par les artifices et passions de quelques ungs, lesquelz ne redoubtent rien tant que la lumiere de la justice quil fault attendre de lestablissement de lad. paix, toutesfois nous experons y donner si bon ordre et y user de telle perseverance que nous surmonterons, avec layde de Dieu et lassistance et fidellite de noz bons subjetz, la malignite de telz perturbateurs du repoz publicq. Quoy attendans, nous vous admonestons de rechef dobserver leurs actions avec vre accoustumee vigillance pour ne tumber en aulcune surprinse, et croire que, en toutes occasions que se presenteront pour vre bien et soulaigement, nous serons tres ayses de vous gratiffier et vous faire sentir les effectz du contentement que nous avons de vre devotion et fidellite. Donne a Paris, le xxvij^e jour doctobre 1579. Signe HENRY ; et plus bas, DE NEUFVILLE.

[Réparations diverses.]

PENDANT et durant nre annee, feismes recouvrir troys tours, principalles chambres des portes et la maison de la ville et aultres tours ou lon faict corps de garde, et faict faire les portes et fenestres. Aussi feismes accoustrer lez conduictz des fontaines dEygoulenne, de la claustre de Sainct Marcial et Chevallet, et faire le pave joignant le cymintiere de la Renne, ou passe le conduict de la fontaine d'Eygollenne, comme aussi le pave de la porte de Magnenie, ung rasteau de fert a la porte Boucherie, ensemble ung degre a la tour de la Bresche, et remectre la muraille pres de la tour Branlant, et, suivant ladvis des habitans, entretenu, durant nre annee, troys soldatz a la garde de la porte, ausquelz a este baille neuf escuz par moys.

[Mort du capitaine Raymond ; Pierre Jambier lui succède.]

AUSSI, parce que Michel Reymond, cappitaine des portes, decceda au moys de decembre, apres le decces duquel, fust par nous esleu en son lieu Pierre Jambier dict Bouschaud, auquel feismes prester le serment de bien et deuhement faire son debvoir. Ce quil a promis de faire, comme appert par acte receu par nre scribe.

Il y a ici environ un feuillet blanc dans le manuscrit.

Eslection faicte des consulz pour lannee mil cinq centz quatre vingt, suyvant la coustume encienne, par les manantz et habitantz dicelle, le septiesme decembre mil cinq centz soixante dix neuf, en la grand salle de la maison commune.

Le canton des Taulles :

Mᵉ Mathieu Maledent, recepveur general.

La Porte :

Mᵉ Rolland Verthamon, recepveur du tailhon.

Magninye :

Mᵉ Joseph de Roulhac.

Le Marche :

Mᵉ Leonard Benoist, esleu.

La Fourie :

Mᵉ Bartholome Albin, appoticaire.

Le Clochier :

Sire Leonard Gallichier.

Bouscherie :

Mᵉ Jehan Cybot, advocat.

Lanssecot :

Jehan de Lachenaud.

Las Combas :

Mᵉ Guilheaume Nantiac, procureur.

Le Vieux Marche :

Jacques Talhandier.

Croissanses :

Francoys Verthamon ;
M⁁ Pierre Mauple, recepveur encien.

(Signé :) Forest, scribe (1).

Le seziesme jour daoust mil cinq centz quatre vingtz, les habitans de Lymoges, faulx bourgs pont St Marcial et aultres, assembles en la grand salle de la maison commune, ont este esleuz les collecteurs et partisseurs des tailles pour lannee mil cinq centz quatre vingtz.

Les Taulles :

Mathieu Decordes ;
Pierre Verrier.

La Porte :

Francois Char^{ac} [Chartaignac?] ;
Pierre Crouchaud.

Magninye :

Jehan Pinot ;
Francois Belut.

Le Marche :

Pierre Ardent ;
Jehan Michel.

La Fourie :

M⁁ Pierre Dupin ;
M. Francois Albin.

(1) On lit à la suite, et d'une autre écriture :
« La Ville à son fils :
Tien toy tousjours prudent et sage,
Et les mutins mourront de rage ».

Le Clochier :

M⁰ Pierre Desflottes ;
Joachin Blanchon.

Bouscherie :

M⁰ Francois Duteilh ;
Jehan Gadaud.

Lanssecot :

Francoys Nantiac ;
M⁰ Jehan Certe.

Les Combes :

M⁰ Anthoine Marcialet ;
Guilheaume Vigier.

Le Vieulx Marche :

Pierre Guery ;
Bertrand Charon.

(Signé :) FOREST, scribe.

INCONTINENT apres nre ellection, deliberasmes sur les memoires de noz predecesseurs consulz, et arrestasmes que, sur toutes choses, il estoit besoing de pourvoyr en dilligence a deux poinctz principaulx dicelles, questoient la garde de la present ville, reparations et edifications de la bresche et fort de Sainct Marcial.

[Surveillance pour la garde de la ville; réparations au fort Saint-Martial.]

ET, detant que par les memoires de nosd. predecesseurs il estoit faict mention de plusieurs proces intentes contre les consulz des annees 1576, 77 et 78, dont il en avoit deux pendens a la court des aydes a Monferrand, et aultres en la present ville, fust delibere et arreste par nous assembles en la maison commune dappeller les consulz des trois annees, particulierement, en la maison de ceans, chacun consulat a part, aux fins de leur remonstrer quil nestoit trouve bon quilz fissent con-

[Les consuls des années précédentes chargés de percevoir les impôts afférents à ces années.]

T. II.   29

sommer et mectre en fraiz les habitans de lad. ville pour les poursuivre, et quil seroit beaucoup meilheur qu'eux, comme bons cytoiens, fissent leur debvoyr de lever les deniers dont ilz estoient respectivement charges, chacun en son annee, leur promectant que, ou ilz voudroient faire leur debvoyr, de leur prester toute assistance et emploier les gens du roy a leur bailher main forte. A quoy ilz prindrent delay de quinze jours pour respondre. Et, apres plusieurs crieries, et cognoissans que cestoit leur debvoyr, se chargearent de ce faire, comme appert par plusieurs actes consulaires faictz au commensement de n^{re}d. annee, suyvant lesquelz nous leur avons presté toute faveur, ayde et assistance quil nous a este possible, voire jusques a aller *ostiatim* (1) en chacune maison durant n^{re}d. annee, les sollicitant ordinairement de faire lad. levee. Et estoient assistes de quatre a cinq de nous.

[Fort Saint-Martial.]

ET VOYANT que la bresche ou est de present le fort St Marcial estoit ung lieu fort dangereux, comme estant tout desmantelle, par lequel on pouvoit entrer et sortir aiseement, et la malice et necessité du temps, fust resolu entre nous de faire tirer de la pierre et achapter de la chaulx et aultres semens [ciments] necessaires pour bastir et construire led. fort. Et y aurions tellement procédé que nous aurions icelluy construict.

[Craintes d'attaque et mesures de précaution.]

DURANT ce temps, et au mois dapvril, heusmes advertissemens de plusieurs endroictz de nous bien garder, d'autant que les ennemys avoient reprins les armes. Et receusmes une lectre de la Majeste tendant a mesmes fins, laquelle est cy dessoubz escripte, et dont la teneur ensuyt :

DE PAR LE ROY.

Chers et bien amez, nous vous faisons la presente sur les advertissemens que nous ont esté donnes despuis deux jours que aucuns de ceux de la rellig̃ion pretandue refformee sont montes a cheval pour sassembler de v^{re} costé, comme silz y voulloient executer quelque entreprinse, pour vous admonester et commander de vous tenir sur voz gardes, et donner si bon ordre a v^{re} seureté et conservation quil ne vous puisse arriver

(1) De porte en porte.

aucun inconvenient, sans toutesfoys rien faire qui altera n^re edict de pacification, lequel nous esperons en Dieu quil nous fera la grace deffectuer quelque jour, au contentement des gens de bien. Mais vous vous maintiendres en bonne unyon par ensemble et en bonne intelligence avec voz voisins, vous assistans et secourans les ungz les aultres contre ceux qui vous voudroient forcer et violenter en quelque façon que se soit. Et ne souffrires entrer en v^re ville gens incogneuz avecques armes, affin de obvier a toute surprinse; et nous advertires soigneuzement de toutes occurances. Donne a Paris, le ve jour dapvril 1580. Signé HENRY; et plus bas, DE NEUFVILE.

SUYVANT laquelle et memoyres a nous laissees par nosd. predecesseurs, aurions tellement pourveu a la garde de lad. ville que, moiennant layde de Dieu, il ny seroit survenu aucun inconvenient. Et fust delibere et conclud au premier jour quung chacun de nous iroit faire des rondes tous les soirs sur les murailhes, tant pour scavoir lordre que les cappitaines commandantz a icelle[s], ensemble les caporaux et dixeniers tenoient, que pour voir les deffailhans a lad. garde, aux fins de leur faire cognoistre, suyvant leurs qualites, la faulte quilz commectoient au debvoir de leur charge, a laquelle estoient appelles comme bons cytoiens. [Rondes de nuit.]

ET FUST ARRESTÉ que lorsquon entendroict quelques nouveaux advertissemens, deux de nous coucheroient sur la murailhe, assavoyr l'ung jusques a minuict, et laultre despuis la minuict jusques au jour. Ce que fust exactement gardé et observe.

AUSSY fust ordonne ung corps de garde ez Bancz, faisant patroulhe pour voir et descouvrir ceux que iroient de nuict par icelle, ensemble pour aller par les logis, tavernes et gabaretz, pour scavoyr ceux qui y estoient loges, le tout aux fins que, suyvant les advertissemens que avions heuz, on peult cognoistre s'il y avoit meschancete ou trahison aucune. [Visites domiciliaires.]

ET AYANT RECEU daultres advertissemens de bons endroictz, craignans estre boucles (1) et assieges, comme nous menassoient les rebelles et perturbateurs du repos publicq, fust arreste que [Aumône.]

(1) Bloqués.

nous irions avec Messieurs les magistratz par tous les cantons de la present ville pour scavoir quelles armes, pouldre et munition de guerre avoient les habitans chacun en sa maison, mesmement pour voir silz avoient des bledz pour vivre trois ou quatre mois. Ce quaiant faict et veu a l'œil par plusieurs et diverses foys, fust conclud que, pour le grand nombre de paouvres du pais que sestoient retires en la present ville, on feroit une aulmosne generalle tant aux indigens de ceste ville, invalides, que aux estrangiers dud. pays. Et fust ordonne quelle seroit faicte et continuee en l'hospital Sainct Gerald; et, pour raison des valides tant de la ville que des champs, fust ordonne quilz travalheroient aux fortifications de lad. ville, et, moiennant ce, leur seroit delivré deux pains du pois de iij livres chacun pour chacun jour, et deux solz en deniers pour avoir du vin ou aultre viande pour se substanter. Et aussy leur estoit permis aller prendre du potaige en lad. aulmosne generalle, silz vouloient. Laquelle aulmosne dura despuis la fin du mois d'apvril jusques en juillet, quest envyron deux mois. Dont aucuns gens de bien de cested. ville y firent leur debvoyr et y emploiarent leur assistance (1).

[Les consuls envoient vainement en cour pour demander à être exemptés de la taille et des autres subsides extraordinaires.]

SUR CES ENTREFAICTES la guerre civile saugmentoit de plus en plus en Guyenne (2), et, suyvant les advertissemens susd., tant de sad. Mageste et Monseigneur le mareschal de Biron que aultres, et veu la penurye et malice du temps et les grandz fraiz et despences quil nous convenoit faire, fusmes dadvis envoyer devers le Roy pour le supplier treshumblement, veu quil y avoit envyron vingt ans que nous avions travalhé a nous garder soubz son obeissance, luy remonstrant que pour ce faire les habitans auroient emploié plus de iiij^c M. livres, avec les reparations quilz ont faictes, que montent a plus de xij a xv M. livres, et de sorte quilz sont appouvris pour le jourdhui, tant a cause de la cessation du trafficq et commerse que pour les choses susd. et aultre infinite de subcides leves sur eux, il luy pleust nous vouloyr faire don des tailles et aultres deniers extraordinaires imposes la present annee sur les manans et habitans de ceste ville, comme

(1) Le nombre des pauvres assistés fut d'environ 10,000.
(2) Il s'agit ici de la guerre dite *des Amoureux*, parce qu'elle fut excitée par les dames de la cour de Nérac. Henri de Navarre enleva Cahors le 29 mai. Le duc d'Anjou se porta comme médiateur entre les deux partis, et la paix fut signée à Fleix en Périgord, au mois de novembre.

plus amplement appert par les memoires cy dessoubz escriptes. A quoy, quelque instance que fust faicte par celluy que avions envoye en court, ne fust obtenu aucune chose, causant l'urgente necessité que Sa Mageste avoit desd. deniers pour subvenir a faire la guerre a ses ennemys; promectant que nous serions recogneus lors et quant Dieu luy auroit faict la grace de pacifier son royaulme. Ensuit la teneur desd. memoires :

Au Roy.

Remonstrent treshumblement a V^{re} Mageste les consulz de la ville de Lymoges que les ennemys de V^{re}d. Mageste commectent une infinité de violences et oppressions envers voz paouvres svbjectz dud. pais de Lymosin, preignent leurs personnes, bestial et aultres meubles et fruictz et leurs immeubles, et tous autres actes dhostillite;

Et contraignent les habitans des petites villes, bourgz et bourgades leur paier les deniers ordonnes pour les tailles et subcides deubz a V^{re}d. Mageste, comme il appert par la teneur des commissions rigoureuzes y attachees;

Que, soubz le pretexte de quelques querelles particullieres, il se dresse aud. pais et ez envyrons de lad. ville de grandes assemblees, estans desja deux ou trois mil personnes vivans sur le pouvre homme, et usent de tous actes dhostillité. A quoy il plairra a V^{re}d. Mageste y pourvoyr.

Le Roy a envoié aud. pais de Lymosin le Sr de Hautefort pour y commender en labsence du Sr de Biron, lequel scaura bien pourvoyr, avec les forces que luy ont este ordonnees, au contenu desd. trois articles (1).

Et daultant que lesd. consulz ont este advertis quil y a ung gentilhomme ordonne pour commander aud. pais de Lymosin, plaise a V^{re}d. Mageste descharger lad. ville de Lymoges de sa demeuranse, daultant que son service nest poinct a present necessaire en lad. ville, àins plustost au bas pays de Lymosin pour sopposer a lennemy, quy y est plus proche; aussi les descharger de la contribution des fraiz et gaiges ordonnes pour son entretenement et de ses compaignies, attandu les grandz fraiz dessusd. et aultres quil leur convient faire chacun jour.

(1) Avons-nous besoin de faire observer que les alinéas en petit texte contiennent les réponses aux articles des doléances?

Le roy ne peult exempter les habitans de lad. ville de Lymoges que led. Sr de Hautefort ne loge en icelle, sasseurant bien quil est si saige et tant amateur du service de Sad. Mageste et soullagement du pais que luy a este bailhe en sa charge, qu'il nincomodera ceux de lad. ville que le moingz quil luy sera possible, et se retirera en tel lieu quil verra estre a propos, estant bien raisonnable quilz contribuent pour leur part et portion, comme ceux que sont les plus riches et aizes, a ce qui sera necessaire pour lentretenement des gens de pied que led. Sr de Hautefort a charge de lever pour la conservation dud. pais.

Que durant les troubles et guerres civilles et despuis vingt ans en ca, les habitans de lad. ville ont fraié et fourny de leurs deniers, pour la garde de lad. ville, places et fortz estans au tour dicelle et solde des compagnies qui y ont este ordonnees et y ont logé, plus de quatre cens mil escuz soleil, dont la pluspart desd. habitans en sont demeures paouvres et ruynes, sans que jamais lesd. consulz ayent volu toucher aux deniers de V^rr^d. Mageste en quelque façon que ce soit, nayant en ces extremites volu imiter plusieurs aultres villes de ce royaume.

Oultre lad. somme de quatre cens mil escuz, ilz ont este contrainctz, pour la conservation de lad. ville en v^re obeissance, faire reparer les murs et tours de lad. ville, ou ilz ont expose plus de douze ou quinze mil escuz, et pour le jourdhuy y a une grande partie desd. murs et tours qui sen vont en ruyne et decadence pour lantiquite dicelles; et, sil ne plaict a v^rd. mageste user de v^rc liberalite accoustumee a lendroict desd. habitans, ilz n'ont plus de moyen de fournir aux fraiz necessaires pour la conservation et deffence de lad. ville, ainsy que lesd. consulz et habitans ont jusques icy faict et desirent continuer a ladvenir jusques a la derniere goutte de leur sang. Mais les trois partz desd. habitans sont tous pouvres artisans qui ne vivent que de la sueur de leurs bras, et encores a present, pour les troubles et deffiances que sont aud. pais, ilz ont tous discontinué leur travail, oultre ce que lad. ville est scize et scituee en pais maigre et infertil, et duquel les fruictz se sont perdus lannee derniere par les grandes froidures et gelees, qui a causé presque une famine aud. pais, et ou les habitans de lad. ville font une aulmosne generalle a tous les paisans dud. pais quilz ont nourry lespace de six sempmaynes, estans en nombre de plus de dix mil, sans laquelle aulmosne ilz fussent tous peris de fain.

Aussy, oultre les despences susd., il leur convient faire garder a leurs despens vingt et deux feuz qui sont ez envyrons de lad. ville, desquelz les ennemys de V^{re}d. Mageste sefforcent semparer.

A CESTE CAUSE lesd. habitans supplyent tres humblement V^{re}d. Mageste leur quicter et remectre les tailles, crues, equivallent et parizis (1) ordonnes estre leves la present annee sur lad. ville, que peuvent revenir a huict cens cinquante six escuz trois solz et six deniers, pour estre emploies esd. reparations et fortifications.

Les troubles et guerres civilles ont apporte ceste charge et incomodite, a laquelle sad. Mageste est tres desplaisante ne pouvoyr remedier a present; mais, estans ses afferes presses, comme chacun scait, il est besoing sayder non seullement de ses tailles et revenu ordinaire, mais de rechercher tous moyens extraordinaires pour recouvrer deniers, affin de sopposer aux desseingz de ceux que veullent entreprendre sur son estat a la foulle et oppression de sesd. subjectz. Partant ne peult sad. Mageste remectre le payement desd. tailles et creues.

EN OULTRE leur faire don de la somme de six cens escuz qui sont este leves sur led. pais, pour employer au paiement de messieurs de la chambre tripartie establie [a] Agen, qui sont entre les mains du recepveur, daultant que lexercisse de lad. chambre cesse, pour aussy les emploier esd. reparations et fraiz necessaires pour la solde des gens stipendies pour la garde de lad. ville, de laquelle deppend la conservation de tout le pais de Lymosin.

Sa Majesté a faict estat et dispose desd. deniers ailheurs, pour choses importans son service.

La presente requeste est renvoyee au Sr de Chevailles, intendant des finances, pour en faire rapport a Messrs du Conseil, et, sur icelle, ordonné ce que de raison. Faict a St Maur, le xiij^e jour de juillet 1580. Signe DE NEUFVILLE.

Lesdictz articles sont este respondus au Conseil dEstat tenu a St Maur

---

(1) « En terme de compte, le *parisis* d'une somme était l'addition de la quatrième partie de la somme au total de cette somme ». (CHÉRUEL). — « *Parisis*, droit qui est de cinq sols pour livre du droit principal. Il a reçu ce nom d'après une monnaie appelée *parisis*, qui se fabriquait à Paris, et dont la valeur était d'un quart plus forte que celle qui était fabriquée à Tours. » (*Encyclopédie méthodique*.) — *Equivalent*, c'est le nom d'une imposition qui a lieu dans le Languedoc, et à laquelle on a donné le nom d'équivalent, parce qu'elle représente les aides dont le pays s'est racheté. » (*Ibid*.) — « *Crue*, ce mot désigne une imposition additionnelle à une autre déjà subsistante, telle que celle qui fut ajoutée à la taille en 1484. » (*Ibid*.)

des Fosses, le xxme jour de juillet mil cinq cens quatre vingtz. Signe POTIER.

[Craintes de surprises.
—
Le roi refuse de décharger la ville du tiers des subsides payés par elle.]

ET, PARCE QU'IL Y avoit advertissement de consequence pour la conservation de ceste ville, Sad. Mageste despecha celluy quavions envoye devers luy, sans pouvoyr executer les memoires que luy avions balhe pour deffendre au faict propose par le pretendu scindicq du plat pais, questoit de faire recharger lad. ville du tiers des subcides que led. pais payoit. Et nous escripvit Sad. Mageste une lectre de telle teneur :

DE PAR LE ROY.

Chers et bien amez, nous avons advise vous renvoyer ce pourteur en toute dilligence pour de rechef vous advertir comme il nous a este encores mande de trois ou quatre divers endroictz que les perturbateurs du repoz publicq de n^re royaume doibvent bien tost executer une entreprinse sur no^re ville de Lymoges, par le moyen de quelque intelligence quilz ont en icelle, et que cest loccasion pour laquelle le roy de Navarre est venu a Bergerac avecques toutes ses forces. Au moyen de quoy nous vous ordonnons tres expressement de redoubler la garde de lad. ville, recepvoir en icelle le S^r dAutefort que nous avons envoié par della pour v^re bien et conservation, obeyr a ce quil vous commandera de n^re part comme a nous mesmes, et ne vous fier tant en voz forces quil vous en advienne comme a ceux de Cahours, lesquelz, pour navoyr volu recepvoir en leur ville quelques gens de guerre pour les garder, sont tumbez en la desolation que chacun scait. Nous vous admonestons et enjoignons aussy vous tenir et joindre tous ensemble en bonne concorde et amitye et bannir de v^re ville toutes partiallites, contentions et inimities particullieres, et vous conformer entierement a noz intentions, qui ne tendent que a v^re bien, repos et conservation, comme bons et loyaulx subjectz sont tenuz de faire. DONNE a Sainct Maur des Fosses, le xxvij^e jour de juillet 1580. Signé : HENRY, et plus bas : DE NEUFVILLE.

[Le roi enjoint aux consuls

QUE FUST LA CAUSE que nous fismes reiteratives visites en chacune maison, comme dessus, et la plus vigilante garde quil nous fust possible. Et incontinent apres receusmes lectres de Sa Mageste, par lesquelles il nous mandoit de recepvoyr Monsieur dAultefort pour son lieutenant general au present pais de Limosin, comme aussy appert par les lectres sur ce expediees, lesquelles furent publies en la court de la seneschaucee de Lymosin et enregistrees au greffe dicelle.

[de recevoir le sieur d'Hautefort.]

DE PAR LE ROY.

Chers et bien amez, requerant le bien de n^{re} service en n^{re} pais et province du hault et bas Limosin et la conservation dicelluy en n^{re} obeissance dy commettre quelque personnage duquel ayons toute confidence pour y commander en labsence de n^{re} cousin le Sr de Byron (1), mareschal de France, durant que la guerre et les troubles seront aud. pais, nous avons faict eslection du Sr de Haultefort, cappitaine de cinquante hommes d'armes de noz ordonnances. A moyen de quoy, nous vous mandons, ordonnons et tres expressement enjoignons que vous ayes a le recognoistre et obeyr et luy assister en tous voz moiens et pouvoyr. Et feres chose que nous sera tres agreable. Car tel est n^{re} plaisir. Donne a Paris, le xvj^e jour de jung 1580. Signé : HENRY, et plus bas : DE NEUFVILLE.

Ensuyt la teneur desd. lectres pattentes :

HENRY, PAR LA GRACE DE DIEU ROY DE FRANCE et de Pologne, a n^{re} amé et feal le seigneur de Haultefort, chevalier de n^{re} ordre, cappitaine de cinquante hommes d'armes de noz ordonnances, salut. Pource que nous, cognoissans estre tres expedient et necessaire pour le bien de n^{re} service, la seureté et conservation en n^{re} obeissance de noz pais du hault et bas Limosin de bailher la charge et commendement en iceux durant que la guerre et les troubles seront aud. pais a quelque vertueux et digne personnage qui nous y face respecter et obeyr en labsence de n^{re} trescher et amé cousin le Sr de Biron, mareschal de France, et considerans ne pouvoyr en cest endroict faire eslection meilheure que de v^{re} personne, a plain confians de v^{re} zelle et affection envers nous et n^{re} service,

---

(1) Le maréchal de Biron avait été mis à la tête de l'armée envoyée en Guyenne. Il s'empara de Mont-de-Marsan, et s'approcha de Nérac ; il fut arrêté par une chute de cheval et par une fracture à la cuisse.

prudence, valeur et experiance au faict des armes; POUR CES CAUSES et aultres bonnes et favorables considerations a ce nous mouvans, ordonne et depputte, ordonnons et depputtons par ces presentes, et vous donnons pouvoyr, auctorite, commission et mandement special de vous transporter et rendre au plustost en n^{re}d. pais de Lymosin, et, illeq estant, faire assembler les gens deglize, nobles et aultres que verres bon estre, leur faisant entendre n^{re} bonne et droicte intention a lexecution et entretenement de n^{re} edict de pacification et bien de la paix, naiant aultre plus grand regard et consideration que la protection et deffence que nous debvons avoir de noz bons et loyaulx subjectz, lesquelz estans indhuement vexes et endonmages par les conspirations et surprinses daucuns perturbateurs, ennemys de nous et de la patrie, sestans esleves en armes descouvertes, surprenans de jour a aultre villes et chateaux et exercans tous actes contraires a justice et a leur debvoyr, notre intention est de repprimer leur audace par la voie de la force. A CES FINS, nous voulons que, avec les forces que avons ordonnees et aultres qui peulvent desja estre aud. pais, vous nous fassies obeyr par lesd. perturbateurs et rebelles, les y contraignans, si aultrement ne se veullent recognoistre, par assaulx que vous livreres aux villes et lieux par eux occuppes, leur donneres, si besoing est, batailles et rencontres, les endonmageres par tous moiens, de maniere que la force et auctorite nous en demeure, tiendres main forte a la justice et a lexecution des decretz et mandementz .... pour la correction et chastiement exemplaire des delinquans et coulpables, exploicteres voz forces selon quil sera requis pour n^{re} service contre iceux perturbateurs, et aultrement feres vivre et maintenir en bonne unyon et concorde noz bons et loyaulx subjectz, tant catholiques que de la relligion pretandue refformee, prenant en n^{re} protection et sauvegarde speciale ceux qui se contiendront et demeureront paisibles en leurs maisons, sans quil leur soit meffaict ny mesdict en leurs personnes et biens, comme au contraire voulons estre rigoureuzement procede contre lesd. perturbateurs portans actuellement les armes ou absens et fugitifz pour aller dresser des praticques et assister lesd. perturbateurs contre nous et n^{re} auctorite; ordonner les deniers que vous seront par nous assignes et ordonnes pour le faict de v^{re} charge, et en expedier voz ordonnances a lacquict du tresorier de lextraordinaire de noz guerres, et generallement fere, ordonner et commander tout ce que vous cognoistres estre requis et necessaire pour leffect de n^re intention et pour nous fere obeyr aud. pais, promectant en bonne foy et parolle de roy avoir aggreable, tenir ferme et stable tout ce que sera par vous faict conformement a ce que dessus pendant les presentes occasions de guerres et troubles et en labsence de n^re d. cousin le mareschal de Biron. Si MANDONS et enjoignons par ces mesmes presentes a ceux de n^re noblesse, cappitaines, chefz et conducteurs de noz gens de guerre, noz officiers des villes, consulz et habitans dicelles quilz vous recognoissent et obeissent, fassent obeyr et recognoistre bien dilligemment en la present charge, circunstances et deppendences, jacoyt que le cas requist mandement plus special, sans y fere faulte. Car tel est n^re plaisir. DONNE a Paris, le quatorziesme jour de jung, lan de grace mil cinq cens quatre vingtz, et de n^re regne le septiesme. Ainsy signe : HENRY ; et plus bas : Par le roy, DE NEUFVILLE ; et scelle de cire jaulne.

ET HEUSMES communication dune lectre que Sa Mageste escripvit aud. S^r dAutefort, dont la teneur ensuyt.

Monsieur de Haultefort, je masseure que vous vous seres acheminé dilligemment en mon pais de Lymosin, suyvant le commandement que je vous en ay faict, et que y estant arrivé vous aures mis incontinent la main au soulagement de mes bons subjetz, lesquelz sont tellement travailhes et oppresses des violences et exes quilz recoyvent de toutes partz et mesmes des assemblees que se font soubz pretexte de certaines querelles et disputes particullieres, quilz seront bien tost reduictz a mandicité, mesmes s'ilz perdent ceste prochaine recolte. Toutesfois, ayant esté adverty que le mal y augmente tous les jours par la licence que chacun prent dy fere ce que bon luy semble, jay bien volu vous fere la presente par laquelle je vous ordonne dy pourvoyr de facon que mesd. subjectz ne soient empesches en lad. recolte et se ressentent du soulagement quilz doibvent esperer du soing que je vous ay commande avoir de les proteger. Je vous prie aussy donner tel ordre a la seurete de ma ville de Lymoges qu'il nen mesadvienne, ayant este adverty despuis peu de jours quil s'y trame encores quelque entreprinse quil fault descouvrir s'il est possible; priant Dieu quil vous aye, M^r dAultefort, en sa saincte garde. Escript a Sainct Maur des Fosses, le xv^e juillet 1580. Signe : HENRY et DE NEUFVILLE.

Aussy nous escripvit Sad. Mageste en la maniere que sensuyt:

DE PAR LE ROY.

Chers et bien amez, puis quil ny a ordre ne moien quelconque de vaincre par raison et douceur lobstination de ceux qui ont naguieres reprins les armes contre n^(re) auctorite et pour troubler le repoz de noz bons subjectz, comme ilz demonstrent assez par la continuation de leurs depportemens, nous sommes deliberes avoir recours aux forces que Dieu nous a mis en main pour chastier leur temerité et insolence. Ayant, pour cest effect, commandé a n^(re) tres cher et bien amé cousin le Sr de Biron, mareschal de France, convoquer et assembler noz loyaux subjectz et serviteurs de n^(re) pais et duché de Guyenne pour poursuivre et contraindre lesd. esleves dobeyr a noz edictz et se retirer en leurs maisons; a quoy il nous a mande avoir ja commence a donner si bon acheminement que nous esperons que le succes en sera tres heureux, pourveu quil continue a estre secouru et assiste de nosd. subjectz, comme nous vous prions quil soit de vous. Affin quil puisse tant plustost vous delivrer de telles vexations, nous luy avons delaissé tous les deniers de noz receptes pour subvenyr aux fraiz quil luy convient fere, et le secourrons encores de tout ce que nous pourrons. Mais nous avons tant de charges a supporter et nous reste des troubles passes si peu de fondz en noz finances que nous ny pouvons pas fournir comme nous desirerions, de sorte que nous sommes contrainctz avoir recours a noz subjectz, lesquelz reculliront le premier fruict de ce quilz y emploieront. Oultre ce, nous vous promectons, quand Dieu nous aura faict la grace de sortir de ces afferes, vous gratiffier et descharger de tout ce que nous pourrons pour remuneration de v^(re) fidelite et des advances que vous aures faictes, comme vous fera plus particullierement entendre de n^(re) part led. S^r mareschal, auquel vous adjousterez pareille foy qu'a nous mesmes. Donne a Sainct Maur des Fosses, le xxij^e jour de juillet 1580. Signé : HENRY; et plus bas, DE NEUFVILLE.

ET ESTANT arrivé led. S^r dAutefort a Brive, nous escripvit une lectre dont la teneur ensuyt :

Messieurs, je vous prie de croire que je nay rien tant en affection que de vous voir et communiquer avec vous aultres pour adviser aux moiens que jauray ou du roy ou de moy, car je ne veux espargner le mien, pour vous mectre entierement en liberté et vous descharger de ceux qui troublent v^{re} hault païs. Dans peu de jours jespere vous dire ce que ma contrainct de venir premierement par deca, ou ayant pourveu au desordre qui y est, selon le moyen que j'en ay presentement, je ne faudray de vous aller voyr. Cependant je desire entendre par le retour de ce porteur de quelles [forces] et moiens je pourray estre assisté estant chez vous, car toutes les forces que sont icy ne me pourront suivre, et faudra que j'en y laisse pour la garde du pays. Il vous communiquera mon pouvoyr et plusieurs aultres choses sur lesquelles je desire estre eclarcy, tant pour le faict de lhartillerie et munitions que forces de gens de guerre. Sur quoy je vous prie me mander a la verité affin que j'en fasse estat. Et a toutes les occurences qui surviendront, madvertires incontinent. Ce sera lendroict ou je feray fin, par mes affectionnees recommandations a vos bonnes graces. Prie Dieu vous donner, Messieurs, en sancte longue et heureuze vie. De Brive, ce xxvij^e juillet 1580. V^{re} plus affectionne amy a vous servir. Signe dAutefort.

[Lettre du sieur d'Hautefort demandant l'état des forces dont peuvent disposer les consuls.]

Et tost apres, led. S^r gouverneur arriva en cested. ville et amena avec soy quatre ou cinq compaignies de gens de pied qui logearent ez envyrons dicelle. Et nous fust faict plusieurs demandes par led. S^r gouverneur. Entre aultres, pour extirper les mutins qui sestoient rebelles contre Sa Mageste, demanda les canons, bouletz, poudres et aultres munitions de guerre questoient au magasin de cested. ville; et pour delivrer le païs desd. compaignies tant pour la foulle quil souffroit pour raison dicelles que aussy pour le delivrer de loppression desd. mutins. Et, apres plusieurs assemblees faictes en la maison commune, fust prie led. S^r gouverneur de se contenter, suivant ce quavoit este arreste esd. assemblees, de lune des grosses pieces et de quelque partie des munitions et boletz, luy remonstrant sur ce l'importance de la present ville. Ce quil accepta librement. Dont incontinent luy fust delivré ledict canon avec soixante bouletz et unze cens livres de pouldre, comme appert par son receu, dont la teneur ensuyt.

[Arrivée du sieur d'Hautefort à Limoges; les consuls lui délivrent un canon et des munitions.]

— 462 —

Nous, AME de Haultefort, chevalier de lordre du roy, cappitaine de cinquante hommes darmes de ses ordonnances, gouverneur et lieutenant pour Sa Mageste au hault et bas pais de Lymosin, certiffions a tous quil appartiendra que ce jourdhuy M⁰ Guillaume Nantiat, procureur; Jehan Cybot, advocat; Mathieu Maledent, recepveur general; Rolland Verthamon, recepveur du taillon; Joseph de Roulhat, procureur; Leonard Benoist, esleu; Bartholome Albin, appoticaire; Leonard Gallichier, Jehan de Lachanaud, Jacques Tailhandier, Francois Verthamon, marchans, et Pierre Mauple, consulz de la present ville de Lymoges, ont mis entre noz mains ung canon de fonte, merque du poix de cinq mil soixante douze livres, monte sur deux roues ferrees, pois de marc, avec auge, fourgon et lattelage dud. canon, et de cordes; plus unze cens livres pouldre a canon, comprins le pulverin; davantaige soixante bouletz de fer pour lad. grand piece, suyvant les commendementz et injonctions que leur avons faictz et reiteres; prys en presence de Messieurs Mᵉˢ Simon du Boys, lieutenant general en la seneschaucee de Lymosin; Aymery Guibert, Pierre Ardent et Francois Lamy, advocatz et procureurs dud. Sʳ; pour icelle piece dartilherie fere mener et conduire ez lieux de nʳᵉ gouvernement que nous verrons estre necessaires pour fere obeyr le roy et effectuer les commendementz de Sa Mageste et delivrer ses subjectz des travaux et oppressions dont ilz sont vexes par aucuns seditieux et perturbateurs du repos publicq. Et lequel canon nous promectons en nʳᵉ nom propre et prive et soubz nʳᵉ foy, obligation de biens, rendre et restituer ausd. consulz, et fere mener et conduire en la present ville dans trois mois prochains. En tesmoignage de ce, pour leur descharge, acquict et asseurance, nous avons signe la present promesse et icelle scellee de noz armes, et faict testiffier (1) dabondant par lesd. Sʳˢ lieutenant, advocatz et procureur du roy, le cinquiesme jour de septembre mil cinq cens quatre vingtz. Signe dAutefort, du Boys, Guybert, Ardent et Lamy; et scelle des armoiries dud. Sʳ dAutefort.

[Siége, prise et démolition du château de Saint-Vic.] ESTANT party led. Sʳ gouverneur de ceste ville, alla assieger le chasteau de Sainct Vic, dans lequel faisoient leur retraicte

(1) Attester.

une partye des volleurs qui escumoient le pais et ranconnoient les gens et levoient les tailles. Devant lequel aiant demeure quelques jours et tiré quelques coups de canon, fust rendu, et despuys a este demoly.

Ce faict, estant led. S^r gouverneur adverty que, au bas pais de Lymosin, les ennemys ravagoient, print la route et sen alla avec sesd. compaignies et y emmena les canon et munitions susd., nous ayant au prealable sommé et requis luy delivrer le reste de lartilherie et munitions de guerre quavions. Ce que ne luy peusmes accorder, causant linjure du temps. De quoy il advertist Sa Mageste, que nous escripvit comme sensuyt. [Le sieur d'Hautefort transporte les opérations en Bas-Limousin. Les consuls refusent de lui livrer tout ce qu'il leur reste de munitions de guerre. Lettre du roi aux consuls]

De par le roy.

Chers et bien amez, nous avons envoié en n^{re} pais de Limosin le Sr de Haultefort pour y commander pour n^{re} service, vous deffendre de toute injure et oppression, ensemble noz aultres subjectz dud. pais, et mectre peine de reprendre les lieulx occuppes par les perturbateurs du repos publicq de n^{re} roiaume, comme il vous a faict entendre de n^{re} part; naguieres quil sest transporte en n^{re} ville de Lymoges, dont nous sommes tres marri quil na peu tirer plus grand secours et assistance quil na faict pour lexecution de n^{re} intention; mesmes que vous aves faict difficulté luy delivrer les canons et munitions qui sont en n^{re} d. ville, quil vous a demandes, lesquelz nous navons laissés en icelle que pour estre emploies en ce quil soffrira pour n^{re} service aud. pais. Au moyen de quoy, nous vous mandons et ordonnons tresexpressement, non seullement luy fere delivrer lesd. canons et munitions et permectre quil s'en ayde en ce quil se presentera pour n^{re} service, mais aussy obeyr entierement a ce quil vous ordonnera de n^{re} part, comme a nous mesmes, et considerer que vous participperes au bien qui sen ensuivra, oultre le gré que nous vous en scaurons, nayant rien plus a cueur que de vous delivrer des oppressions que vous recepves desd. perturbateurs, pour apres vous descharger de toutes despenses extraordinaires et vous donner moyen de jouyr en repoz du benefice de n^{re} bonté, ce que nous ne pouvons si facilement fere que nous desirerions, sans v^{re} ayde et assistance, veu les aultres charges que nous supportons, et mesmes les fraiz que nous avons faictz a la reprinse de n^re ville de La Fere, de laquelle estans venus a bout, nous avons deliberé tourner du coste de Guyenne toutes noz forces et moiens, pour tant plus tost delivrer noz subjectz dud. pais desd. vexations, comme vous fera plus amplement entendre de n^re part led. Sr de Haultefort. Donne a Fontenebleau, le xviij^e jour de septembre 1580. Signe : Henry, et de Neufville.

[Lettre du roi au sieur d'Hautefort, concernant le siège de Beaupré et de Villeneuve.]

Et nous communiqua led. Sr de Haultefort une lectre que le roy luy escripvit, de laquelle la teneur ensuyt :

Monsr de Haultefort, jay resolu fere assailhir et prendre les maisons de Beaupré et Villeneufve, quand les lansquenetz et forces que jenvoye en Guyenne passeront par la, daultant quelles ne servent que de retraicte a tous ceux qui me font la guerre, vollent et destruisent tous mes subjectz. Au moyen de quoy, je vous prie preparer de bonne heure ce que sera necessaire pour cest effect, et mesmes pour, avecques ceux de Lymoges que ilz tiennent preste lartillerie qui est en lad. ville, laquelle leur sera apres rendue. Et je feray mener avec lesd. forces quelque quantite de pouldre a canon pour fere lad. execution, laquelle jay fort a cueur, pour les maux qui sortent et pullulent tous les jours desd. maisons qui tiennent les frontieres de Limosin, Berry, Poictiers et la Marche en subjection. Vous tiendres ceste entreprinse sccecrette affin de neffarroucher ceux que sont dedans, et, quant vous scaurez que lesd. forces approcheront de la, vous tascheres a les fere envyronner, affin de les incommoder et avoir a meilheur marché. Et je prie a Dieu quil vous ayt, Monsr de Hautefort, en sa saincte garde. Escript a Fontenebleau, le xxij^e jour de septembre 1580. Signe : Henry, et de Villeneufve.

[Les consuls pressés de délivrer le reste de leur artillerie. Lettres-patentes du roi à ce sujet.]

Quelques jours apres, monseigneur le mareschal Daumont nous poursuivit, tant par lettres pattentes du roy cy dessoubz inserees que par les siennes, de luy delivrer le restant de n^re artilherie pour assieger et demolir le chasteau de Sainct-Germain et aultres, en vertu de certains arrestz qu'il avoit obtenu a lencontre des seigneurs diceux. Desquelles lettres la teneur ensuyt :

Henry, par la grace de Dieu roy de France et de Polougne, a nos chers et bien amés les consulz, manans et habitans de n^re ville de Lymoges, salut. Estans bien advertis des ranconnemens, pilheries, exactions et levee des deniers que les S^grs de Beaupré, Villeneufve et Aiguson et aultres leurs adherans et complices, qui se sont eslevevez en armes et auctorite, font sur noz subjectz, et qu'ilz ont prins et levé noz tailles et aultres deniers extraordinaires, faict fere contributions par les villes, bourgz et bourgades de noz pais de Lymosin, Berry et La Marche, prins et voulle les marchans, interrompu et empesche le commerse, et faict infinis aultres actes d'hostillité, a la foulle et oppression de noz subjectz, prejudice de n^re d. service et mespris de leur auctorite, NOUS avons advizé et envoyons commissions au Sr de Hautefort, et en son absence au S^r de La Guyerche Charon, pour assieger, prendre et reduire en n^re obeyssance leurs maisons et chasteaux de Sainct Germain, Villeneufve, Aigueson et Beaupré. Pour lequel effect, ayans besoing dartilherie, pouldres, bouletz et munitions, et considerans quilz n'en pourroient en avoyr et recouvrer de lieu plus proche, commode et a propos pour led. exploict que de n^re ville de Lymoges, A CES CAUSES, vous mandons et ordonnons par ces presentes que, sans plus y user daucuns reffuz ni difficulté quelconque, vous ayes a delivrer incontinent et sans delay aud. Sr de Hautefort ou aultre que vous sera envoié de sa part les pieces dartilherie que vous avez, avec latirail et equippage, pouldres, bouletz et munitions qui y sont necessaires, pour estre conduictes, menees et exploictables a leffect susd., en vous faisant et bailhant toutesfoys par led. Sr de Hautefort promesse et asseurance de vous rendre lad. artilherie incontinent que apres icelle execution et exploict. Vous mandons de rechef a ce ne fere faulte, sur tant que craignes nous desobeyr et de nous prendre a vous du retardement que a faulte de ce pourroit advenyr a n^re service. Car tel est n^re plaisir. DONNE a Fontanebleau, le iij^e jour doctobre, lan de grace mil v^c quatre vingtz, et de n^re regne le septiesme. Signé : HENRY; et plus bas : Par le roy, PINART; et scelle, sur simple queue de cire jaulne, du grand scel dud. Sg^r.

A QUOY NOUS nous excusames tant pour raison de ce que M^r n^re gouverneur en avoit amene une [piece] dicelles que pour le bon besoing que nous en avions pour nous conserver soubz l'obeissance de Sa Mageste. Et despuis nous fist recharger par aultres lectres tant du roy siennes (*sic*) que dud. S^r gouverneur.

[Les consuls se décident enfin à livrer leurs munitions et leurs pièces d'artillerie.]

Sur quoy, fismes assembler la ville, et fust deliberé de luy delivrer ce quest contenu par le proces verbal sur ce faict par monsieur du Boys, lieutenant general, en dacte du xxxᵉ jour doctobre 1580. Ce que fust delivre a Mʳ Charon, agent de luy charge. Duquel la teneur ensuyt.

Simeon du Boys, conseiller du roy nʳᵉ sire et lieutenant general en la seneschaucee de Lymosin et siege presidial estably pour le roy nʳᵉ sire a Lymoges, scavoyr faisons que aujourdhuy soubz escript ont comparu par devant nous les consulz de la ville de Lymoges en la present annee, par Mᵉ Leonard Benoist, esleu pour le roy au present pais de Lymosin, et Jehan de Lachanaud, marchant de Lymoges, consulz, et Claude de Barbemisny, chevalier de lordre du roy, seigneur de La Guyerche Charon, lieutenant de monsieur dAumont, mareschal de France. Lesquelz consulz, suyvant les lectres pattentes du roy, donnees a Fontenebleau, le tiers jour du present mois, signees : Par le roy, Pinart, et scellees du grand scel, contenant mandement ausd. consulz de bailher et delivrer au seigneur dAutefort, lieutenant pour Sa Mageste au present pais, ou aultre qui seroit envoye de sa part, les pieces dartilherie avec lattirail et equippage, pouldres, bouletz et munitions qui sont necessaires pour lad. artilherie, estans en lad. ville de Lymoges, pour estre emploies au service de Sad. Mageste, dont mention est faicte par lesd. lectres, lectre missive dud. seigneur dAutefort, escripte a Champaignac en Auvergne, le septiesme du present moys, dressante ausd. consulz, signee : Vʳᵉ bien affectionne pour jamays, dAultefort, deux aultres lectres missives dud. Sʳ dAumont, dactees de vingt troiziesme et vingt septiesme dud. present mois doctobre, dressantes ausd. consulz, signees toutes deux : Vʳᵉ entierement et plus affectionne amy, dAulmont, aultre lectre dud. Sʳ dAumont, dactee du xxviijᵉ dud. present mois, dattee comme dessus, ont bailhe et delivre aud. Sʳ de La Guyerche, ce que sensuyt.

Scavoyr ung canon poisant cinq milliers quatre vingtz quatorze livres, cothe dessus de lan mil vᶜ soixante six, avec les fleurs de Lys de la devise du feu roy Charles.

Une coulevrine, appartenant aux habitans de la present ville de Limoges, merquee des armoiries dicelle, poisant treize cens, faict en lan 1577 ; le tout garny de leur attelaige et cables, montee lad. coulevrine sur ung rouage de canon. Deux caques de poudre, cothees n° 19 et n° 21, poisans chacune deux cens soixante quinze livres, que montent lesd. deux caques la quantite de cinq cens cinquante livre poudres, poix de Lymoges.

Soixante bouletz de la coulevrine;

Ung gros combleau (1);

La lanterne du canon;

Le refouloyr.

Lescouvialhon est pour lad. coulevrine de mesmes que la grande.

Oultre ce que dessus, a este delivre par les consulz de la present ville, en lannee mil v^c soixante dix sept, scavoir par Mes Aymery Guybert, advocat du roy; Audoy Maledent et Jacques David, tant pour eux que pour les aultres consulz de lad. annee mil v^c soixante dix sept,

Scavoyr : pour led. canon, deux palonneaux garnys de traictz;

Quatre paires de traictz de soubs palonneaux;

Deux paires de traictz de retraicte;

Ung aultre paire de traictz de palonneaux;

Plus deux palonneaux garnis de traicts pour lad. coulevrine. Tout ce que dessus bailhe et delivre par lesd. consulz aud. Sr de Charon, et dont il sest charge et en a quicte lesd. consulz, le tout suyvant lesd. lectres susmentionnees et avec les charges contenues par icelles, et de rendre et restituer lesd. deux pieces de canon en ceste ville, comme led. Sr de Charon a promis et sest oblige. Dont avons concede acte de tout ce que dessus, et de ce loriginal desd. lectres pattentes a este rendu aud. Sr de Charon, et ausd. consulz le vidimus dicelles, signe de nous. Faict a Lymoges, le trentiesme jour doctobre mil v^c quatre vingtz. Ainsy signes : DU BOYS et DE VOUNEYS, commis du greffier.

Et despuis, en execution desd. arrestz, par le moien desd. pieces, a led. mareschal demoly led. chasteau de Sainct Germain, ensemble de Beaupre, de Villeneufve et aultres (2). [Destruction des châteaux de St-Germain-Beaupré, Villeneuve, etc.]

---

(1) « *Combleau*, terme d'artillerie, qui se dit du cordage propre à tirer le canon. » (TRÉVOUX.)

(2) L'*Historique monumental de l'ancienne province du Limousin*, T. II, p. 20, fait erreur, comme on le voit, en mettant la destruction du château de Saint-Germain-Beaupré (Creuse) sous la date de 1576. On trouve des détails sur les seigneurs de ce château dans l'ouvrage de l'abbé Paul Ratier intitulé : *Le Château de Saint-Germain-Beaupré*. — Limoges, Ducourtieux, 1862, in-8.

ENSUIT la teneur desd. lectres missives mentionnees aud. proces verbal.

Lectre de Monsieur dAutefort.

Messieurs, jay receu une lectre du roy, par laquelle Sa Mageste me mande quelle a resolu fere assailhir et prendre les maisons de Beaupre et Villeneufve, quant les lanquenetz et forces que Sa Mageste envoye en Guyenne passeront par la. Et, affin que vous puissies mieux cognoistre lintention de Sad. Mageste et comme elle a cest affaire a cueur, je vous envoye icelle lectre. Vous scaves que ce faict vous importe et que, a loccasion desd. maisons, vous souffres plusieurs incommodites. Parquoy je vous prie fere apprester lartillerie qu'est dans v^{re} ville pour employer en cest affaire, laquelle vous sera apres rendue. De quoy je vous respondray et vous en bailheray caution dans v^{re} ville, dont vous pourres estre contans. Jay faict promesse a M^{rs} dAuvergne et de Rouergue de les aller assister en lentreprinse du Mur des Barretz, sur lasseurance quilz m'ont donnee de massister apres de leurs forces, canons et munitions a vuider ce qui trouble mon gouvernement. Si vous meussies accommode de l'une de voz coulevrines, jeusse peu, avec mes forces, entreprendre quelque chose dans mon gouvernement sans appeller personne a mon secours. Jespere detre de retour dans peu de jours, et lors je ne faudray de macheminer vers voz quartiers pour satisfaire a la volonte de Sad. Mageste. Au surplus, je vous prie ne fere aucun doubte de bailher a Monsr de La Guyerche lad. artilherie, car je respondray pour luy de ma vie et de mon bien, et vous bailheray cautions de ce que vous luy bailheries. Me recommandant a vos bonnes graces, je prie Dieu, Messieurs, vous avoir en sa saincte garde. A Champaignac en Auvergne, ce vij^e octobre 1580. Signe : V^{re} bien affectionne pour jamais, DAUTEFORT. Et au dessus : a Mrs Messieurs les consulz et habitans de la ville de Lymoges.

Lectre de Monsieur le mareschal dAumont.

Messieurs, je croy que vous aves asses entendu la vollonte du roy pour les expres commandementz que Sa Mageste vous en a envoies. Sad. Mageste m'a envoié expres en ces quartiers pour leffectuer, et, craignant que les choses tirent en une longueur sans rien fere, et que le pouvre publicq en soit foule, dautant que le regiment des lansquenetz fault quil sejourne aupres de v^{re} ville, jay advise de vous renvoier ce gentilhomme present pourteur pour vous prier de me fournir de tant de canon et artilherie que vous avez et de munitions, pour le moingz du canon et grande coulevrine, affin que je puisse remectre ce pouvre pais en liberté, et que je vous descharge promptement de toutes les trouppes que Sa Mageste a faict venir en ce pais, lesquelles ne scauroient demeurer en ce pais huict jours quil ny ait perte de plus de cent mil escuz et de plus grand interestz sur vous. Vous me feres doncq tenir le tout prest, car dans vendredy prochain ou sabmedy au plus tard, je feray rendre a demy lieue de v^{re} ville cinquante salades (1) et cent arquebuziers pour escorte desd. pieces avec les forces que vous me bailheres de v^{re} ville de gens de pied. Et, pour fere plus grand dilligence, je vous envoye cinquante chevaux de charroy, attelles pour cest effect, et les officiers propres. Vous fournires de chevaux ou beufz pour mener les munitions, les pouldres et bouletz, ensemble vingt cinq ou trente pionniers, lesquelz vous pourres asseurer quilz ne seront aucunement emploies aux dangiers, mais tant seullement pour la conduicte dicelluy. Je vous prie fort affectionement, oultre que cest le service du roy, que cest le proffict de tout v^{re} commerce, que vous vous y emploies et taxes, affin que les volleurs soient chasties selon quilz meritent, aultrement vous osteries toute la devotion a Sa Mageste et a tous les gentilhommes, les affectionnes serviteurs, de vous secourir en ung aultre besoing. Et, masseurant que vous ny failhires, je prieray Dieu, M^{rs}, vous donner en sancté longue et heureuze vie. De Charon, ce $xxiij^e$ octobre 1580. A M^{rs} M^{rs} les consulz de la ville de Lymoges.

Aultre lectre dud. S^r dAumont.

Messieurs, jay receu v^{re} lectre par laquelle vous ne me respondes de beaucoup de poinctz que je vous ay mande, mesmes que vous mescripves seullement de menvoyer ung canon et non de la grand coulevrine. Je ne scay pourquoy vous y feres difficulte, veu ce que le roy vous en a escript particullierement et par commission authorisee que vous aves veue; daultre part,

---

(1) Soldats coiffés de la salade, ou casque de fer.

que moy tenant le reng que je tiens en ce royaume, qui ay puissance de vous commander, vous en ay prie. Et encor que ce soit pour le service du roy, si est ce que le faict de ceste entreprinse vous touche, et me semble que vous et v^re general vous y debves incister, fournir et ayder, affin que la retraicte des volleurs qui interompent v^re commerce et pilhent le pouvre peuple, perturbateurs de tout le repos publicq de ces pais soient extermines et rases pour servir dexemple a la posterite. Vous menvoyres doncq v^re canon et grand coulevrine avec les munitions de poudres et bouletz que vous aves, et les feres conduire avec tant de forces que vous pourres de v^re ville le plus loing que vous sera possible, et le bailheres a mon lieutenant, M. de Charon, lequel jenvoye devers vous pour le prendre avec bonne trouppe de gens de cheval et darquebuziers, vous priant vous asseurer sur moy, qui suis homme dhoneur et v^re voisin, que je vous rendray voz pieces dans v^re ville. Apres cest effect, mobligeres par la presente a vous, que je vous prie garder, de vous relever de tout linterestz qu'en pourroit advenir. Et quand vous feres aultrement, vous seres cause de toute la ruine de tout ce pais pour le long service que les trouppes des deux regimentz seront contraictes de y fere, oultre celles de cheval que sont grandes. Et, pour lasseurance que jay que vous feres ce que je vous prie, je ne vous feray plus long, sinon que vous asseure que vous naves un meilheur amy et voisin que moy, priant Dieu, Messieurs, vous voulloir conserver et garder en sancte et heureuze vie. De Sainct Germain, ce xxvij^e octobre 1580. Signe : V^re entierement plus affectionne voisin et bon amy, DAUMONT. Et au dessus : A M^rs M^rs les consulz de la ville de Lymoges.

Aultre lectre dud. S^r dAumont.

Messieurs les consulz, je vous fais encores ceste recharge pour vous prier bien affectueusement fere toute dilligence de menvoyer la piece avec la coulevrine, comme maves promis, avec force pouldres et aultres choses necessaires, parce que n'en ay. Et se fault diligenter si avez envye purger v^re patrie des volleries et oppressions qui se y commectent et vous mectre en repos, en quoy je desire memploier et vous fere paroistre que vous ayme. Vous prie aussy de rechef fere v^re debvoyr de v^re part. Masseurant en v^re promesse, ne vous estandray ceste [lettre] davantage, vous presentant mes bien affectionnes reverances. Et prie Dieu,

Messieurs les consulz, vous avoyr en sa garde. Du camp de St Germain, ce xxviije octobre 1580. Signe : Vre entierement bien bon amy, dAumont. Et au dessus : A Mrs les consulz de Lymoges (1).

Quant aux reparations publicques, laissant a part soy le fort Sainct Marcial, quest oculaire a chacun (2), nous avons faict fermer les conduictz et canaux de ceste ville, par lesquelz on faisoit doubte que lennemy pourroit avoir entré. Et furent bastis a chaulx et arene (3); faict reparer les conduictz des fontaines, et a icelles faict mectre des museaux fermans et ouvrans; faict reparer les barrieres et pisons (4) dicelles; faict fere les roues et cordes du rasteau de Boucherie et tresbuchet de Monmalher; faict fere des polies d'arain neufves pour lesd. rasteaux; et faict fere sur lad. porte de Boucherie ung appandis pour tenir couvert leschelle de lad. tour et porte cable et roue dud. rasteau. [Réparations diverses.]

Aussy avons faict reparer et accoustrer le pont Sainct Marcial et autres menus afferes qu'on a accoustume fere des deniers communs.

Outtre, avons faict supprimer le greffe des tailles de ceste ville et rembourse le greffier de noz deniers, chacun pour son douziesme, jusques a ce quaurons remboursement tant de lad. suppression que aultres deniers quavons fourny peur construire led. fort Sainct Marcial, affin que la ville nencourust dinterestz. [Suppression du greffe des tailles.]

Navons volu obmectre que, pour fere teste aux ennemys que [Réquisition de pionniers, charretiers, chevaux, etc. Opposition faite par les habitants de Limoges.]

---

(1) La transcription de ces lettres sur les registres consulaires montre avec quel soin les magistrats tenaient à se justifier aux yeux de leurs électeurs de la grave mesure à laquelle ils ne purent se soustraire. Par leur lenteur, leur silence ou leurs objections, ils parvinrent à ne laisser sortir de la ville que deux pièces d'artillerie. On ne voit pas du reste que ces pièces aient été rendues à Limoges, malgré les promesses solennelles et réitérées qui avaient été faites. Les lettres si habiles de d'Autefort et de d'Aumont, la destruction des châteaux de Saint-Germain et de Villeneuve à la requête des habitants de Limoges et à leurs frais, et mieux encore le résultat définitif, rappellent une fable de La Fontaine : *Le Cheval qui veut se venger du Cerf.*

(2) Que chacun peut voir.
(3) Sable.
(4) Poteaux.

— 472 —

sestoient eslevez en Guyenne, le roy ordonna aud. Sr de Biron une armee, et, pour reprendre les fortz occupes par iceux, ung grand nombre de pionniers, charrettiers et chevaux de traict, bons roulliers, avec une grosse somme de deniers pour la solde diceux. Fust delibere d'en communiquer aux habitans, ce que fust faict par une assemblee generalle. Et leur aiant propose le faict et donne entendre la commission a nous envoiee pour fere le deppartement de la cothe part a laquelle avions este taxes, tant des charrettes, charrettiers, chevaux de traict que somme de deniers, que montoit a (1), fust par le consentement de tous lesd. habitans forme opposition, attandu que le peuple estoit beaucoup foule pour les aultres subcides tant ordinaires que extraordinaires quon levoit sur eux que pour estre impossible trouver lesd. chevaux, roulliers et charrettes, nusant en ce pais desd. chevaux et charrettes, et aussy que le roy faisoit lever une taille pour la commutation desd. chevaux. Et de ce appert par acte du (2).

[Les consuls évitent le passage des lansquenets moyennant des présents faits aux chefs.]

Incontinent apres que le chasteau de Sainct Germain fust rendu entre les mains dud. S^r dAumont, se deppartit de son camp ung regiment de Lansquenetz quil y avoit amenes, conduictz par le Sr Hans Federic, estans en nombre de quatre mil. Et ayant prins leur chemin pour passer en ceste ville, suivant la lectre de Sa Mageste, dont la coppie est cy dessoubz transcripte, pour aller trouver led. Sr de Biron, travalhasmes beaucoup a les fere divertir de ce chemyn, tant pour eviter la foulle des habitans des envyrons de lad. ville que pour linfection des malades qui y estoient, lesquelz ilz vouloient laisser en ceste ville pour fere guerir. Et fismes tant, moiennant certains presens que nous balhasmes aux chefz et une estappe de six mil pains, quilz prindrent leur chemin du couste de St Leonard, ou leur fust apporte lad. estappe, et, moiennant ce, nous quictarent dune grande et excessive estappe, quilz nous avoient cothises dung grand nombre de beufz, pippes de vin et aultres choses.

(1) Le chiffre est en blanc.
(2) La date est en blanc.

Ensuyt la teneur de lad. lectre.

DE PAR LE ROY.

Chers et bien amez, voulans renforcer larmee quavons en n^re pais et duché de Guyenne soubz la conduicte de n^re trescher cousin le mareschal de Biron; afin de tant plus tost nous y fere obeyr, remectre noz villes en n^re obeissance et conserver nos subjectz, nous avons advise dy envoier le regiment de Lansquenetz du collonnel Hans Frideric, que a servy a la reprinse de La Fere. Et, dautant que pour leur plus droict et meilleur chemin nous avons advise et leur avons ordonne de passer par n^re ville de Lymoges, et qu'en icelle voulons iceux estre par vous receuz, loges et accommodes sans difficulté; A CESTE cause, nous vous mandons et ordonnons tresexpressement que, passant lesd. lanquenetz par v^rrd. ville, vous aves a iceux recepvoyr, fere loger et accommoder de vivres et aultres choses dont ilz auront besoing, et ce sans y user de difficulté, sur tant que craignes nous desobeyr et desires nous fere service aggreable. Car tel est n^re plaisir. DONNE a Fontenebleau, le ij^e jour doctobre 1580. Signe : HENRY; et plus bas : DE NEUFVILLE. Et au dessus : A noz chers et bien amez les consulz, manans et habitans de n^re ville de Limoges.

BIEN TOST APRES se deppartit davec led. S^r dAumont le regiment de Mr de Serilhat, conduict par Mr de Sarrieu, estans en nombre de quinze a dix huict enseignes, et sen venoient aussy loger ez faulx bourgz de lad. ville, soubz coleur de fere fere monstre aux soldatz. Que fust la cause que nous escripvismes par porteur expres aud. S^r dAumont et a M^r n^re gouverneur pour fere divertir lesd. compaignies, sil estoit possible. Lesquelz, pour ceste foys, ne peurent empescher quilz ne vinssent bien pres de cested. ville et jusques a Vernueil. Ou estantz, fut moienne, avec la faveur dud. S^r dAutefort, quilz naprocheroient de plus pres. Et passarent la riviere [à] Aixe et a Sainct Junyen.

[Les consuls évitent également le passage du régiment de Mr de Séreilhac.]

[Suspension d'armes entre le roi de France et le roi de Navarre.]

CE TEMPS pendant, estant alle M. le duc (1) devers le roy de Navarre pour moienner la paix entre le roy de France et led. roy de Navarre, et de tant qu'on tenoit icelle estre assurement resolue et arrestee, escripvismes a Monsieur de Villeroy, qui estoit avec led. S^r duc au Fleix, et le suppliasmes nous donner advertissement comme les afferes se passoient de pardella, affin de scavoyr les moiens lesquelz nous debvions tenir pour nous garder soubz lobeissance de Sa Mageste. Duquel nous heusmes responce par une lectre quest cy dessoubz escripte, qui se rapporte a une quil en escripvit aud. S^r gouverneur, qui sont de telle teneur.

Coppie de la lectre de Monsieur de Villeroy aux consulz de Lymoges.

Messieurs, daultant que je mande a monsieur de Hautefort ce que cest passe en ceste assemblee, et que je suis sur mon partement pour retourner a la court, je ne vous en feray redite par la presente, asseure quil vous en fera part, comme je vous prie lestre. Je seray tousjours aise de vous servir en tout ce qui se presentera, pour l'affection que je scay que vous portes au service du roy, en laquelle je vous supplie perseverer. Et je prieray Dieu, Messieurs, quil vous conserve en parfaicte sancté, me recommandant tresaffectionnement a v^{re} bonne grace. Du Fleyx, le xxvj^e de novembre 1580. Signe : V^{re} tresaffectionne serviteur et bon amy, DE NEUFVILLE. Et au dessus : A Messieurs, messieurs les maire et consulz de la ville de Lymoges.

Coppie de la lectre envoyee par led. Sr de Villeroy a M^r le Gouverneur.

Monsieur, il est vray que Monsieur et le roy de Navarre ont icy faict mectre par escript certains articles de paix, mais dautant que toutes choses sont remises a la volonte du roy, je ne vous puis asseurer encores de rien, sinon que je m'en re-

---

(1) Le duc d'Anjou s'était porté comme médiateur; il négocia un nouveau traité, qui fut signé, au mois de novembre, à Fleix en Périgord, et qui ne fut guère que la reproduction du traité de Bergerac.

tourne trouver Sa Mageste pour luy rendre compte de ce qui sest passe et entendre sa volonte ; que cependant Monsieur a accorde une cessation darmes avecques led. roy de Navarre par tout le gouvernement de Guyenne, en laquelle le Limosin est comprins pour dix ou douze jours, ainsy quil vous doibt escripre, et que je vous suis tresaffectionne serviteur, priant Dieu, Monsieur, quil vous conserve en parfaicte sancte, me recommandant humblement a v^{re} bonne grace. Du Fleyx, ce xxvj^e jour de novembre 1580. Signe : V^{re} humble serviteur, DE NEUFVILLE. Et au dessus : A Monsieur Monsieur dHautefort, chevalier de lordre du roy et son lieutenant general en Lymosin.

SUYVANT LESQUELLES, nous fismes fere meilheur garde quauparavant sans nous arrester aucunement a tel bruict de paix, considere qu'on voit ordinairement qu'en ces entrefaictes se faict tousjours quelque surprinse, et de ce avons veu ung nombre infiny dexemples par ce royaume, mesmes celluy de Cahours (1), quest notable et de fresche memoire, remectant le surplus des choses qui se sont passees, tant pour raison des proces que aultres choses aux memoires que nous laissons a noz successeurs consulz, le tout pour user de briefvete de parolles, remectant le tout soubz la grace et misericorde de Dieu, lequel nous prions nous voulloir conserver soubz sa saincte protection et sauvegarde. [Malgré les bruits de paix, les consuls continuent à faire bonne garde.]

Il y a ici trois pages blanches dans le manuscrit.

---

(1) Henri de Navarre avait enlevé, le 29 mai, Cahors, qui faisait partie de l'apanage de Marguerite de Valois, et refusait de recevoir un gouverneur nommé par lui.

ESLECTION FAICTE DES CONSULZ *de la present ville pour lannee mil cinq centz quatre vingtz, commansant le septiesme decembre aud. an et finissant le septiesme decembre mil cinq centz quatre vingtz et ung; lad. eslection faicte [par] les habitans de lad. ville, faulx bourgs et aultres, assembles a la forme acoustumee en la grand salle de lad. maison commune.*

Le canton des Taules :

Mathieu Decordes.

La Porte :

Francoys Chartaignac.

Magninye :

Psaulmet Gregoire.

Le Marche :

Pierre Benoist.

La Fourie :

Jehan Colomb.

Le Clochier :

Jacques Aubusson.

Bouscherie :

Pierre Sanxon.

Lanssequot :

M⁰ Francoys Lamy, advocat du roy (1).

Les Combes :

Pierre Teulier.

Le Vieulx Marche :

Marcial du Trueilh.

(1) En marge : « *Requiescat in pace et gaudeat beatitudine cœlesti.* »

Croyssances :

Me Estienne de La Brousse, con^r ;
Jehan Martin, filz de feu Mar^{al} Martin, S^r des Montz.

(Signé :) FOREST, scribe.

Le seziesme apvril mil cinq centz quatre vingtz et ung, les habitans de Lymoges, faux bourgs Pont Sainct Marcial et aultres, assemblees en la grand salle de la maison commune, ont este esleuz les colleteurs et partisseurs des tailhes pour lannee mil cinq centz quatre vingtz ung.

Les Taules :

Marcial Martin ;
Marcial Benoist.

La Porte :

Jehan Vidaut le jeune ;
Francoys Rommanet.

Magnine :

Josepht Decordes dit Le Coulliau ;
Guilhaume Rolliat.

Le Marche :

Mathieu Blanchard ;
Jacques Champagniac.

La Fourie :

Me Simon Dangrezas ;
Pierre Veyrier.

Le Clochier :

Jehan Niot ;
Marcial Martin, seigneur des Mons.

Boucherie :

Leonard Jay ;
Me Estienne Bonny.

Lansequot :

Leonard Le Sorre ;
Me Albert Montaudon.

Les Combes :

Jouven Reynier ;
Jehan Lavaud.

Le Vieux Marche :

Jamme Bardinet ;
Francoys Ringaud.

(Signé :) FOREST, scribe.

SENSUIT CE QU'A ESTE FAICT PENDANT nostre charge consullaire, commensant le septiesme de decembre mil cinq centz quattre vingtz et finissans a semblable jour 1581.

INCONTINANT appres n^{re} eslection, suyvant la louable et de tous temps observée coustume, nous fusmes en lesglise de Monsieur sainct Martial pour rendre graces a Dieu de ce quil nous avoit appellez a lad. charge. Et le lendemain de matin allasmes en lad. esglise et ouysmes messe a ce que noz actions fussent dirigées a l'honneur et gloire de Dieu et au proffict du publicq.

[Mesures de précaution pour la garde de la ville.]

QUELQUES jours apres, priasmes noz predecesseurs consulz de venyr en la maison de consulat pour nous faire entendre l'estat des affayres publiqz pendant leur administration. Et estantz assemblez aud. consulat, receusmes lettres de Monsieur d'Aultefort, n^{re} gouverneur, nous advertissant que, nonobstant la cessatyon d'armes, les ennemys continuoyent a faire actes d'hostillite, mesmes, puys peu de jours, avoyent pris le Sr de Saincte Basille, et icelluy tenoyent prisonnier (1). Sur quoy nous conclumes estre tresnecessaire de promptement pourveoir a la garde de la present ville. Ce qui fust faict, et arreste que chacun, scavoir ung de nous a reng, coucheroit dans la tour de lArreine, pour dillec observer les rondes qui se fairoyent, et remarquer les deffaillantz ez corps de garde, comme plus amplement est contenu par le reiglement sur ce faict.

[Peste à Paris et dans d'autres endroits du royaume.
—
Mesures préventives prises par les consuls.]

EN CESTE saison, nous fusmes deuhement advertiz que la contagion et peste ne cessoit a Paris et aultres lieux, esquelz les marchans de ceste ville trafficquoyent ordinairement. Et pour obvyer que tel venyn ne fust apporté en la present ville, nous assemblames Messrs de la justice, juges ordinaires de la presant ville, de la pollice, et bon nombre des plus notables bourgeoys. Par ladviz desquelz inhibitions furent faictes a tous les ha-

---

(1) Le roi de Navarre était fort peu maître de ses partisans. Après la conclusion du traité de Fleix, il avait écrit à Théodore de Bèze qu'il y avait été réduit par les « divisions, rapines et désordres qui étaient parmi la plupart des siens ».

bitantz de la present Ville, Cite et faulx bourgz d'aller plus trafficquer esd. lieux ; et aux hoztelliers de loger désormais aulcuns marchantz ou aultres estrangiers venantz desd. lieux, ny recepvoir en leurs maisons aulcunes marchandises d'yceulx, comme il est porte par l'eedict sur ce faict et publié, duquel la teneur sensuyt.

De par le Roy.

Inhibitions et deffences sont faictes a tous les habitantz de la present Ville, Cyte, faulxbourgz et aultres villes de la present seneschaulcee de Limosin de trafficquer aulcunement ez villes de Paris, Orleans, Tours, Thiers et aultres villes et lieux ou il y a contagion de peste, ne faire apporter d'illec aulcunes marchandises jusques a ce que aultrement il soit permys, sur peyne de mille escuz et d'estre expellez du presant pays. Et, a ces fins, deffences sont faictes aux cappitaines et gardes des portes desd. villes, Cyte et faulx bourgz et tous aultres habitantz de laisser entrer ou recepvoyr en leurs maisons, directement ou indirectement, aulcune marchandise venant de dehors, sans que au prealable ilz soyent informez par certifficat deuhement atteste et contrerollé des consulz de là present ville que lad. marchandise aye este acheptée en lieu non suspect de contagion, auquel elle aye demeure six moys pour le moingz devant ledict achapt, a mesmes peynes. Et pareillement il est inhibe a tous hostelliers et aultres de recepvoyr en leurs logis aulcuns estrangiers ou aultres venantz hors de la presant senneschaulsée sans quil leur apparroisse par certifficatz contrerollez desd. consulz quilz viennent de lieux non suspectz de contagion, et ce sur mesmes peynes que dessus. Et ou aulcuns se presenteroit venant de lieux suspectz, inhibitions et deffenses sont faictes de les admettre dans lad. Ville, Cité et faulx bourgz, d'ung moys appres leur arryvée. Ainsin signe : Duboys. Et plus bas est escript : Le dernier jour du moys de decembre mil v^c iiij^{xx}j, le present eedict a este publie par les cantons et carrefours de la present Ville, Cite et faulx bourgz ez lieux acoustumez a faire criz publiqz, par moy soubzsigne, au son du tabourin, ez presences de Jehan Andre, Jehan du Pré, Pierre Malevergne, Jehan Eythier, Jacques Felines, Jehan Mercier, Mathieu Benoist, Jehan Pradeau, Francoys Roulhac, Jehan Peynyaud, Jehan Manerbe, Pierre Recules, Leonard Meneschal et plusieurs aultres habitantz de la presant ville, tesmoingz. Faict par moy L. De Lavaud, a ce commis.

[Les consuls font dissoudre l'assemblée des syndics qui se tient à Aixe pour la porter à Limoges.]

EN CE MESME TEMPS, fusmes advertiz que les scindicz du hault pais de Limosin s'assembloyent en la ville d'Aixe pour scindicquer et soy liguer contre la present ville, tant pour estre surcharges des deniers ordinaires et extraordinaires que pour aultres occasions quilz alleguoyent. Quoy ayant entendu, et que telle assemblée estoit de prejudice, allasmes advertir Messrs les lieutenant, conseillers et gentz du roy, et appres avoir delibere sur ce, fut arreste que nous nous trouverions a lad. assemblée en lad. ville d'Aixe, pour empescher leurs desseings et faire en sorte que, silz avoyent quelque plaincte a faire, ilz la veinssent faire en la present ville, comme estant la cappitalle de tout le pays. Suyvant laquelle resolution, Messieurs Duboys, lieutenant general; de La Brousse et Gregoyre, consulz (1), furent priez d'aller aud. lieu d'Aixe. Ou estant arrivez et loges a l'hostellerie de Saincte Catherine, led. Sr lieutenant appella lesd. scindicz, leur remonstrant pour quelle occasion ilz tascheoyent soy desunyr de lad. ville capitale par le moyen de telle assemblée illicyte contre les eedictz et ordonnances du roy. Auquel Sr ilz respondirent quilz seroyent bien marriz de se despartir de lamityé de lad. ville, et moingtz de contrevenir aux ordonnances du roy, mais quilz s'estoyent assemblez pour deliberer seullement des affaires du pays, mesmes sur la levée des deniers tant ordinaires que extraordinaires, desquelz ilz estoyent si fort charges quilz n'y pouvoyent satisfaire. Sur quoy, le tout ayant este meurement debattu, et prommys d'une part et d'aultre amytié, lesdictz scindicz condessendirent a se trouver dans peu de jours en la present ville pour conferer ensemble desd. affaires et aultres qui leur importeroyent.

SUYVANT laquelle deliberatyon, lesd. scindicz vindrent en la

---

(1) Exemple très-remarquable de la juridiction que les magistrats de Limoges exerçaient ou prétendaient exercer sur les villes du ressort de la généralité. On comprend très-bien que le lieutenant général Duboys aille faire une enquête à Aixe sur des assemblées qui lui paraissaient séditieuses : on comprend moins que des consuls élus par les habitants de Limoges pour défendre les intérêts municipaux traduisent devant leur tribunal les magistrats chargés de fonctions analogues dans une ville voisine. L'autorité locale, représentée par les consuls, ne cherchait-elle pas une force et un appui, dans ce temps de trouble, en se confondant avec l'autorité royale, représentée par le lieutenant général ?

present ville et en la maison de consulat, ou assistarent Messieurs de la justice, gentz du roy, et grand nombre de bourgeois, ausquelz fust donne entendre le subject de lad. assemblée. Et pareillement leur fut communicque une lettre de Sa Mageste touchant la solde de cinquante mille hommes de pied, ensemble aultre lettre dud. S^r d'Aultefort, n^{re} gouverneur, desquelles les coppies sont en bas inserees. Et en fin fust arreste d'envoyer vers le roy, estant pour lors a Bloys, pour faire dolleances a Sa Mageste sur les foulles et opressions des habitantz desd. villes du hault Lymosin. Et pour ce faire fut depputé Me Estyenne de La Brousse, conseillier et consul. Et, a ces fins, furent dressées lesd. remonstrances. Desquelles lettres et remonstrances la teneur s'ensuyt :

DE PAR LE ROY.

Chers et bien amez, nous trouvons fort estrange que, suyvant noz lettres et commissions que vous ont este cy devant addressées, vous n'ayez encores procedde au deppartement de la somme a quoy vous estes cothises pour v^{re} part et contribution de la solde de cinquante mille hommes de pied que nous avons ordonne estre levée durant la presente année pour subvenir aux grandes despendences (sic) extraordinaires qu'avons este contrainctz faire a cause de la guerre qui a heu cours en cestuy n^{re} royaume, pour satisfaire aux fraiz de laquelle nous avons este contrainctz emprunter plusieurs sommes a grandz interestz et perte de finance, ayant pour nous redimer faict assigner le remboursement d'ycelles sur les deniers qui proviendroyent de lad. solde. A CESTE cause, nous vous mandons et enjoignons tresexpressement par ces presantes que aussi tost icelles receues vous ayes (si ja ne l'aves faict) a proceder au deppartement de la somme a quoy vous estes taxez, a ce qu'elle soit incontinent myse ez mains du recepveur general de noz finances et par luy payée suyvant les assignations qui en ont este levees par le threzorier de n^{re} espargne pour le faict de lad. guerre, vous voulant bien dire que, ou il seroit par vous encores en cella use d'aulcune remise ou longueur, que nous ferons decerner noz lettres d'executoire contre vous tant en general que particullyer jusques a la concurrance de la somme a quoy vous estez taxez. Et affin que vous ne puissies cy appres pretendre cause dignorance de nos presentz vouloir et intention, vous baillerez au

[Lettre du roi pour presser la levée de la taxe imposée pour la solde de 50,000 hommes de pied.]

porteur de la presente certifficatyon de la receptyon d'ycelle, ou elle sera de mot a aultre inserée. Car tel est n^re plaisir. Donne a Blois, le dernier jour de decembre 1580. Ainsin signe : HENRY; et plus bas : GUYBERT. Et au dessus : A noz chers et bien amez les maire et eschevyns de n^re ville de Lymoges.

[Menaces du sieur d'Hautefort d'envoyer des troupes pour contraindre les habitants au paiement de la taxe.]

Messieurs les consulz, Monsr le marchal de Biron se plainct infinyment de la negligence dont vous avez use a fournyr les pionnyers, chevaulx et charrettes et aultres choses a quoy les villes et paroisses du hault pais ont este cottizes. Et, par ce quil me commande d'amener mes trouppes en lhault pays aveq le regiment des lansquenetz et de n'en bouger quil n'ayt este satisfaict a lad. levée, et que Messieurs les esleuz nont envoyé ung roolle de ceulx qui n'y ont poinct satisfaict, auquel vous estes les premiers nommez, j'ay advise a vous faire la presentë pour vous prier de ne faillir de v^re part a fournir ce que vous avez estez cottizes, qui est pour le service du roy, affin que vous monstriez et servies d'exemple aux aultres d'y obeyr. A quoy m'asseurant que satisferez, je ne vous en feray aultre priere que pour vous dire que je seroys fort marry de vous faire en cella desplaisir; mais, si on ne satisfaict a ce que dessus, je ne fauldray point d'amener mes trouppes aveq led. regiment des Lansquenetz, pour contraindre et pugnir les reffusantz. Vous ne vous debves point renvoyer les ungz aux aultres, mais vous dilligenter a effectuer la volunte du roy et dud. S^r mareschal, vous ayant use d'une grand courtoizie et vous avoir commue les chevaulx et charrettes en deniers, comme on luy en a prié. Vous scavez ce quil vous en a escript par cy devant et comment il a les bras asses longs pour vous en faire repentir si vous y faillyes. Paix ou non paix. Sur quoy je vous prie me faire entendre de voz nouvelles et de la dilligence que ferez. Ce qu'attendant je sallue voz bonnes graces de mes affectionnees recommandations, et prie Dieu, Messieurs les consulz, vous donner en sante longue et heureuse vie. A Brive, ce xxiij^e decembre 1580, v^re bien affectionné pour jamais, D'AULTEFORT. Et a costé est escript : J'envoye une de mes compagnies par della, suyvant ce que Messrs les esleuz m'ont mande, pour faire obeyr les villes et paroisses qui restent a hobeyr. Et au dessus de lad. lettre est escript : A Messieurs Messrs les consulz de la ville de Lymoges.

REMONSTRANCES seront faictes au roy au nom de tous les habitantz du hault pays de Limosin estans du tiers estat des deniers tant ordinaires que extraordinaires imposez et levez sur led. pais, ausquelz desormais il leur est du tout impossible de pouvoir satisfaire. Partant plairra a Sa Mageste ses pouvres subjectz dud. pais (1), et considerer : [Doléances de l'assemblée syndicale.]

QUE led. pais est de bien petite estendue, estant fort infertil pour la situation, et subject a telles froydures et gellees que oultre ce que la plus part est inhabitée pour le peu de commodites que s'y trouvent, le plus souvent les habitantz d'ycelluy sont contrainctz d'abandonner leurs maisons, n'y pouvans vivre a cause de la perte des fruictz y naissans, par le moyen desd. froydures et gellées, qui apportent bien souvent une famyne.

A TELLE incommodite en survient aultre non moings considerable, trop souvent experimentée par lesd. habitantz, que, lorsquil se presente quelque année estant asses fertile en vivres, au lieu de percepvoir les fruictz en leur saison, on est contrainct iceulx quitter par linjure et force des soldatz, de facon que le paouvre laboureur est frustre de son esperance, et par ce moyen contrainct de mendier.

DAILLEURS, la contynuation des troubles ayant tousjours esté grande aud. pais, puys lan 1575, les habitans dycelluy ont este desnues entierement de bestiailh qui pouvoit estre en leur puissance, a la vente duquel ilz avoient seul recours, mesmes le paouvre paisant, pour satisfaire aux tailles ordinaires quil luy fault necessairement payer à Sa Mageste, de sorte quilz sont privez du trafficq dud. bestail, et par consequent de tout aultre commerce, estant led. bestail le plus grand moyen quilz ayent aud. pais pour recouvrer deniers.

OULTRE CE, lesd. habitans, mesmes ceulx du plat pays, qui estoyent exposez a linjure du temps, ont esté contrainctz par emprisonnement de leurs personnes et prinse de leurs meubles de payer la solde de ceulx de la religion pretendue refformée, qui tenoyent par force les chasteaux et places fortes aud. pays, ensemble leur apporter les propres deniers du roy, lesquelz de rechef ilz ont paiez a Sa Mageste, sans quilz ayent estez soulaiges et qu'on aye heu esgard a ce quilz avoyent estez contrainctz a telz payementz par les rigueurs de la guerre, comme les commissions de ceulx de lad. pretendue religion font foy.

(1) Le verbe manque.

LEDICT pays, puys lan 1569, ayant tousjours este visite par les gens de guerre tant a pied que a cheval, car, en lad. année, les regimentz des sieurs de Montluc, Joyeuse, Monsaleys, La Vallette, Tarride et aultres au nombre de dix mil hommes y passarent et sejournerent long temps.

APPRES led. passaige, le camp de ceulx de lad. pretendue religion y vint envyron la Sainct Jehan, de sorte quilz manyarent ou recuillirent tous les fruictz, et emporterent tous les meubles quilz trouverent parmy les maisons. Auquel temps aussy l'armée royalle sejourna long temps aud. pays, de facon que lesd. deux armées revenoyent à soixante mille hommes.

Le siege de La Rochelle levé, le comte de Gayasse conduysant six mil Suysses et deux mille hommes Francoys y sejourna; et vesquirent a discretion.

EN LANNÉE 1575, le sieur vicomte de Turrenne en auroit faict le semblable, conduisant six a sept mil hommes, et, peu de jours appres, les regimentz des Srs de Bussy, Chamoys, Lancosme et de Sainct Luc.

QUANT aux habitantz des villes dud. pais, oultre les susdittes incommoditez desquelles ilz n'ont esté exemptz, de quattre parties les deux d'yceulx sont artisans, et par ce moyen contrainctz a vivre de leur travail manuel, lequel cessant a cause des guerres et troubles civilz survenuz en ce royaume, ont par necessité quitte leurs possessions, les uns pour suivre la guerre, les aultres pour chercher a vivre ailheurs.

A CE MOIEN sera suppliée Sa Mageste, en consideration de ce que dessus, de vouloir donner ausd. habitantz les tailles de la presente année, affin quilz puissent aulcunement se garentyr d'une extreme paouvreté a laquelle ilz se voyent reduictz.

SERA aussy remonstré que, nonobstant lesd. infertillité, oppression des personnes, prinse de bestail, passaige et sejour de gendarmerie, cessation de trafficq, que les guerres ont cy devant apporté et que la paix n'a encores effacé, lesd. habitantz ne se sont en rien espargnez de s'acquitter de leur debvoir envers leur prince et souverain seigneur, lors et quand la necessité l'a requiz, mesmes pour se conserver tousjours soubz son hobeyssance; car ilz ont puys vingt ans en ca faict contynuelle garde en leurs villes, tant de nuyct que de jour, de sorte que les ungs desd. habitantz, pour les trop assidues veilles, sont mortz et laisse leurs vefves et plusieurs enfans desnuez de tout secours, les aultres sont tumbes au lict griefvement mallades, et semblent plustost languyr que vivre.

Par dessus laquelle garde, lesd. habitans des villes closes dud. pais ont souffert le payement des gentz de guerre, tant a pied que a cheval, y ordonnes par les gouverneurs pour plus grand' seuretté d'icelles villes, ensemble ont supporté tous les fraiz des fortiffications y necessaires et des reparations tant de leurs murailles que des tours desja presque ruynées pour l'antiquitte d'icelles, le tout de leurs propres deniers provenantz des bourses des particuliers d'ycelles villes, que monte a grandz et notables sommes, sans que lesd. habitans soyent estes secouruz d'ailleurs, et quilz ayent touche en facon quelconque aux deniers du roy. Toutesfoys, lon scait bien que la pluspart des villes de ce royaulme se sont aydées des deniers de Sa Magesté pour l'entretenement des compagnies y ordonnées a la garde d'ycelles, que pour les fortiffications et reparations y necessaires.

Le roy ayant faict estat de tous les deniers tant ordinaires que extraordinaires de lad. generalite de la presente année pour les despences de sa maison et conservation de son estat, Sa Majesté n'en peult remettre ne dymynuer aulcune chose pour lad. année, attendu la necessite de ses affaires; mais pour l'advenyr led. S^r fera donner tout ordre que ses subjectz dud. pays soyent myeulx traictes et soulaigez quilz n'ont este par le passé (1).

Nonobstant lesquelz fraiz et foulles a eulx du tout insupportables, lesd. habitans n'ont en rien differe de payer les tailles ordinaires, et augmentation d'icelles faicte pour l'urgente necessite de ses affaires.

Aussy ont estes contrainctz de payer leur bonne part des empruntz et subsides extraordinaires que Sa Magesté (causant lad. necessité) a impose sur ses subjectz, que peult monter, pour led. pays, a plus de deux cens mil' escuz, de la plus grand' part desquelz les taxes et cottisez en payent encores linterest.

Et encores quilz ne receussent aulcun profflct ou esmolument pour lestablissement de la chambre trypartye seante à Agen, laquelle concernoit seullement la comodite de ceulx de la religion pretendue refformée, si est ce quilz sont estez contrainctz de payer leur part des gaiges de messieurs de lad.

(1) Cette annotation est placée en marge.

chambre, et, qu'est beaucoup plus a considerer, lad. chambre estant close et lesd. S⁰ˢ sestans retirez pour les troubles survenuz en la ville de Bourdeaulx, et partant n'y ayant heu aulcun exercice de justice puys dix moys, et, par ce moyen, les gaiges deussent cesser. Lesd. habitantz nont demeure pour cella a les payer, et y ont estez contrainctz par toutes rigueurs, qu'est a leur part a seize cens escuz.

PARTANT supplient Sa Mageste, ou il y auroit quelques deniers de restes de la susd. nature ez mains du recepveur, d'en vouloir faire don ausd. habitans, et ordonner que led. recepveur les leur delivrant en demeurera acquitté; et neantmoyns les descharger pour l'advenir de la contributyon des gaiges de lad. chambre, pour lestablissement de laquelle tant s'en fault quilz soyent en quelque chose acomodez, qu'au contraire ilz en sont fort incomodez, et par ce, ceulx qui l'ont demandée ou qui en rapportent profict de la commodité doibvent satisfaire ausd. gaiges, estant bien raisonnable que ceulx qui recoypvent quelque profict ou commodites de lad. chambre portent aussy les fraiz ou desadvantaige qui peuvent advenyr, sy Sad. Mageste n'ayme mieulx satisfaire de ses deniers aux gaiges des officiers de lad. chambre.

Mais, pour ne parler du passé (la memoire duquel n'apporte que tristesse) pour les grandes sommes de deniers qui ont este cy devant imposees et levees sur led. pays, il PLAIRA a Sa Mageste considerer qu'en lannee precedente les habitantz dud. pays ont heu tousjours la guerre sur les bras, a raison de laquelle Monsieur d'Aultefort auroit esté envoyé comme lieutenant du roy aud. pays, ou estant arrivé, auroit decerne plusieurs commissions et faict faire levée de compagnies tant [a pied] qu'a cheval, lesquelles compagnies auroient couru tout [le pays]. Lesquelles lesd. habitantz auroyent entretenu de vivres pour lespasse de huict ou dix moys, mesmes fourny plusieurs munitions de guerre au siege du chasteau de Sᵗ Vic, occupe par le Sʳ dud. lieu y tenant garnison, laquelle couroyt ordinayrement le plat pays, avecq prises tant de personnes que de bestial, recolte de tous fruictz, levée des deniers du roy et nouvelle impositiyon sur les parroisses proches et voisines aud. chasteau.

POUR l'entretenement duquel Sʳ d'Aultefort et paye desd. compagnies, lesd. habitantz auroyent paye troys mil escuz a leur part; et encores le roy auroit decerne deux commissions, l'une du cinquiesme de janvier dernier, et l'aultre du sixiesme dud.

moys, portant permission de faire levée de la somme de dixneuf mil huict centz quatre vingtz escuz avecq les fraiz, que peult revenir en tout a vingt mil escuz, pour icelle somme employer au payement et solde desd. compagnies pour troys moys.

Sur quoy sera suppliee Sad. Magesté d'avoir esgard aux susd. charges et aux deniers quilz ont advancé de leurs bourses. Et, attendu quil n'est de besoingt d'entretenir lesd. compagnies aud. pais, les habitantz duquel sont assez fortz pour resister a ceux du party contraire, ou ilz vouldroyent reprendre les armes, ordonner que lesd. compagnies seront congedyées incontinant, car ne servent que de manger le povre peuple. Et, par ce moyen, plaira a Sa Mageste descharger lesd. habitantz du contenu esd. deux commissions, qui en effect ne tendent qu'a une mesme fin, qu'est pour retirer argent ; et les dattes d'ycelles descouvrent assez que cest une mesme commission. Led. pays est asses ruyne d'ailleurs et trop foullé par le sejour desd. compagnies, lesquelles il suffit de nourrir sans riens payer, ce que Sa Mageste n'entend.

Et encores ont soubfert le passage des lancequenetz, regimentz du Sr de Sereilhat, ensemble les compagnies de monsieur le mareschal d'Aumont, lesquelz gens de guerre ont si long temps sejourné aud. pays quilz l'ont du tout ruyné, et reduict la plus part des habitantz d'ycelluy a suyvre les champs pour quester leur vie ; et si, ont laisse plusieurs de leurs compagnies mallades, qui ont infecté tout led. pays de malladies contagieuses.

Et pour les accabler du tout, iceulx habitans ont estez cottizes par commission de Monsr le mareschal de Byron a la levée de cent pionnyers, cent chevaulx rolliers, douze charrettes et demye, et, pour la solde d'yceulx pendant deux moys, a deux mille soixante trois escuz, et, pour les fraiz de la levée, conduitte desd. pionnyers et chevaulx a mil cinq centz trente cinq escuz et deux tiers descu (1).

FIN DU PREMIER REGISTRE ET DU SECOND VOLUME.

---

(1) Le reste manque. — Il y a entre ce registre et le suivant une lacune de douze années. Nous indiquerons, comme introduction au 3e volume, les documents qui peuvent se rapporter à cette période.

TABLE DES MATIÈRES.

(Nous renvoyons à la fin du dernier volume des Registres pour la Table générale alphabétique des matières.)

Années		Pages
1552	Élection des consuls....................................	1
—	Élection des conseillers-répartiteurs......................	3
—	Enlèvement des boues et immondices.....................	4
1553	Acte de nomination de François Veyriaud, docteur en droit, à la direction des écoles de la ville.....................	5
1552	Priviléges de la ville : exemption du logement des gens de guerre..	6
—	Quittance de la somme de deux mille livres donnée au roi en échange des priviléges accordés........................	9
1552-53	Lettres de confirmation des priviléges.....................	10
1552	Transaction entre les consuls et les monnayeurs............	13
—	Réparations diverses.....................................	17
—	Quête pour les pauvres honteux...........................	18
—	Pièces d'artillerie données par les consuls nouveaux........	id.
1553	Élection des consuls.....................................	19
—	Élection des conseillers-répartiteurs......................	21
1554	Ostensions de 1554......................................	22
—	Quêtes dans les églises..................................	id.
—	Réparations aux étangs et aux fontaines...................	23
1553	Quart et demi du sel : ordonnance du roi pour l'assiette de cet impôt...	id.
—	Quart et demi du sel : répartition de la somme à payer par le clergé...	36
—	Quart et demi du sel : répartition de la somme à payer par la noblesse...	39
—	Quart et demi du sel : répartition de la somme à payer par le tiers-état..	41
—	Appel des consuls au sujet de la répartition de l'impôt de 24,000 livres. — Ordre donné à M. de Pont-Briant, sénéchal du Limousin, de ne pas s'immiscer dans cette répartition	45

Années		Pages
1553	Lettres du roi ordonnant une information sur les faits articulés contre François de Pont-Briant....................	47
—	Lettres-patentes permettant aux consuls de constituer un syndicat par la répression des malfaiteurs...............	49
—	Sentence relative à la répartition de la solde de 50,000 hommes...	50
—	Arrêt et lettres-patentes relatifs à la même affaire..........	52
—	Même affaire. — Commissions du roi pour informer contre le gouverneur de Pont-Briant et pièces diverses...........	54
—	Copie des lettres-patentes obtenues sur la déclaration faite par le roi touchant l'exemption du ban et arrière-ban....	58
—	Transaction entre les habitants du Haut et Bas-Limousin relative à la répartition de la solde et autres impôts extraordinaires..................................	61
—	Sentence d'exemption des garnisons et contributions y afférentes..	64
1554	Lettres du roi ordonnant au lieutenant général de faire la répartition des impositions extraordinaires...............	65
—	Élection des consuls....................................	66
—	Élection des conseillers-répartiteurs......................	67
—	Paiement de la somme de 750 livres.....................	69
1555	Quittance de ladite somme.............................	70
1554	Affaire de Pont-Briant (suite)...........................	id.
1555	Priviléges de la ville : vidimus..........................	72
—	Service pour le roi de Navarre..........................	id.
—	Collége de Limoges : projet de fondation.................	74
—	Rente de dix livres due par l'abbé de Saint-Martial : transaction..	76
1555	Élection des consuls....................................	81
—	Élection des conseillers-répartiteurs......................	82
—	Impôt de cent mille livres : paiement de la somme de huit cents livres par les consuls........................	84
—	Reprise du procès Pont-Briant. — Arrêt qui condamne les consuls à continuer le procès.........................	87
—	Emprunt royal de huit cents livres (suite)................	88
—	Même affaire. — Rôle des habitants de la ville de Limoges qui ont fourni deniers au roi sous constitution de rente au denier douze, etc.....................................	97
1556	Nomination de Pierre Moret à l'office de scribe des consuls..	102
—	Misère : mesures prises en faveur des indigents...........	id.
—	Lettres d'avis d'arrivée du roi de Navarre................	103
—	Élection des consuls....................................	106
—	Élection des conseillers-répartiteurs......................	107
1557	Entrée à Limoges du roi et de la reine de Navarre.........	108
—	Disette de blé : visite des greniers, mesurage, taxe du blé, inhibitions, etc..	128
—	Emprunt royal...	131
—	Édit du roi relatif à la reddition des impôts perçus depuis	

Années		Pages
	trente ans. — Les consuls répondent qu'ils ne doivent de comptes qu'à leurs successeurs, et sont assignés devant la chambre des comptes. — Arrêt du conseil. — Délai d'un mois accordé aux consuls pour présenter leurs priviléges	132
1557	Passage de compagnies....................................	135
—	Demande d'une souscription volontaire pour levée et entretien de troupes..	id.
—	Réparations diverses.......................................	137
—	Élection des consuls.......................................	138
—	Élection des conseillers-répartiteurs.....................	139
—	Lettres de Henri II portant création d'un impôt des poudres et salpêtres..	140
—	Reddition de comptes demandés aux consuls............	151
—	Réparation à la fontaine Saint-Martial..................	id.
1558	Emprunt de vingt-quatre mille écus : remontrances et offres des consuls ; — rôle des cotisés.........................	152
—	Logement des gens de guerre. — Priviléges de la ville observés par le roi de Navarre..........................	156
—	Établissement d'une recette générale à Limoges.........	id.
—	Décès divers. — Aumônes.................................	160
—	Règlement de la cotisation de l'emprunt. — Décharge accordée aux artisans.....................................	161
—	Élection des consuls.......................................	163
—	Élection des conseillers-répartiteurs.....................	164
—	Logement des gens de guerre : priviléges de la ville. — Reconnaissance desdits priviléges par le roi de Navarre.....	165
1559	Différend relatif à l'élection des conseillers-répartiteurs.....	167
—	Réparations au pont Saint-Martial........................	id.
—	Réparations à la fontaine Saint-Gérald..................	168
—	Envoi d'un mandataire à Mont-Ferrand..................	id.
—	Pavage du quartier du faubourg Manigne................	id.
—	Répartition de la somme de 5,250 livres tournois, portion afférente à la ville sur l'impôt de 40,000 livres............	169
—	Ermite de Mont-Jauvy.....................................	id.
—	Paix de Cateau-Cambrésis. — Discussion d'étiquette entre les consuls de Limoges et les officiers du roi..............	170
—	Procession et réjouissances faites séparément par les consuls à l'occasion de ladite paix................................	171
—	Réparations au chemin de Couzeix........................	174
—	Envoi d'un mandataire à Mont-Ferrand..................	id.
—	Réparations à divers ponts-levis..........................	id.
—	Réparations à diverses fontaines..........................	175
—	Réparations à diverses tours..............................	id.
—	Mort de Henri II...	id.
—	Ermite de Mont-Jauvy.....................................	176
—	Suppression de l'office de surintendant des deniers. — Répartition de la contribution de 12,000 livres pour ladite suppression..	id.

Années		Pages
1559	Réparations à divers chemins.............................	180
—	Construction d'une muraille à la porte des Arènes et réparations diverses....................................	181
—	Réclamations des officiers du siége présidial. — Les consuls les font assigner à Mont-Ferrand......................	id.
—	Recluse des Carmes..	id.
—	Francs-fiefs et nouveaux acquêts. — Priviléges de la ville..	182
—	Édit touchant la police de la ville........................	190
—	Mort du consul Froment...................................	191
—	Opposition des consuls à la nomination d'un notaire. — Instances pour la suppression de l'office.................	192
—	Élection des consuls......................................	197
—	Élection des conseillers-répartiteurs.....................	199
—	Ermite de Mont-Jauvy.....................................	200
1560	Réparations diverses aux ponts, routes et murailles.......	id.
—	Réparations aux armes....................................	202
—	Profanation de l'image de la sainte Vierge................	id.
—	Guet..	id.
—	Prédication aux environs de Limoges. — Agitation. — Enquête...	203
—	États généraux d'Orléans. — Les consuls envoient une députation au roi de Navarre............................	204
—	Nomination des députés du tiers-état.....................	205
—	Craintes de troubles. — Guet.............................	id.
—	Arrivée à Limoges des prévôts de la Marche et de Montmorillon..	id.
—	Bris de croix. — Le Sgr de Termes vient s'établir à Saint-Junien avec dix compagnies, prêt à se rendre à Limoges..	206
—	Réclamations du roi de Navarre pour les censives des maisons. — Envoi d'un mandataire........................	id.
—	Hommes à gages du consulat...............................	207
—	Pièces d'artillerie données par les consuls................	id.
—	Élection des consuls......................................	208
—	Élection des conseillers-répartiteurs.....................	209
—	Actions de grâces des consuls.............................	211
—	Démarche faite par les consuls auprès du maréchal de Termes et du roi pour ne pas recevoir à Limoges les troupes cantonnées à Saint-Junien. — Priviléges de la ville. — Mort de François II. — Envoi de députés à Paris. — Les troupes sont dirigées partie sur Brive, partie en Picardie...	id.
—	Même affaire. — Les consuls sont obligés d'avancer de leurs deniers la somme de 6,100 livres pour frais de route des troupes se rendant en Picardie............................	218
—	Même affaire. — État des vivres fournis par les consuls aux trois compagnies établies à Aixe. — Les consuls sont autorisés à répartir la somme sur la ville, les faubourgs et la cité..	219

Années		Pages
1560	Même affaire. — Total de la somme avancée de leurs deniers par les consuls...................................	220
—	Convocation des États provinciaux pour le 25 mai 1560......	id.
—	Seconde convocation des États provinciaux pour le 10 juin 1560. — La question préalable doit être écartée : les États s'occuperont seulement du vote de l'impôt................	221
—	Les États provinciaux sont dissous.......................	222
—	Ostensions...	id.
1561	Députation envoyée à la reine de Navarre à Poitiers.........	223
—	Prédications. — Les Huguenots s'emparent de l'église Sainte-Valérie, et en sont renvoyés par justice..................	id.
—	Réparations diverses..	225
—	Élection des consuls...	226
—	Élection des conseillers-répartiteurs.......................	227
—	Différend relatif à la distraction du pays de Franc-Aleu pour le paiement des tailles..................................	228
1562	Paiement de la somme de 750 livres.......................	229
—	Assemblée des députés de l'élection. — Résolutions relatives à l'envoi de députés chargés de demander : 1º la suppression de l'impôt sur le vin; 2º la résidence de la maréchaussée à Limoges ; 3º l'érection d'un collége...........	id.
—	Procès avec le roi de Navarre et avec le sieur Dixmier......	236
—	Censives..	id.
—	Prédications protestantes....................................	id.
—	Crainte de troubles. — Mesures prises pour la sûreté de la ville..	237
—	Exemption du logement des gens de guerre................	241
—	Arrivée du comte des Cars...................................	242
—	Arrivée du comte de Ventadour.............................	243
—	Les consuls refusent de livrer les clefs de la ville au comte de Ventadour. — Leur conduite est approuvée par le roi de Navarre...	244
—	Sorties faites par la garnison................................	245
—	Convocation du ban et de l'arrière-ban.....................	id.
—	Impôt de 6,000 livres tournois...............................	id.
—	Ordres et contre-ordres relatifs à la conduite de deux canons de la ville à Angoulême..................................	246
—	Élection des consuls..	id.
—	Élection des conseillers-répartiteurs.......................	247
—	Édit du roi relatif à l'enlèvement des objets précieux appartenant aux églises. — Les consuls obtiennent que la somme provenant de ceux appartenant aux églises de Limoges sera affectée au remboursement des deniers avancés par leurs prédécesseurs...........................	249
—	Guet...	250
—	Rachat de l'impôt de 5 sous par muids de vin, moyennant la somme de 90,000 livres tournois, payable en six ans....	251
1562	Grande disette. — Mesures prises par les consuls...........	255

Années		Pages
1563	Exemption du logement des gens de guerre. — Priviléges de la ville reconnus par Catherine de Médicis.............	256
—	Recluse des Carmes..	257
—	Peste...	258
—	Élection des consuls.....................................	259
—	Élection des conseillers-répartiteurs.....................	261
—	Peste...	263
1564	Réclamation des protestants au sujet de leur temple et de l'impôt de 6,000 livres.....................................	264
—	Ingérance de la royauté dans les municipalités............	265
—	Élection des consuls.....................................	266
—	Élection des conseillers-répartiteurs.....................	268
1565	Bourse et tribunal de commerce. — Confirmation des priviléges..	270
—	Protestation des huguenots contre l'élection des consuls. — Appel au parlement de Bordeaux. — Le roi retient la connaissance de l'affaire....................................	281
—	Refus de paiement des octrois. — Lettre de contrainte à ce sujet...	283
—	Création de cent prud'hommes.............................	285
—	Envoi d'une députation chargée de demander au roi une modération de tailles pour Limoges........................	id.
—	Passage des députés des Treize-Cantons...................	292
—	Passage à Limoges de divers personnages..................	293
—	Réparations diverses.....................................	id.
—	Élection des consuls.....................................	294
—	Élection des conseillers-répartiteurs.....................	295
—	Disette : mesures prises par les consuls.................	296
1566	Procès entre les consuls et Léobardy.....................	299
—	Transaction entre la reine de Navarre et les consuls.....	303
—	Les consuls obtiennent d'appliquer aux réparations des murailles, des rues et des chemins, la somme de six cents livres, montant des appointements du président Bermondet et de l'élu Dubois..................................	309
—	Création des foires de Saint-Loup et des Innocents........	314
—	Procès des consuls et de Douhet relatifs aux impositions....	id.
—	Impôt des consignations du procès : remontrances des trois états du gouvernement de Guyenne........................	315
—	Nomination des membres du tribunal consulaire............	318
—	Ermite de Mont-Jovis.....................................	id.
—	Nomination du capitaine des portes Montmailler et des Arènes...	id.
—	Nomination d'un collecteur de l'impôt du vin.............	319
—	Diminution d'impôts......................................	id.
—	Réparations au chemin de la Graule.......................	id.
—	Réparations aux fontaines................................	320
—	Élection des consuls.....................................	id.
—	Élection des conseillers-répartiteurs.....................	322

Années		Pages
1567	Saisie d'arquebuses. — Procès à ce sujet..................	323
—	Installation des juges de la police........................	325
—	Emprunt royal de cinq cent mille livres tournois : Limoges est taxée à la somme de 20,000 livres, et obtient une réduction de 10,000 livres.................................	329
—	Ordonnance concernant les merciers......................	336
—	Paiement de 10,000 livres à la reine de Navarre. — Emploi de cette somme au rachat de divers lieux du Périgord et du Limousin..	339
—	Guerres de religion. — Mesures prises par les consuls......	344
—	Élection des consuls.....................................	346
—	Élection des conseillers-répartiteurs......................	351
1568	Élection des consuls.....................................	353
—	Élection des conseillers-répartiteurs......................	354
1569	Élection des consuls.....................................	356
—	Élection des conseillers-répartiteurs......................	357
—	Mesures prises pour la garde de la ville. — Envoi en cours de M. de Julien..	358
1570	Réparations aux fontaines. — Pavés......................	359
—	Passage et réception de M. de Lanssac, de M. de Losse, d'un envoyé d'Espagne..................................	id.
—	Emprunt de 2,000 écus fait par les consuls................	360
—	Passage et réception de Mme de Sainte-Croix.............	361
—	Les consuls demandent vainement un impôt sur les huguenots...	id.
—	Réparations aux murailles et ponts.......................	id.
—	Paix de Saint-Germain...................................	362
—	Réception du gouverneur de Ventadour. — Question de préséance...	id.
—	Passage et réception du marquis de Villars................	365
—	Objet de la mission du marquis de Villars : pacification, inspection des finances.................................	366
—	Élection des consuls.....................................	367
—	Élection des conseillers-répartiteurs......................	368
1571	Élection des consuls.....................................	373
—	Élection des conseillers-répartiteurs......................	374
1572	Réception du duc de Montpensier et de Mme de Sainte-Croix, sa fille..	375
—	Passage à Limoges de la reine de Navarre.................	377
—	Députation des consuls pour traiter différentes affaires intéressant la ville..	379
—	Cherté du blé. — Mesures prises par les consuls...........	382
—	Élection des juges de police..............................	386
—	Les consuls apprennent le massacre de la Saint-Barthélemy. — Mesures prises pour le maintien de la tranquillité.....	387
—	Élection des consuls.....................................	391
—	Élection des conseillers-répartiteurs......................	392
1573	Élection des consuls.....................................	394

Années		Pages
1573	Élection des conseillers-répartiteurs...	395
1574	Cherté du vin et du sel...	396
—	Mort de Charles IX. — Henri III. — Craintes de troubles...	id.
—	Mesures prises...	397
—	La généralité établie de nouveau à Limoges. — Réparations aux murailles...	id.
—	Le Limousin prépare un cahier de doléances...	398
—	Réception du comte de Ventadour...	id.
—.	Revue générale de la milice bourgeoise passée par le gouverneur, qui veut absolument qu'on fasse venir des soldats étrangers. — Refus des consuls et débat à ce sujet; outrage fait aux consuls, qui, forts de leurs priviléges, obtiennent que la ville ne recevra pas garnison...	id.
—	Les consuls prennent la résolution d'envoyer une députation auprès du roi. Le gouverneur promet verbalement de donner entière satisfaction à la ville...	401
—	Les consuls envoyés à Paris obtiennent justice sur différents points de leurs réclamations et doléances...	id.
—	Mort du roi; service funèbre; conflit de préséance entre les officiers de justice et les consuls : accord à ce sujet...	404
—	Le gouverneur, revenant du Bas-Limousin, veut entrer dans la ville avec une garnison. — Les consuls s'y opposent. — Le gouverneur se résout à faire loger ses argoulets dans la Cité et les faubourgs de la ville...	405
—	Réception de M. de Montluc et de M. de Ponts...	408
—	Réjouissances pour l'arrivée en France d'Henri III...	409
—	Lettres de la régente et du roi envoyées aux consuls...	411
—	Les consuls envoient à Paris pour demander décharge de l'impôt de *la donne* : leur demande est rejetée...	413
—	Les consuls renforcent la garde de la ville, et refusent de recevoir une garnison étrangère. — Mention d'un cahier de doléances...	id.
—	Élection des consuls...	415
—	Élection des conseillers-répartiteurs...	417
1575	Inventaire des poudres et de l'artillerie appartenant à la ville	418
—	Élection des consuls...	421
—	Élection des conseillers-répartiteurs...	423
1576	Élection des consuls...	424
—	Élection des conseillers-répartiteurs...	426
1577	Élection des consuls...	427
—	Élection des conseillers-répartiteurs...	429
1578	Élection des consuls...	430
—	Élection des conseillers-répartiteurs...	431
—	Craintes d'entreprises sur Limoges et autres villes du Limousin...	433
1579	Réclamation des héritiers de Berthon, abbé de Solignac, de la somme de 1,100 écus 54 sous 10 deniers, pour fourniture de blés à la ville...	id.

Années		Pages
1579	Réparations aux murs de la ville. — Les consuls des années 1576-1578 sont condamnés à achever la levée des tailles de leurs années............	434
—	Réception du duc et de la duchesse de Montpensier.........	437
—	Maladie et séjour à Limoges du duc de Montpensier.........	438
—	Décharge et modération de taxes........................	id.
—	Modération de 1,333 écus 1/3 sur la somme de 3,333 écus 1/3 imposés sur la Ville et la Cité........................	439
—	Tentative de coup de main sur Limoges : la conspiration est découverte. — Supplice des principaux conjurés.........	441
—	Réparations diverses...................................	446
—	Mort du capitaine Raymond : Pierre Jambier lui succède...	id.
—	Élection des consuls...................................	447
1580	Élection des conseillers-répartiteurs....................	448
—	Surveillance pour la garde de la ville. — Réparations au fort Saint-Martial.......................................	449
—	Les consuls des années précédentes chargés de percevoir les impôts afférents à ces années........................	id.
—	Pont Saint-Martial.....................................	450
—	Crainte d'attaque et mesures de précaution..............	id.
—	Rondes de nuit..	451
—	Visites domiciliaires...................................	id.
—	Aumônes...	id.
—	Les consuls envoient vainement en cour pour demander à être exemptés des tailles et des autres subsides extraordinaires..	452
—	Craintes de surprises. — Le roi refuse de décharger la ville du tiers des subsides payés par elle......................	456
—	Le roi enjoint aux consuls de recevoir le sieur d'Hautefort..	id.
—	Lettre du sieur d'Hautefort demandant l'état des forces dont on peut disposer....................................	461
—	Arrivée du sieur d'Hautefort à Limoges : les consuls lui délivrent un canon et des munitions......................	id.
—	Siége, prise et démolition du château de Saint-Vic........	462
—	Le Sieur d'Hautefort transporte les opérations en Bas-Limousin. — Les consuls refusent de livrer tout ce qu'il leur reste de munitions de guerre. Lettre du roi aux consuls..	463
—	Lettre du roi au sieur d'Hautefort concernant le siége de Beaupré et de Villeneuve............................	464
—	Les consuls pressés de délivrer le reste de leur artillerie. — Lettres-patentes du roi à ce sujet..................	id.
—	Les consuls se décident enfin à livrer leurs munitions et leurs pièces d'artillerie..............................	465
—	Destruction des châteaux de Saint-Germain-Beaupré, Villeneuve, etc...	467
—	Réparations diverses..................................	471
—	Suppression du greffe des tailles........................	id.
—	Réquisition de pionniers, charretiers, chevaux, etc. — Opposition faite par les habitants de Limoges...........	id.

Années		Pages
1580	Les consuls évitent le passage des lansquenets moyennant des présents faits aux chefs....................................	472
—	Les consuls évitent également le passage du régiment de M. de Séreilhac...	473
—	Suspension d'armes entre le roi de France et le roi de Navarre...	474
—	Malgré les bruits de paix, les consuls continuent à faire bonne garde..	475
—	Élection des consuls..	476
1581	Élection des conseillers-répartiteurs	477
—	Mesures de précaution pour la garde de la ville............	478
—	Peste à Paris et dans d'autres endroits du royaume. — Mesures préventives prises par les consuls................	id.
—	Les consuls font dissoudre l'assemblée des syndics qui se tient à Aixe pour la porter à Limoges...................	480
—	Menaces du sieur d'Hautefort d'envoyer des troupes pour contraindre les habitants au paiement de la taxe.........	482
—	Doléances de l'assemblée syndicale...........................	483

www.ingramcontent.com/pod-product-compliance
Lightning Source LLC
Chambersburg PA
CBHW050608230426
43670CB00009B/1308